夏園詩鈔

하원시초

夏園詩鈔

하원시초

鄭壽銅 詩全集

李商元 飜譯

悅話堂 學人叢書

역자 서문

대체로 정수동鄭壽銅이란 인물은 설화에서 더 쉽게 다가온 인물이다. 이는 '수동'이란 아호가 '정지윤鄭芝潤'이란 이름을 덮고 있다는 반증이기도 하다. 그의 시문학에 대한 관점보다는 기인奇人으로서 그의 면모가 지나치게 부각되었다는 말이기도 하다. 한 인물을 평가하고 발견하는 데 편향된 시각은 지극히 위험하다. 정지윤은 인간의 진실한 성정을 모태로 시와 삶을 하나로 일치시킨 드문 인물이다. 시와 술로 보낸 광기와 불화의 시간들은 시집 곳곳에 오롯이 녹아 오늘을 사는 우리에게 말을 건다. 시집의 행간마다 가슴 먹먹하게 저려 오는 슬픔과 우수는 그가 살았던 조선 후기 체제의 모순과 부패, 가난과 뜬구름 같은 세상 인심을 향하여 부르짖는 시대의 조서調書였다. 정지윤이 뼈를 깎는 고통 속에서 광생狂生처럼 떠돌며 살았던 조선 후기 여항문인閭巷文人들의 내면 풍경을 엿보는 데 이 시집은 좋은 지남指南이 되리라 믿는다.

역자는 이십여 년 전부터 방외인方外人에 관한 글을 지속적으로 써왔다. 처음에는 남명南冥을 공부하다가 근년에는 노비와 기녀문학에 관한 글을 발표하면서, 정지윤의 시집 『하원시초』를 틈나는 대로 읽어보았다. 옛 문헌에 나오는 전거典據를 끌어다 쓰는 용사用事가 지극히 난해하여 그의 시문에 배어 있는 행간을 독해하는 데 간혹 당황스러울 때가 많았음을 솔직히 고백한다. 극히 필요한 경우에만 문맥 속에서 행간을 파악하되, 부득이한 경우에는 의역意譯을 하였다. 그만큼 능력이 미치지 못하고 천박한 공부로 오역이 되지 않을까 하는 두려움이 앞선

다. 여항인閭巷人을 중심으로 한 십팔구 세기의 중인문학에 관한 많은 선행연구가 번역을 바로 이끄는 데 좋은 길잡이가 되었다. 여러 선생님들께 엎드려 감사 드린다.

끝으로, 어려운 출판을 선뜻 허락하시고 천학淺學인 불초의 어깨를 두드리시며 격려해 주신 이기웅李起雄 열화당 대표님께 무어라 감사의 말씀을 드려야 할지 모르겠다. 앞으로 더 공부하여 좋은 글쓰기로 큰 은혜에 보답 드릴 수밖에 없다. 그리고 거친 글을 땀땀이 읽고 여러 의견을 주신 편집위원 백태남白泰男 선생님과 조윤형趙尹衡 편집실장님께 진심으로 감사 드린다. 끝으로 전 사상계 편집장 김중위金重緯 선생님께는 올바른 글쓰기를 통하여 평생 그 은덕을 갚아 나가려 한다.

여전히 한국의 인문학을 위하여 얼음알갱이를 씹으며 추운 겨울을 견디는 이 땅의 동학제현들의 많은 질정叱正을 기다리며 감히 참담한 부끄러움을 드러낸다.

2012년 정월 초명암蟭螟庵에서

이상원

차례

부록附錄

일러두기

- 이 책은 정수동鄭壽銅으로 널리 알려진 정지윤鄭芝潤의 시집 『하원시초夏園詩鈔』를 완역한 것이다.
- 저본은 1854년(철종 5년) 전사자全史字 목판본으로 간행된 초간본인 국립중앙도서관본(위창古3648-70-14)이다.
- 번역은 원문에 따라 축자역逐字譯을 원칙으로 했으며, 필요한 곳에 주석註釋을 달았다.
- 주석은, 원문의 해당 단어 또는 구절에 일련번호를 달고 각주脚註로 처리하였다.
- 번역문 뒤에 원문을 실었으며, 본문의 시詩는 번역문과 원문을 나란히 실었다.
- 부록으로 조두순趙斗淳의 『심암유고心庵遺稿』 권30에 수록된 「정수동전鄭壽銅傳」과 김택영金澤榮의 『소호당문집韶濩堂文集』 권9에 수록된 「정지윤전鄭芝潤傳」을 번역하여 원문과 함께 실었다.
- 책 말미에는 『하원시초』 원본(국립중앙도서관본)을 영인하여 수록했다.
- 이 책에 나오는 약물은, 책명은 『 』, 편명 및 작품명은 「 」, 대화 및 인용은 " ", 그 밖의 강조는 ' '로 사용했다.

해제解題[1]

1. 서지사항

1) 일반사항

『하원시초夏園詩鈔』는 조선 후기 시인 정지윤鄭芝潤(1808-1858)의 시집으로서, 단권으로 된 고활자본과 필사본이 두루 전한다. 철종 5년(1854) 저자의 생전에 시의 초고가 흩어질 것을 염려하여 최성환崔瑆煥[2]이 처음으로 간행했다. 책 머리에 저자의 자서가, 책 끝에 최성환이 지은 「하원시초제사夏園詩鈔題辭」가 실려 있다. 국립중앙도서관본(위창古3648-70-14)에는 자서와 제사를 제외하고 모두 103제題의 시가 실려 있다. 이 외에도 고활자본으로 된 저본은 규장각에 서로 다른 두 본(奎12663, 古811.03-J464h),[3] 그리고 고려대학교 중앙도서관(D1-

1. 『하원시초夏園詩鈔』의 해제는 선행연구로서 양기정梁基正이 한국고전번역원에서 한 바 있다. 본 역서의 해제는 이를 일부 참고하였음을 밝힌다.
2. 최성환: 1813-1891. 조선 후기의 무관. 자字는 성옥星玉. 현실에 대한 비판과 사회 개혁을 주장했던 중인의 대표적 인물로 해박한 학식을 가지고 있었지만, 조선사회의 폐쇄적인 신분 제약으로 그 뜻을 제대로 펼칠 수 없었다. 그는 중인 시사詩社를 후원했던 양반들과 친밀한 관계를 유지했는데, 박종보朴宗輔 집안에서 활자를 빌어다 책을 찍거나, 규재圭齋 남병철南秉哲의 책에 글을 싣는 등 당대의 세도가들과 잘 어울렸다. 중국 역대 시를 모은 『성령집性靈集』과 『각세신편팔감상목覺世新編八鑑常目』, 『시민요결視民要訣』, 『여도비지輿圖備志』, 『고문비략顧問備略』 등 다양한 저술활동을 하였다. 당대 경세가經世家로서 일찍 이름이 떨쳐서 헌종憲宗의 부름을 받았는데, 특히 『고문비략』은 중인 실학자인 그의 개혁론이 잘 담겨 있는 책으로 평가된다.

A1969), 국회도서관, 이화여자대학교 도서관 등에 각각 한 본이 소장되어 있다. 또한 필사본이 규장각, 장서각, 국립중앙도서관, 서울대학교 도서관에 소장되어 있는데, 규장각의 『하원집夏園集』(古3447-70)을 제외하고는 모두 초간본을 필사한 것이다. 그리고 1986년 여강출판사에서 영인본[4]이 나왔다. 또 한국고전번역원에서 한국문집총간 312집으로 영인[5]되어 나왔다.

한편 『하원집』은 '하원시초고夏園詩草稿' 라고 표기된 속표지가 있고, 그 다음 권수卷首에 초간본과 동일한 내용의 자서自序가 있으며, 최성환의 제사題辭는 없다. 자서의 끝에는 『하원집』의 필사자筆寫者가 쓴 것으로 추정되는 "갑인년 정월 십구일 기원 쓰다歲在甲寅正月十九日淇園筆" 라는 기록이 남아 있다. 『하원집』에는 『하원시초』에 없는 열다섯 편의 시가 있는 반면, 『하원시초』에는 『하원집』에 없는 다섯 편의 시가 추가되어 활자본과 필사본 사이에는 서로 제목과 내용이 들락거린 형태로 전한다. 속표지에 '하원시초고' 라고 되어 있는 점과 장지완張之琬[6]이 저자의 시를 모아 '초고初稿' 를 만들었다는 기록을 보면, 장지완이 정서淨書한 고본稿本으로 추정된다. 본 역서의 저본은 1854

3. 『하원시초夏園詩鈔』(古811.03-J464h) 간행연대: 철종 5년(1854), 소장도서번호: 가람古811.03-J464h, 1冊(39張), 판본: 전사자全史字, 규격: 28.6×18.4cm. 시는 모두 백여섯 수가 수록되어 있으며, 「시 짓는 데 느낌이 있어作詩有感」「관동에서 매화를 즐기며關東賞梅」「늦은 가을밤에 앉아晩秋夜坐」「장연 가는 나그네 길에서長淵客中」「전춘시餞春詩」「남한시南漢詩」 등이 보인다.

4. 『하원시夏園詩』, 李朝後期閭巷文學叢書 5, 驪江出版社, 1986.

5. 『하원시초』 영인저본은 1854년 전사자全史字로 간행한 초간본인 서울대학교 규장각본(奎12663)을 따랐다.

6. 장지완: 1806-1867 이후. 조선 후기의 학자. 본관 인동仁同. 자 옥산玉山. 호 침우당枕雨堂. 이학서李鶴棲의 문인으로, 과거에 뜻을 버리고 학문에 열중하였다. 김헌기金憲基, 홍직필洪直弼을 찾아가 성리학을 배우고, 『주역』과 『상서尙書』를 연구하여 어려운 부문을 도해圖解하여 설명하고 '기삼백도수朞三百圖數' 를 해석하여 착오된 부분을 보정하였다. 양서良書를 찾아 만주와 요동지방을 두루 다니고 명승에 이를 때마다 시를 지어 유래와 경치를 읊었다. 시론詩論을 전개하는 데 탁월하여, 사람이 다르듯이 시도 각기 독특한 개성이 있어야 한다고 주장했다. 저서에 『침우당집枕雨堂集』 여섯 권과 『비연상초斐然箱抄』 세 권이 있다. * 침우당

년 전사자全史字7로 간행한 초간본인 국립중앙도서관본을 따랐다.

형태서지

권수제	하원시초夏園詩鈔
판심제	하원시초夏園詩鈔
판 사항	목판
간종	전사자全史字
간행년	철종 5년(1854)
권질	불분권不分卷 1책
행자	매면每面 10행 20자
규격	21.5×14.8(cm)
반곽	사주단변四周單邊 유계有界
어미	상흑어미上黑魚尾
소장처	국립중앙도서관
소장번호	위창古3648-70-14

집枕雨堂集: 조선 후기의 학자 장지완張之琬의 시문집. 6권 3책. 활자본. 아들 윤창允蒼이 교감校勘한 것으로 되어 있으나 간년刊年은 미상이다. 권1-2에 부賦 2편, 시 247수, 권3-4에 서序 11편, 기記 6편, 제발題跋 10편, 서書 2편, 명銘 4편, 찬贊 1편, 잠箴 2편, 잡저 7편, 권5-6에 비갈碑碣 4편, 묘지 15편, 행장 6편, 전傳 7편, 애사哀辭 4편 등이 수록되어 있다. 특히 권5에는 「정수동묘지명鄭壽銅墓誌銘」이 실려 있다. ＊비연상초斐然箱抄: 조선 후기의 학자 장지완張之琬의 시문집. 3권 1책. 목활자본. 철종 8년(1857) 친구 이자전李紫田이 주관하고 현보여玄報汝가 자금을 대어 최성환崔瑆煥의 수교讐校(다른 것과 대조하여 고침)를 거쳐 간행하였다. 권두에 최성환의 서문이 있다. 권1에 시 84수, 권2에 부 2편, 서序 5편, 기 4편, 제발題跋 4편, 명찬잠銘贊箴 5편, 잡저 5편, 권3에 비갈碑碣 3편, 묘지 8편, 행장 1편, 애사 2편, 전傳 6편, 제문 1편 등이 실려 있다.

7. 전사자: 순조 22년(1822) 순조의 외삼촌인 박종경朴宗慶이 만든 활자로, 남공철南公轍의 문집에 적힌 전사체자全史體字에서 유래한다. 활자의 모양은 근대식 납활자와 같이 크기가 적당하며 주조가 정교하여 널리 애용했기 때문에 다양한 인본이 전해오고 있다.

2) 구성과 내용

저본은 1책, 단권單卷으로 묶여 있다. 첫머리에는 저자의 벗인 최성환이 1854년(철종 5)에 지은 제사題辭와 1839년(헌종 5)에 저자 스스로 지은 자서自序가 잇달아 붙어 있다. 그 밖의 내용은 모두 시문으로서, 103제題의 시가 수록되어 있다. 편차는 간지干支가 표기되어 있지 않아 정확한 연도를 알 수 없고, 다만 시의 제목이나 저자의 주가 달린 서너 편을 제외하고는 소략하여 시를 지은 구체적인 경위나 배경을 알기 어렵다. 넓은 교유의 폭을 말해 주듯, 성옥星玉 최성환崔瑆煥, 박치량朴穉良,[8] 심암心庵 조두순趙斗淳,[9] 희암希庵 현기玄錡,[10] 이재彝齋 권돈인權敦仁,[11] 우범雨帆 유상柳湘,[12] 정암鼎庵 유최진柳最鎭[13] 등과

8. 박치량: 생몰년 미상. 정수동의 절친한 친구로 생전에 그가 남긴 시고를 모아 두었다가, 장지완이 『하원시초』를 펴낼 때 도왔고, 저자가 철종 9년(1858) 잔뜩 술에 취하여 김흥근金興根의 집에 와서 자다가 갑자기 죽었을 때, 김병덕金炳德이 마련해 준 돈으로 선영先塋인 불광천佛光阡에 장사를 지내 주었다.

9. 조두순: 1796-1870. 조선 후기의 문신. 본관 양주楊州. 자 원칠元七. 호 심암心庵. 시호 문헌文獻. 그가 한때 사역원司譯院 제조提調가 되어 정수동을 참봉參奉으로 발탁하였으나, 수동은 업무를 방기放棄하고 관악산冠岳山에 유람을 갔으므로 파직되었다. 「정수동전」을 지었다. 저서 『심암유고心庵遺稿』가 있다. *심암유고心庵遺稿: 조선 후기의 문신 조두순趙斗淳의 시문집, 30권 30책, 필사본. 서문과 발문이 없다. 권1-10에 시, 권11-14에 소疏 92편, 권15-16에 차箚 65편, 권17에 주奏 67편, 권18에 계啓 6편, 의議 20편, 권19-20에 응제문應製文 108편, 권21에 제문, 권22에 묘갈명, 권23에 묘지, 묘표, 권24에 신도비명, 비문, 권25-27에 시장諡狀, 권28에 서序, 권29에 기記, 권30에 발跋, 상량문, 잡저 등이 수록되어 있다. 특히 권30 잡저에 「정수동전」이 실려 있다.

10. 현기: 1809-1860. 조선 후기의 여항시인, 본관 천녕川寧, 자 신여信汝, 호 희암希庵. 대대로 중인층인데, 한어역과漢語譯科에 합격하였다. 시에 뛰어나 사람들이 '시신詩神'이라 불렀다. 당시 여항시인 정수동과 친한 사이로 아울러 능시能詩로 유명하였다. 저서에 『희암시략希庵詩略』이 있다. *희암시략希庵詩略: 조선 후기의 여항시인 현기玄錡의 시집. 1권 1책. 전사자본全史字本. 시를 배운 김석준金奭準이 저자 사후 1896년(고종 33)에 편집, 간행하였다. 권두에 최성학崔性學이 찬한 '현희암선생전玄希庵先生傳'이 있고, 이어 김석준이 쓴 서문이 있다. 저자가 평생 창작한 시가 매우 많았다고 하나 거의 흩어지고 남아 있는 예순네 편의 시가 실려 있다.

11. 권돈인: 조선 말기의 문신이자 서화가. 본관 안동安東. 자 경희景羲. 호 이재彝齋, 우랑又閬, 우염又髥, 번상촌장樊上村庄 또는 과지초당노인瓜地草堂老人. 이조판서와 우의정 · 좌의정 등을 역임한 뒤 1845년(헌종 11)에 영의정에 올랐다.

수창酬唱하거나, 이들에게 지어 준 증시贈詩가 많다. 또한 영물시詠物詩와 회고시懷古詩뿐만 아니라 화제시畵題詩와 풍자시諷刺詩가 두루 실려 있다. 정지윤의 시세계는 유가儒家와 불가佛家, 노장老莊을 아우르며, 인간 심성의 자유로운 발로를 중시하였다. 그런데 그의 시는 해박한 전고典故를 끌어와 용사用事[14]에서 헐후歇后[15]가 많아 시의 행간을 해독하는 데 어려움이 있는 점은 매우 아쉽다. 그가 살아온 삶의 궤적이 그러하듯이, 방달放達(마음이 활발하여 거리낌이 없음)하고 무애無碍(하는 일에 막힘이 없이 거침새가 없음)한 정신 기조를 유지하여 시풍詩風도 매우 활달하고 거침이 없다.

예컨대「금강산 보현사에서 퇴운 화상에게 주다金剛普賢寺 贈頹雲和尙」「백련사에서白蓮寺」「내원암에서內院庵」「서봉사에서西峰寺」「봄날 안정사에서安定寺春日」는 불가佛家의 색채가 농후한 시정詩情을 보여 주는 시로서, 이상적李尙迪[16]은 1847년(헌종 13)에 지은「정수동이 묘향산에 들어가 승려가 되었다는 소문을 듣고聞鄭壽銅入香山爲

12. 유상: 생몰연대 미상. 조선 후기의 서예가. 호 우범雨帆, 추사 김정희의 문인. 김정희가 그린 '세한도歲寒圖'의 제영을 필사하고, 『예림갑을록藝林甲乙錄』에 그 이름이 실려 있다.

13. 유최진: 1791-1869. 조선 후기의 서화가. 본관 진주晉州. 자 미재美哉. 호 정암鼎庵, 학산목재學山木齋, 산초山樵. 벽오사碧梧社의 맹주로 집안 대대로 6대에 걸쳐 의관을 하였다. 그는 벼슬은 직장直長에 그쳤으나 그림을 잘 그렸고, 술과 시로 여생을 즐겼다. 당대의 유명한 서화가 조희룡趙熙龍, 의관醫官 이기복李基福 등과 교유가 깊었으며, 김정희金正喜를 따라 명승지를 편력하였다. 저서에 『초산잡저樵山雜著』가 있다. *이기복李基福: 1783-1865. 조선 후기의 의원·문인. 본관 합천陜川, 호 석경石經. 대대로 의관과 역관을 한 가문 출신으로, 일찍이 어의御醫를 지내다가 물러나 벽오사碧梧社 동인들과 함께 자연을 완상하면서 여생을 보냈다. 유최진과의 사귐을 '신유神游'라고 부를 정도로 산수에 노닐며 즐겼다.

14. 용사: 전고典故나 사실을 인용하는 한시의 작법. 경서經書나 사서史書 또는 선대 시인들이 이룩한 유형의 모방模倣과 습용襲用을 통해 특징적인 관념觀念이나 사적事迹을 두세 개의 어휘에 집약시켜 시의詩意를 배가시키는 방법.

15. 헐후: 뒷말을 생략한 시체인 헐후체歇後體를 말함. 즉 어떤 성어成語의 뒷말을 생략하고 앞부분만으로 전체의 뜻을 나타내는 일종의 은어隱語. 예를 들면, 『서경書經』 오자지가五子之歌의 '이궐자손貽厥子孫'에서, '이궐'만을 따서 자손을 나타내고, 군진君陳 편의 '우우형제友于兄弟'에서 '우우'만을 따서 형제를 나타내는 것과 같은 것임. "정계鄭綮가 시를 잘하여 그 말에 배해俳諧가 많으므로 세상이 모두 정오鄭五의 헐후체라 일렀다"고 하였다. 『신당서新唐書』「정계전鄭綮傳」.

僧」란 시의 각주脚註에서 「봄날 안정사에서安定寺春日」 시를 거론하며 저자가 일찍이 불가에 귀의하려는 뜻이 있었음을 알았다고 말하였다.

『하원시초』 전편을 통하여 주목할 만한 작품으로서 작자의 시 창작에 대한 생각을 엿볼 수 있는 시가 있다. 「시 짓는 데 느낌이 있어作詩有感」는 자잘한 형식에 얽매이지 않고 인간의 성정을 자유롭게 드러내는 데 역점을 두어야 한다는 성령론性靈論의 영향을 받은 작품으로, 저자의 문학관文學觀이 잘 드러난 시로서 의미가 크다. 「매화梅花」는 매화의 단아하고 고결한 자태에 저자 자신의 고고한 삶을 이입하여 내밀한 마음의 풍경을 그렸다. 「아이의 죽음을 곡하며哭兒」는 열 살 된 어린 아들이 죽자 그 슬픔을 드러낸 작품으로, 가난하여 자식을 제대로 장사 지내 주지 못하는 아비의 통절한 심정을 잘 표현하였다. 또한 「해주에서 취학한 김 아무개 아이에게 주다海州贈遊學金童」는 열 살에 요절한 아들의 글방 친구에게 준 시로, 그 학동을 보고 자기의 죽은 아이를 간접적으로 그리는 애통함을 드러낸다.

정지윤은 시를 빨리 짓는 재주가 뛰어났다. 이러한 사실을 뒷받침하는 시들이 다수 있는데, 가령 「심암 제조 상공께 배율시 백 수를 올리며百韻排律上心庵提擧相公」는 1840년대 조두순이 사역원司譯院 제조提

16. 이상적: 1804-1865. 조선 후기의 시인 · 역관. 본관 우봉牛峰, 자 혜길惠吉. 호 우선藕船. 역관 집안에서 태어나 잡과雜科에 급제한 후 열두 번이나 중국에 다녀왔다. 이상적의 시는 만당晩唐의 영향을 받아 섬세하고 화려한 특징이 있다는 평을 들었으며, 헌종이 이상적의 시를 애송하였다고 한다. 저서에 『은송당집恩誦堂集』이 있고, 중국 청나라 문인 서른아홉 명으로부터 받은 서신을 엮은 『해린척소海隣尺素』가 일부 전한다. *은송당집恩誦堂集: 조선 후기의 시인 · 역관 이상적李尙迪의 문집, 24권 4책, 목판본. 중국 우박계관藕船溪館에서 간행되었다. 다른 문집에 비해 체재가 특이하여 문文과 시詩의 권수가 별도로 있다. 시는 연대순으로 편집되어 있는데, 권1-10은 시 292수, 속집 권1-10은 시 206수, 권1-2는 문 18편, 속집 권1-2는 문 34편으로 구성되어 있다.
17. 주필: 글이나 글씨를 흘려서 매우 빨리 씀. 여기서는 시를 빨리 지음을 뜻함.
18. 남병철: 1817-1863. 조선 후기의 문신이며, 천문학자, 수학자. 본관 의령宜寧. 자 자명字明 또는 원명元明. 호 규재圭齋, 강설絳雪, 구당鷗堂, 계당桂堂. 시호 문정文貞. 저서 『해경세초해海鏡細草解』 『의기집설儀器輯說』 『성요星要』 『추보속해推步續解』 『규재유고圭齋遺藁』.

調로 있으면서 월급을 따져 보고 그 봉급으로 받은 쌀을 나누어 주고자 저자에게 오언五言으로 백운百韻을 지으라고 명하자 하룻밤 만에 완성하였는데, 마치 구슬을 꿴 것 같았다는 일화가 전해지는 시이다. 또한 「정암 서옥에서 운을 떼어 빨리 짓다鼎庵書屋拈韻走筆」「서쪽 성에서 화운하여 빨리 짓다城西唱和走筆」 같은 '주필走筆'[17] 시들도 글자 그대로 붓을 내달려 단숨에 지은 작품이다. 「한 송이 등불 꽃一燈花」은 칠언율시七言律詩 서른 수로서, 규재圭齋 남병철南秉哲[18]이 저자를 자신의 집에 머물게 하기 위해 초燭가 다 타기 전에 서른 수를 지으면 보내 준다는 조건을 걸었을 때 지은 시이다. 제목에 "촛불이 탈 동안 지은 시다刻燭作也"라는, 소자쌍행小字雙行의 저자의 주註가 달려 있다. 이러한 시들의 행간을 독해하는 데는 작자 자신이 마치 시마詩魔에 걸린 듯하여, 일정한 시의 흐름을 저해하기도 하고 다소의 탈격脫格을 보여 당황스럽다. 마치 귀신이 불러 주는 대로 받아 적는 듯한 주필 시들에는 마치 참언讖言이나 술서術書 같은 느낌을 주는 다수의 행들이 나타난다.

19. 이한철李漢喆: 1808-? 조선 후기의 화가. 본관 안산安山. 자 자상子常. 호 희원希園(喜園), 송석松石. 화원이던 의양義養의 아들로 군수를 지냈다. 1846년(헌종 12) 헌종어진도사憲宗御眞圖寫의 주관화사主管畫師로 활약하였고, 1852년(철종 3) 철종어진도사, 1861년 철종어진 원유관본도사遠遊冠本圖寫, 1872년(고종 9) 고종어진도사에 참여하였다. 초상肖像 실력으로 조중묵趙重默과 더불어 당시 초상화의 쌍벽으로 지칭되었으며, 전기田琦, 김수철金秀哲, 허유許維, 유숙劉淑, 조중묵趙重默, 유재소劉在韶 등과 함께 김정희金正喜의 화평畫評을 통하여 그림 지도를 받기도 하였다. 현존하는 작품은 산수, 인물, 화조花鳥, 절지折枝 등 다양한데, 대체로 전형적인 남종화법南宗畫法과 김홍도金弘道 화풍을 따르고 있다. 대표작으로 〈김정희영정金正喜影幀〉〈방화수류도訪華隨柳圖〉〈의암관수도倚巖觀水圖〉〈추림독서도秋林讀書圖〉 등이 있다. * 유숙劉淑: 1827-1873. 조선 후기의 화가. 본관 한양漢陽, 자 선영善永, 야군野君, 호 혜산蕙山. 도화서圖畫署 화원畫員으로, 사과司果를 지냈다. 헌종 5년(1839) 김수철金秀哲, 박인석朴寅碩, 유재소劉在韶, 이한철李漢喆, 전기田琦 등과 함께 김정희金正喜에게 화평畫評을 통하여 그림 지도를 받았다. 유재소, 전기, 유최진柳最鎭, 조중묵趙重默, 조희룡趙熙龍, 나기羅岐 등 여항문인閭巷文人 서화가들과 벽오사碧梧社를 통하여 교유하였으며, 1855년(철종 5)과 1861년에는 벽오사 오로회五老會에 참석하고 그 기념화를 그렸다. 조선 후기의 회화 풍토와 경향을 가장 전형적으로 보여 주었으며, 장승업의 스승으로도 잘 알려져 있다. 작품으로 〈세검정도洗劍亭圖〉〈계산추색도溪山秋色圖〉〈내원도內院圖〉 등이 있다.

한편, 저자는 다수의 화제시畵題詩를 짓기도 하였다. 시 가운데 우범雨帆 유상柳湘과 희원希園 이한철李漢喆[19]의 이름이 보인다. 유상은 '세한도歲寒圖'의 제영들을 베껴 쓴 인물이며, 이한철은 송석원松石園 화원畫員이었던 의양義養의 아들로 보물 제547호로 지정된 〈김정희영정〉을 그렸다. 두 사람은 추사秋史 김정희金正喜[20]가 유배에서 풀려 한강 가에서 경연競演 형식을 빌려 그의 문하門下에 속한 서화가書畫家 열네 명을 지도하면서 그 작품에 대하여 평론했던 내용을 모아 놓은 서화 비평서인 『예림갑을록藝林甲乙錄』[21]에 수록된 인물들이다. 정지윤은 역관이지만 추사의 제자들과 잦은 만남을 통해 서화에 대한 상당한 감식 능력을 가졌을 것으로 추정되는데, 『하원시초』에 보이는 제화題畵와 추사에 관한 몇 편의 시를 남겼다. 「달빛 자욱한 매화 그림에

20. 김정희: 1786-1856. 조선 후기의 문신 · 서화가. 본관 경주. 자 원춘元春. 호는 추사秋史, 완당阮堂, 예당禮堂, 시암詩庵, 과파果坡, 노과老果, 보담재寶覃齋, 담연재覃研齋. 아버지는 이조판서 노경魯敬, 어머니는 기계유씨杞溪兪氏 준주駿柱의 딸이다. 조선의 실학實學과 청의 학풍을 융화시켜 경학, 금석학, 불교학 등 다방면에 걸친 학문 체계를 수립했다. 또 서예에 능하여 추사체를 창안했으며, 그림에서는 문기文氣를 중시하는 문인화풍을 강조하여 조선 말기 화단에 큰 영향을 미쳤다. 현존하는 작품 〈세한도歲寒圖〉〈모질도耄耋圖〉〈부작란不作蘭〉 등이 유명하며, 문집으로 『완당집阮堂集』『완당척독阮堂尺牘』『담연재시고覃研齋詩藁』가 있다.

21. 예림갑을록: 김정희金正喜가 1849(헌종 15) 경연競演 형식을 빌려 문하의 서화가書畫家를 지도하면서 그들의 작품에 대하여 평론했던 내용을 모아 놓은 서화 비평서. 서예가로 미파渼坡 김계술金繼述, 송남松南 이형태李亨泰, 우범雨帆 유상柳湘, 소정小貞 한응기韓應耆, 이산耳山 이계옥李啓沃, 고람古藍 전기田琦, 학석鶴石 유재소劉在韶, 우당藕堂 윤광석尹光錫 등 여덟 명이 묵진墨陣을 이루고, 화가로 북산北山 김수철金秀哲, 소치小癡 허유許維, 희원希園 이한철李漢喆, 하석霞石 박인석朴寅碩, 고람古藍 전기田琦, 혜산蕙山 유숙劉淑, 자산蔗山 조중묵趙重默, 학석鶴石 유재소劉在韶 등 여덟 명이 회루繪壘를 이룬 뒤, 서화를 번갈아 가며 경연하고 비평하였다. ＊전기田琦: 1825-1854. 조선 후기의 화가. 초명初名 재룡在龍, 본관 개성開城, 자 이견而見, 위공瑋公, 기옥奇玉. 호 고람古藍, 두당杜堂. 약포藥鋪를 경영하였던 중인 출신으로 알려져 있으며, 그림 중개도 하면서 남다른 감식안鑑識眼도 갖추는 등 다재다능하였다. 오경석吳慶錫과 함께 이상李尙迪의 문하에 드나들면서 김정희金正喜를 알게 되었으며, 헌종 5년(1839) 그의 화평畫評을 통하여 그림 지도를 받았다. 1849년 무렵 여항문인閭巷文人의 모임인 벽오사碧梧社 핵심 구성원으로 나기羅岐, 유재소劉在韶, 조희룡趙熙龍 등과 교유하였는데, 특히 유재소와는 '금란지교金蘭之交'로 일컬어질 만큼 가깝게 지냈다. 작품으로 〈매화서옥도梅花書屋圖〉〈설경산수도雪景山水圖〉〈한북약고도漢北藥庫圖〉 등이 있다.

제하여題煙月梅畫」「희원이 그린 서천호산도에 제하여題希園暑天湖山圖」「그림에 제하여題畫」「명절날 구여곡을 부르며 부채에 즐겨 제하다九如唱名日 喜題便面」「우범이 부채에 그린 그림 두 점을 보고 제하다題雨帆扇頭田而見畫二本」 들은 그림에 붙인 시들이다. 한편 영물시詠物詩로는 「꿀벌甘蜂」「단연죽로를 읊은 노래端硯竹爐歌」「흰나비白蝶」「자석영 벼루紫石英硏山」「관동에서 매화를 즐기며關東賞梅」 등이 있다. 「단연죽로를 읊은 노래端硯竹爐歌」는 추사 김정희의 집에 묵으면서 추사의 서재와 문방사우의 풍정을 매우 치밀하게 그리고 있다. 추사가 제주 유배생활을 마치고 쓴 예서체 현판 '단연죽로시옥端硏竹爐詩屋'은 유명한 단계벼루, 차 끓이는 대나무 화로, 그리고 시를 지을 수 있는 작은 집이면 족한다는 뜻으로, 추사의 강직한 정신세계를 잘 나타낸다. 저자는 한때 추사댁에 잠시 기식寄食하면서 독서를 하며 소일하기도 하였다.

그리고 「연광정에서 진사 김낙효를 만나練光亭逢金進士樂孝」부터 「묘향산에서 돌아온 뒤 여러 사람을 불러 차례로 말하다香山歸後 諸君子邀與敍語」까지의 시는 1847년(헌종 13)에 관서關西와 해서海西 지방을 두루 유람할 때에 지은 시와, 서울로 돌아온 뒤에 친구들과 회포를 풀면서 지은 시이다. 「꿀벌甘蜂」「볼기짝에 부스럼이 나서臀腫」「밤에 도둑이 들어夜有穿窬」「한쪽에 버려져 束閣」 같은 작품은 매우 희화적戱畵的으로 그려져 있는데, 그의 자유로운 시풍을 엿볼 수 있어서 한껏 시 읽는 감칠 맛을 더해 준다. 「만월대滿月臺」「황진이 묘에서黃眞墓」「숭양서원에서嵩陽書院」 등의 작품은 회고시로서 작자의 스산한 내면풍경이 쓸쓸히 겹쳐져 시대와 불화한 작사의 정조를 살 느러낸다.

『하원시초』에 수록된, 인명이 드러난 서른여덟 편의 시제詩題에 등장하는 인물을 살펴보면 다양한 그의 교유관계를 살펴볼 수 있다. 그 가운데 일부는 신원 미상이지만, 공경대부에 속하는 인물로서 조두순, 권돈인, 김병덕金炳德,[22] 김병운金炳雲,[23] 김정희, 김낙효金樂孝,[24] 이건필李建弼,[25] 이용수李龍秀[26] 등이 보이고, 중인계층인 역관, 화원, 무관 등의 인물로서 최성환, 유최진, 유상, 현기, 박치량, 이한철, 장중규張仲圭,[27] 최긍식崔兢植,[28] 서경창徐慶昌,[29] 조희룡趙熙龍[30] 등이 보이고, 승려로서 대연大演,[31] 퇴운 화상頹雲和尙[32]이 보인다. 또, 신원 불명인 인물로 열 살 때 죽은 아들의 서당 친구, 심석원沈石園, 김경희金

22. 김병덕: 1825-1892. 조선 후기의 문신. 당시 영의정 홍근興根의 아들이다. 본관 안동安東. 자 성일聖一. 호 약산約山, 시호 문헌文獻. 저서 『속간고續諫考』.
23. 김병운: 1814-1877. 조선 후기의 문신. 본관 안동安東. 자 경평景平. 호 유정柳汀. 1831년에 생원시生員試에 합격하고, 1844년 증광문과增廣文科에 을과乙科로 급제한 후 예문관藝文館 검열檢閱, 1856년 성균관成均館 동지사同知事, 이조참판吏曹參判, 경기감사京畿監司, 도총부都摠府 도총관都摠管, 형조刑曹 및 공조工曹 판서判書, 한성부漢城府 판윤判尹, 사헌부司憲府 대사헌大司憲, 홍문관弘文館 제학提學을 지냈다. 『유정수후록柳汀隨後錄』 2책이 전한다.
24. 김낙효: 생몰연대 미상. 본관 풍천豊川 혹은 영유永柔. 자 군석君錫. 『사마방목司馬榜目』에 헌종 9년(1843) 식년式年 진사進士에 급제한 기록이 보인다.
25. 이건필: 1830~? 조선 후기의 서예가. 자 우경右卿; 호 석범石帆. 벼슬은 의주부윤義州府尹을 지냈으며, 안변 석왕사 등의 편액을 썼다.
26. 이용수: 1776~? 조선 후기의 문신. 본관 연안延安. 자는 자전子田. 조원肇源의 아들로, 서울에서 거주하였다. 1809년(순조 9) 별시 문과에 병과로 급제하여 이듬해 대교가 되었으나 형조판서 조득영趙得永의 상소로 파직되었다. 이조참판을 거쳐 황해도 관찰사로 나갔다. 1823년 대사성이 되고, 동지부사로 동지사 홍의호洪義浩와 함께 청나라에 다녀왔다. 후에 한성부 판윤을 지냈다. 시호는 효간孝簡.
27. 장중규: 조선 후기의 여항문학인. 『이향견문록里鄕見聞錄』에 행적이 기록되어 있는 인물로, 진종환秦鐘煥(1803~1854)의 만사를 지었다. 진종환의 자는 중경重磬, 호는 교릉嶠陵으로, 서예 · 시 · 바둑 · 무예 등 다방면에 탁월하였던 인물이다. "진종환이 세상을 뜨자 그의 작은 누이가 언문으로 그의 평생 행적을 적고 친척을 시켜 장중규에게 '돌아가신 오라버님께서 좋아하신 분으로는 선생 만한 분이 없습니다. 길이 전해질 글을 한 편 지어 주소서' 라고 부탁하자, 장중규가 만사를 지어 주었다" 는 기록이 남아 있다.
28. 최긍식: 1807-? 조선 후기의 역관. 본관 경주慶州. 자 긍재兢哉. 아버지는 최욱崔旭. 순조 28년(1828) 역과譯科 식년시式年試에 2위로 합격하였으며, 훈련원訓鍊院 판관判官을 지냈다.
29. 서경창: 생몰년 미상. 조선 후기의 실학자. 자 명중明重. 호 학포헌鶴圃軒. 그의 가계는 거의 알려져 있지 않는데, 그가 승문원과 비변사의 서리를 지냈고, 그의 아들이 액정서와 세자시강원의 서리를 지낸 걸 볼 때 전형적인 서리 집안으로 추정할 수 있다. 주사籌司 서리로서 『종저방種藷方』을 주해, 번역하고 전국에 보급하여 구황작물이 되게 하였다. 송석원시사松石園詩社의 맹주였던 천수경千壽慶과 김낙서金洛瑞, 오득린吳得麟, 지덕구池德龜, 김재명金載明, 왕태王太 등과 교유하였다. 시문詩文과 실학에 관한 내용이 포함된 『학포헌집學圃軒集』을 저술하였다. * 천수경千壽慶: ?-1818, 조선 후기의 학자 · 시인. 본관 금계金溪. 자

慶熙, 만취晩翠, 석남石南, 장운암張雲庵, 한간송韓僴松이 보인다. 다음의 시제들은 특정 인물과 관련된 작품을 뽑아 본 것이다.

심석원이 부쳐 온 시에 차운하여次沈石園見寄韻 / 심석원
가을날 성옥과 함께 짓다秋日同星玉作 / 성옥 최성환
수원 서학포의 시골집에서水原徐鶴圃村居 / 명중 서경창
안정사에서 성옥, 자전, 치량과 함께 짓다安定寺同星玉子田穉良作 / 성옥 최성환, 자전, 박치량

군선君善. 호 희헌羲軒, 송석원松石園, 송석도인松石道人. 빈한한 집안 출신으로 독서를 좋아하고 시 공부에 힘썼다. 인왕산 옥류천玉流泉 송석松石 아래에 초가집을 짓고 '송석도인'이라 자처하며 동인同人들과 노닐며 시를 읊었다. 정조 10년(1786)에 결성된 모임을 송석원시사松石園詩社라고 하였는데, 이는 뒤에 중인층 시단의 모체가 되었다. 1791년에는 시사에서 읊은 시를 모아 『옥계아집첩玉溪雅集帖』을 만들었으며, 1793년에는 송석아회松石雅會를 개최한 뒤에 시첩을 만들기도 하였다. 1797년 『풍요속선風謠續選』 간행에 참여하여 위항문학이 성장한 자취를 정리하였다.

30. 조희룡: 1789-1866. 조선 후기의 화가. 본관 평양平壤. 자 치운致雲. 호 우봉又峰, 석감石憨, 철적鐵笛, 호산壺山, 단로丹老, 매수梅叟. 서울 출생, 김정희金正喜의 문인으로, 1847년(헌종 13)에 벽오사碧梧社를 결성했다. 헌종의 명을 받아 금강산의 명승지를 그렸으며, 1851년(철종 2) 조정의 전례문제에 개입했다는 이유로 임자도荏子島로 유배되어 1853년까지 그곳에서 보냈다. 시서화에 뛰어난 재주를 보였는데, 글씨는 추사체秋史體를 본받고, 그림은 난초와 매화를 많이 그렸다. 저서에 『석우망년록石友忘年錄』과 『호산외사壺山外史』가 있다. * 석우망년록石友忘年錄: 조선 후기의 화가 조희룡趙熙龍이 예술창작을 하는 틈틈이 느낌을 짤막한 산문으로 구성한 책. 모두 일백팔십 개 항으로 되어 있는데, 벗들과 노닐던 추억, 일상생활을 소재로 그 의미를 반추하여 얻은 생활의 지혜, 시문詩文과 서화書畵, 고인古人의 일화와 명언명구名言名句를 음미하고 감상하여 예술적 자각을 새롭게 한 내용이다.

31. 대연: 생몰년 미상. 조선 후기의 승려. 『하원시초』에 '묘향산에서 대연에게 주다妙香山贈大演' '대연이 내 돌아갈 바랑을 근심하기에 스스로 먹을거리를 채비하며大演慮吾歸橐自費香積' 라는 제목의 시가 두 편 전한다. 『하원시초』의 저자 주에서 "처음 대연을 서울 탕춘대에서 만나 복사꽃을 보며 같이 묵었다初逢大演於京城蕩春臺 看桃花 因共留宿"라는 사실에서 탕춘대에서 하룻밤을 같이 묵은 구면이며, 앞의 시에서 보듯이 귀로歸路하는 채비를 챙겨 줄 정도로 막역한 사이인 것으로 보인다.

32. 퇴운 화상: 생몰년 미상. 조선 후기의 승려. 원주에서 작자인 정지윤을 처음 만났고, 뒤에 작자가 금강산 일대를 유람하던 무렵 보현사에서 재회하여 시 한 수를 지어 주었다. 『하원시초』의 '금강산 보현사에서 퇴운 화상에게 주다金剛普賢寺 贈頹雲和尙' 란 제목의 시에 붙은 작자의 주에 "처음에 원주에서 퇴운 화상을 만나, 더불어 시를 주고받았다. 내가 지은 시구에 '부처님 앞에 날 위해 술잔 기울여 증명하소서'가 있어서 이 시를 주었다"라는 주석이 있어 그가 승려임을 알 수 있다.

大演慮吾歸槖自費香積 / 대연 스님

해주에서 취학한 김 아무개 아이에게 주다海州贈遊學金童 / 김가 아이

마침내 남쪽으로 가서 한간송을 방문하여終南訪韓磵松 / 한간송

칠송정에서 계선과 우경과 함께 짓다七松亭 同繼先右卿作 / 우경 이건필

정암과 더위를 피하며鼎庵消夏 / 정암 유최진

유정암의 시에 차운하여次柳鼎庵 / 정암 유최진

우범의 서옥에서 밤에 술 마시며夜飮雨帆書屋 / 우범 유상

최긍재에게 줌贈崔兢哉 / 긍재 최긍식

관동으로 돌아가는 장운암을 보내며送張雲庵歸關東 / 장운암

초봄 예문관 유정의 집에서 장중규와 함께 짓다初春柳汀內翰宅 同張仲圭作 / 유정 김병운, 장중규

우범이 부채에 그린 그림 두 점을 보고 제하다題雨帆扇頭田而見畫二本 / 우범 유상

조계선과 해서지방에 벼를 수확하러 가서…與趙繼先同作海西穫稻之行… / 조계선

금성 관아에서 약산 영공 시에 차운하여…金城衙中 次約山令公… / 약산 김병덕

관아에 묵으며 약산 영공 시에 차운하여留寄縣齋 次約山令公韻 / 약산 김병덕

2. 생애와 설화[33]

1) 가계와 이력

정지윤鄭芝潤은 순조 8년(1808) 무진년에 아버지 정문도鄭文度와

어머니 최씨崔氏 사이에서 태어났다. 본관은 동래東萊[34], 자는 경안景顔, 호는 하원夏園, 별호는 수동壽銅, 지윤은 본명이다. 집안 대대로 사신의 행차를 보좌하는 역관 일을 맡았는데, 왜어 역관 출신의 가계에서 태어난 신분적 제약 때문에 그도 역관으로만 출세할 수 있었다. 태어날 때부터 손바닥에 목숨 '수壽' 자의 손금이 있었는데, 이로 인해 훗날 『한서漢書』에서 "금지金芝가 동지銅池에서 자란다"[35]는 '지생동지중芝生銅池中'이라는 글귀에서 따온 '동銅' 자와 합쳐 '수동壽銅'이라 자호自號하였다.

수동은 제 마음대로 행동하여 평생을 남에게 구속받기를 달가워하지 않아서 스스로 세상의 규범 밖에서 노닐었으나, 믿음성이 있고 겸손하여 마치 말을 못 하는 듯이 하고, 또 자신이 가진 것으로 남을 이기려고도 하지 않았다. 옥황상제玉皇上帝나 비전원卑田院[36]의 거지 아이도 위아래로 차별이 없이 짝이 될 만하였다. 총명하기가 문자에 이르러서는, 무릇 궁벽하고 기괴하여 깊고 오묘하며 복잡하고 번거로워 알아볼 수 없는 것이라도 한번 보기만 하면 벌써 그 요체와 긴요한 곳을 깨달

33. 정수동 관련 주요 원전자료로는 『하원시초夏園詩鈔』(문집총간312집), 정지윤鄭芝潤. 『심암유고心庵遺稿』(문집총간307집), '정수동전鄭壽銅傳'(권30) 己未, 조두순趙斗淳. 『은송당집恩誦堂集』(문집총간312집), '聞鄭壽銅入香山爲僧' 丁未, 이상적李尙迪. 『규재유고圭齋遺藁』(문집총간316집), '贈鄭壽銅芝潤' 二首, 남병철南秉哲. 『소호당집韶濩堂集』(문집총간347집), '鄭芝潤傳' 壬子, 김택영金澤榮. 『枕雨堂集』 권5, '墓誌銘(張之琬 撰), 『이향견문록里鄕見聞錄』 권7 '정하원지윤전', 유재건劉在建, 『일사유사逸士遺事』, 장지연張志淵 등이 있다. 또 연구서 및 기타 자료로는 『조선위항문학사』, 허경진, 태학사, 1997. 『조선후기중인문학연구』, 정후수, 깊은샘, 2007. 『조선후기 여항문학 연구』 강명관, 창작과비평사, 1997. 『韓國風流野談選集』-鄭壽銅 · 鄭萬瑞, 현석연, 삼중당, 1966년. 『諧謔小說大全集』 2, 金容喆, 노벨文化社, 1970. 『정수동과 정만서』, 趙能植, 대아출판사, 1978, 『韓國口碑文學大系』, 韓國精神文化研究院, 1980-1988 등이 있다.
34. 조두순이 지은 「정수동전」에는 봉산蓬山으로 되어 있는데, 이는 동래의 고호古號이다.
35. '금지'는 신선이 먹는 약이고, '동지'는 구리로 만든 낙숫물받이를 말한다. "선제가 하동河東에 행차해 후토后土(토지를 다스리는 신)에 제사 지내고 조서를 내렸는데, 금지 아홉 줄기가 함덕전 동지에 피었다金芝九莖産於函德殿銅池中" 『한서』 권8, 「선제기宣帝紀」. 또한 "감로 초2년에 금지가 동지에서 자랐는데, 신선이 내려와 마시고 천만세를 살았다甘露初二年芝生銅池中 仙人下來飮 延壽千萬歲" '상릉곡上陵曲', 『송서宋書』 권22, 「지志12」, 악樂 4.

았다. 시를 가장 잘하였는데, 귀와 눈으로 보고 들은 바로써 고금의 고상하고 오묘하며 정확하여 마음에 맞는 시구를 모두 다 모아서 다듬고 정련하여 내어놓았다. 술을 잘 마셨는데, 그것을 천성처럼 여기더니 슬픔과 기쁨, 얻음과 잃음, 눈물과 웃음, 자부와 실의, 고난 일체를 술에 기대어 시로써 표현하였다.[37]

그는 기행과 일탈로, 활달하여 거리낌 없고 구속받지 않는 생애를 살다 갔기에 그에 관한 일화가 많이 전하고 있다. '수동'이라는 별호로 더 잘 알려져 무수한 일화와 설화의 주인공인 것처럼 기이한 일생을 살았지만, 정작 그의 시문과 그 성과에 관하여는 많이 알려지지 않았다. 그만큼 정지윤에 대한 인물에 관한 스펙트럼이 좁을 수밖에 없음은 안타깝다. 기인奇人과 재사才士로 '정수동'이란 설화적 인물의 모티브로 너무 알려진 나머지, 시인으로서 인간 성정의 발로에 기반하여 독창적으로 이룩한 시문학의 성과는 거의 알려지지 않고 매몰되어 온 것이 사실이다.

장지연張志淵의 『일사유사逸士遺事』[38]에 정수동의 생애가 대략 다음과 같이 그려져 있다.

36. 옥황상제나 비전원: 중국 북송의 문인 소동파蘇東坡가 널리 천하의 선비를 사랑하여 어진 자나 불초한 자나 가리지 않고 좋아하였다. 그래서 그는 일찍이 말하기를, "위로는 옥황상제를 섬길 수 있고, 아래로는 비전원(빈궁한 백성을 구제하여 기르는 곳)에서 빌어먹는 아이도 모실 수 있어야 한다吾上可陪玉皇大帝 下可陪卑田院乞兒"고 하였다. 그러므로 자유子由(아우 소철蘇轍의 자字)가 조금 틈이 있으면 늘 동파에게 사람을 가려서 교제할 것으로 경계하였다. 그러나 그럴 때마다 동파는 말하기를, "내 눈앞에 보이는 천하에는 한 사람도 좋지 않은 사람이 없다眼前見天下無一個不好的人"고 하였다.

37. 조두순趙斗淳, 『심암유고心庵遺稿』 권30 「정수동전鄭壽銅傳」.

38. 일사유사: 장지연張志淵 사후 1922년 유작으로 출간된 조선시대 중인과 하층민의 전기를 모은 열전列傳. 6권 1책. 국한문혼용체. 『어우야담於于野談』 『진조속기震朝續記』 『호산외기壺山外記』 『앙엽기盎葉記』 『겸산필기兼山筆記』 『숭양지崧陽志』 등을 대본으로 하였다. 내용은 기인奇人, 화가, 문인, 효열孝烈, 재녀才女에 이르는 다양한 인물들로, 신분적 한계로 타고난 재질을 펼치지 못한 그들의 삶을 밝히고 있다.

정수동은 일찍이 아버지를 여의고 어머니 최씨가 수절하면서 삯바느질로 글공부를 시켰다. 평생 남의 구속을 싫어하고 성품이 고고, 오활하며, 순직하고 겸허해서 말이 적고 자신을 내세우는 일이 없었다. 그리고 술 마시는 것이 천성이 되어 희로애락을 술에 붙이고 시로 풀어냈다. 추사 김정희는 그를 기특하게 여기어 자기 집에 붙들고 소장한 서적을 보게 하면서 학문이 넉넉해지기를 기다렸다. 그러나 그는 한번 나가면 들어올 줄 모르는 등 계속 출입이 무상하였다. 유관 상공 김흥근金興根[39]이 특히 수동의 재주를 사랑해 술동이와 안주로 그를 묶어 두려 하였지만 별로 고분고분하지 않았다. 한번은 수동의 처가 임산臨産하여 불수산佛手散[40]을 지어 돌아오는 중에 금강산 유람을 가는 친구를 만나 집에 들르지도 않고 친구를 따라 갔다. 수동의 처 김씨는 현숙한 부인이었다. 지아비가 사대부와 종유해서 문학으로 명성을 떨치는 것을 보람으로 여기고 그 밖에는 개의하지 않았던 것이다. 수동은 말이 어눌한 듯하였지만, 대개 세상을 조롱하고 풍자하는 뜻이 담겨 있었다. 세상에서 그를 "인품은 진인晋人과 같고, 시풍은 송인宋人의 시와 같다"고 평하였다. 가고 싶은 곳이 있으면 문득 포의布衣,[41] 대석大舄[42]으로 천 리도 지척인 듯 단신으로 훌쩍 찾아갔다. 먼 곳의 일면식이 없는 사람도 그를 칭송하고 사모하였고 그를 만나면 주머니를 털어서 주식酒食을 대접하는 것이었다. 조 정승이 사역원 제조로 있을 때 수동

39. 김흥근: 1796-1870. 조선 후기의 문신. 본관 안동. 자 기경起卿. 호 유관游觀. 순조 25년(1825) 알성문과 병과에 급제하고, 헌종 3년(1837) 동지부사로 청나라에 다녀왔다. 1841년에 형조판서, 대사헌, 한성부 판윤, 공조·호조·예조 판서와 규장각제학, 이조판서 등을 역임하였다. 그러나 안동김씨의 권세를 믿고 방자한 행동을 하여 대간의 탄핵을 받아 전남 광양현에 유배되었다가, 철종이 즉위하여 다시 안동김씨 세도가 확립되자 유배에서 풀려나 한성부 판윤, 이조판서, 좌의정에 오르고, 『헌종실록』 편찬 총재관摠裁官, 『철종실록』 편찬 지실록사知實錄事를 지내고, 그 뒤 영의정이 되었다. 시호는 충문忠文.

40. 불수산: 해산 전후에 흔히 쓰는 탕약. "임신부가 해산할 달에 이 약을 먹으면 태아가 여위어서 쉽게 해산하므로 자연히 난산할 염려가 없다孕婦臨月服之則 縮胎易產自無難產之患" 『동의보감東醫寶鑑』 「부인婦人」.

41. 포의: 베옷. 벼슬이 없는 선비를 비유적으로 이르는 말.

42. 대석: 여러 겹을 밑 댄 신발.

을 불러 오언시 백운을 지어 보라 하자 수동이 밤을 새워 시편을 완성하는데 조정승은 찬탄해 마지않고 역관에 응시해 보도록 해 사역원 참봉으로 임명되었다. 그러나 임금이 거둥할 때 관악산으로 놀러 갔다가 파직되고 만다. 정수동은 조정승이 여러 재상들과 한담 중에 세상에서 무엇이 가장 무서운지 묻자 호랑이를 탄 양반도둑이 가장 무섭다고 하고, 동전 한 닢을 삼킨 어린애를 그 어미가 걱정하자, 남의 돈 칠만 냥을 삼키고도 멀쩡한 그 집 주인대감을 빗대어 말하며, 괜찮다고 말하였다. 수동이 비록 술을 마시고 분방하였지만 골계와 풍자가 이러했다. 쉰한 살의 나이로 폭질을 얻어 숨을 거두니 김 대감이 초종의 범절을 차려 장사를 지내 주었고, 조 정승은 그를 위해 전傳을 지었다. 최성환은 그의 시고를 수집하여 『하원시초』 1권을 간행하였다.

정지윤의 집안은 중인계층으로, 부친-자신-아들 삼대가 역관譯官의 가계로 이어졌는데, 조부 정섬鄭暹은 첨정僉正을 지냈다. 그가 두 살되던 순조 9년(1809)에 한학봉사漢學奉事이던 부친 정문도鄭文度가 역과譯科에 합격하여 왜어역관倭語譯官을 지냈는데, 어릴 때 그 부친이 죽자 모친 최씨가 삯바느질로 그를 어렵게 키웠다. 아들 낙술樂述도 역관으로 『역과방목譯科榜目』에 이름이 올라 있고, 그 자신도 사역원司譯院 판관判官을 지낸 때가 있었다. 당시 홍세태洪世泰,[43] 이언진李彦瑱,[44] 이상적李尙迪과 함께 역관사가譯官四家[45]의 한 사람으로 불렸으며, 세상사에 얽매이지 않는 성품性品과 풍자諷刺와 해학諧謔이 넘치는 글재주로 인해 "사람은 진인晉人 같고, 시는 송시宋詩 같다"는 세평을 받았다. 장성하면서 생업은 돌보지 않고 말술을 퍼마시고 기이한 행동을 하며 떠돌아다녔는데, 조두순趙斗淳, 김흥근金興根, 남병철南

43. 홍세태: 1653-1725. 조선 후기의 역관시인. 본관 남양南陽. 자 도장道場. 호 창랑滄浪, 유하柳下. 천한 노비 출신으로 1712년(숙종 38) 위항시인委巷詩人 마흔여덟 명의 시 작품을 모아 시선집 『해동유주海東遺珠』를 편찬하여 위항문학의 발달에 중요한 역할을 하였다. 1731년 시문집 『유하집柳下集』이 간행되었다.

秉哲, 김정희金正喜 등 당대의 세도가나 사대부들과 시를 지으며 교유하였다. 특히 추사秋史는 그의 재주를 아껴, 여러 달 동안 자신의 집에 머물게 하여 장서를 두루 읽도록 하였는데, 처음에는 독서에 전념하여 세상 일을 잊은 듯하였으나, 곧 견디지 못하고 뛰쳐나가 버렸다. 조두순은 「정수동전」에서 이렇게 회고하고 있다.

추사秋史 김원춘元春(정희正喜) 참판이 그를 기이하게 여겨 자기 집에 머물게 하여, 소장한 도서와 서적을 읽게 하여서 박학다식으로 진취하기를 기대하였는데, 몇 달 동안 마음을 오롯이 하여 글 읽기에 집중하여 마치 문밖 일은 모르는 사람같이 하였다. 그러다가 갑자기 어디론가 떠나 버리고 돌아오지 않았다. 수소문하여 뒤를 좇아 그를 찾아내어 가두기까지 하면서 갓과 두루마기를 걸치지 못하게 하였다. 그러나 그 뒤로도 뛰쳐나간 적이 한두 번이 아니었다秋史金侍郞元春奇之 使留讀所藏圖史 期贍博而進之 能閱屢月 竱心注目行墨間 若不知戶外事者然 忽一踔不復來 跡而尋之 至幽之 不使巾衫 而後復如此不一再[46]

그는 시대와 불화하고 도저히 그 틀에 자신을 꿰맞출 수 없었다. 그

44. 이언진: 1740-1766. 조선 후기 역관 · 시인 · 서예가. 본관 강양江陽. 자 우상虞裳. 호 송목관松穆館, 창기滄起. 이용휴李用休에게 수학하였으며, 1759년(영조 35) 역과譯科에 급제하여 주부主簿를 지냈다. 1763년 통신사 조엄趙曮의 역관으로 일본에 다녀왔다. 시문과 글씨에 뛰어났고, 유고로 『송목관집松穆館集』이 있다. 연암燕巖 박지원朴趾源이 그를 기린 「우상전虞裳傳」을 지었다. ＊송목관집松穆館集: 조선 후기의 시인 이언진李彦瑱의 시문집. 2권 1책. 목활자본. 이언진이 스스로 시고詩稿를 불태운 것을 그 아내가 타다 남은 일부를 수습해 일부 작품이 전하기 때문에 『송목관신여고松穆館燼餘稿』라는 제목으로도 전한다. 철종 11년(1860) 손자 진명鎭命, 진거鎭擧와 종중 사람 경민慶民이 간행했다. 서문은 이용후가 썼고, 권말에 김숙金潚의 발문과 장지완張之琬의 제후題後가 있다. 본문에서 중요한 것은 시로서 총 이백아흔여섯 수가 실려 있으며, 이 밖에 찬贊 2편, 명銘 1편, 척독尺牘 2편이 있다.

45. 역관사가: 허경진 교수는 역관사가의 특징을 "일본에서 높이 평가된 홍세태, 자기 시를 모두 불태웠던 이언진, 청나라 문단에 이름 높았던 이상적, 신분 제한의 시름을 해학으로 표현한 정지윤"이라고 단평으로 언급하였다. 『조선위항문학사』, 태학사, 1997.

46. 『심암유고心庵遺稿』 권30, 「잡저雜著」 '정수동전'.

러므로 극도의 가난을 면할 수 없었다. 김성유金性柔의 딸인 개성김씨와 결혼하여 아들이 하나 있었으나, 글을 막 배울 무렵 요절하고 만다. 아비로서 글방에 보내면서 시권詩卷을 아이 손에 쥐어 주며 부디 애비같이 살지 말고 학당에서 성취할 것을 당부한다. 그런 애가 요절하니 가난한 살림에 장사도 제대로 치러 주지 못하는 이때의 가슴 먹먹한 슬픔을 시로 풀어냈다.

아이의 죽음을 곡하며	哭兒[47]
언제나 집안 살림 계책 끝도 없어	無限他時門戶計
하루아침 떠나니 험한 언덕에 묻네	一朝携去付荒厓
네 아비 평생 술이나 마시고 다녔더니	爾爺荷鍤[48]平生事
그래도 사람으로 시신 묻는 건 못 봤네	尙得人間未見埋
비단 한 조각 없이 네 몸을 감싸니	寸錦曾無裹汝肌
아플 때 약에 얼룩진 옷에 눈물이 주루룩	淚痕藥跡病時衣
열 살 급살에 가난한 집 자식이라	十年慟煞[49]貧家子
저승서 남루하다 돌려 보내진 않을까	復使壤泉藍縷歸
총명하진 못해도 모자라진 않았는데	未必聰明勝闒茸[50]

47. 이 시는 어린 아들을 잃고 지은 작품으로서, 가난하여 자식을 제대로 장사 지내지 못하는 아비의 심정이 잘 표현되어 있다.
48. 하삽荷鍤: 삽을 멤. 중국 진晉나라 죽림칠현竹林七賢의 한 사람으로, '주덕송酒德頌'을 지은 유령劉伶이 늘 술병을 들고 나가면서 삽을 메고 따라오게 하다가, 자기가 죽으면 그 자리에 파묻도록 한 고사가 있다. "키는 육 척이고 용모는 아주 남루하나 맘대로 노닐면서 늘 우주도 좁다고 여기며 만물을 가지런히 하는 마음이 있었다. 담담하여 말은 거의 않고 망령되이 사귀지도 않고 완적과 더불어 혜강과 서로 만났다. 기꺼워하며 뜻이 통하여 손을 잡고 숲에 들어가 처음에는 가산이 있건 없건 개의치 않다가 작은 수레를 타고 술 한 병을 차고 다니면서 딸린 사람에게 삽을 메고 따라 다니게 하고는, 그에게 말하길, '내가 죽거든 곧장 땅을 파서 묻어라'라고 하였다身長六尺 容貌甚陋 放情肆志 常以細宇宙齊萬物爲心 澹默少言 不妄交遊 與阮籍 嵇康相遇 欣然神解 攜手入林 初不以家產有無介意 常乘鹿車 攜一壺酒 使人荷鍤而隨之 謂曰 死便埋我"『진서晉書』「열전列傳」19, '유령劉伶'.
49. 살煞: 사람이나 생물, 물건 등을 해치는 모진 기운. 한국의 무속巫俗에서 살은 하위신령인 잡귀잡신雜鬼雜神의 일종으로 형성되기 직전의 어떤 흉악한 기운.

어찌 우둔한 내게 보내 기쁘게 했을까	何嘗喜汝就冬烘[51]
어렵사리 글자 깨쳐 무슨 소용 있는가	辛勤識字將何用
벽 위 삐뚤빼뚤 부질없이 남아 있네	空有塗鴉[52]壁上蹤

아이가 가까운 마을에 취학하길 청하길래, 내가 시권의 머리에다 시를 지어 보냈다. "옛사람이 빌기를 아이가 총명한 걸 꺼리니, 나 또한 머리로 백에 하나를 이루지 못했네. 오늘 아침에야 너를 새로이 학당에 보내노니, 끝까지 헛되지 않는 게 이 아비의 당부이네兒嘗請就隣學 余書一詩卷首送之曰 古人祝子忌聰明 我亦頭顱百不成 送汝今朝新上學 終難抛擲是家聲"

그 처절한 슬픔과 가난을 노래한 시가 바로 앞서 말한 「아이의 죽음을 곡하며哭兒」란 시이다. 아이의 시신을 감쌀 비단 한 조각이 없어 자식을 묻어야 하는 아비의 절절한 심정을 노래한 시는 참으로 절창이다. 그는 평생을 벼슬에 마음을 두지 않고 포의시객布衣詩客으로 자족하였다. 체제와 사회의 모순에 불만을 느낀 나머지 흡사 미친 사람처럼 청광淸狂(성품이 깨끗하나 언행이 어긋남)으로 행동하기도 했으나 언제나 그가 겨누는 붓끝과 촌철살인의 한마디는 체제와 권위를 일거에 뭉개 버리는 날카로운 풍자를 잃지 않았다. 당시 극도에 달한 세도정치로 체제는 부패와 결탁하고, 신분적 제약으로 인한 암담한 현실을 보고,

50. 탑용闒茸: 천하고 어리석음, 용렬하고 못난 사람. "용렬하고 못난 자들 잘도 수명 누리는데, 빼어난 인물 오히려 일찍 시드는가闒茸多壽考 秀士飜早萎"라는 시가 있다.

51. 동홍冬烘: 식견이 우활迂闊하고 천루淺陋함. 중국 당唐나라 때 정훈鄭薰이 일찍이 고시考試를 주관하여 안표顔標를 안진경顔眞卿의 후손으로 잘못 알고 그를 장원壯元으로 뽑자, 당시에 한 무명씨無名氏가 시를 지어 그를 조롱하기를, "시관의 두뇌는 너무나도 모자라서, 안표를 안진경의 후손으로 잘못 알았네主司頭腦太冬烘 錯認顔標作魯公"라고 한 데서 온 말이다.

52. 도아塗鴉: 글씨가 유치한 것을 이르는 말. 흔히 겸사謙辭로 쓰인다. 중국 당나라 노동盧仝의 시 「시첨정示添丁」에 "문득 서안書案 위에 먹물을 끄적이면 시서를 지우고 고친 것이 마치 늙은 까마귀 같네忽來案上飜墨汁, 塗抹詩書如老鴉"라는 구절에서 비롯된 말이다. 『옥천자집玉川子集』 1권.

당대의 중인계층의 지식인들은 광생狂生으로 저잣거리로 내달리거나 산림에 숨어들거나, 이도 저도 할 수 없어 웅크리고 있어야 하였다.

장지완張之琬이 시골로 내려가는 벗에게 준 글에서 당대의 지식인이 겪어야 하는 아픈 내면을 읽을 수 있다.

현기玄錡와 정수동은 저잣거리에서 미쳐 노래를 부르거나 날마다 술을 퍼마시고, 이몽관李夢觀과 유산초柳山樵는 병을 핑계 삼아 문을 닫아걸고 나오지 않은 채, 머리에 망건을 쓰지 않은 지가 이미 십 년이나 지났습니다. 이들 가운데 어떤 이는 꽉 막힌 듯 답답하여 펄쩍펄쩍 뛰면서 불편한 기색을 드러내기도 하며, 어떤 이는 자취를 숨기고 재주를 감춰서 스스로 이름을 드러내지 않기도 합니다. 그런 일이 어찌 그들의 마음에서 절로 우러나서 한 일이겠습니까? 이도 저도 못하여 그렇게 하는 것을 자주 보았습니다. 이제 그대가 다시 영예로운 길을 헌신짝처럼 내팽개치고 산골짝인 영춘永春으로 들어간다고 합니다. 아, 그대의 뜻을 잘 알 만합니다. 나는 재주가 비록 없기는 하나 앞의 여러 사람들이 지닌 병통을 가진 데다가 의지는 한결 큽니다. 현기와 정수동처럼 행하려 하지만 몸에 병이 있어 하지 못하고, 이몽관과 유산초를 흉내 내 보려 하지만 남들 입에 오르내릴까 봐 두렵습니다. 그렇다고 그대가 가는 길을 따라가자니 형편상 여의치 않은 구석이 있습니다. 마을에서 답답하게 그대를 마주 보고 있으려니 바보가 된 듯 미치광이가

53. 이몽관李夢觀: ?-1853. 조선 후기의 위항시인委巷詩人 이정주李廷柱의 호. 이정주의 본관은 우봉牛峰, 자字는 석로石老이다. 병을 핑계로 세사世事에 뜻을 두지 않고 문을 닫은 채 두건을 쓰지 않고 수십 년간 정수靜修하다가 생애를 마쳤다. 평생 시를 좋아하여 고인古人의 사장詞章을 베껴 썼는데 다수가 만당晩唐과 만명晩明의 작품이다. 시집으로 『몽관시고夢觀詩稿』가 있다. ＊몽관시고夢觀詩稿: 조선 후기의 위항시인 몽관 이정주李廷柱의 시집. 3권 1책. 판본 활자본으로, 저자의 아들 사겸士謙과 상익尙益이 철종 10년(1859)에 간행한 것을 손자 용준用俊이 고종 28년(1891)에 중간重刊한 것이다. 앞머리에 1891년 8월에 김홍집金弘集이 쓴 중간본 서문과, 1859년 7월에 아들 사겸의 친구인 순성蓴城 이윤익李閏益이 쓴 초간본 서문序文이 실려 있다. 총 삼백사십팔 수의 시가 수록되어 있으며, 뒤에 산구散句가 열다섯 수 실려 있다. 말미에는 아들 상익이 1859년 초가을에 쓴 초간본 발문跋文이 실려 있다.

된 듯 서성대며 안절부절못합니다. 누가 그렇게 시키는지 나도 모르겠습니다故玄錡鄭壽銅狂歌日飮於市 李夢觀[53]柳山樵[54]謝病杜門 頭不裹巾者已十年 此數子者 或壹鬱滯躍以鳴其不平 或沈空和光以潛其姓名 亦豈其情也 敎多見其不獲已而行耳 今吾子又脫屣榮途大歸於永春之峽 噫 吾子之志槩可知矣 余以不敏 有數子之病 而志則過矣 擬玄鄭之行則病未能焉 學李柳心爲則 畏人之多言 從吾子之所之則 勢有所不便 於邑相對如痴如狂彷徨躑躅 吾不知是孰使之[55]

정수동은 아무리 어려운 문장도 한눈에 보고는 뜻을 알 정도로 머리가 뛰어났는데, 누가 물으면 겸손하여 짐짓 모르는 체 잠잠히 있었다고 한다. 시를 짓는 데도, 유·불·선 삼가三家를 아우르며 다양한 전거를 끌어와 눈 깜짝할 새에 붓이 휘달리는 대로 시를 지었다. 그는 자신의 시 창작 이념을 구현한 「시 짓는 데 느낌이 있어作詩有感」라는 작품에서 자신의 시 정신을 당당하게 선언하였다. 즉, 시를 짓는 일이야말로 암담한 현실의 구속에서 벗어나는 길이라고 생각하여 우수와 초탈로써 세상의 근심을 노래하였다. 또한 그 길을 가는 데 자기 홀로 묵묵히 가는 길을 택하면 그만, 대가의 울타리에 기대어 결코 더부살이를 하지 않겠다고 홀로 서기를 언명하기도 했다. 그의 시는 간결하면서도 기발하고 풍격風格을 잃지 않아 당대에 이미 일가를 이루었다는 평판을 들었다. 김유근金逌根,[56] 남병철, 김정희, 조두순, 김성일金聖一[57] 등 당대 최고의 양반 벌열閥閱과 세도가 들이 그의 재주를 아껴 도우려 했으나 거기에 빌붙지 않았는데, 그들의 인정과 도움으로 곤고한 삶을

54. 유산초柳山樵: 조선 후기의 서화가 유최진의 호. 주 13) 참조.

55. 장지완張之琬, 『비연상초斐然箱抄』 「송안상사서送安上舍序」.

56. 김유근: 1785-1840. 조선 후기의 문신. 본관 안동. 호 황산黃山, 죽림竹林. 세도정치의 핵심 세력인 김조순金祖淳의 아들이며 순원왕후純元王后의 오빠이다. 젊은 시절부터 김정희金正喜와 깊은 우정을 나누었으며, 벼슬은 이조참판, 대사헌, 예조판서를 역임하였다.

57. 김성일: 1785-1840. 조선 후기의 문신. 조두순의 『심암유고心庵遺稿』에 의하면, 참판 벼슬에 있을 때 정수동을 좋아하여 며칠을 자기 집에 머물도록 하였다고 한다.

근근이 지탱하였다. 한때 조두순이 사역원司譯院 제조提調가 되어 그를 참봉參奉으로 발탁하였으나, 임금이 행차하는 날 업무를 팽개치고 관악산冠岳山에 노닐러 간 일로 파직되기도 하였다. 그는 어디에도 얽매이지 않고 정처 없이 오로지 시주詩酒로 티끌 같은 세상 일을 초탈하고자 하였다.

요즈음 김성일 참판은 생활 규범이 엄정하여 남들과 망녕되이 서로 함부로 친하게 지내지 않았는데, 유독 그만을 좋아하여 서로 마주하면 정담기가 그지없었다. 그를 위하여 술과 안주를 차려 놓고 그가 머물도록 하였다. 사람들은 정수동이 김 참판에게 허여된 것을, 마치 '모난 자루가 둥근 구멍에 맞추어진 격方枘圓鑿'이라고 하였다. 그러나 그는 찢어진 소매와 해진 띠로 끈을 두른 차림새로 더러 스스로 방자하여 추사에게 있을 때처럼 하였고, 어떤 때는 더 심하기도 하였다. 마침내 그를 길들일 수가 없었다. 나이가 들어 더욱 술을 마시면서 열흘 동안이나 입에 밥알 한 톨도 넣지 않았다. 내가 동문同文(사역원)을 맡아보고 있을 때 내 월급을 따져 보고, 그 봉급으로 받은 쌀을 나누어 주려 하며 말하기를, "그대가 반드시 오언시 백 수를 지어서 값을 치르라" 하니 하룻밤 만에 완성하였는데 마치 구슬을 꿴 것 같았다. 시험을 치를 때에 역과의 서적을 집어서 읽게 하였더니, 눈을 부릅뜨고 좌우를 둘러보며 읽지 않다가, "저는 이것을 모릅니다"라고 말하였다. 진실로 그것을 탐탁하게 여기지 않은 것이리라今侍郎金聖一 規撫甚整簡 不妄與人狎 而獨喜之 相對惓惓不釋 爲置壺觴肴核以稽之 人謂壽銅之得之於侍郎 枘而能容鑿也 然其抉韝破絛 往往自恣肆 若在秋史所 而又有過焉 終馴之不得 而晩益縱於飮 或連旬不粒也 余提擧同文 將考月秩 頒稍食也曰 君必以百韻 五言爲容 通昔而成 若貫珠焉 及對試 拈譯書 使讀之 瞋目左右視 不出聲曰 俺不解此意 固不屑爾也[58]

그는 마흔 살 되던 해인 헌종 13년(1847) 평양, 해주, 묘향산 등 관서關西와 해서海西 지방을 두루 유람하였는데, 도성都城에는 그가 머리를 깎고 묘향산에 들어가 승려가 되었다는 소문이 파다하게 나기도 하였다. 이를 두고 읊은 시에서 걸릴 것 없이 천하에 두루 노니는 자신을 양주楊朱에 견주어 훨씬 자유롭다고 말하고 있다.

관서지방에서 노닐다가… 내가 머리를 깎고 승려가 되었다는 소식을 많이 전해 듣고	西遊… 多傳余祝髮[59]

하찮은 세상 일이야 제멋대로 맡겨 두니	蟲臂鼠肝[60]皆任他
속됨을 감당치 못해 말은 그르쳤네	不堪一髻[61]語猶訛
여러 사람 기대받았으나 도로 부끄러워	諸君期望還慚愧
양주를 날 비교하다니 내가 더 하다네	我比楊朱[62]爲我多

정수동은 묘향산에 들어가 두 번이나 머리를 깎은 적이 있다. 이 일을 두고 그의 벗인 이상적李尙迪은 애석한 마음으로 시를 짓기도 하였다.

58. 조두순, 『심암유고心庵遺稿』 권30, 「정수동전」.
59. 축발祝髮: 삭발, 곧 출가하여 중이 됨을 뜻함. 정수동 연보에 보면, 정미년(1847) 평양, 해주, 묘향산 등 관서關西와 해서海西 지방을 유람하였는데, 도성에는 그가 머리를 깎고 묘향산에 들어가 승려가 되었다는 소문이 파다하게 났다. 이 소문을 들은 이상적李尙迪은 이를 두고 시를 짓기도 하였다.
60. 충비서간蟲臂鼠肝: 벌레의 팔뚝이나 쥐의 간. 곧 부형賦形의 미세함을 말함. "위대하도다. 조물주가 장차 그대를 벌레의 팔뚝으로 만들려고 하는 것인지, 쥐의 간으로 만들려고 하는 것인지 모를 일이다偉哉造化 又將奚以汝爲 將奚以汝適 以汝爲蟲臂乎 以汝爲鼠肝乎" 하였다. 『장자莊子』 「대종사大宗師」.
61. 일계一髻: 『후한서後漢書』 「마요전馬廖傳」에 "성중에서 높은 상투를 좋아하니, 사방에서도 한 자씩이나 높아졌다城中好高髻, 四方高一尺" 한 것과, 백거이白居易의 '진사책문進士策問'에 "너른 소매 높은 상투의 민요를 들으면 풍속이 사치하고 방탕한 것을 알 수 있습니다聞廣袖高髻之謠 則知風俗之奢蕩也."라고 한 데서 보듯이, 위에서 좋아하는 바가 있으면, 세속에서 이를 본받아 더욱 심하게 된다는 뜻임. 참고로『후한서』는 중국 남북조시대南北朝時代에 송宋나라의 범엽范曄이 저술한 역사책으로, 후한後漢의 13대 196년간의 사실史實을 기록한 중국 정사正史이며, 기紀 10권, 지志 30권, 열전列傳 80권 등 모두 120권으로 이루어져 있다.

정수동이 승려가 되었다는 소식을 듣고 聞鄭壽銅入香山爲僧[63]

집 나서면 즐겁고 들면 시름이라 出家歡喜在家愁
취하여 미친 노래로 사십 년 훌쩍 痛飮狂歌四十秋
티끌 같은 세상 인연 다 팽개치고 塵世萬緣都撤手
불문 들어 일념으로 고개 안 돌려 空門一念不回頭
사영운처럼 부처가 되려는가 未知成佛同靈運[64]
관휴처럼 시 짓는 솜씨 빼어났지 自是能詩似貫休[65]
산하도 이제야 그 소원 풀어 주리 海岳如今償宿願
호로병에 석장 짚고 그도 풍류라네 雲甁月錫[66]更風流

정수동은 이렇듯 주유천하로 날 가는 줄 몰랐다. 집안 살림이 어떻게 돌아가는지 도통 모른 채 몇 달이나 비우기 일쑤고, 뜬구름같이 산천을

62. 양주楊朱: 중국 전국시대 초기 위衛나라의 사상가. 자 자거子居. 『맹자孟子』에 따르면, 묵적墨翟과 아울러 기원전 4-3세기에 걸쳐 그 학설이 유행했다. 풍우란馮友蘭은 도가사상의 출현을 묵자墨子 이후라 생각해 양주楊朱를 그 시초로 삼으나 확실하지 않다. 양주의 학설은 『맹자』, 『열자列子』, 『한비자韓非子』, 『여씨춘추』, 『회남자淮南子』 등에도 보인다. 그는 한 생명이야말로 가장 소중한 것이라 생각하였으며, 사는 모든 것은 한 생명을 기르기 위하여 존재하며, 생명의 주체는 바로 나我이며, 나를 소중하게 하는 것이 가장 중요하다고 하였다. 한편, 노자老子는 무아無我를 말하여 개인의 존속을 도모하려 하였으나, 양주는 나를 위해서만 해야 한다는 위아爲我를 말하였다. 그것은 극단적인 개인주의이기도 하다. 그러므로 묵자墨子가 말하는 '겸애兼愛'와는 대조적이다. 양주의 주장은 한마디로 '전성보진全性保眞'의 설이라 평가받는다. 『회남자』「범론훈氾論訓」 '양주평楊朱評'. 한편 『여씨춘추』「불이不二」에서는 양주를 평하여, "양생楊生은 나를 귀히 한다"고 말한 것도 양주사상의 특색을 한마디로 요약한 것이다.
63. 이상적, 『은송당집』 권10, 이 시의 말미에 붙은 저자 주註에 소자쌍행小字雙行으로 부기되어 있어 그 정황을 알 수 있다. "내가 일찍이 희산 산장에 있을 때, 군이 지은 '산사' 란 제목의 시를 보았는데, 사람이 모두 부처라는 말이 자못 심하고, '오늘이 아연하니 나는 곧 누군가, 방장실 종과 목어 잠잠해진 뒤, 이 한 몸 산수에 물리도록 노닐었지' 라 하니 일찍이 중이 되려는 뜻이 있음을 알겠다余嘗於羲山山庄 見君題山寺詩 有爾言夸矣人皆佛 此日茫然我是誰 丈室梵魚初靜後 一身海岳倦游時二聯 可知其早有皈依沙門之志"
64. 영운靈運: 중국 진晉나라 사영운謝靈運을 말함. 시에 뛰어난 재주가 있었으나 벼슬에 뜻을 얻지 못하고 산수에 노닐었는데, 원 법사遠法師를 만나 감복하여 『열반경涅槃經』을 공부하였다. 『연두고현전蓮杜高賢傳』.

떠돌며 세상을 조롱하고 풍자하였다. 그런 데도 부인 김씨는 성격이 꽤 나 무던한 듯 보인다.

정수동의 아내 김씨는 성격이 맑고 순하여 집안에는 다만 벽뿐인 채 썰렁하였는데도, 끈을 꼬고 베를 짜서 남편을 받들면서 조금도 싫어하거나 고달픈 기색을 보이지 않으려 애썼다. 대개 남편이 사대부와 더불어 노닐면서 문장으로 이름을 날리는 걸 영광으로 여길 뿐, 다른 것은 아쉬워하질 않았다. 정수동이 두번째로 묘향산에 들어갈 때에 도성 안에서 문득 소문이 나기를, 그가 이미 머리를 깎고 승려가 되었다고 하였다. 그가 돌아오자, 김씨가 맞아들이며, "저는 간이 다 녹았습니다" 라고 하니, 수동이 "여자의 간은 작을수록 좋은 것이네"라고 하였다. 수동은 말이 어물거리는 듯하지만, 손뼉을 치며 농담을 할 때는 겨우 한두 마디 얘기가 도는 사이에도 듣는 사람 모두가 배꼽이 빠지도록 웃었다. 대개 그의 뜻은 세상을 조롱하고 풍자하는 데 있었다. 그러나 술에 취하면 방바닥에 드러누워 잠들고는 다시 말을 하지 않았다妻金氏性淑順 家徒壁耳 組紃以供夫子 絶無幾微厭苦色 盖以夫子從遊士大夫馳文墨聲名爲榮 他不恤也 當壽銅之再入玅香也 都下忽喧傳已祝髮 及歸 金氏迎而言曰 吾肝膽已銷矣 壽銅曰 女子膽愈小愈宜 壽銅於語言若訥焉 至其抵掌諧詼 僅一二轉 而聽者皆噱噱 盖其意在玩世寓規諷矣 而醉則席地睡 不復言也[67]

65. 관휴貫休: 832-912. 중국 당말唐末 오대五代의 승려. 속성 강姜. 자 덕은德隱, 호 선월禪月. 절강성浙江省 김화현金華縣 출생. 십칠 세에 출가하여 하루에 『법화경法華經』 천 자를 암송하였다고 한다. 구족계具足戒를 받은 후 오吳, 월越 등을 유랑하며 『법화경』과 『기신론起信論』을 전하였다. 수묵화水墨畵에 능하여 오, 월에서 공부하던 중 꿈에 십육나한十六羅漢을 보고 그 모습을 그렸다. 나한상은 매우 괴기한 형상을 하고 있는데, 이를 '응몽나한應夢羅漢'이라 일컬었다.

66. 운병월석雲甁月錫: 호로병과 지팡이. 승려가 지니고 다니는 지팡이를 석장錫杖이라 하는데, 이는 극기라隙棄羅라고 음역하며, 성장聲杖, 지장智杖, 육환장六環杖이라고도 한다. 윗부분은 주석朱錫, 아랫부분은 짐승의 어금니나 뿔로 만들고, 가운뎃부분은 나무로 만드는데, 윗부분에는 작은 고리를 달아 소리가 나도록 하였다.

또 다른 글에서도 정수동의 처가 얼마나 개결介潔한(성품이 굳고 깨끗한) 성품을 가졌는지를 보여 주는 일화가 근세의 수필문학 작품에서도 그려지고 있다.

야사野史를 상고한다면 수가 무궁하려니와 우선 정수동 부인도 이런 데서 생각나는 여성의 하나다. 아내가 비가 새는 것을 걱정하니 구석구석에서 떨어져 흐르는 빗물을 바라보고, "처마 끝에 급한 형세로 백 척 폭포 쏘아 오고…" 소상가瀟湘歌를 불렀다는 천하 기걸奇傑 수동이라, 그의 집안이 구차할 것은 생각할 여지가 없다. 그가 남의 집 사랑채에서 죽은 뒤, 그를 평소에 아끼던 대감 한 분이 엄동절嚴冬節을 당하여 그의 유처遺妻에게 쌀과 나무를 보내 주었다. 그런데 수동의 아내가 이를 받지 않았다. 대감이 괴이하게 여겨 하인에게 물었다.

"뭐라고 하며 받지 않더냐?"

"누가 보내는 거냐 해서 대감께서 보내신다 했더니, 그 댁 대감께서 내게 시량柴糧을 보내실 일이 없다 하십디다."

대감은 얼른 무릎을 치고,

"내가 실수했구나! 얼른 다시 가지고 가, 이번엔 내가 보낸다고 하지 말고 우리 댁 마님께서 보내십디다 해라"

그제야 수동의 아내는 그 쌀과 나무를 받았다.

떨고 굶주리되, 사량思量(널리 생각함)과 체도體道(도의를 본뜸)를 헐지 않는 여유. 이것이야말로 높은 교양이요 예의요 자존심일 것이다.[68]

이처럼 정수동이 죽고 난 뒤에 가난은 숙명처럼 따라 다녔을 것이다. 그럼에도 그의 처는 꼿꼿한 성품으로 곤고한 삶을 견뎠으리라. 한편,

67. 조두순, 『심암유고心庵遺稿』 권30, 「정수동전」.(* 원문 중 '竗香'은 '妙香'의 오식인 듯함.)
68. 이태준, 『무서록無序錄』, 「묵죽墨竹과 신부新婦」, 1944. 인용문은 윤문하여 현대어로 일부 고침.

조두순은 「정수동전」에서, 정수동이 죽기 직전에 생전에 자신의 생애를 예견한 듯 글을 받기를 원했던 것을 회고하며 전傳을 지었다.

일찍이 말하였다. "내 장차 죽을 날이 머지않았는데, 심암 대감의 두어 줄 글을 얻게 된다면, 족히 내 생애를 마칠 수 있겠다." 얼마 되지 않아서 갑작스런 병으로 하루 저녁에 죽으니 나이 쉰하나였다. 김 참판이 비용을 대어서 장례를 치러 주었다嘗曰 吾且覗不久 苟得心庵數行文 足了吾也 未幾暴疾 一夕不起 年五十一 聖一侍郞 爲專佽而葬之[69]

정수동은 산하를 자유로이 주유하다가 지천명知天命의 나이인 오십일 세에 갑자기 죽었다. 철종 9년(1858) 2월, 만취滿醉하여 당대 안동 김씨 세도가로 떵떵거리던 영의정 김흥근金興根의 사랑채에 와서 자다가 갑자기 죽었는데, 장사 치를 돈이 없어 흥근의 아들 김병덕金炳德이 마련해 준 돈으로 친구 박치량朴穉良이 선영先塋인 불광천佛光阡에 장사 지내 주었다. 그의 문집은 그가 죽기 전인 사십칠 세 되던 해인 철종

69. 조두순, 『심암유고心庵遺稿』 권30, 「정수동전」.

70. 최성환은 장지완張之琬의 문집인 『비연상초斐然箱抄』 서문에서 장지완이 정지윤의 시고를 정리했던 사실을 말하였다. 평소 저자와 교류하던 장지완과 박치량, 김석준金奭準은 저자가 글을 지을 때마다 원고를 수습해 두었는데, 장지완이 모아 정서淨書하여 '초고初稿'라고 이름 붙였다. 또한 1858년(철종 9) 장지완이 지은 저자의 '묘지명墓誌銘'과 1859년 조두순이 지은 '전傳'에도 역시 최성환이 『하원시초』를 간행했다는 기록이 있다. 이로 보면 초고 작성과 정서는 장지완이 하고, 1854년에 활자活字(전사자全史字)로 최성환이 간행한 것으로 보인다. ＊김석준金奭準: 1831-1915. 조선 후기의 시인 · 서도가. 본관 선산善山, 자 희보姬保, 호 소당小棠 · 효리재孝里齋 · 묵지도인墨指道人 · 연백당硏白堂. 아버지는 역관譯官인 계운繼運이다. 그의 대표작인 「화국죽지사和國竹枝詞」는 오언율시 스물두 수로 일본의 풍물을 노래하고 있으며, 또 약 이백 수에 달하는 회인시懷人詩는 당시 문학사의 인적 구성상황을 엿볼 수 있는 작품들이다. 저서에 『홍약루시초집紅藥樓詩初集』『홍약루회인시록紅藥樓懷人詩錄』『속회인시록 續懷人詩錄』 등이 있다. ＊홍약루시초집紅藥樓詩初集: 조선 후기의 문인 김석준金奭準의 시집, 1책, 중국 신활자본. 표제는 '화국죽지사和國竹枝詞'이다. 고종 2년(1865)에 간행하였으며, 권두에 중국인 동문환董文渙의 서序가 있다. 1863년 저자가 동래에 아버지를 만나러 갔다가 일본에 대하여 보고 들은 것과 잡기를 참작하여 지은 오언율시 스물두 수로 구성되어 있다. 권말에는 조두순趙斗淳, 윤정현尹定鉉, 김상현金尙鉉, 안응덕安應德의 발跋과 저자의 후지後識가 붙어 있다.

5년(1854) 친구 최성환이 시고詩稿를 수습收拾하여 활자로 간행하여 주었다[70]. 그는 자유분방한 성품인 데다 술을 매우 좋아하여, 많은 시를 지었지만 평소 자신의 시고를 모아 두지 않았다고 전해진다. 최성환은 『하원시초』의 제사題辭에서 말하기를, "저술이 본래 매우 많았으나, 아까워하지 않고 곧바로 모두 버리고 조금도 모아 두지 않았다. 그 때문에 남아 있는 것이 매우 적어서 전하는 것이라고는 사람들 입에 자주 오르내리는 몇 조각 짧은 글귀뿐이다." 하였다. 그러나 저자의 시가 흩어져 없어질 것을 걱정하던 친구들의 노력으로 저자의 생전에 문집이 간행될 수 있었다. 1857년(철종 8)에 시사詩社[71]의 하나인 직하시사稷下詩社의 중심 인물이던 유재건劉在建,[72] 최경흠崔景欽[73] 등이 위항시인委巷詩人의 시를 모아 간행한 『풍요삼선風謠三選』[74]에는 「내주 시골집에서萊州村舍」「매화梅花」「흰나비白蝶」 등 그의 시 18제題가 수록되어 있다.

71. 시사: 조선 후기에 위항문인들 조직한 문학적 단체. 직하시사 등 여러 시사들이 조직되었다. * 직하시사稷下詩社: 최경흠崔景欽을 맹주로 유재건劉在建, 조희룡趙熙龍, 이경민李慶民, 박응모朴膺模 등이 결성하였다. 1857년(철종 8)에 『풍요삼선風謠三選』을 간행하였다. * 송석원시사松石園詩社: 1786년(정조 10) 천수경千壽慶을 맹주로, 장혼張混, 조수삼趙秀三, 최북崔北, 지한상池翰祥, 박영석朴永錫, 서경창徐慶昌 등이 인왕산 송석원에서 결성한 단체이다. 1793년 『옥계계축춘상시축玉溪癸丑春賞詩軸』을 편찬하였으며, 1797년에는 『풍요속선』을 간행하는 데 기여하였다. 순조 18년(1818) 천수경이 죽자, 남은 시사인들이 『송석원산사』를 편찬하였다. * 서원시사西園詩社: 지석관池錫觀, 김희령金羲齡, 박기열朴基說 등이 결성한 모임이다. 명칭은 송석원시사의 다른 이름인 서원시사를 따온 것이다. * 비연시사斐然詩社: 장지완張之琬의 주도로 만들어진 단체로, 명칭은 장지완의 호 '비연'에서 따온 것이다. 구성원은 장지완 외에 장효무張孝楙, 임유林瑜, 고진원高晉遠 등과 유기柳迟, 박사유朴士有, 한백첨韓伯瞻 등 칠 인이 중심이었는데, 스스로 죽림칠현이라고 자처하였다. * 벽오사碧梧社: 1847년(헌종 13) 유최진柳最鎭을 맹주로 이팔원李八元, 정지윤鄭芝潤, 장헌張𢣉, 조술회趙述會, 전기田琦, 김순명金淳命, 조희룡趙熙龍, 유숙劉淑, 나기羅岐 등이 참여하였다. 유최진의 집 우물가에 늙은 벽오동 나무가 있어 명칭을 벽오사라고 했다. 참여자들은 모두 다양한 문예활동과 회화를 중심으로 한 감식안목과 예술인식을 가지고 있던 것이 여러 문집에서 확인되고 있다. * 나기羅岐: 1828-1874. 조선 후기의 여항시인. 본관 나주羅州, 자 봉래蓬萊, 호 손암孫庵. 경아전京衙前 계통에 속하는 중인 계층 출신으로 묵란화에 재주가 많았으며, 흥선대원군의 묵란墨蘭을 대필할 정도였던 나수연羅壽淵은 그의 아들이다. 나기는 특히 유숙劉淑의 그림을 좋아해 그의 화실이었던 청리재靑李齋로 찾아가 그림을 본 감상을 시로 남기기도 했다.

정수동이 지은 시는 자신이 지향하는 극단적인 삶의 태도를 압축하여 보여 준다.[75]

거친 성품이라 근엄할 게 뭐 있나　　疎狂見矣謹嚴休
이름 감추고 술 마시다 죽으면 그만　　只合藏名死酒褸
아이 태어날 때 왜 우는지 아는가　　兒生便哭君知不
세상 근심 끝도 없어 그러는 게지　　一落人間萬種愁

당시의 근엄한 위선과 허세를 조롱하고 있다. 술이나 퍼마시다 죽으면 그만, 미쳐 돌아가는 세상살이 한없는 근심뿐. 슬픔이 진하게 배어

72. 유재건: 1793-1880. 조선 후기의 학자. 본관 강릉江陵. 자 덕초德初. 호 겸산兼山. 옥천부원군玉川府院君 창敵의 후손이었으나 가세가 몰락하여 서리계급으로 신분이 떨어졌다. 오랫동안 규장각에 보직되어 『열성어제列聖御製』를 편찬하는 데 공로가 커서 왕의 은전을 여러 번 받았다. 철종 4년(1853)에 중인층의 문학단체인 직하시사稷下詩社를 조직하였으며, 1857년에는 『풍요삼선風謠三選』을 편찬하여 위항시를 정리하였다. 1862년에는 『이향견문록里鄕見聞錄』을 편술하여 위항인 삼백팔 명의 전傳을 집성하여 방대한 위항인의 전기집을 이루었다. ＊이향견문록里鄕見聞錄: 조선 후기의 학자 유재건劉在建이 쓴 인물 행적기. 10권 3책. 책머리에 조희룡趙熙龍이 1862년(철종 13)에 쓴 서문이 있는 것으로 미루어 그 이전에 간행된 것으로 보인다. 대부분 향리에 묻혀 있는 하층계급 출신 가운데 뛰어난 인물 삼백팔 명을 수록하였다. 체재는 '이향견문록의례'와 목차, 인용서목 순으로 되어 있고, 권1-3에는 학행 · 충효 · 지모智謀, 권4-6에는 열녀 · 문학, 권7-10에는 서화 · 잡예雜藝 · 승려 · 도류道流 등이 실려 있다.
73. 최경흠: 생몰년 미상. 조선 후기의 위항시인. 자 치명穉明. 호 감재憨齋. 시문에 능하여 종래 위항시사委巷詩社의 전통을 이어 1853년(철종 4)에 유재건劉在建 등과 직하시사稷下詩社를 조직하여 위항문학의 발달에 기여하였다. 또 1857년에는 『풍요삼선風謠三選』을 편찬하여 위항시를 정리하였다.
74. 풍요삼선: 조선 철종 8년(1857)에 편찬된 시선집. 7권 3책. 운각芸閣의 인서체자印書體字로 『풍요속선風謠續選』이 간행된 지 육십 년이 되는 해에 그 속집으로 간행되었다. 위항시인 삼백오 명의 시를 수록하였는데, 책 머리에는 정원용鄭元容, 조두순趙斗淳, 윤정현尹定鉉의 서문이 있고, 끝에는 장지완張之琬의 발문이 있다. 이 책에는 주로 송석원시사松石園詩社에서 활동했던 인물인 차좌일車佐一, 김낙서金洛瑞, 천수경千壽慶, 조수삼趙秀三, 박윤묵朴允默, 장혼張混 등의 작품이 수록되어 있다. ＊풍요속선風謠續選: 정조 21년(1797) 천수경千壽慶 등이 편찬한 위항시집委巷詩集. 7권 3책, 활자본. 임진왜란 전부터 1737년(영조 13)까지 백오십 년간의 시인들을 대상으로 한 『소대풍요昭代風謠』가 간행된 지 육십 년 만에 송석원시사松石園詩社가 중심이 되어 그 이후의 위항시인 삼백 서른세 명의 시 칠백이십삼 수를 실어 간행하였다. 『소대풍요』를 잇는다는 뜻에서 책 이름을 『풍요속선』이라 했는데, 범

있는 가작이다. 정수동은 당시 기만과 부패에 찬 세도정치와 위선과 비리가 판치는 사회체제를 보고 느끼면서 그 모순을 날카롭게 풍자하며 권력과 금력에 대해 시와 술을 빌려서 저항했다. 그는 시대의 아웃사이더로서 평생을 꿈길같이, 더러는 뜬구름같이 미치광이처럼 행동하며 시대에 영합하지 못한 채 불우하게 살았다. 그는 죽어서도 장제비葬祭費 한 푼이 없을 정도로 처절한 가난 속에서 방일放逸과 초탈超脫로 일관한 조선이 낳은 불우한 시인이었다. 그런데 민간전승에서는 그를 평양의 김선달,[76] 경주의 정만서鄭萬瑞[77]와 같은 인물로 '기발한 익살꾼' 정수동으로 유명하였다. 이제 그의 설화와 더불어 그가 남긴 시문을 통하여 그의 면목을 새롭게 평가하여야 할 것이다. 그가 이룩한 문학적 성과를 재평가함으로써 기행과 익살이라는 한쪽에 지우친 그의 삶을 다른 한쪽에서 제대로 칭량秤量(사정이나 형편을 헤아림)함으로써 온

례에서 밝힌 바에 의하면 각 시인을 나이순으로 싣고, 성명 · 자 · 호 · 벼슬 등을 표기한 뒤에 그 인물에 대한 간략한 소개도 곁들였다. 각 권의 첫머리에는 '천수경千壽慶 편編', '장혼張混 교校' 라고 명기하여 천수경이 편집을 맡고 장혼이 교열을 맡았음을 말해 준다. 『풍요속선』의 간행으로 육십 년마다 위항시선집을 간행하는 전통이 생기게 되어, 그 뒤 『풍요삼선風謠三選』에는 더욱 방대한 양의 위항시가 실리게 되었다. * 장혼張混: 1759-1828. 조선 후기의 학자 · 여항시인, 일명 장륜張淪, 본관 결성結城, 자 원일元一, 호 이이엄而已广, 공공자空空子. 우벽友璧의 아들로 서울에서 대대로 살던 중인 출신이다. 일찍이 규장각奎章閣 서리로 있으면서 홍석주洪奭周, 김조순金祖淳, 김정희金正喜 등과 교유하였으며, 인왕산 옥류동玉流洞 골짜기에 '이이엄而已广'이라는 집을 짓고 위항시인들과 더불어 시주詩酒를 즐겼다. '이이엄'은 자족自足한다는 뜻이다. 1786년(정조 10)에는 천수경千壽慶 등과 함께 송석원시사松石園詩社를 결성하였고, 1797년에는 천수경과 더불어 『풍요속선風謠續選』을 간행하기도 하였다. 장혼의 편저작은 대단히 많았으나 대부분 전하지 않고, 현재 전하는 것으로는 『이이자초而已自艸』, 『동사촬요東史撮要』와 문집 『이이엄집而已广集』이 전한다. * 이이엄집而已广集: 조선 후기의 학자 · 여항시인 장혼張混의 시문집, 14권 8책, 필사본. 서문과 발문이 없어 자세한 편집 경위는 알 수 없고, 금金, 석石, 사絲, 죽竹, 포匏, 토土, 혁革, 목木으로 분책되어 있다. 권1-10에 시 육백팔십여 수가 실려 있고, 권11는 서序 여덟 편, 권12는 인引 여섯 편, 찬贊 세 편, 송頌 두 편, 뇌誄 두 편, 제문祭文 일곱 편, 권13은 서書 열두 편이 실려 있다, 마지막 권14의 잡저雜著에는 「평생지平生志」「시종의례詩宗義例」「청복淸福」「청공淸供」「청과淸課」「동방성보가東方姓譜歌」 등 다채로운 문장들이 실려 있다. 또 뒤에는 『이이자초而已自艸』라는 제목 아래에 칠언율시 다섯 수, 오언율시 세 수, 수시壽詩 스물여섯 수와 만사인 상도傷悼 스물다섯 수가 실려 있다.

75. 이 시는 제목이 없이 떨어져 나갔다. 본 역서의 저본인 『하원시초』에는 없고, 다른 판본 필사본 『하원집夏園集』에 실린 시이다. 어떤 데는 「무제無題」로 되어 있다.

전한 정수동의 전모를 되살려 낼 수 있으리라 믿는다.

2) 기행과 일탈의 방외인方外人-설화를 중심으로

정수동에 관한 설화는 곳곳에 남아 있다. 조선왕조 후기 급격한 신분 해체기에 들어서면서 부패한 권력과 체제를 야유하거나 조롱하는 야담류의 구전설화가 더러는 본격적으로 문헌설화로 정착되기 시작하였다. 이른바 서울의 정수동, 평양의 김선달, 경주의 정만서, 영덕의 방학중,[78] 양주의 김병연金炳淵[79]이 각각 출신 신분은 다르지만 골계와 해학적인 면에서 비슷한 유형으로 볼 수 있다. 다만 정수동은 하농민인 방학중과는 달리 당대의 최고 지배층과 교분을 나눌 정도로 학문이 높고 지체도 한때 중인층인 역관을 하기도 했는데, 세도가들에 영합하지 않고 비판하며 관직에도 오르지 않았다. '정수동설화鄭壽銅說話'는

76. 김선달: 조선 후기의 풍자적 인물로, 흔히 '봉이 김선달'로 불린다. 개성 이북 서도 지방에 분포하던 건달 이야기로 야담집野談集을 통하여 널리 알려져 있다. 문헌 정착은 1906년『황성신문』에 현토懸吐한 한문소설로 연재된「신단공안神斷公案」의 네번째 이야기 '인홍변서봉 낭사승명관仁鴻變瑞鳳浪士勝名官'이 시초로서, 십구 세기에 이미 설화로 널리 유포되고 있었다. 구전설화에서는 본명이 나타나지 않지만, 소설에서는 김인홍金仁鴻이라는 본명과 낭사浪士라는 자호를 소개하며, 당대의 정치 현실에 대한 비판적 성찰과 풍자를 통하여 그의 비범성을 부각하고 있다.

77. 정만서: 1836-1896. 조선 후기의 풍자적 인물. 본관 동래, 본명 용서容瑞. 자 만서萬瑞, 호 춘강春岡. 경북 경주 출생으로 건천읍 용명2리에 묘소가 있다. 고종 9년(1872) 현릉참봉에 제수되고, 사후 가선대부嘉善大夫에 증직되었다. 그는 일생을 평민과 더불어 살며 부자와 관료의 횡포에 맞서 풍류와 재치로 생활의 방편을 삼는가 하면, 삶과 죽음 등 근원적인 문제를 자각시켜 주는 일화를 많이 남겼다.

78. 방학중: 조선 후기의 풍자적 인물. 경북 영덕군 강구면 하저리 출신으로 팔도를 떠돌아다니던 해학가로서 문장이 능하고 언변이 좋아 영덕 사람들은 아이들이 말썽을 피우거나 곁말 잘하는 사람을 보면 "이 방학중 같은 놈아!"라고 할 만큼 기인으로 회자되었다. 설화는 출생지인 경북 동북부 지역을 중심으로 영덕, 영해, 안동 등에 전승되고 있다. 문헌으로 정착된 것은 없고 구전에 의하면, 약 이백 년 전에 가난하고 미천한 시골 사람으로 태어나 부자나 권력자, 관의 횡포를 속임수로 보복하거나, 장사꾼, 서울 사람 등을 골려 주며, 지체가 높고 도덕적인 사람들의 위선을 폭로하는 인물로 부각되었다. 더러는 자신의 이익을 취하거나 위기를 모면하기 위해서 상대방에게 해를 입히는 속임수나 심술을 부리는 이야기도 있어 '천하 잡보'라고 불렸지만, 전승자들은 대체로 방학중에 대해 긍정적인 자세를 보인다.

『일사유사逸士遺事』등에 전하며, 구전설화는 그의 활동 지역이었던 서울을 중심으로 하여 수원, 의정부 등 중부지방에 분포되어 야담과 야사를 통해 널리 알려져 있다. 물론 설화 가운데 일부는 착간이 되거나 또는 서로 혼입되어 다른 방외인들의 설화가 와전되어 정착된 점도 없지 않아 보인다. 술과 이야기, 시문과 풍류를 즐긴 그는 당대의 문인, 양반 세도가로 이름을 떨친 명류들과 교유하면서 당시 세태의 염량炎凉을 비꼬거나 양반 관료들의 부정 축재를 비판하여 그들의 허위와 부정을 풍자하는 이야기가 많다. 구전설화는 몇 편에 지나지 않으나 야담집과 야사집에 이십여 편의 유형이 전하고 있다.[80] 따라서, 정수동설화는 지배층의 위정을 풍자하는 것이 많았기 때문에, 당대 정치 현실에 대한 비판적 인식 및 풍자문학의 역사적 전개 과정을 이해하는 데 중요한 자료가 된다. 시문학 외적인 면에서 정수동의 풍모를 엿볼 수 있기에 그가 지향한 인간의 진솔한 마음에 기반한 성령주의 문학이 그의 삶과 결코 둘이 않음을 발견할 수 있는 단서가 된다고 생각한다. 다음은 그 면모를 보여 주는 대표적인 설화이다.

훈장과 어린 정수동

어느 여름날, 어린 정수동이 더위를 이기지 못해 꾸벅꾸벅 졸고 있었다. 그 모습을 본 훈장이 불호령을 내리며 회초리를 들었다. 그런 일이 있은 지 며칠 뒤에 정수동이 훈장이 조는 것을 보게 되었다. 정수동은

79. 김병연: 1807-1863. 조선 후기의 방랑시인. 본관 안동. 호 난고蘭皐. 별호는 김삿갓 또는 김립金笠. 경기도 양주 출생. 할아버지 익순益淳이 홍경래洪景來의 난 때 투항한 죄로 멸족당하자 간신히 목숨을 부지하여 황해도 곡산에 피신하여 공부하였다. 이후 죄목이 사면되어 어머니를 따라 강원도 영월에서 신분을 숨기고 살다가 과거에 응시하여 장원급제하였으나 과거시험 문제가 할아버지의 죄상을 공격하는 것이었음을 뒤늦게 알고는 자신이 푸른 하늘을 볼 수 없는 죄인이라 생각하고, 이후 삿갓을 쓰고 죽장竹杖을 짚은 채 방랑생활을 하며 풍자와 해학을 담은 시를 지으며 일생을 보냈다.

80. 『침우당집枕雨堂集』『일사유사逸士遺事』『이향견문록里鄕見聞錄』, 그리고 『해학소설전집諧謔小說大全集 2』 김용철金容喆, 노벨문화사, 1970. 『정수동과 정만서』, 조능직趙能稙, 대아출판사, 1978. 『한국구비문학대계韓國口碑文學大系』, 한국정신문화연구원, 1980-1988. 등 참조.

주저하지 않고 훈장을 깨우며 물었다. "훈장님, 훈장님은 왜 조십니까?" 그러자 멋쩍은 듯이 훈장이 둘러댔다. "난 조는 것이 아니란다. 내 나이가 먹어 자꾸만 잊어버리니 잊어버린 것을 물으러 잠시 공자님께 다녀왔단다. 그것이 너에겐 조는 것으로 보였느냐?" 이 말을 들은 정수동은 훈장이 옳지 않은 말을 하고 있다는 것을 느꼈다.

그래서 일부러 다음날 훈장이 보는 앞에서 졸았다. 훈장은 다시 노발대발했다. "수동이 이놈, 또 조는구나!" "저는 조는 것이 아닙니다. 저도 공자님을 뵈러 갔을 따름입니다." 훈장은 내심 찔끔하여 다시 물었다. "그래 공자님을 만났느냐? 공자님이 네게 무슨 말을 하더냐?" 말문이 막힐 것이라고 짐작한 훈장은 정수동의 초롱초롱 빛나는 눈망울을 지그시 쳐다보았다. "예, 훈장님, 공자님을 만나 뵈었습니다. 제가 공자님께 며칠 전 훈장님이 다녀가셨느냐고 물었더니 오신 적이 없다고 하시더군요." 훈장은 그 말을 듣고 파안대소했다.

호랑이를 탄 양반 도둑

정수동은 늘 술에 찌들어 지냈다. 세상에 바랄 게 없고 또 빌붙을 일도 없기에 언제나 거리낌이 없어 당당하였다. 평소 그의 재주를 아끼며 가깝게 지내던 조두순의 잔치에 초대를 받은 정수동이 솟을대문을 들어서니, 사람들이 어린애가 동전 한 닢을 삼켰는데 창자에 동전이 들러붙으면 죽게 된다고 야단법석이었다. 이때 그가 나서서 사랑에 모인 대감들이 들으라는 투로, "걱정할 것 없네. 아랫배만 슬슬 쓰다듬어 주면 그만일세. 어느 대감은 남의 돈 몇만 냥을 꿀꺽 삼키고도 배만 쓸고 있으면 아무 일 없는데, 까짓 제 돈 한 닢을 삼키고야 무슨 배탈이 나겠는가!" 하고 소리를 쳤다. 또 동전을 삼킨 아이를 보고는 "몇만 냥 삼킨 대감은 탈도 없다" 며 달랬다.

대감들이 이 말에 흠칫하였으나, 이윽고 술잔이 돌고 분위기가 무르익자 조 대감이 좌중에게 세상에서 가장 무서운 것이 무엇이냐고 물었다. 어느 대감은 호랑이라 하고, 도둑이라고도 하는데, 다른 대감이 나서더니, "양반의 호령 한마디면 호랑이도 잡고 도둑도 잡을 뿐 아니라, 양반네의 명령에 누군들 꿈쩍하겠소. 그러니 가장 무섭고 두려운 것이 양반이오." 하며 좌중을 둘러보자, 잠자코 있던 정수동이 "세상에서 가장 무서운 것은 호랑이를 탄 양반 도둑이지요. 가슴에 호랑이를 달고 온갖 도둑질을 자행하여 백성들의 고혈을 빨고 삼천리강산을 망치니 이보다 더 무서운 것이 어디 있겠소!"라고 하여 좌중을 숙연하게 하였다. 여기서 가슴에 단 호랑이란, 양반이 차던 옛날의 호패號牌를 음차音借하여 그렇게 조롱한 것이다.

빨래올시다

정수동은 재치가 뛰어나기로 유명했다. 그는 부패한 양반사회를 꾸짖는 시를 지으며 술과 방랑을 즐겼다. 어느 날 동대문 밖에서 술을 얻어먹고 잔뜩 취해 돌아오는데 때 마침 맞은편에서 야경꾼이 걸어왔다. 그 당시 야경꾼은 도둑이 드는 걸 막기 위해 통행금지 시간에 돌아다니는 사람을 감시했다. 통금이 시작되는 인정人定부터 해제되는 파루罷漏까지 통금 위반자 처벌은 매우 엄하여 그 위반 시각에 따라 처벌이 달랐다. 파루는 새벽 네 시경에 서른세 번 치는데 이때 모든 성문이 열리고 또 밤 열 시경에 인정을 스물여덟 번 치면 통행이 금지되었다. 이를 어기면 경수소警守所에서 하룻밤 잡혀 있게 되는데, 이때쯤 곧 시간이 바뀌는 열한 시, 한 시, 세 시에 통금 위반자로 하여금 북을 치게 하였으므로 '경을 칠 놈'이란 말이 여기서 생겨났다.

등불을 들고 야간 순찰을 하던 야경꾼이 정수동을 보고, "게 누구요?" 하고 소리쳤다. 그러자 정수동은 재빨리 가까운 담벼락에 두 팔을 벌리고 납작하게 달라붙은 채 대답했다. "빨래올시다." 의아한 야경꾼이 물었다. "빨래가 어째서 말을 하는가?" 그러자 정수동이 대뜸 받아치는 말, "급해서 통째로 빨았습죠. 옷이 한 벌밖에 없어서 입은 채로 빨았는데 아직 덜 말라서 여기 서 있는 것이오." 야경꾼은 기가 막혀 허허 웃으며 모른 체 지나가자, 정수동은 재치와 순발력으로 위기를 모면할 수 있었다.

지고 가느니, 뱃속에 넣고 가지[81]

어느 해 섣달그믐에 영의정 김흥근이 궁교窮交와 빈족貧族에게 세찬歲饌을 나눠주는데 정수동도 궁교로 분류되어 세찬을 받게 되었다. 김 정승이 정수동에게는 특히 술 두 말과 명태, 꿩 등을 곁들여 주었는데, 그의 힘으로는 이것을 가지고 갈 수가 없었다. 그래서 김 정승은 자기 집 하인에게 운반하라고 한 뒤 "정 서방 뒤를 따라가서, 꼭 정 서방 댁에 두고 오너라"라고 했다. 김 정승 댁 하인은 분부대로 정수동의 뒤를 따라 세찬 짐을 지고 가는데, 갑자기 밤에 함박눈이 쏟아졌다. 정수동이 짐을 진 하인을 데리고 수표교 근처에 당도하여 "꽤 무거운 모양이군. 여기다 내려놓게"라고 하자, 하인은 정수동의 집이 수표교 근처에 있는 줄로 생각하고 "서방님 댁이 근처에 있습니까. 어차피 여기까지 왔는데 댁까지 가져다 드리겠습니다"라며 여전히 짐을 지고 있었다. 그러나 정수동은 "고마운 말이지만 그 무거운 짐을 우리 집까지 져다 줄 것 없네. 여기 내려놓게" 하고 세찬 짐을 붙잡고 있었다. 그러나 하인은 김 정승의 명령을 저버릴 수 없어 세찬 짐을 정수동의 집까지 져다 주기로 하고 그의 말을 듣지 않고 있었다.

정수동은 여전히 세찬 짐을 붙잡고 서서 "무거운 짐을 지고 갈 것 없이 우리 뱃속에 넣고 가세"라며 막무가내로 짐을 내려놓게 했다. 할 수 없이 세찬 짐을 내려놓은 하인이 "그럼 이제 돌아가란 말씀입니까"라고 말하니, 정수동은 껄껄 웃으면서 "돌아가면 안 돼. 내가 이것을 내려놓게 한 것은 자네를 빨리 돌아가게 하기 위함이 아닐세. 두말 말고 이웃집에 얼른 가서 큼직한 사발이나 대접 하나만 얻어 오게"라고 했다. 하인은 정수동의 얼굴을 쳐다보며 "이 눈 오는 밤에 길거리에서 술을 잡수시겠단 말씀입니까. 참 망령이올시다" 하고 다시 짐을 지려고

81. 『주간동아』 701호, 2009. 9. 1, pp.66-67의 「이영철 교수의 5분 한국사」 기사 참고.

했지만 정수동은 "빨리 사발이나 얻어 와. 설경을 바라보면서 한잔 마시는 게 좋지 않은가" 했다. 하인은 더 버틸 수가 없어 이웃집에서 사발 하나를 얻어다 주었고, 정수동은 세찬 짐을 지고 온 하인을 술벗 삼아 두 말 술을 뱃속에 넣고 말았다.

한 말은 술로, 또 한 말은 안주로

어느 날 정수동의 친구들이 시회詩會를 개최했는데 정수동도 참석했다. 그는 참석하기가 무섭게 "시에도 술이 따라다니는 법인데 술 준비는 많이 했는가?"라고 주최 측에게 물어보았다. "술은 마실 만큼 준비했으니 걱정 말고 시나 짓게"라는 답변을 듣고 정수동은 얼른 앉아 잠시 생각하고는 일어서서 "내가 지은 시를 읊을 테니 누가 좀 받아쓰게"라고 하며 시를 읊기 시작했다. 정수동의 시를 받아쓰던 친구는 그의 시가 자구字句마다 모두 시문을 따져 잘된 곳에 동그라미를 치던 관주貫珠감이라서 덩달아 무릎을 쳤다. 이윽고 정수동이 목이 마르다고 주최 측에게 얘기하자 곧 술과 안주가 준비되기 시작했다.

그러나 급한 정수동은 슬그머니 술이 준비된 방을 찾아 나서는데 술 두 동이가 냄새를 풍기고 있었다. 정수동은 속으로 '겨우 두 동이야. 이걸 가지고 다섯 명이 먹자는 말이지. 간에 기별도 안 가겠군. 나 혼자 다 먹어치우자'라고 하면서 우선 한 동이를 마시고 두 번째 동이도 다 마시고 말았다. 정수동이 방에서 나간 뒤 돌아오지 않자 친구들은 그가 돌아오기만 기다리면서 주연을 베풀지 않고 있었다. 그런데 술을 감춰 둔 골방에서 코 고는 소리가 들려 가 보았더니, 아니나 다를까 술동이 두 개는 이미 비어 있고 그는 대취해 찬 방에 쓰러져 자고 있었다.

친구들은 하도 어이가 없어 웃으면서 "세상에 이런 사람이 어디 있나. 술도 술이지만 체통을 지켜야지" 하고 잡아 일으키려 했으나 좀처럼 일어나지 않자, 화를 벌컥 내면서 깨우니 정수동이 일어났다. "글쎄 여보게. 술 두 동이를 다 마셨단 말인가. 친구지간에도 체면은 지켜야지." 친구의 말에 정수동은 "자네, 내 말 좀 들어 보게. 내가 술 두 동이를 다 마신 것은 큰 항아리의 한 동이는 술로 마시고 또 작은 항아리의 한 동이는 안주로 먹었다네. 여보게, 안주 없이 어떻게 술을 마시나. 자네들도 그 정도는 알겠지"라고 한 뒤 다시 쓰러져 코를 골기 시작했다.

돼지도 맞돈 내고 술 마시나

정수동은 울화를 삭이기 위해 거의 술로 살았다. 그러나 살림살이란 게 아홉 끼니 먹으면 서른 날을 굶는 적빈赤貧이라 늘 땡전고리 한푼 없으니 술값이 어찌 있겠는가. 그래서 늘상 왼쪽 주먹을 꼬옥 쥐는 기발한 방편을 썼다. 저 꽉 쥔 주먹 속에 돈이 있겠지 짐작하며 주모는 선뜻 술을 퍼 줬고, 정수동은 뱃속 가득히 술을 퍼 넣곤 그제야 쥐었던 주먹을 펴 보이며 "돈 없네, 나중에 후히 치름세" 하면 그만이었다. 이런 묘책이 오래 갈 리가 없다. 속다 못한 주모가 "맞돈 놓고 술 자시오" 하며 토라진다. 세도가들에게 받는 수모보다 단골 주모의 이런 냉대에 더 가슴이 아팠으리라.

정수동은 앙갚음을 한번 톡톡히 해 볼 심사로 번뜩이는 기지를 내었다. 주막 뒤곁에 한창 꼬들꼬들 숨 삭은 술밥이 널려 있는데, 정수동은 돼지우리 빗장을 뽑아 술밥 쪽으로 돼지들을 내몬 것이다. 주모가 기겁해서 모질고 독살스럽게 원망을 쏟아 놓자 정수동이 말했다. "난 돼지가 맞돈 내고 먹는 줄 알았네!"

강에 있는 물오리 떼도 팔아먹다

정수동은 김정희, 조두순, 김흥근 등 당대의 쟁쟁한 벼슬아치들과 친히 지내기도 했다. 이들은 정수동의 대쪽 같은 천성天性과 기재奇才에 반한 터지만, 많은 벼슬아치들은 정수동의 준엄하고도 기발한 질타에 늘 희롱당하는 처지에 놓이기 일쑤였다.

한번은 낯이 익은 벼슬아치와 함께 길을 가는데 물오리 떼가 창천으로 치솟았다. 탐식의 먹새가 동한 벼슬아치가 침을 꿀꺽 삼킨다.

"한 마리 잡아 술안주 했으면 딱 좋겠네."

그러자 정수동이 거침없이 말을 받는다.

"어렵지 않지!"

"어렵지 않다니?"

"오리 값만 치르면 되네."

"오리 값?"

"저 물오리들은 길들여 내 집에서 기르는 게야."

"그래? 그럼 한 마리 값만 미리 치르지."

"모르는 소리! 물오리는 한 마리 가는 곳으로 다 따라가는 법일세. 열다섯 마리 값 먼저 치르면 저녁에 보냄세."

"거 장히 좋소."

백성들 재산을 수탈하며 영달하는 데만 재간이 있지 세속의 일엔 엉뚱하게도 숙맥인 것이 양반들의 어리석음이 아니던가. 벼슬아치는 물오리 열다섯 마리 값을 선뜻 내고는 해거름 때 노복을 시켜 정수동의 집을 찾게 했다. 그러자 정수동이 느닷없이 불호령을 내려, "에라, 이놈! 날아가는 물오리 파는 놈이 죄를 졌다더냐, 아니면 그걸 산 놈이 죄를 졌다더냐? 네 주인한테 여쭤보렷다!" 하였다.

돌이 반대하니 뽑지 못하오

감사의 행차에 대비하여 관아에서 길을 고치는데, 그 일을 정수동이 따냈다. 감사 행차가 곧 있을 것인데, 시일이 촉박해 강제로 품을 동원할 수가 없기 때문에 울며 겨자 먹기로 보수 공사에 필요한 비용을 정수동에게 미리 내준 것이다. 그런데 행차 날이 닥쳤는 데도 길은 꼴은 말이 아니었다. 정수동은 미리 받은 돈으로 술타령만 하며 박힌 돌 하나 뽑지 않았던 것이다. 그러다 감사 행차 날이 되고, 이윽고 가마를 타고 가던 감사는 길이 몹시 울퉁불퉁 험한 걸 힐책했다. 그리고 이러한 연유를 주변에서 들은 감사는 상투 끝까지 화가 치밀어 정수동을 대령시켰다.

네 이놈! 너는 어찌하여 맡은 일은 하지 않고 나랏돈만 축냈느냐?

정수동은 눈썹 한 가닥 까딱하지 않은 채 대답했다.

"사연이 있소이다."

"그래, 그게 무어더냐? 말해 보아라."

"돌들이 목숨을 걸고 반대하더이다!"

"돌들이 반대를 해?"

정수동은 태연히 엎드려, 돌께로 걸어가 귓바퀴를 바짝 대고는 연신 속삭였다.

"바른 말을 하렷다. 감사 나리 앞이니라."

옆에서 행차를 호위한 나졸은 거듭 채근하였다.

"그렇지! 옳거니! 지금도 그 뜻이렷다?"

감사가 씨근벌떡 화뿔을 세웠다.

"무슨 요망이냐? 엉?"

정수동이 나긋나긋 읊었다.

"저 돌들 말인즉슨 이러하오. 우리들은 옛적부터 이 자리에 박혀 있어 상감께서 지나실 때도 뽑기는커녕 되레 사랑을 주셨거늘, 기껏 감사가 지나가는데 어찌 우리들을 뽑겠다 하는가, 하며 난리오이다!"

울화에 쓸개물이 쪄들 판이지만, 임금도 사랑했던 돌을 뽑음이 불경죄에 자명한지라, 감사는 똥색 낯가죽을 하르르 떨며 주눅이 들어 행차를 지나갔다.

정수동의 건망증

정지윤은 조선 말기에 풍자와 해학으로 이름난 사람이었다. 태어날 때 손바닥에 목숨 '수壽' 자가 새겨져 있었고, 이름의 '지芝' 자가 『한서漢書』에 지생동지芝生銅池로 있다 하여 '동銅' 자를 따서 '수동壽銅'을 호로 삼았다. 항간에서는 이름보다 정수동으로 더 많이 알려진 그는, 당대의 문인이자 재상이었던 조두순, 김흥근, 김정희와도 친분이 있었다. 정수동은 어릴 때부터 총명하고 영민하여 아무리 난해한 문장이라도 한번 훑어보면 그 요지를 깨달을 수 있었다. 그러나 정수동은 지체 낮은 중인 신분인 탓으로 안동김씨 세도정치로 나라 정사가 부패할 대로 부패한 시절, 남다른 포부와 재능을 펴 볼 수 없는 울울한 심사를 시와 술, 해학과 풍자에 부쳐서 오십 평생을 지냈다. 본래 명석한 두뇌와 뛰어난 재능을 가진 그는 때로는 웃음 속에 정곡을 찌르는 시로, 때로는 야유와 조소가 넘치는 재치 있는 해학과 유머로 재물과 권세욕에 환장이 된 사대부들, 아침과 협잡으로 잇속을 차리는 벼슬아치들의 더러운 꼴을 신랄하게 풍자, 조롱하였다.

한때 조정의 한 대감이 그의 재능을 아끼어 벼슬 길을 터놓았지만 정수동은 그 연줄을 타고 부귀공명을 탐내기보다 이미 살던 대로 마음 통하는 친구들과 어울려 글이나 짓고 술 마시며 마음껏 세상을 비웃기도 하고 명산대천을 찾아 아름다운 자연에 묻혀 자유분방한 생활을 하였다. 그래서인지 일 년 삼백예순닷새 치고 집에 있는 날보다 없는 날이 태반이었다.

그의 아내가 방금 해산을 앞두고 있던 때였다. 정수동은 순산을 시키자면 불수산佛手散이란 처방을 지어 와야겠다는 생각이 불쑥 들어 부리나케 옷을 주워 입고 집을 나섰다. 구리개[82]에 있는 단골 약방을 찾아 걸음을 재촉하던 그는 길거리에서 마주 오는 친구 두 사람과 딱 마주쳤다.

"아니, 두 분이 동무해서 어디를 이렇게 가시나?"

정수동이 반가운 김에 인사 겸 묻자,

"마침 잘 만났네. 그러질 않아도 우리 둘이 함께 오면서 자네 이야길 하던 참이야."

하고 친구들도 반색을 하였다.

"내 얘기를? 그런데 대체 어디를 가시는가?"

정수동이 궁금해서 다시 묻자 한 친구가 "우리 말인가. 금강산 유람

82. 구리개: 조선시대 때 의료기관이 밀집해 있던 곳으로 '동현銅峴'이라 했는데, 오늘날 서울 을지로 2가와 수표동, 장교동에 걸친 '혜민서골'이라 불리던 마을이다.

을 떠나는 길일세." 하고 대답하였다. 정수동이 놀라며 그들의 행색을 찬찬히 살펴보니 발에는 미투리감발을 든든히 하고 등에는 큼직한 봇짐을 진 것으로 보아 두 친구가 금강산으로 가는 걸음이 분명했다.

"오라, 그래서 두 분이 내 얘길 하셨군 그래."

정수동은 감심하듯 머리를 끄덕이며 친구들을 쳐다보았다.

"바로 맞혔네. 그래 경안[83]도 우리와 동행하지 않으려나?"

"그야 물어보나 마나지."

친구들이 묻는 말에 평소에 금강산 유람이 소원이던 정수동은 두말없이 승낙해 버리고 말았다. 그리하여 정수동은 자기가 지금 아내의 약을 지으러 간다는 것을 까맣게 잊어버리고 친구들이 이끄는 대로 서울 장안을 빠져나와 금강산으로 향했다. 단발령을 넘어 금강산 경내에 첫발을 들여놓는 순간부터 정수동 일행은 넋을 빼앗는 절경에 취하여 소문난 명소에서 혹 보름씩 혹 열흘씩 묵으며 도도한 시흥과 주흥으로 시간 가는 줄 몰랐다. 내외금강의 명소들을 빠짐없이 찾으면서 그들 일행이 유점사에 이른 날이었다. 그곳 대웅전에서 부처들을 차례로 돌아보던 그들이 천불수관음상千佛手觀音像에 이르자 정수동의 입에서는 부지불식간에

"아차!" 하는 소리가 튀어나왔다.

"아니, 왜 그러시나?"

친구들이 의아해서 묻는 말에 정수동은 "내 이 건망증 봤나. 우리가 구리개에서 만났을 때 실상은 내가 해산을 앞둔 집사람을 위해 불수산을 지으러 약방을 찾아가던 길이었다네." 하고 난색을 지었다.

"뭐 불수산? 그럼 그때 부인이…."

"음, 아 그런 걸… 길에서 자네들을 만나 금강산 유람을 간다는 바람에 그만 앞뒤를 생각지 않고 따라와 버렸으니…."

정수동이 자기의 건망증을 탓하며 더욱더 난색을 짓는 모양을 어이

83. 경안景顔: 정수동의 자字.

없이 바라보던 한 친구가

"원 참 사람도, 그런데 우리들이 금강산에 온 지 일 년이 되도록 잊어버리고 있다가 어떻게 지금에야 갑자기 그 생각을 해내셨나?"
하고 물으니 정수동은 "응, 저 천불수관음상을 보니 문득 불수산이 생각나네그려." 하고는 저도 어처구니가 없는 듯 픽 웃고 말았다.

며칠 후 금강산구경을 마친 정수동이 서울로 돌아와 친구들과 헤어져 자기 집 대문으로 들어서니 방 안에 사람들이 가득 모여 법석대고 있었다. 떠들썩거리며 웃는 것으로 보아 불길한 일은 아닌 것 같고 필경 무슨 경사가 있는 듯싶었다. 다름 아니라 이 날인즉 정수동이 불수산을 지으러 집을 나간 뒤에 부인이 다행히도 순산하여 아들을 낳았는데, 그가 금강산을 구경하느라고 돌아다니는 사이에 어느덧 일 년이 지난 터여서 그때 태어난 아들애의 첫돌 날이었다. 그런 줄은 꿈에도 모르고 정수동이 큰기침을 하며 마당으로 들어서자 방 안에 있던 부인 김씨가 얼굴에 반가운 웃음을 띠고 분주히 마루로 나와 맞으며, "서방님이 원래 성미가 급하시어 아이 돌을 잡히는 날에야 불수산을 지어가지고 들어오십니다그려." 하고 한마디 하였다.

부인의 말에 정수동은 빙그레 웃으며 응수하였다.

"내 성미는 본래 그렇듯이 급하려니와 미처 불수산이 오기도 전에 아이 돌잔치부터 차리려 드는 부인의 성미도 과히 유하지는 않은 것 같소." 곁에서 그들 부처의 주고받는 말을 듣고 있던 일가친척들은 모두 죽어라고 웃으며 한동안 허리들을 펴지 못하였다.

노랭이 마음을 고치다

옛날 서울에 정수동이라는 사람이 있었다. 그 사람은 풍채가 좋고 글도 잘하여 대단한 문장인데, 벼슬이라고는 전연 눈도 돌리지 않았다. 과거를 보면 높은 벼슬을 할 것인데 통 그런 것에는 힘쓰지 않았다. 살림은 늘 굶고 지내는 형편이라, 그 처자가 그저 동냥질을 해서 먹고 살았다. 집안일은 아예 돌보지도 않고, 이웃에 있는 김 정승 댁에 가서 늘

빈둥거리며 놀았다. 김 정승이 정수동을 좋아하는 까닭은 그가 옛날이야기를 잘하고 사람이 아주 청백해서 가난하게 살아도 남의 것에는 일절 눈을 뜨지 않기 때문이었다. 정수동 자신도 때로는 하다못해 선달이라도 해 볼까 하는 그럴 요량도 전혀 없는 건 아니었지만, 김 정승이 벼슬이 올라갈 때마다 돈도 갖다 주고 쌀도 대주고 하였다.

김 정승은 홀로 잘 먹고 잘 산다고 생각해 보니, 그가 부끄러워 쌀이라도 들어오면 더러 덜어서 주곤 하였다. "어이 자네 갖다가 처자와 먹고 살게" 하면 정수동이 곤란해하니까, "이놈 좀 갖다 주소" 한다. 그러면 정수동은 못 이기는 체 그놈을 가지고 가는데, 마누라에게 가져다주는 게 아니었다. 그냥 가다가 주막에서 술을 마셔 몽땅 없애 버렸다. 또 혹시라도 돈을 주면, 돈도 가지고 가다가 주막에 퍼지르고 앉아 진탕 술을 마셔 없애 버렸다. 이렇듯 도통 마누라에게는 아무 것도 가져다주는 법이 없었다.

평생 그렇게 살아가는데, 하루는 김 정승이 "자네는 어째서 그런가. 뭘 주면 갖다가 자네 식구들에게 먹이라니까. 왜 그런가, 술만 퍼마시니."

그러니까 수동이, "아 그것은 공것인데, 그 재물을 뭐 할라고 갖고 가겠소?"

그러니까, "허허, 그 참 자네 성질 묘하네…. 어이, 그런데 경상도 거기가 어디더라… 마을 이름을 잊어버렸네. 거기에 한번 다녀와 주소. 내가 꼭 볼 일이 있어."

그래서 뭘 적어 주면서 거기를 갔다 오라며 여비를 주었다. 거기에 갔다 올 만큼 여비를 주니, 그놈을 갖고 시방 길을 떠나는 판인데, 갔다 올 노수路數는 생각도 하지 않고 가다가 술 한잔을 마셔 버리니, 퍼질러져 그만 날이 저물고 말았다.

어느 마을 앞에 주막이 있어서 그 술방에 척 들어가 술 한잔을 걸치고는 주인 보고, "어이 보시게. 이 고을에 떵떵거리는 기와집이 있다는데, 거기 어떤 부자가 사는가?" 하고 물었다.

"부자가 살아도 노랭이라고 별호가 있소. 왜 노랭이냐 하면, 과객 하나도 절대 재우는 법이 없는 부자요. 수백 석 거리, 수천 석 거리 하는 부자이지마는 도통 과객이라곤 어느 누구도 재우지 않지요."

"그래? 그러면 내가 거기 가서 하룻밤 자고 싶은데."

"아니오, 가지 마시오. 갔다 도로 나올 것인데 뭐 할라고 거길 가실려오?"

"아니, 가 보아야 알지."

그러고는 자리를 탁 떨고 나갔다. 나서서 그 집에 닿고 보니, 대문이 세 개나 되는 게 아닌가. 첫 대문 안에 중대문, 그리고 마지막 안대문. 그래서 첫 문간에 서서 보니 사람이 없는지 퍽이나 조용하였다. 그래서 둘째 중문에 가서는 서울 말씨로 "오너라, 이리 오너라" 하니, 웬 허연 영감이 나오더니, "거 뉘시오?" 그런다.

"예, 길 가는 사람인데 가다가 날이 저물어 하루 저녁 유숙해 갈까 하여 주인을 찾습니다."

그러니까, "아니오. 우리 집에는 못 잡니다." 한다.

"왜요?"

"안 되오, 우리 집에는 그럴 연유가 있어 못 잡니다."

"아, 그러하지마는 정 잘 데가 없으면 여물청에서나 좀 자고 갈랍니다."

그러니까, "원 세상에, 손님을 여물청에다 재울 수가 있는가. 보냈으면 보냈지."

"아니오. 그런 거 상관없습니다."

"아, 절대로 못 잔다고 하니 그러네."

그래서, 정수동이 하는 말이, "여보시오. 정 못 재울 것 같으면 내가 뭐 하나 써 놓고 갈 것이 있소. 지필묵 있으면 좀 갖다 주시오."

그러니 지필묵을 갖다 주었다. 종이를 척 들고는 거기다가 쓰기를, "공수래공수거空手來空手去하니 세상사여부운世上事如浮雲이라" 그러고 "평토제인산후平土祭因山後에 산적적월황혼山寂的月黃昏이라"

고 썼다.

이렇게 적어 놓고는 "옛소." 하고 돌아나가는데, 영감이 그 글을 보니까 '세상에 빈손으로 왔다가 빈손으로 갈 것인데 세상일은 마치 뜬 구름과 같구나. 평토제 지내고 사람들 가 버리면, 적막한 산 달빛 아래 혼자 드러누울 것인데." 대충 이런 뜻이었다.

"에라, 빌어먹을…" 정수동이 휘적휘적 저만치 가는 것을 보고 영감이 "여보시오, 여보시오." 하고 불렀다.

정수동이 손사래를 치며 다시 저만치 가는 것을, "거기 잠시 있으시오."라고 소리치며 불러 세웠다.

"아니 갈 길이 바쁜데…" 하고 정수동은 모른 척 가던 길을 계속 재촉한다.

"보시오. 거기, 잠시 있으란 말이오."

영감은 쫓아가서 팔을 붙잡고, "갑시다." 하며 정수동을 끈다.

"왜요? 내 갈 길 떠날 것인데 도대체 어디로 가느냔 말이오."

정수동은 숫제 못 이기는 척하였다. 마침내 영감이 그를 끌고 와서는 자기가 거처하는 사랑으로 데리고 들어가니, 참 번듯하게 잘 차려놓고 살고 있었다.

영감은 안으로 들어가, "여봐라." 하고 하인을 불러, "주반상 하나 차려 오너라." 하고 명하였다. 주반상을 잘 차려왔는데 참말로 생전에 못 먹던 음식이라. 정수동이 모처럼 잘 먹고는 그날 밤은 거기서 자게 되는데, 또 밤이 이슥하여 저녁밥상이 나오는데 상다리가 부러지게 차려 내왔다.

그걸 다 먹고 잘 자고 나서, 이튿날 아침에 일찍 일어나 가려고 채비를 챙기니, "아, 왜 그러시오?" 하고 소매를 붙잡는 게 아닌가. "허허, 엊저녁에 잔 것도 감사한데 아침까지 머물겠소? 나 갈라요."

그러니까 "에이, 이거 무슨 소리요. 이왕에 차렸으니 아침밥을 잡숫고 가야 쓸 것이오." 그러면서 영감은 다시 정수동을 붙잡았다.

그래서 할 수 없는 듯 주저앉아 아침밥도 잘 먹고 길을 떠나는데, 저만치 가고 있으니, "가만있으시오. 거기 있으시오." 그래서 멈추어 서니 여비까지 두둑이 주는 게 아닌가. "이거 여비나 해서 가시오." 이렇게 하여 정수동은 큰 대접을 받았다.

그렇게 잘 다녀왔는데, 그 영감이 그해부터는 소작료를 받는데, 두 섬 받을 걸 한 섬 받고, 한 섬 받을 걸 열 말만 받고, 열 말 받을 데는 아예 받지도 않고, 또 없는 사람은 노적가리를 하나씩 다 나눠주었다.

그렇게 하니 소작인들이 말하길, "그 영감님이 돌아가실랑가 참 많이도 변했더라. 허어, 참. 가난한 사람은 귀리를 주고 소작료도 반절씩만 받고 말이네. 그러니까 우리가 그 양반을 그냥 둘 수가 있는가? 그러니 그 양반 공덕비나 하나 세우세"라고 입을 모았다.

그래서 그 고을 사람이 마음을 모아 공덕비를 아주 번듯하게 세웠다. 그 양반이 사는 마을 앞 경치가 좋은 데 터를 잡아 비를 세우기 위해 고을 사람이 모두 모였다. 그날 큰 잔치를 하는데, 원님까지 행차하기로 되어 있으니까, '아무 날 공덕비를 세우는데 잠시 나오시오.' 하고 영감한테도 통지가 왔다. 그래서 "내가 뭘 했다고? 비석을 세울 일도 못되는데, 뭔 비를 세운다고 그러는가?" 하고는 그저 나가 보았다. 정말 나가 보니, 너른 들에 온통 차일을 둘러치고, 사람은 셀 수도 없이 많이 앉아 있고, 원님까지 나와 있는 게 아닌가. 공덕비를 세워 놓고 차린 음식을 한참 나누어 먹는다고 야단인데, 불쑥 영감이 음식 먹는 걸 잠깐 중지하라 해 놓고는, 가지고 온 글을 먼저 보이면서 "자, 잠깐 이 글을 읽을라니까, 그냥 들어 보시고 난 뒤에 음식을 나눠 자시게" 하고는 "공수래공수거하니 세상사여부운이라. 평토제인산후 산적적월황혼이라" 하고 글을 읽었다.

"대체 이 글을 누가 지었냐 하면, 서울 사는 정수동이라는 선비가 지었소이다. 그래서 이 글을 받은 후로 내가 대체 죽으면 빈손으로 와서 빈손으로 가는데, 내가 이 많은 재물을 뭣 할 것 이냐… 곰곰이 생각해 보고 문득 깨달았소이다, 여기 모이신 소작인들에게 이만한 작은 일로 소인이 뭘 했기에… 부끄럽게도… 이깟 일로 소인이 인심이라고 베풀었다고 공덕비를 세우냐 그 말이오"

그러고는 거기서 모두가 잘 먹고 하루를 잘 놀았다고 한다.

도깨비를 속이다

정수동은 조선시대의 유명한 시인이기도 하지만, 재물을 우습게 알고 권세가를 비웃는 해학가로 잘 알려진 인물이었다. 정수동이 평안남도의 마을에서 살 때의 일이다. 그 마을의 서낭당 나무에는 도깨비들이 살고 있었는데, 밤마다 소리를 내거나 길을 가는 사람들을 괴롭혀 홀리는 등 마을 사람들을 괴롭혔지만, 사람들은 도깨비의 신통력이 무서워서 대들지 못했다. 어느 날 밤 정수동이 당시 최고 세력가인 안동김씨 수장이자 세력가인 김홍근을 서울에서 만나고 며칠을 머물다가 돌아오는 길이었다. 길을 가는 정수동 앞에 웬 거구의 남자가 떡하니 가로막더니, 뭔가 동굴에서 울리는 듯한 기묘한 목소리로 말을 걸었다.

"김씨, 돈 백 냥만 빌려 주소."

"허어, 이놈 보게, 내가 정가인 건 여기 사람이면 모를 리가 없을 텐데, 필시 도깨비가 틀림없으렷다."

도깨비는 사람들을 보면 무조건 김씨라고 부른다고 한다. 마침 정수동은 김홍근이 준 돈이 있기에 백 냥을 선뜻 내주었다. 다음날 밤에 정수동이 마루에 앉아 달을 보고 있는데 갑자기 어제 그 사나이가 나타나 돈을 갚고 사라졌다. 정수동은 돈을 무사히 받았지만 돈을 빌려 주고 받지 못해서 골탕 먹은 사람들 얘기를 들었기에 도깨비를 골려 주기로 하였다. 다음날 낮에 정수동은 서낭당 근처를 거닐며, "어허, 이놈의 도깨비들이 남의 돈을 빌렸으면 갚아야지, 고얀 놈들이로구나!" 하며 혀를 차며 지나갔다. 그리고 밤이 되자 도깨비가 다시 나타나 정수동에게 백 냥을 주고 갔다. 이런 일이 몇 주나 반복되었는데, 정수동은 이 돈으로 잔치를 열고 이웃을 도와주었다. 정수동은 워낙 재물을 하찮게 알았기 때문에 모으지 않았다. 그러던 어느 날 도깨비가 돈을 갚으러 오지 않았다.

"흐음, 도깨비들이 눈치를 챘구나. 이놈들이 가만있지를 않을 텐데."

정수동의 말대로 다음날 괴상한 날이 벌어졌다. 정수동이 키우던 개가 지붕 위에 올라가 있는 것이 아닌가. 마을 사람들이 기이한 일이라고 불안해하는데 정수동은 껄껄 웃으며 좋아하며 말했다.

"동네 사람들, 이것 보시오. 이 녀석이 도둑놈들이 오는지 안 오는지 잘 살피려고 지붕에 올라가 망을 봤나 보오. 이 얼마나 대견한 놈이오?" 정수동의 능청에 마을 사람들도 맞는 말이라며 웃음을 터트렸다. 그리고 다음날 더 황당한 일이 벌어졌다. 분명 화창한 날씨인데, 정수동의 집에만 폭우가 쏟아져서 방 안이 물바다가 되었다. 집에서 나온 아내와 자식들이 불안해하고 있는데, 정수동은 낚싯대를 들고 와 웃으며 말했다.

"허허, 내가 마침 낚시를 하고 싶었는데, 이렇게 방 안에 낚시터를 만들어 주다니 고마운 일이구나."

가족들은 이런 정수동의 우스꽝스러운 행동에 황당해질 뿐이었다. 이렇게 몇 번이나 도깨비들이 조화를 일으켜 말썽을 부렸지만, 정수동은 오히려 즐겁다는 듯이 개의치 않았다. 그러자 도깨비들도 약이 오른 듯, 이번엔 정수동의 밭에 돌과 바위를 갖다 놓았다. 아내가 농사를 못 짓겠다고 울상을 지었지만, 정수동은 오히려 춤을 추며 즐거워하였다.

"농사를 망쳤는데 뭐가 그리 즐겁소?"

"허어, 부인 뭘 모르시오. 이렇게 바위를 갖다 놓으니 비바람 걱정하지 않아도 되니, 이 얼마나 즐겁소. 난 도깨비들이 밭에 똥을 뿌려 놓을까 봐 걱정했는데 이렇게 고마울 데가 있단 말이오?."

아내는 정수동의 능청에 역정도 못내고 집으로 들어갔다. 다음날 밭에 가보니 밭에 놓여 있던 돌들은 사라지고 대신 온통 똥이 뿌려져 있었다. 그러자 정수동은 망했다며 울음을 터트렸다. 그리고 그날 저녁 정수동은 화가 난 듯 도깨비들이 있는 곳으로 쳐들어가려고 하자 마음 사람들이 말렸다. 그러나 정수동이 자기에게 좋은 생각이 있으니 같이 가서 도와 달라 하고 서낭당으로 가자, 마을 사람들 중 담이 센 몇 사람이 그를 따라 그곳으로 갔다. 정수동은 서낭당 나무에 대고 소리쳤다.

"내 그동안 네 놈들의 장난을 고이 넘겼으나 남의 농사까지 망치니 참을 수 없도다. 여기에서 썩 나가지 않으면 네 놈들을 가만두지 않겠다."

정수동의 말이 끝나자 한줄기 바람이 불어 정수동의 몸을 휘청하게 했다.

"이놈들이 나를 우습게 아는구나. 그럼 어디 내 힘을 보아라. 이제 곧 있으면 달이 사라질 것이다. 어디 한번 재주껏 막아 보거라."

정수동이 소리치며 하늘에 대고 주문을 외우자 달이 서서히 사라지기 시작했다. 근처에 있던 마을 사람들도 놀란 듯 당황해하고 있는데 정수동이 다시 외쳤다.

"자, 나의 힘을 보았느냐. 내 좋은 말 할 때 여기서 썩 꺼지거라. 안 그럼 가만두지 않겠다."

정수동의 으름장이 통한 듯 그 마을에서 도깨비들이 다시는 나타나지 않았다고 한다. 그리고 도깨비들이 뿌린 똥들이 거름이 되어 정수동의 밭은 그해 가을 풍년을 이루었다고 한다.

거짓말 재주로 삼백 냥 꿀꺽

정수동이 한창 경향 각지를 유람하고 다닐 무렵 경상도 어느 고을에 아주 짓궂은 사또가 있었다. 그런데 그 사또가 얼마나 짓궂은 사람이었나 하면, 어느 날 자기가 다스리는 고을 관아는 물론 온 동네 사방팔방에 요즘말로 하면 방榜을 떡하니 붙여서 공고하였다.

조선 팔도에서 거짓말 잘한다고 자부하는 자들은 누구든지 다 본관에게 찾아와서 무슨 거짓말이든 마음 놓고 재주껏 해 보거라. 어떤 거짓말을 해도 그 말이 거짓말이라는 이유로는 절대로 처벌하지 않는다. 단, 그 어떤 거짓말이건 본관의 입에서 '예끼! 그따위 거짓말이 어디

있냐?' 하고 인정할 만한 거짓말을 하는 자에게만 상금으로 삼백 냥을 포상할 것이고, 본관의 입에서 그런 호통이 나오지 않는 시시껄렁한 거짓말을 하는 자에게는 곤장 삼십 대를 쳐서 내쫓을 테니 누구든지 동헌으로 찾아와서 거짓말도 실컷 하고, 상금 삼백 냥도 받아 갈 자신이 있는 자는 언제든지 도전해 보라!

실로 기상천외한 조건을 단 내기를 하겠노라는 공고였다.

그 소문이 삽시간에 인근 고을은 물론이고 얼마 가지 않아서 조선 팔도 방방곡곡에 퍼지게 되자, 그야말로 조선 팔도에서 난다 긴다는 별의별 건달 난봉꾼 재담꾼에 잡놈들이 그 고을 관아로 미어터지게 몰려와서 문자 그대로 말도 안 되는 별별 귀신 씻나락 까먹는 희한한 거짓말을 다 했건만, 단 한 놈도 현상금 삼백 냥을 타내는 것은 고사하고, 그 사또 앞에 가는 족족 엉덩이에 불이 나도록 곤장만 얻어 맞고 죽을 상이 되어서 들것에 실려 나가는 놈들뿐이었다. 그도 그럴 수밖에 없는 것이, 그 사또 앞에서 제아무리 말도 안 되는 거짓말을 늘어놓아 봤자, 그 사또는 보료에 팔을 떡하니 걸치고 앉아서 시치미 뚝 따고 능청을 떨면서

"그래? 거 참 신기한 일이로세!"

라고 하거나,

"그래? 그런 일이 다 있었구먼. 그럴 수도 있을 테지."

라고만 할 뿐, 어떤 놈이 앞에 앉아서 삼척동자는 고사하고 바보천치가 들어도 말도 안 되는 거짓말을 제아무리 떠벌여 봤자 절대로 거짓말이라고 인정해 주거나,

"예끼! 그따위 거짓말이 어디 있느냐?"

고 하지만 않으면 무조건 사또가 이기게 되어 있는, 원천적으로 불공정한 내기였다. 제아무리 조선 팔도에서 난다 긴다 하는 거짓말쟁이에 재담꾼에 익살꾼도 그 사또를 당해 낼 재간이 없었던 것은 오히려 당연한 일인 것이다.

그런 소문이 사방 수백 리에 퍼져 나가고 있을 무렵, 어느 날 달랑 괴나리 봇짐 하나를 멘 정수동이 그 사또 앞에 나타난 것이다. 땡전 한 닢 상금은 고사하고 이미 수백 명을 곤장을 쳐서 내쫓은 백전백승을 자랑하고 있는 중에 다 떨어진 갓끈에 꾀죄죄한 도포자락에 괴나리봇짐 하나 멘, 어느 모로 보나 별 볼일 없어 뵈는 백면서생 하나가 감히 도전을 해 보겠다고 나타났으니 그 사또가 보기에 얼마나 가소로웠겠는가! 그래도 그 용기가 가상타 싶어 정수동과 마주 앉아 좌정한 사또가

"무슨 얘기인지 어디 한번 들어 보세."

라고 하니 정수동이 입을 열기를

"사또, 시생이 살고 있는 고을에 구십 먹은 노파가 수년 전에 사내아이를 하나 낳아서 기르다가…"라면서 얘기를 시작하는 것이다. 구십 먹은 노파가 수년 전에 사내아이를 낳았다는 얘기 자체가 이미 말도 안 되는 거짓말인 줄 그 사또나 정수동이나 피차 뻔히 알면서 서로가 시치미를 뚝 떼고 있는 중이지만, 사또는 이미 그런 유보다 백 배, 천 배 더 말도 안 되는 거짓말에 이골이 난 지 이미 오래인지라, 내심으로 혀를 끌끌 차면서 딱하다는 표정으로 정수동을 보고 있는데, 이어서 정수동이 내뱉는 다음 말이, 어라! 어째 좀 수상한 느낌이 들기 시작했다는 것이다.

"그 구십 먹은 노파가 달포 전에 노환으로 세상을 뜨면서 시생에게 당부하기를, '생원님, 아시다시피 이 늙은 것이 이제 죽으면 저 어린것이 혼자서 어찌 살아갈 수 있겠습니까? 하여 세상을 하직하는 마당에 저 어린것의 장래를 위해 생원님께 간곡히 당부를 드릴 게 있습니다.' 하면서 유언하기를, '생원님, 실은 저 아이의 생부가 지금 어느 고을의 원님으로 계시는 어른인데, 저 아이는 아직 너무 어려서 제 발로 생부를 찾아가기는 어려우니… 제가 자리에 눕기 전에 미리 써 놓은 편지가 있으니… 모쪼록 저 어린것을 가엾게 여기시어 제가 죽고 난 뒤 생원님께서 그 편지를 가지고 저 아이의 생부 되시는 고을 원님을 찾아가서 저간의 사정을 잘 설명하시면, 저 어린것의 장래를 보살펴 주실 것입니

다' 라고 하기에, 시생이 인정상 차마 거절치 못하고 그러겠노라고 다짐을 하고 그 편지를 뜯어 보니, 그 노파가 말한 그 어린것의 생부가 바로 지금 시생이랑 마주 앉아 계신 이 고을 사또이시니 이런 기연奇緣이 어디 또 있겠소이까?" 하면서 괴나리봇짐을 주섬주섬 뒤지더니 무슨 편지 같은 걸 꺼내서 슬쩍 보이면서, "사또, 이게 바로 그 노파가 죽기 직전에 시생에게 건네준 그 편지올시다!"라고 하는 게 아닌가! 그 사또가 정수동의 얘기에 "허, 그래? 거 참, 딱하지만 그럴 수도 있겠지."라고 거짓말이 아닌 걸로 인정해 버리면, 사또 자신이 수년 전에 팔십이 넘은 호호백발 노파와 밀통을 해서 자식까지 낳아 놓고 그 어린 자식마저 팽개쳐 버린, 세상에서 가장 지저분하고도 천하의 죽일 놈이 되어 버릴 판이니 꼼짝없이 정수동한테 삼백 냥 아니라 삼만 냥이라도 내놓지 않고 달리 배겨 낼 묘수가 있었겠으며, 다른 사람도 아닌 그 사또를 주인공으로 엮어서, 그야말로 말도 안 되는 그런 새빨간 거짓 얘기를 외눈 하나 깜짝하지 않고 그 사또 앞에서 태연히 늘어놓았으니, 그 사또가 어떤 표정을 지었겠는가.

3. 방달放達과 불기不羈의 문학정신

1) 성령주의 문학정신의 발로

정수동의 삶이 그렇듯이, 시 또한 겉으로 번지르르한 일체의 권위와 허위, 형식을 내던지고 자유로운 영혼을 구가하며, 진심眞心의 정신 기조에서 노닐었다. 그는 십구 세기 전반에 활동한 대표적인 위항시인委巷詩人으로 구태의연하고 상투적인 형식이나 껍데기를 모조리 던져 버리고, 인간의 맑은 심성에 기초한 시 짓기를 창작이념으로 삼아, "성령이 한번 붙으면 붓 끝을 다할 따름이지, 시체時體나 신풍新風을 좇거나 교묘하고 섬세한 것을 다투지 않는다性靈一付兎毫尖 不逐時新競巧

纖"[84]는 성령론性靈論을 구현한 시인이다. 이처럼 그의 문학관의 근저는 심학心學에서 출발한 성령론이다. 번거로운 문장이나 허황한 형식을 배격하고, 간결한 가운데에 높은 격조를 담은 시를 썼다. 성령주의性靈主義는 도문일치道文一致의 고문파古文派를 반대하고 개성이 뚜렷한 새로운 글쓰기를 주장한 이탁오李卓吾[85]의 동심설童心說에서 발휘되었다.

대저 동심이란 진실한 마음이다. 만약 동심으로 돌아갈 수 없다면, 이는 진실한 마음을 가질 수 없다는 말이 된다. 무릇 동심이란 거짓을 끊어 버린 순진함으로서, 사람이 태어나서 처음 갖게 되는 본심을 말한다. 동심을 잃게 되면 진심이 없어지게 되고, 진심이 없어지면 진실한 인간성도 잃어버리게 된다. 사람이라도 진실하지 않으면, 최초의 본마음을 다시는 회복할 수 없는 것이다. 어린아이는 사람의 처음 모습이요, 동심은 마음의 처음 모습이다. 대저 최초의 마음이 어찌하여 없어

84. 정지윤, 『하원시초』「정미년 섣달에丁未臘月」.

85. 이탁오: 1527-1602. 중국 명나라의 양명학 좌파에 속하는 사상가. 처음 성姓은 '임林'이나 뒤에 '이李'로 고쳤다. 이름 대지戴贄 혹은 지贄. 호 탁오卓吾, 굉보宏甫, 온릉거사溫陵居士. 천주泉州 진강현晋江縣 사람으로 색목인色目人이다. 운남성雲南省 요안姚安 지부知府를 지냈으나 오십사 세에 관직을 떠나, 중년 이후에 양명학陽明學과 선학禪學의 영향을 받았다. 만년에 저서와 가르침에서 당시 도학道學을 비판했기 때문에 여러 차례 박해를 받았다. 장문달張問達의 탄핵으로 옥중에서 자살했다. 저서로 『분서焚書』『속분서續焚書』『장서藏書』『속장서續藏書』가 전한다. 『분서焚書』 제3권에 수록되어 있는 「동심설童心說」에서, "동심이 상실되는 것은 문견聞見이 밖으로부터 들어와 안의 주인이 되고 도리道理가 들어와서 안의 주인이 되기 때문이다"라고 하면서, 특히 그 도리를 부정적으로 간주하였다. 이러한 그의 입론에서 본다면, 음란을 가르치는 「서상기西廂記」나 도둑을 가르치는 「수호전水滸傳」과 같은 속문학俗文學이 고금의 지문至文이며, 육경六經과 『논어論語』『맹자孟子』는 도학자들이 허황한 구실로서 위선자를 만드는 본원이라고 비판하였다. 그는 스스로 고백하기를, "나이 오십 이전의 나는 한 마리 개에 불과했다. 앞에 있는 개가 자기 그림자를 보고 짖으면 같이 따라서 짖었던 것이다. 만약 누군가 내가 짖은 까닭을 묻는다면 벙어리처럼 입을 다물고 쑥스럽게 웃을 수밖에." 라고 하면서, 공맹孔孟의 가짜 인의仁義와 예교禮敎를 내던져 버릴 것을 주장하였다. 이에 사람들을 현혹한다는 이유로 칠십육 세에 감옥에 갇힌 뒤 스스로 생을 마감하고 자신의 저술은 불에 태워버릴 것을 말하며 '분서焚書'라고 칭하였다. 주자학에 반기를 들어 지행합일知行合一을 주장한 왕수인王守仁의 입론을 받든 양명학파 중에서도 좌파에 속하는 학자이다.

질 수 있는 것이라夫童心者 眞心也 若忍心爲不可 是以眞心爲不可也 夫童心者 絶假純眞 最初一念之本心也 若夫失童心便失眞心 失眞心便失眞人 人而非眞全不復有初矣 童子者 人之初也 童心者心之初也 夫心之初 曷可失也[86]

이러한 동심설은 원굉도袁宏道를 중심으로 하는 공안파公安派[87]의 문학이론으로 정립되었다. 이 문학정신은 우리나라의 허균許筠, 박지원朴趾源, 박세당朴世堂으로 이어졌다. 박세당은 "인간의 성령은 죄다 없어지지는 않기 때문에 비록 육신이야 몹시 쇠하긴 해도 나이가 들수록 성령이 자라난다抑人之性靈 不容盡泯 雖耗昏之極 而猶有隨年而增長"[88]라고 했으며, 강화학江華學을 주장한 정제두鄭齊斗의 문인 신대우申大羽는 이광려李匡呂의 문집 서문에서, "그 문장은 성령을 발휘하여 이치가 청원淸遠함을 이루고, 시 또한 풍정風情이 있었다故其文發揮性靈 理致淸遠 詩亦風情所寄"[89]라고 했고, 또한 족질族姪인 이충익李忠翊도 「이참봉집발李參奉集跋」에서 문장을 지을 때 앞사람들의 형식을 사용하지 않고, 시세時世에 구애되지 않는다고 하여, 겉치레인 자질구레한 형식이나 추세에 구속되지 않고 인간 성정의 맑은 기운을 담아내야 한다고 주장하였다.

『하원시초』에서 시 짓는 법을 노래한 「시 짓는 데 느낌이 있어作詩有感」는 정수동 자신의 창작태도를 밝힌 것이다. "가장 영롱한 곳에 성령이 있는데 심절히 공을 쌓지 않으면 말하기 어렵네. 묘경에 들려면

86. 이지李贄, 『분서焚書』 제3권, 「동심설童心說」.

87. 공안파: 중국 명나라 만력기萬曆期(1573-1619)의 문학집단으로, 문학은 동심의 소산이라는 견해를 가지고 기존의 봉건적 권위와 도덕을 무시한 이탁오의 사상적 영향을 받아 당시의 복고파 문학에 도전하였다. 원종도袁宗道(자字는 백수伯修, 1560-1600), 원굉도袁宏道(자字는 중랑中郎, 1568-1610), 원중도袁中道(자字는 소수小修, 1570-1630) 삼형제는 '삼원三袁'이라 일컬어지며 모두 공안파를 대표하는 인물로 당시 호북성湖北省 공안현公安縣 사람이므로 공안파라 불려졌다.

88. 박세당朴世堂, 『서계집西溪集』 제7권, 「남운로에게 답하는 편지答南雲路書」.

89. 이광려李匡呂, 『이참봉집李參奉集』, 「이참봉집서李參奉集序」(신대우申大羽 찬撰).

호랑이 굴 더듬어야 하고, 기묘함은 용문산 뚫음만 어찌 못하랴最玲瓏處性靈存 不下深功不易言 入妙應經探虎穴 出奇何減鑿龍門"[90]라고 하여 시의 창작 근원으로 '성령'을 강조하고, 시의 묘경妙境에 들기 위하여 부단한 노력이 따라야 할 것을 주장하였다. "성령이 한번 붙으면 붓 끝을 다할 따름이지, 시체時體나 신풍新風을 좇거나 교묘하고 섬세한 것을 다투지 않는다. 벽만 보며 앉는 게 공력인 줄 잘못 알까, 어찌해 실없이 웃으며 처마 밑 떠도는지性靈一付兎毫尖 不逐時新競巧纖 錯認坐功同面壁 何如索笑但巡檐"[91]라고 하여 형식보다는 내용을 중시하려는 성령론을 구현하였다. 또한 대가大家의 시에 기댄 번거로운 문장이나 허황한 형식을 배격하고, 간결한 가운데 높은 격조를 담은 시를 썼다. 그는 붓 끝이 가는 대로 성령을 자유롭게 발휘할 뿐 당대에 유행하는 시의 체제나 풍조를 배격하고, 알량한 기교나 섬세와 농후를 다투지 않는다고 주장한 것이다. 시는 모름지기 가장 영롱하여 생채가 있는 곳에 성령이 나타나는 것이며 그것은 심공深功을 쌓지 않고는 얻어지는 것이 아니라고 하였다. 호혈虎穴을 탐색하고 용문산을 뚫는 노력을 기울인 뒤에라야 '입묘入妙'(시를 창작할 대의 묘한 경지), '출기出奇'(시로 표현되었을 때의 기이함, 즉 독창적 표현)가 가능하다는 것이다.

중국 청淸나라 때의 시인 원매袁枚[92]는 유가의 전통적인 '시교詩敎'와 의고적인 '격조설格調說'[93]을 반대하고 시인의 성정性情을 꾸밈없이 표현해야 한다는 성령설性靈說을 주장했다. 그는 인간의 '참된 성

90. 정지윤, 『하원시초』「시 짓는 데 느낌이 있어作詩有感」 시에서.

91. 정지윤, 『하원시초』「정미년 섣달에丁未臘月」 시에서.

92. 원매: 1716-1798. 중국 청나라 때의 문인. 절강성浙江省 전당錢塘(항주杭州) 사람. 자 자재子才, 호 간재簡齋, 수원노인隨園老人. 1739년(건륭乾隆 4)에 진사가 되었으며, 일찍이 강녕江寧에서 지현知縣을 지냈다. 관직을 사임한 후에는 강녕에 거주하면서 소창산小倉山에 조경용 풍치림을 만들어 수원隨園이라고 불렀다. 그의 시는 대부분이 서경, 서정시인데,「수서정야좌水西亭夜坐」가 한 예이다. 그는 변문騈文과 산문에도 뛰어나「제매문祭妹文」과 같은 유명한 작품을 남기기도 했다. 저작으로는『소창산방집小倉山房集』『수원시화隨園詩話』『자불어子不語』등이 있다.

정眞性情'을 가장 중시하였다. 그의 작품은 더러 한대의 유학과 정주학파程朱學派의 이학理學을 비판하기도 하고, 민생의 고통을 반영하기도 했다. 원매도 "시를 쓸 때는 뜻이 정심精深해야 하고, 말을 만들 때는 평담平淡해야 한다. 나는 그 말을 아껴서 매번 시를 한 수 지을 때는 사흘이나 닷새 동안 고치고 고쳐서 혹은 훨씬 시간이 지난 뒤에야 다시 고친다"라는 『만재만록漫齋漫錄』의 말을 인용하여 시 공부의 반은 정심精深을 구하는 데 있다고 하였다.[94] 또한 원매는 「유즙원에게 시를 논한 편지에 답한 글答劉蕺園論詩書」에서, "값비싼 진주를 물고기의 한 눈과 바꿨는데, 진주가 비록 귀하나 거짓인 것은 어째서 그러한가. 눈은 비록 천하지만 참된 것이요, 진주는 비록 비싸지만 거짓인 까닭이다以千金之珠 易魚之一目 珠雖貴而僞何也 目雖賤而眞 珠雖貴而僞故也[95]"라고 하여, 인간의 진실한 성정을 귀하게 여긴 것이다.

한편 정지윤은 "그윽한 길은 혼자 가는 것이니 부디 대가의 울타리에 기대지는 말게幽徑只堪時獨 勸君莫寄大家藩"[96]라 하여 당시 대가에게 기대어 시를 읊는 풍조를 싫어하였다. 시에서 개성을 중시하고 남의 시를 추종하는 것을 경계한 것이다. 정수동은 위의 시 끝 구절에서 차라리 혼자서 호젓한 길을 걸어서 갈지언정 대가의 울타리 밑에 빌붙지

93. 격조설格調說: 중국 명나라 때의 한 시론詩論. 칠자파七子派의 문인이 창도唱導한 문장으로서 종래의 고문古文과 구별하여 고문사古文辭라고 한다. 이몽양李夢陽을 중심으로 궁정의 어용문학御用文學을 극복하기 위해 글은 진한秦漢, 시는 성당盛唐을 표방하고, 이를 이상으로 여겨 고인의 시문을 모방하고, 그 격조를 파악하려고 한 것을 말한다. "格調說, 明淸時代的一種詩論. 明代前後七子論詩, 推崇盛唐, 主張從格律, 聲調上學習古人, 提倡格調. 文學批評史稱此派學說爲格調說. 明成化弘治兩朝, 詩壇領袖李東陽開格調說之先河. 前七子之首李夢陽, 則爲格調說之中心；與夢陽齊名的何景明, 則爲格調說之轉變者. 至淸人沈德潛, 則格調之外, 兼重詩教." 『중화백과전서中華百科全書』, 1983.

94. "『漫齋語錄』曰 詩用意要精深 下語要平淡 余愛其言 每作一詩 往往改至三五日 或過時而又改何也 求其精深 是一半工伕 求其平淡 又是一半工伕 非高深不能超超獨先 非平淡不强人人領解" 원매袁枚, 『수원시화隨園詩話』 권8.

95. 원매袁枚, 『수원시화隨園詩話』 권8, 「유즙원에게 시를 논한 편지에 답한 글答劉蕺園論詩書」.

96. 정지윤, 『하원시초』 「시 짓는 데 느낌이 있어作詩有感」 시에서.

는 않는다고 하였다. 이것도 원매가 인용한 조영祖瑩의 말에 문장은 마땅히 제 스스로 기저를 창출하여 일가의 풍격을 이룰 것이요, 남의 울타리에 덧붙어 살아서는 되지 않는다北魏祖瑩云 文章當自出機杼 成一家風骨 不可寄人籬下"[97]라고 한 것과 그대로 통한다. 정수동이 걸어간 호젓한 시의 오솔길은 그가 찾아낸 길이고, 남이 이끌어 준 길이 아니다. 비록 작은 길이고 번듯한 길은 아니나, 대가의 울 밑에 더부살이하는 것보다는 더욱 자유롭고 툭 트인 삶을 지향할 수 있었다. 정수동은 시와 삶이 일치하고, 그대로 성령으로 일관하여 조선의 봉건 신분체제에서 자유를 추구하고 무애無碍 방달放達한 정신으로 살다 간 보기 드문 인간의 한 전형이라 말할 수 있다. 정수동은 역과譯科 집안의 중인 출신이다. 그는 풍부한 해학과 풍자 정신으로 세상에 널리 알려진 기인이지만, 실은 우리의 시사詩史에서 뛰어난 성령파 시인으로 평가받아 마땅하다. 그는 성격이 탁락卓犖하고, 기언, 기행으로 당대의 주목을 받았다. 추사秋史 김정희金正喜가 자기 집에 그를 잡아 두고, 소장된 서적을 두루 읽게 하였는데, 며칠이 가지 않아서 그는 옷과 갓을 버려둔 채 도망가서 술집에 돌아다닐 만큼 자유분방하고 얽매임이 없는 사람이었다. 한때는 묘향산에 들어가 승려가 되어 불문佛門에 들었다는 소문이 들기도 하였다. 그의 시에는 유가, 불가, 도가를 아우르는 방외方外의 기절氣節이 농후한 시들이 많음을 살펴볼 수 있다.

이탁오가 말하기를, 동심은 바로 진심眞心이며 "진실로 동심은 상존하여 도리가 행해지지 않으면 견문이 서지 않고, 언제 지어도 훌륭한 글이 되고, 어떤 사람이 지어도 좋은 글이 된다苟童心常存 則道理不行 聞見不立 無時不文 無人不文"[98]고 하여 동심에 감동된 것이 있다면 스스로 문장이 됨을 주장하였다. 원굉도袁宏道가 "대체로 홀로 성령을 서술하되 형식에 구애되지 않고 자기의 가슴 속으로부터 흘러나지 않

97. 원매袁枚, 『수원시화隨園詩話』 권8.
98. 이지李贄, 『분서焚書』 '동심설童心說'.

는다면 붓을 들지 않는다大都獨抒性靈 不拘格套 非從自己胸臆流出 不肯下筆"[99]고 한 것이 바로 성령주의 문학정신이다. 성령주의는 박지원이 『연암집燕巖集』에서 말한 문학정신에도 나타나며[100] 원매의 문학이론을 비판적으로 수용한[101] 김정희金正喜와 그 문인인 장지완張之琬, 최성환崔瑆煥, 정수동鄭壽銅 등 중인층으로 확산되었다. 김정희는, 시인은 자기의 성령에 가까운 것을 따를 일이지, 한 가지에 집착해서는 안 된다고 하여 기본적으로는 성령에 근거한 시정신을 중시하였다. 성령주의란 급진적 양명陽明 좌파인 이탁오의 영향을 받은 공안파公安派의 문학이론으로서, 이러한 문예사조는 우리나라 양명학의 수용과 더불어 다른 학파에까지 파급되었다. 장지완은 시라는 것은 '도사성령陶寫性靈(성령을 담은 것)'이라 하면서 무엇보다 시인의 개성을 중시하였다. 사람이 제각각 얼굴이 틀리듯이 시에도 성정의 발로에 따라 그 풍격이 달라짐을 유의한 것이다. 하늘로부터 받은 성정이 기질의 청탁에 구분이 있어 시의 성률聲律, 체제體制, 취향趣向과 풍미風味가 달

99. 원굉도袁宏道, 『소수시서小修詩敍』.

100. 중국 명나라 때 이반룡李攀龍, 왕세정王世貞 등 이른바 칠자七子들은 "산문은 반드시 선진先秦 양한兩漢을 본받고 시는 반드시 성당을 본받아야 한다文必秦漢 詩必盛唐"고 하면서 법고法古만을 일방적으로 주장한 반면, 원굉도 형제 등 소위 공안파들은 "성령을 독자적으로 표현하고 상투적 표현에 얽매이지 말아야 한다獨抒性靈 不拘格套"고 하면서 창신創新만을 일방적으로 추구하였다. 이에 대하여 박지원은 말하기를, "명나라의 여러 작가들이 '법고'와 '창신'에 대하여 서로 비방만 일삼다가 모두 정도를 얻지 못한 채 다 같이 말세의 자질구레한 폐단에 떨어져, 도를 옹호하는 데는 보탬이 없이 한갓 풍속만 병들게 하고 교화를 해치는 결과를 낳고 만 것이다. 나는 이렇게 되지나 않을까 두렵다. 그러니 '창신'을 한답시고 재주 부릴진댄 차라리 '법고'를 하다가 고루해지는 편이 낫다고 생각한다此有明諸家於法古刱新 互相訾謷而俱不得其正 同之並墮于季世之瑣屑 無裨乎翼道而徒歸于病俗而傷化也 吾是之懼焉 與其刱新而巧也 無寧法古而陋也"고 하였다. 『연암집燕巖集』 제1권, 「연상각선본煙湘閣選本」 '초정집서楚亭集序'.

101. 추사는 시에서 당풍과 송풍뿐만 아니라, 명과 청의 다양한 문예사조를 종합하고자 했다. 또한 명나라 문학사조에서 성령론을 따르되 격조설도 겸하려 했다. 「제이재동남시후題彝齋東南二詩後」에서 추사는 '격조로 성령을 조절함格調裁整性靈'으로써 성령파의 단점인 음淫, 방放, 귀鬼, 괴怪를 극복해야 진정한 시도詩道라고 말했다. 또한, 비록 구양수는 "시는 가난해야 공교로워진다"고 했지만, 추사는 시는 빈천이나 부귀와 같은 사회적 처지와는 관계없다고 말했다.

리 표현된다고 하였다.

최성환은 방대한 『성령집性靈集』이라는 시평문을 편집하여 말하기를, 근체시近體詩[102]가 성령을 얻음에 가장 가까운 까닭은 성령을 오로지 하고, 격조를 뒤로 미루어 기백을 버린다고 했으며, 정지윤은 "가장 영롱한 곳에 성령이 있는데, 깊은 공부를 쌓지 않고는 쉽게 얻어지지 않는다最玲瓏處性靈存 不下深功不易言"[103]고 했다. 더불어 최성환은 정지윤의 시를 평가하기를, 다음과 같이 그의 문집 제사題辭에서 밝혔다.

그 시는 옛 법에 얽매이지 않으면서도 옛 법을 버리지 않았다. 옛 것을 참조하여 새 것을 창작하 손이 가는 대로 마음이 호응하여 더욱 예스러우면서도 더 새로웠으며, 기묘한 기운이 넘쳐흐르면서도 또한 전아하고 온건하여 천연으로 일가를 이루었다其爲詩也 不泥古法而亦不遺古法 攬舊作新 手隨心應 愈舊而愈新 奇氣橫逸 又典雅又溫存 天然成一家語[104]

정수동의 문학과 사상, 그리고 평생을 견지한 삶 자체는 완전히 일치된 모습을 보여 주고 있다. 당시 교유하던 중인들이 가려 놓은 그의 시를 보면, 그의 작품은 무겁고 심오하며 많은 용사用事[105]와 함께 해석상의 까다로움을 수반하고 있다. 조두순은 「정수동전」에서 그의 시재詩才를 극찬했다.

102. 근체시: 한시漢詩에서 고시古詩 또는 고체시古體詩에 비하여, 당나라 때 완성된 운율의 형식이 엄격한 정형시로서, 율시律詩, 절구絶句, 배율排律의 세 가지 체가 있다. 금체시今體詩라고도 하며, 고체시와의 차이는 구수句數, 평측平仄, 압운押韻 등의 규칙이 엄격한 데 있다.

103. 정지윤, 『하원시초』 「시 짓는 데 느낌이 있어作詩有感」 시에서.

104. 최성환 찬.「하원시초제사」, 『하원시초』.

105. 용사: p.17의 주 14 참조.

시를 가장 잘하였는데 귀와 눈으로 보고 들은 바로써 고금의 고상하고 오묘하며 정확하여 마음에 맞는 시구를 모두 다 모아서 다듬고 정련하여 내어 놓았다. 술을 잘 마셨는데, 그걸 천성처럼 여기더니 슬픔과 기쁨, 얻음과 잃음, 눈물과 웃음, 자부와 실의, 고난 일체를 술에 기대어 시로써 표현하였다詩爲最長 集耳目所蒐涉今昔高竗精確訢合于心者鑪鞴鎔冶而出 而善食酒爲性命 悲歡得失咷笑佗傺連蜷 一切寓諸酒而發之詩[106]

정수동의 시문학은 그의 불우한 삶을 그대로 투영한다. 생전에 펴낸 시집에서도 수습된 시가 그리 많지 않다. 오세傲世한 기운과 성정이 거침이 없었기에 광기와 울분을 술로 달래며 시고를 제때 모아 두지 않았기에 편 수가 적을 수밖에 없었다. 그럼에도 불구하고 그는 당대의 중인문학사에 한 획을 그은 시인으로 평가된다. 다만 한편에서 보면 방대한 전고典故[107]와 헐후歇后[108]가 가득한 용사는 유 · 불 · 선에 해박한 그의 지식의 폭과 시 창작의 프리즘이 휘황한 것으로 볼 수 있지만, 다른 한편에서 보면 시가 생소하거나 거친 면이 없지 않다.[109] 그는 당대의 중인 시인과는 달리 이상적처럼 대외적인 교유도 미미하고 홍세태洪世泰처럼 작품이 풍부하지도 않고 또 이언진李彦瑱처럼 독창적인 개성도 넘치지 않는다. 그러나 그는 모순과 차별에 찌든 울화와 근심을

106. 조두순, 『심암유고心庵遺稿』「정수동전」.

107. 전고: 전례典例(전거가 되는 선례)와 고사故事(옛날부터 전해 내려오는 유서 깊은 일).

108. 헐후: 뒷말을 생략한 시체인 헐후체歇後體를 말함. p.17의 주 15 참조.

109. 용사用事에 관한 시각은 다양하다. 가령, 이규보李奎報는 고인의 이름을 많이 인용한 것을 '귀신을 실어 수레에 가득 찬 듯한 문체(재귀영거체載鬼盈車體)'라 하였고, 용사의 기교가 부족한 것을 '서툰 도적이 쉬 사로잡히는 듯한 문체(졸도이금체拙盜易擒體)'라 하여 꺼렸다. 또 이인로李仁老는 용사를 많이 한 것을 '옛사람의 이름을 많이 따다가 지은 시문을 놀림조로 이르는 말(점귀부點鬼簿)'라 하여 작시의 병폐로 보았다. 최자崔滋도 용사를 함에 재치가 있지 않으면 뜻이 제대로 살아나지 못하고 말이 생소해진다고 하였다. 마치 '도끼로 팬 흔적이 없이 자연스러움; 무부착지흔無斧鑿之痕'하며, 전고가 완전히 작품 속에 용해되어 작품상에서 조화미를 갖추어야 한다고 하였다. 그러나 용사를 한 시보다는 용사를 하지 않은 시를 우위에 두고 있다.

시와 술로 달래다 그도 모자라면 훌연히 입산하여 선정禪定으로 답답하고 북받치는 울기鬱氣를 가라앉혔다. 그래서 그의 시가 풍기는 풍격을 살펴보면, 찬 겨울 매화와 같이 쌀쌀한 가운데 홀로 있기도 하고, 미친 말처럼 시마詩魔에 잡혀 내달리기도 하고, 고독한 나그네로 세상을 떠도는 유랑의 슬픔이 짙게 배어 있기도 하고, 가난에 찌들어 주림에 겨워 얼음알갱이를 씹는 맛이 난다.

한편 정수동을 이해하는 하나의 다른 시각은 그와 교유한 사람과의 관계에서 파악할 수 있다. 현기, 장지완, 조수삼趙秀三,[110] 남병철은 그에 대한 시를 남겨, 그 면목을 살피는데 간접적인 도움이 된다. 그리고 조두순의 「정수동전」, 김택영金澤榮[111]의 「정지윤전」, 장지완張之琬의 「정수동묘지명」은 그의 생애를 일별하는 데 중요한 세 단서가 된다. 현

110. 조수삼: 1762-1849. 조선 후기의 여항시인閭巷詩人. 본관 한양漢陽. 초명 경유景濰. 자 지원芝園, 자익子翼. 호 추재秋齋, 경원經畹. 가선대부에 추증된 원문元文의 아들이다. 신분의 제한으로 헌종 10년(1844) 83세의 나이로 뒤늦게 진사시에 합격하였다. 송석원시사松石園詩社의 핵심적인 인물로 활동하였으며, 정이조丁彝祚, 이단전李亶佃, 강진姜溍, 조희룡趙熙龍, 김낙서金洛瑞, 장혼張混, 박윤묵朴允默 등 여항시인과 사귀었다. 또 조인영趙寅永, 조만영趙萬永은 풍양조씨 세도정치의 중추인물이었는데, 조수삼의 후원자 역할을 하였다. 정조 13년(1789) 이상원李相源을 따라 처음으로 중국에 간 이래로 여섯 차례나 연행燕行하여 당대 중국의 일류문사인 오숭량吳崇梁, 유희해劉喜海, 강련江漣, 주문한朱文翰 등과 사귀었다. 저서로『추재집秋齋集』이 있다. * 추재집秋齋集: 조선 후기의 여항시인 조수삼趙秀三의 문집. 8권 4책. 신활자본. 저자의 손자 조중묵趙重默이 유고를 정리하고, 김진환金晉桓이 편집하여, 1939년 서울 보진재에서 간행하였다. 책 머리에 중국의 주문한朱文翰과 강련江漣이 쓴 서문과 목록이 있고, 책 끝에 송백옥宋伯玉의 발문이 있다. 권1-6에 시, 권7에「고려궁사高麗宮詞」「추재기이秋齋紀異」「외이죽지사外夷竹枝詞」「공령시攻令詩」권8에「서序」「기」「전傳」「제문」「상량문」「전箋」「계啓」「서書」「찬」「명銘」「발跋」「지識」「서후書後」「잡저」「부賦」「세시기歲時記」, 부록에「추재선생전」이 실려 있다. 이 중「추재기이」는 저자가 어려서부터 보고들은 도시 하층민들에 관한 일화로, 거지 · 기생 · 노비 · 상인 · 도둑 · 이야기꾼 등을 포함하여 많은 등장인물의 약전略傳을 싣고 그 인물에 관해 손수 한시 칠언절구를 붙였다.

111. 김택영: 1850-1927. 조선 말기의 시인 · 문장가. 개성 출생. 본관 화개花開. 자 우림于霖. 호 창강滄江. 당호 소호당주인韶濩堂主人. 소년시절부터 고문古文과 한시를 공부해서 십칠 세에 성균초시成均初試에 합격하였으며, 이십대 전후에 이건창李建昌과 교유를 가지면서 문명을 날리기 시작했다. 1891년(고종 28) 진사시에 합격한 후 편사국編史局 주사主事, 중추원中樞院 서기관書記官 등을 지내다 1905년 을사늑약이 체결되자 나라의 장래를 걱정하다가 중국으로 건너가 역사 서술에 힘쓰며 여러 저술을 남겼다. 저서로『한국소사韓

기玄錡는 그와 더불어 시를 지었다.

정수동과 더불어 부를 지으며 | 與鄭夏園共賦[112]

술 익자 차 끓여 그대 마주하니 | 酒香茶熟對君時
해 저문 세상 그리운 사람 있네 | 歲暮人間有所思
천 가닥 흰 머리칼 새 계책에 나고 | 白髮千莖新活計
한 그루 매화는 옛 사귐을 알리네 | 梅花一樹舊交知
명산에 시 지은 사람은 손작이고 | 名山作賦有孫綽[113]
흐르는 물에 거문고 타는 종자기라네 | 流水携琴又子期[114]
애써 시 짓기 좋아하는 나 절로 우스워 | 吾愛沈吟吾自笑
정에 애가 끊겨도 시는 이뤄지지 않네 | 情腸欲斷不成詩

또 장지완은 어느 가을날 그의 벗인 정수동과 현기를 생각하며 시를

國小史』와 시문집 『창강고滄江稿』 『소호당집韶濩堂集』 등이 있다. * 소호당집韶濩堂集: 조선 말기의 시인이자 문장가인 김택영金澤榮의 시문집. 15권 7책. 신식 활자본. 1911년 『창강고滄江稿』 명칭으로 중국에서 처음 간행되었고, 두 번째는 1916년에 『소호당집』명칭으로 간행되었으며, 그 뒤에도 여러 차례 간행되었다. 체재는 창작 연대순으로 분류하여 싣고 있는데, 초기에 쓴 시는 대체로 유미적 경향을 띠고 있으며, 중국 망명 후에는 주로 우국적인 시를 많이 썼다. 망명지에서 을사조약의 소식을 듣고 쓴 「박감본국시월지사迫感本國十月之事」에서는 자주권을 빼앗긴 격분을 토로하였으며, 「문안중근보국수사聞安重根報國讐事」에서는 안중근의 의거소식을 듣고 솟구치는 감격을 표현하였다. 또 박지원朴趾源의 전傳을 통하여 연암의 문학을 추앙하였으며, 강위姜瑋, 황현黃玹, 이준李儁, 안중근 등 당대 인물과 정몽주鄭夢周, 길재吉再 등 절의를 지킨 인물들의 전을 남기고 있다. 저자는 개성 출신이었으므로 「숭양기구전崧陽耆舊傳」을 저술하여 차천로車天輅, 임창택林昌澤, 황진이黃眞伊와 같은 인물에 대하여 기록하였다. 특히, 9권에는 「정지윤전」이 실려 있다.

112. 현기, 『희암시략希庵詩略』.

113. 손작孫綽: 314-371. 중국 동진東晋의 시인. 자 흥공興公. 태원太原 산서성山西省 중도中都 사람.

114. 자기子期: 중국 춘추시대에 거문고를 잘 타던 백아伯牙의 친구 종자기鍾子期를 가리킴. 백아가 높은 산에 오를 뜻을 두고 거문고를 타면, 종자기가 "높고 높은 것이 태산과 같구나峩峩泰山" 하였고, 흐르는 강물에다 뜻을 두고 거문고를 타면, 종자기가 "넘실대는 것이 강하와 같구나洋洋江河"라고 하였는데, 그 고사를 여기에서 따온 것이다. 『열자列子』 「탕문湯問」.

지었다.

가을날 회포가 일어 두 수를 짓다　　秋日遣懷 二首[115]

누룩 속 이름 감춘 지 삼십여 년　　麯櫱藏名三十秋
천고의 글 읽느라 두 눈만 퀭하네　　讀過千古剩雙眸
하룻밤 서늘한 바람 잎 붉게 물들고　　凉風一夜多紅葉
어느 술집이나 다락에 취해 누웠나　　醉臥酒家何處樓
낙백한 영웅 말로가 같아　　落魄英雄末路同
송나라 시에 진나라 풍도로세　　宋人詩句晉人風
이제는 하인들도 이름 자를 아니　　如今走卒知名字
현기와 정수동이라 다투어 말하네　　爭說玄錡鄭壽銅

조선 후기의 여항시인이었던 조수삼趙秀三은 후학 정지윤에게 준 시에서 그의 시재를 허여하고 그의 신산辛酸한 생애에 대해 애석한 마음을 드러내고 있다.

정생 하원 지윤에게 줌　　贈鄭生夏園芝潤[116]

새로 지은 시 읽으니 단연 으뜸　　讀一新詩首一低[117]
도도히 흘러 강둑 넘치는 것 같네　　滔滔渾似決河堤

115. 장지완,『비연상초斐然箱抄』.
116. 조수삼,『추재집秋齋集』 권5.
117. 일저一低: 자신의 머리를 숙여 상대방의 시가 빼어난 것에 경의를 나타냄의 뜻
118. 지극枳棘: 탱자나무와 가시나무. 사악한 것. 순조롭게 출세하지 못해 장애를 받는다는 말.
119. 지장指掌: 손바닥을 손가락으로 가리킴. 즉 매우 용이하거나 명백함을 뜻함.
120. 구경九經: 아홉 가지 경서經書.『역경易經』『서경書經』『시경詩經』『의례儀禮』『주례周禮』『예기禮記』『좌전左傳』『논어論語』『효경孝經』. 여기서『좌전』대신『춘추春秋』,『효경』대신『맹자孟子』를 넣어서 말하기도 함. 다른 의미로,『중용中庸』에서 말한 신하를 다스리는

뜻밖에 날 돌아보니 쑥구렁 좁은 길	惠然顧我蓬蒿逕
그 모양 가시덤불 깃든 지 오래네	久矣憐渠枳棘[118]棲
오악의 진짜 그림 명백하게 그려와	五嶽眞圖歸指掌[119]
구경과 학문은 방편에 속했네	九經[120]文術屬筌蹄[121]
가을 오자 꿈속에 목마름 적시니	秋來有夢堪澆渴
술 넘실대어 푸른 잔에 스미네	瓊液[122]冲融和碧泥[123]

조선 철종 때의 문신이자 학자인 규재圭齋 남병철南秉哲은 정지윤에 대하여 세 수의 시를 남겼다. 그 중 한 수는 회인시懷人詩로서, 서른두 명의 사람을 회고하면서 그 가운데 한 수를 정지윤에게 헌사한 것이다.

회인시 서른두 수	懷人詩 三十二首[124]

아홉 가지의 큰 법, 즉 몸을 닦는 것修身, 현자를 높이는 것尊賢, 가까운 친척을 친애하는 것親親, 대신을 존경하는 것敬大臣, 여러 신하들을 체찰하는 것體群臣, 백성을 자식처럼 사랑하는 것子庶民, 백공을 오게 함來百工, 먼 지방 사람을 회유하는 것柔遠人, 여러 제후국을 무마하는 것懷諸侯을 말하기도 한다. 『중용장구中庸章句』 제20장.

121. 전제筌蹄: 목적을 이룬 다음에는 소용없는 것을 말함. '전筌'은 물고기를 잡는 통발, '제蹄'는 토끼를 잡는 그물로, 목적을 위한 방편方便을 뜻함. 그런데 통발이나 그물은 목적을 이룬 다음에는 그 가치를 잊어버리는 만다. "물고기를 잡고 나면 통발은 생각하지 않게 되고, 토끼를 잡고 나면 그물을 잊게 마련이다得魚而忘筌 得兎而忘蹄" 『장자莊子』「외물外物」.

122. 경액瓊液: 술의 미칭美稱. '경액청련瓊液青蓮'도 같은 뜻임.

123. 화벽니和碧泥: 술을 부어 마시는 푸른 빛깔의 도자기 술잔에 푸르스름한 빛이 더욱 스며드는 것을 말함.

124. 남병철, 『규재유고圭齋遺藁』 권1. 남병철의 「회인시」는 나이와 관작순으로 배치하여 명공名公, 사대부, 여항인과 추사파의 인물이 보인다. ＊규재유고圭齋遺藁: 조선 말기 문신이자 학자인 규재圭齋 남병철南秉哲의 시문집. 1864년(고종 1) 아우 남병길南秉吉이 간행 것으로, 6권 3책 규모의 활자본이다. 내용은 권두에 조두순趙斗淳, 신석희申錫禧, 김상현金尙鉉, 김병학金炳學, 박규수朴珪壽의 서문이 있고, 권말에 병길의 발문이 있다. 권1, 2의 시, 권3의 「삼정구폐의 三政捄弊議」는 삼정문란과 그 대책을 논한 것이고, 권5의 「혼천의설渾天儀說」과 「지구의설地球儀說」은 천문지리에 관한 글이며, 권6의 「독서사기讀書私記」는 경전을 읽고 난 뒤 독후감을 기술한 것이다.

운숭이 지은 시에 감응 얻어　　雲崧[125]詩裏得靈犀[126]
금강저 하나로 여섯 미혹함 깨 버렸네　　一杵金剛[127]破六迷[128]
어찌하여 이언진과 견주는지　　比况胡爲李松穆[129]
자창은 강서시파에 낀 걸 부끄러워했는데　　子蒼[130]猶耻入江西

남병철은 송나라 시인 자창 한구韓駒가 강서시파江西詩派에 끼는 것을 수치스러워 했듯이, 당시 사람들이 정지윤을 송목관 이언진과 견주는 것을 못마땅하게 여긴 것이다. 즉 지윤의 시를 더 높이 친 것인데, 그의 시는 건륭3대가의 한 사람인 운숭 조익趙翼의 시에서 감응하여

125. 운숭雲崧: 중국 청나라 시인이자 학자인 조익趙翼(1727-1814)의 자. 호 구북甌北. 강소성江蘇省 상주常州 출생, 언어와 사물 등의 기원과 전거를 기록한 고증학을 대표하는 저작의 하나인『해여총고陔餘叢考』(43권), 정사의 고증인 『이십이사차기二十二史箚記』(36권)를 저술했으며, 『구북시화甌北詩話』에서 당唐대의 이백李白, 두보杜甫, 한유韓愈로부터 청淸대의 오위업吳偉業, 사신행査愼行 등 열 명의 시인을 논평하면서 시인의 창신刱新을 가장 부각시켰다. 명明대 전후칠자前後七子의 복고적 경향에 반대하고, 왕사정王士禛, 심덕잠沈德潛의 신운설神韻說과 격조설格調說도 비판하고, 성령性靈에 의한 독창성을 주장하였다. 문집 『구북집甌北集』(53권)이 있다. 원매袁枚, 장사전蔣士銓과 함께 '건륭乾隆 삼대가'라 불린다.
126. 영서靈犀: 코뿔소의 뿔. 공명共鳴, 공감共感, 감응感應을 비유하는 말. 옛날 전설에 코뿔소의 뿔에 흰색 무늬가 있는데, 감응感應이 예민하다고 한 데서 유래함.
127. 금강金剛: 금강저金剛杵를 가리킴. 금강저는 승려가 불도를 닦을 때 쓰는 법구法具의 일종으로, 원래는 인도신화의 번개신 인드라Indra가 쓰는 무기였다. 『열반경涅槃經』에는 금강역사가 부처님의 위신력을 받들어 금강저로 마귀를 티끌같이 쳐부수는 것으로 묘사되어 있다. 인간 번뇌를 부숴 버리는 보리심菩提心, 불퇴전不退轉의 정신자세를 상징한다.
128. 육미六迷: 시를 지을 때 빠지게 되는 여섯 가지 잘못. "시에 여섯 가지 잘못됨이 있으니, 허망한 것을 아주 강한 것으로 보기도 하고, 느슨한 것을 맑고 깨끗한 것으로 보기도 한다. 뜻을 잘못 쓴 것을 독선으로 보기도 하고, 이상한 것을 새롭고 기이한 것으로 보기도 한다. 무르익은 것을 작고 간략한 것으로 보기도 하고, 기운이 적고 약한 것을 아주 쉬운 것으로 보기도 한다詩有六迷 以虛誕而爲高骨 以緩漫而爲沖淡 以錯用意而爲獨善 以詭怪而爲新奇 以爛熟而爲穩約 以氣少力弱而爲容易" 당唐, 승교연僧皎然, 『시식詩式』.
129. 이송목李松穆: 조선 후기 역관 · 시인 · 서예가 이언진의 호. p.30의 주 44 참조.
130. 자창子蒼: 중국 송宋나라의 문신 한구韓駒의 자. 소철蘇轍에게서 수업하였고, 벼슬은 저작랑著作郎을 거쳐 강주지사江州知事에 이르렀음. 강서시파로 분류되는 인물로 진사도陳師道 등 이십오 인으로 구성된 강서시파 종파도宗派圖에 수록되었는데, 이를 수치스럽게 여겼다. 이 일을 빗대어 남병철은 이 시에서, 정지윤을 이언진에 견주는 것이 합당하지 않다고 한 것이다.

성취를 이루었다고 말하면서, 성령이 창발創發하여 호방하고 해학이 깃들어 있다고 평가한 것이다. 그래서 정지윤이 이룬 성취는 여섯 가지 시의 병폐를 떨치고, 그야말로 상투적인 격조설을 타파하여 금강저로 득처를 얻었다고 평가하고 있다. 다음의 두 수는 남병철이 정지윤에게 준 증시贈詩이다.

정수동 지윤에게 주다, 두 수　　贈鄭壽銅芝潤 二首[131]

수동은 천하에 강직한 사람인데　　壽銅天下是剛腸[132]
요즈음 사귀자니 또 술집이네　　近日交遊又賣漿
삼생은 열어구와 비슷해서　　髣髴[133]三生列禦寇[134]

수동은 일찍이 『열자』 읽기를 좋아했는데 열자의 문장은 칠원(장자)보다 지나치다고 말했다壽銅嘗好讀列子 云列之文章 過於漆園[135]

만사를 제쳐 두고 천하태평이라　　破除萬事太和湯[136]

131. 남병철, 『규재유고圭齋遺稿』 권1.
132. 강장剛腸: 굳센 창자. 즉 굳세고 굽히지 않는 마음을 비유하는 말.
133. 방불髣髴: 거의 비스름함. 그럴 듯함.
134. 열어구列禦寇: 『장자莊子』 「소요유逍遙遊」에 나오는 열자列子의 이름. '소요유'에 "대저 열자는 바람을 타고 돌아다니면서 시원하게 잘 지내다가 보름 만에야 돌아오곤 한다夫列子御風而行 泠然善也 旬有五日而後反"라 하였다. 열자는 '귀허貴虛'를 주장했는데, 이는 '명名(명분)'에 사로잡혀 '실實(실리)'를 놓쳐서는 안 된다는 입장에서 출발한다. '귀허론'의 골자는 시비是非, 선악善惡, 호오好惡, 희우喜憂, 영욕榮辱 따위의 세속적인 개념을 초월해 공허한 경지로 들어가는 것이 자연의 도에 이를 수 있는 첩경이라는 것이다.
135. 칠원漆園: 중국 몽蒙 땅 칠원의 관리가 되었던 장자莊子를 말함. 장자는 중국 고대 사상가로 제자백가諸子百家 중 도가道家에 속한 인물로, 성은 장莊, 이름은 주周이다. 송宋의 몽읍蒙邑(지금의 하남성河南省 상구현商邱縣) 출생으로, 정확한 생몰연대는 미상이나 맹자孟子와 거의 비슷한 시대에 활약한 것으로 전한다. 관영官營인 칠원에서 일한 적도 있었으나, 그 이후는 평생 벼슬길에 들지 않았으며 십여만 자에 이르는 저술을 완성하였다.
136. 태화탕太和湯: 끓는 물. 여기서는 '언제나 마음이 태평하고 매사에 마무리를 못하는 사람'을 얕잡아 이르는 말.

사람들 비웃든 말든 거리낌 없어　　任人誹笑還無束
붓만 들면 우스개 또한 문장이 되네　　下筆俳諧[137]亦有章
시 좋아하고 술로 이름나니 구차할 뿐　　詩癖酒名聊復爾
짐승 잡는 칼 던진 데 곧 깨친 곳이네　　屠刀[138]擲處菩提場

취해 널브러지니 인사불성이고　　席地幕天[139]無所知
중산주 한번 취하니 너무 지리해　　中山一醉[140]太支離

수동은 정월부터 사월까지 하루도 술을 깬 날이 없다壽銅自正月至四月 無一日醒

천하에 정이 있어 왕장의 사적이고　　有情天下王長史[141]
강남에 유랑하니 두목의 그것이네　　落魄江南杜牧[142]之
너나들이 하고 귀천 없이 사귀니　　爾汝定交皆杵臼[143]

137. 배해俳諧: 남을 웃기려고 하는 소리나 악의 없는 농담. 여기서는 '배해문俳諧文', 즉 배해를 주로 한 시로서, 남을 웃기기 위한 글을 말함.
138. 도도屠刀: 짐승을 잡는 칼. "짐승 잡는 칼도 한번 놓아 버리는 바로 그곳이 부처를 이룬다屠刀一下 立地成佛"『금강경金剛經』.
139. 석지막천席地幕天: 천지를 스스로 거처할 정도로 지기志氣가 웅대함을 이르는 말.유령劉伶의 「주덕송酒德頌」에 "하늘을 천막으로 삼고 땅을 자리로 삼는다幕天席地"고 하였다.
140. 중산일취中山一醉: '중산中山'은 아주 좋은 술을 이르는 말로, 중산주中山酒, 천일주千日酒라고도 하며, '일취一醉'는 '일취천일一醉千日'이란 고사에서 온 말로, 한번 취하면 천 일 동안 기분 좋게 취하여 누워 있다는 뜻이다.『박물지博物志』에 유현석劉玄石이 중산의 술집에서 술을 마시고 집에 돌아와 죽어서 장례를 지내고 묘소에 묻혔다. 그런데 천 일 만에 묘를 파헤쳐 보니 그는 마침 술이 깬 참이었다는 고사가 있다. 또 "중산中山의 술은 마셔서 한번 취하면 천 일이나 간다. 지금 세상은 흐릿한 상태로 있으면서 앞으로만 내달리니 술에 취하지 않는 날이 없고, 취하지 않는 사람이 없다食中山之酒 一醉千日 今世昏昏逐逐無一日不醉 無一人不醉."라 하였다. 육소형陸紹珩, 『취고당검소醉古堂劍掃』 권1, 「성醒」.
141. 왕장사王長史: 왕장의 사적. 중국 한漢나라 문제文帝 때 회남여왕淮南厲王 장長이 반역하다가 촉군蜀郡으로 쫓겨나서 분을 참지 못하여 굶어 죽었다. 백성들이 이 일을 두고 노래짓기를 "한 자쯤 되는 베도 옷을 지어 같이 입을 수 있으며, 한 말의 벼도 찧어서 같이 먹을 수 있는데 두 사람뿐인 형제가 서로 용납하지 못하는가一尺布 尙可縫 一斗粟 尙可舂 兄弟二人不能相容" 하였다.『한서漢書』「문제본기文帝本紀」.

문장은 남은 일로 향기로운 풀이네　　文章餘事卽胡荾[144]
재주 뛰어나도 사람들 눈에 들지 못해　　才高難入時人眼
거둥에 비방일자 이름 또한 따랐네　　動輒得謗名亦隨

정수동의 일상 다반사는 시주詩酒에 빠져 결코 자잘한 일에 매임이 없어 만사를 태평하게 보내며 매사에 꿋꿋하게 마음대로 처신했다. 그는 서너 달을 술로 보내니 가히 '경음鯨飮'이라 할 만하다. 문장은 우스개요, 위아래 귀천 없이 너나들이로 사람을 사귀고, 분칠만 가득한 화장기만 덕지덕지 남은 고리타분한 문장은 결코 곁눈질하지 않고 기질대로 마음껏 풍자하고 조롱하며 세상을 읊었다. 재주가 비록 뛰어났지만, 세상에 버림 받고 비방만 뒤따랐다. 이렇듯 남병철은 짧은 시를 통해 그의 생애를 극적으로 그려내고 있다.

2) 초탈과 우수의 미학

정수동의 시 세계를 관류하는 두 물길은 현실을 초월하려는 초탈의 정신과 지난한 생애를 휘감는 우수의 정취라 할 수 있다. 먼저, '초탈'은 현실을 넘어설 수 없기에 오세傲世와 저항抵抗으로 당대와 불화했던 삶을 그대로 투영하여 작품에 녹아 있다. 그리고 '우수'는 가난으로 점철된 불기不起의 신분적 한계로 인한 좌절의식을 반영하고 있다. 다

142. 두목杜牧: 803-852. 중국 당대唐代의 시인. 자는 목지牧之. 이상은李商隱과 시로 이름이 나서 '소이두小李杜', 곧 '작은 이백李白 두보杜甫'라고 불렸다. 장편시 '감회시感懷詩', 군재독작郡齋獨酌'은 필력이 웅장하고 장법章法이 엄정하며 감개가 깊다. 근체시近體詩는 서정적이며 풍경을 읊은 것이 많은데, 격조가 청신淸新하고 감정이 완곡하고도 간명하다. 「박진회泊秦淮」「산행山行」「강남춘절구江南春絶句」와 같은 소품은 사람들이 즐겨 읊어왔다. 「적벽赤壁」「제상산사호묘題商山四皓廟」「과화청궁過華淸宮」 등 회고시로서 사적지를 읊은 절구는 필치가 기발하고 힘이 넘친다. 문집 『번천문집樊川文集』이 있다.

143. 저구杵臼: 절굿공이와 절구. 여기서는 '저구지교杵臼之交', 곧 귀천貴賤을 가리지 않고 사귐을 말함.

144. 호수胡荾: 향기 나는 풀 이름. 고수. 뿌리를 갈아서 향신료로 쓰기도 함.

음에서 그의 작품을 통하여 정지윤 시의 미학을 읽어 낼 수 있는 두 층위를 구체적으로 살펴보자.

돌이켜 생각하니 십 년 견딜 수 없고	不堪回首十年時
세상을 따르다 보니 말짱 틀어졌네	世好全隨往事移
시 지어 어찌 꼭 천거할 사람 만나랴	作賦何須逢狗監[145]
교분은 다만 천한 사람들과 맞을 뿐	論交只合過牛醫[146]
외로이 늙어 가니 원래 계책 아니라	天涯終老元非計
하루 빨리 돌아갈 기약 아직은 없구나	日下思歸未有期
무상한 봄 아파해도 봄은 또 가고	刻意[147]傷春春亦去
두랑도 이로부터 머리털 새하얗네	杜郞[148]從此鬢生絲

—「내주 시골집에서萊州村舍」

세상 인심은 부박浮薄하여 시세대로 옮겨갈 뿐. 시골집에서 십 년 세월을 돌아보니 별로 볼 것이 없다고 한다. 무지랭이로 시나 읊으며 소일하니 누가 마땅히 천거하여 쓸 요량이라도 있으랴. 서로 교유하는 것도 한갓 소나 돌보는 의원에게나 합당하다고 말하니, 이해득실은 내버려두기로 한다. 그러기에 자기 스스로 상관이 없음을 토로한다. 봄도 자신의 회한을 아는지 아프다고 한다. 귀밑 머리털만 하얗게 세니 기약

145. 구감狗監: 중국 한漢나라의 내관內官 이름. 여기서는 사람을 추천하는 일을 말함. 사마상여司馬相如가 지은 「자허부子虛賦」를 읽고서 황제가 찬탄해 마지않자, 구감으로 있던 촉蜀나라 사람 양득의楊得意가 자기 고향 사람이라며 추천한 고사가 있다. 『사기史記』「사마상여전司馬相如傳」.

146. 우의牛醫: 소의 병을 치료하는 의사. 여기서는 신분이 미천한 사람을 말함.

147. 각의刻意: 인생의 무상함을 말함. "삶이란 물 위에 떠 있는 거품과 같고, 죽음이란 그 거품이 꺼지는 것과 같다其生若浮 其死若休"라는 말에서 유래하였다. 『장자莊子』「각의刻意」.

148. 두랑杜郎: 중국 송宋나라 때의 은사隱士 두생杜生을 가리킴. "두생이 문밖을 나오지 않은 지가 십오 년이었다. 여양위黎陽尉 손진孫軫이 이유를 묻자, 웃으며 '전하는 사람들이 너무 지나친 것이오' 하고는 문밖에 있는 뽕나무 한 그루를 가리키며, '십오 년 전에 일찍이 저 뽕나무 아래에서 바람을 쐰 기억이 나는데, 어찌 문밖을 나가지 않았다 할 수 있겠소' 하였다." 한다. 『송사宋史』「두생전杜生傳」.

도 없고 달리 계책도 없다. 박제된 불우한 시인의 초상이 그대로 그려지고 있다.

근심의 빗장 만 사내도 열지 못해　　愁關不受萬夫[149]開
쇠로 만든 문지방에 내 또 왔네　　鐵限[150]前頭我又來
세월은 무정해라 한갓 백면서생일 뿐　　日月無情徒白面
영웅의 뼈에는 푸른 이끼 서렸네　　英雄有骨亦蒼苔
젊어서 천 수의 시 짓기 바랐는데　　弱年艷慕詩千首
말년에는 백 잔 술에 기대고 있을 뿐　　末路歸依酒百杯
한바탕 그 꼬락서니 면치 못해　　未免一場聊復爾
동풍 건듯 불자 봄은 또 돌아오네　　東風取次見春廻
―「봄날에 회포를 적다春日書懷」

시인은 당도한다. 장정 만 명도 열지 못할 근심의 문지방. 무쇠로 만든 결코 넘어서지 못할 세상의 턱이고, 벽일 것이다. 세월은 무상한데, 영웅의 뼈에는 이끼가 자욱 서려 있다. 비록 못난 재주일망정 세상에 한번 펴 보지도 못하고 묻혀 살아야 하는 시인의 뼈저린 고민이 엿보인다. 푸른 봄날이던 한 때 작자는 천 수의 시로 세상을 울리고자 하였는데 지금은 술에 기대어 세월만 축낼 뿐. 한바탕 동풍은 건듯 불고 어김없이 때는 알아 또 봄날이다. 그게 시인을 더 힘들게 한다. 그게 시인을 더 미치게 만들 것이다.

향기로운 꿈꾸니 하루에 몇 번이던지　　夢在香中日幾回

149. 만부萬夫: 많은 사내나 장정壯丁. 이백李白의 「촉도난蜀道難」에 "검각이 험난하게 우뚝 솟아 버티고 있으니, 한 사나이가 관문을 지키면 일만 장정이 공격해도 열지 못할 것이다劍閣崢嶸崔嵬 一夫當關 萬夫莫開"라는 표현이 나온다. 『이태백집李太白集』 2권.

150. 철한鐵限: 매우 굳은 작정이나 변함없는 기한期限, 혹은 철문한鐵門限을 가리킴. 즉 얇은 철판으로 문지방을 감싼다는 뜻으로, 여기서는 출입의 제한을 엄중하게 하는 비유로 쓰였다.

분분한 눈보라 봄기운 들이치네　　粉顚雪倒入春來
새로 새긴 등왕첩은 분명하지만　　分明新搨膝王[151]帖
산산이 흩어져 빈 뜰 이끼 자욱해　　點破空庭漠漠苔
—「흰나비白蝶」[152]

『장자莊子』의 「호접몽胡蝶夢」에서 끌어와 꿈속에서 시인은 나비가 되고 또 나비가 꾸는 꿈속에 시인이 살고 있다. 이른 봄날, 눈보라와 흰나비는 분분하여 일체로 회통하고 있다. 꿈에 얽힌 부생浮生의 날갯짓이 봄을 시샘하는 바람에 마냥 부서지는 듯하다. 눈보라도 흰나비도 산산이 부서져 빈 뜰에 가득하다. 여백이 충만하다. 마음에 이끼만 자욱한 이른 봄날의 환상과 상상이 기묘하게 어우러져 절창으로 읽힌다. 하얀 여백이 일체를 무너뜨리고 한 점 얼룩도 찾아볼 수 없다.

어찌 버려져 허공에 글을 쓰랴　　寧從東閣便書空
고달픈 시골살이 시는 신통치 못해　　苦乏田園賦未工
때로 방관하며 화복을 논하니　　時有傍觀論塞馬

151. 등왕滕王: (* 원문의 '膝王'은 '滕王'의 오식인 듯함.) 중국 당唐나라 때의 봉후 이원영李元嬰이 처음은 등현滕縣에 봉토되었기 때문에 등왕滕王으로 불렸다. 그가 영휘永徽 4년(653) 강서성江西省 남창南昌에 누각을 세우고 등왕각이라 하였는데, 악양岳陽의 악양루岳陽樓, 무한武漢의 황학루黃鶴樓와 함께 '강남 삼대 누각'으로 불린다. 왕발王勃이 지은 「등왕각서滕王閣序」의 전반부와 후반부만을 살펴보면 다음과 같다. "옛 남창군이던 이곳, 새로 홍도가 되었구나. 별자리로 익 · 진에 속한 땅, 서쪽으로 형산, 북쪽으로 여산에 접해 있네. 세 강줄기 옷깃처럼, 다섯 호수 띠처럼 두르고, 형만을 누르고 구월을 끌어당기는 곳이네. (중략) 등왕각 높은 누각 강가에 있는데, 패옥과 방울 소리, 노래와 춤도 끝났네. 화려한 누각 기둥 아침에 날아오른 건 남포의 구름, 붉은 발 저녁에 걷히니 서산에 비 내리고. 한가한 구름 못에 비쳐 해는 아득하니, 해 바뀌고 별 지니 몇 해가 지났는가. 누각 안 왕자는 지금 어느 곳에 있는지, 난간 밖 긴 강물 무심한 듯 흘러가네南昌故郡 洪都新府 星分翼軫 地接衡廬 襟三江而帶五湖 控蠻荊而引甌越. (中略) 滕王高閣臨江渚 佩玉鳴鑾罷歌舞 畵棟朝飛南浦雲 朱簾暮捲西山雨 閑雲潭影日悠悠 物換星移度幾秋 閣中帝子今何在 檻外長江空自流".
152. 분분하게 날리는 눈발을 마치 봄날에 날아오르는 흰나비에 비유한 시이다. "흰나비는 이리저리 흩날리는 눈이요. 누런 꾀꼬리는 조각조각 금이로다白蝶紛紛雪 黃鶯片片金"『추구推句』.

애초에 계책 없어 덧없을 뿐　　初無久計任泥鴻
녹이라곤 난쟁이 배우보다 못 받고　　粟囊已在侏儒後
무대엔 꼭두각시놀음 북소리 감도네　　場鼓旋催傀儡中
만약 멍청이 보내 공무를 마치면　　若遣痴兒公事了
누가 내 시풍이 헐후체인 줄 알리　　誰知歇后[153]我家風
—「한쪽에 버려져束閣」

돌아갈 곳이 없다는 것. 또한, 찾는 곳이 없다는 것. 시인은 언제나 섬이다. 그래서 제목도 내버려진 방기放棄의 삶을 그대로 드러냈다. 시골 구석에 처박혀 시는 별로 신통치 못하고, 오기傲氣로 때로는 반항으로 아무런 계책도 없이 인간사 화복을 논하다니. 그게 작은 위안이나 되는가. 저 세상에 벼슬이라는 게 무어냐. 서 푼어치도 안 되는 녹봉에 꼭두각시놀음을 벌이는 꼬락서니라니. 멍청이 같은 벼슬아치 나으리께서 나에게 오시거들랑, 그가 내 시를 알기나 하겠는가. 잔뜩이나 비게 덩이 걷어 낸 헐후歇后를 말이다. 작가는 한쪽에 버려져 쓰이지 않아도 골기骨氣의 정신은 참으로 꼿꼿하다.

써늘한 창에 등불은 여생을 이어 주니　　寒窓燈火續殘年
책상물림 부끄럽네 글 파먹는 신선　　慚愧床頭食字仙
지난 날 일찍 시 나부랭이 이뤘는데　　向日曾成詩眷屬
서로 만나보니 빙그레 인연이로세　　相逢猶有笑因緣
근심을 묻을 한 조각 땅도 없이　　難求一片埋憂地
평생 주천만을 사랑했노라　　只信平生愛酒天[154]
기다리던 동풍 산들 산들 불어오니　　準備東風來次第

153. 헐후: 뒷말을 생략한 시체인 헐후체歇後體를 말함. p.17의 주 15 참조.
154. 주천酒天: 하늘이 술을 좋아함을 말함. 중국 당나라 시인 이백李白의 '월하독작月下獨酌' 시에 "하늘이 술을 즐기지 않았다면 하늘에 주성이 있을 리 없고. 땅이 술을 즐기지 않는다면 땅에 어찌 주천이 있겠는가天若不愛酒 酒星不在天 地若不愛酒 地應無酒泉"라 하였다.

삼청동 깊은 골짝 구름이 감도네　　三淸[155]深處訪雲烟
삼청은 동 이름이다三淸卽洞名
—「어느 사람에게 부치다寄人」

삼청동 골짝은 조선 말기에 여항시인들이 함께 모여 음풍하던 소요처였다. 중인계층이던 역관, 의관, 서화가, 아전, 서얼 등이 시회를 결성하여 우거진 산림에서 노닐던 곳으로 곳곳에 시와 술이 벙벙하였다. 시나 읊는 책상물림인 시인은 스스로 글 파먹는 신선이라 고백한다. 근심이라고는 묻을 땅 한 조각 없으면서도 유유자적하는 시인의 풍도가 동풍에 실려 오는 듯하다. 그 참에 삼청동 골짝에는 유현幽玄한 구름이 자욱하다. 첫 구의 창과 등불은 남은 여생을 말하는 듯 쓸쓸하고도 아슬하다.

꿈은 미혹하고 시의 경지는 아득해　　夢境易迷詩境遙
인생은 어찌하여 잠잠하지 않은가　　人生那得不蕭條[156]
매화 심을 땐 늘 천 가지 생각하고　　種梅常憶千枝繞
눈 보고는 한 점 녹는 걸 시름하지　　對雪先愁一點消
창은 어둑한데 초는 불꽃 일렁이고　　窓暗留殘花結燭
황량한 산비탈에 나무다리 걸쳐 있네　　洞荒斜帶木成橋
금어패 차고 밑으로 떨어지진 마시고　　縱無墜下金魚佩[157]

155. 삼청三淸: 서울 종로구에 있는 동 이름.
156. 소조蕭條: 분위기가 매우 쓸쓸함, 혹은 고요하고 조용함.
157. 어패魚佩: 어과魚果 또는 어부魚符라 하는데, 과果는 물고기 모양을 나무에 새기거나 구리로 빚어 허리띠에 차던 관리의 신표信標를 말한다. 이 시구는 '요홀령腰笏令'이란 고사와 관련이 있는데, 홀을 허리에 찬 수령이라는 뜻으로, 중국 당唐나라 하이우何易于를 가리킨다. 그가 익창益昌의 수령으로 있을 때 자사刺史 최박崔朴이 봄에 뱃놀이를 나와 백성들에게 배를 끌게 하자, 그가 '홀을 허리에 꽂고腰笏' 자신이 직접 배를 끌었는데, 자사가 놀라서 그 이유를 묻자 "백성은 밭 갈지 않으면 누에치느라 여가를 뺏을 수 없는데, 이우는 수령이 되어 할 일이 없어 수월하게 일을 할 수 있다百姓不耕卽蠶 隙不可奪 易于爲屬令 當其無事 可以充役"라고 대답하니, 자사가 부끄러워하면서 얼른 물러갔다고 한다. 『신당서新唐書』 197권, 「하이우열전何易于列傳」.

살살 허리 꺾어 굽히도록 하시게　　　可復輕輕折此腰
—「정암 서옥에서 운을 떼어 빨리 짓다鼎庵書屋拈韻走筆」

꿈과 시도 인생과 같아 너무 아득하여 미혹하기는 매한가지다. 세상 사람들은 매화를 심을 때 이미 천 가지로 늘어날 걸 생각하지만, 한 점 눈을 보고는 찰나에 녹는 걸 애석해한다. 그게 인심이다. 다시 창과 촛불을 대하고 앉은 시인은 두 제재를 통해 자신의 여생을 마치 시참詩讖이나 되는 듯이 예견하는 걸까. 실제로 정지윤이 즐겨 차용한 시의 제재는 등불, 창, 귀밑머리, 밤, 가을, 달 등인데, 이러한 사물은 조락凋落을 상징하거나 관조하는 시어들로서, 그 이미지가 소슬하고 처량한 느낌을 준다. 결구에서는 벗에게 금어패 차거들랑 부디 넘어지지 말고 허리 살살 굽혀 처신 잘 하시라 은근히 기롱譏弄하고 있다. 한갓 벼슬이란 게 나무다리처럼 약하고 부실하다는 걸 먼저 말해 두는 것도 잊지 않았다. 능청이 별맛으로 다가오지 않은가.

백 리 길 비틀비틀 앞서 걸어와　　　蹣珊百里步初開
어느 주막 이르니 술 한잔 파네　　　一店旋沽一酒杯
저물 녘 눈 내리려나 나무는 찬데　　　雪意平連寒樹暮
얼음장 떠 있고 언 구름이 몰려오네　　　澌流如帶凍雲來
여정을 재촉해 강가에 다다라 한탄하니　　　催程又作臨河歎
세상 구제보다 사공 부르는 게 어렵네　　　喚渡難於濟世才
오늘 밤은 그냥 접고 길 가는 것도 쉬니　　　棄置今宵休復道
부귀공명이야 한갓 신선의 꿈에나 있지　　　黃粱[158]白璧[159]夢仙回
—「화성에서 돌아오는 길에…華城歸路…」

158. 황량黃粱: 누런 기장밥. 중국 당唐나라 노생盧生이라는 사람이 도사道士 여옹呂翁의 베개를 베고 잠을 잤는데, 누런 기장밥 한 번 짓는 동안에 온갖 부귀공명을 누린 꿈을 꾸었다는 고사에서 온 말이다. "누런 기장밥은 고작 잠깐 동안에 익는다黃粱不過片時蒸"는 부귀공명이 덧없음을 비유한 말이다.

추운 겨울날, 길 가는 나그네의 여정이 잘 묘사되어 있다. 지친 발걸음에 어느 주막에 당도해 한잔 술로 목을 덥히고 나서니, 저물 녘 날씨가 어째 꾸물거린다. 재촉해 강가에 이르니 보니 사공은 건너편에 있지 않은가. 세상 건너기보다 사공 불러 강 건너기가 더 어렵다고 괜히 투정한다. 강 건너 친구 서재에 당도해 여장을 풀고 고단한 하루의 여정을 접는다. 시간의 경과에 따라 원경이 풀 샷full shot으로 찍혀 있다. 진경산수가 롱 테이크long take 기법으로 찍혀 한 폭의 그림을 보는 듯 선연하다. 무얼 더 덧붙이랴.

관서를 두루 달려 해서로 돌아오니	走遍關西復海西
이 몸 천지간에 한 점 서글픔 뿐	側身天地一悽迷
술 마신 뒤 풍속과 인정 해마다 줄어	風情酒後隨年減
지난 일 봄 오니 꿈도 가지런해	往事春來入夢齊
문득 시름겨워 학질에 걸린 듯	愁輒按時如患瘧
시는 대개 솜씨에 맡기니 어지러워	詩多信手似扶亂
뉘 날더러 간절히 돌아오길 재촉하나	更誰向我催歸切
두견새도 늙은 아내와 더불어 우네	爲有啼鵑與老妻

—「희롱하여 제함戲題」

긴 여정이었던가 보다. 관서에서 해서로. 나그네의 길은 천지간에 한 점, 쓸쓸함 그것일지도 모른다. 지나간 길은 모두 꿈길인 양 아득하지만, 풍속과 인정은 예전보다 못하단다. 희롱하여 지은 시라고는 눈

159. 백벽白璧: 흰 옥덩이. 여기서는 자기 재능을 발휘할 길이 없음을 의미한다. 중국 초楚 나라 변화卞和라는 사람이 일찍이 형산荊山에서 박옥璞玉(옥덩이)을 얻어 이것을 초나라 여왕厲王과 무왕武王 두 대에 걸쳐 왕에게 바쳤으나, 그때마다 옥인玉人의 잘못된 판정에 의해 왕을 속였다는 죄목으로 두 발꿈치를 다 베였는데, 문왕文王이 즉위하자 변화가 이 박옥을 안고 형산에서 밤낮 사흘을 운 끝에 드디어 왕명에 의해 그 박옥을 다시 조사하게 한 결과 마침내 보옥寶玉을 얻게 되었던 고사가 전한다. 『사기史記』 81권, 「염파인상여열전廉頗藺相如列傳」.

닦고 찾아보아도 그 대상은 묘연하다. 그럴 수밖에 없는 건, 기별 끊긴 아내를 생각하는 지아비의 마음이 끄트머리에 꽁꽁 숨겨져 있기 때문이다. 우는 두견새더러 괜스레 귀가를 재촉한다고 하며 시인은 슬며시 옆으로 비껴 서 있다. 별미로 읽히는 가작이다.

옛날의 난 지금의 날 알지 못해	古吾莫復認今吾
이름은 아예 산다고 되는 게 아니네	名字全然不待沽
주먹 쥔 부처에게 똥 막대기 안 돌아오고	屎橛[160]未歸竪拳佛
갓에 오줌 눠 선비 얼굴에다 대항하네	溺冠[161]曾對抗顔儒
꽃 보고 달 향해 공안을 깨닫고	看花向月知公案[162]
통음하며 미친 듯 노래해 장한 뜻 부치네	痛飮狂歌付壯圖
어찌 이리 사람을 천고의 일에 묶는지	有底關人千古事
눈과 가슴 속 무시로 '무' 자뿐이네	眼中胸裏無時無

—「한 송이 등불 꽃-촛불이 탈 동안 지은 시다一燈花 刻燭作也」

이 작품은 남병철南秉哲의 집에 머물 때 초가 다 타기 전에 칠언율시 서른 수를 단번에 지은 시 가운데 한 수이다. 불교의 색채가 농후한 작품인데, 어제의 내가 오늘의 내가 아니듯이 이름은 사고 팔 것이 못 된다고 미리 선을 그어 놓고 시의 초입으로 들어간다. 옛날 어느 선사가 불법이 무어냐고 물으니, '똥 막대기'라고 하였는데, 갓 쓴 양반님네

160. 시궐屎橛: 마른 똥막대기. 선어록禪語錄인 『무문관無門關』 제21칙 「운문시궐雲門屎橛(운문화상의 마른 똥막대기)」이란 공안公案에서, "운문화상에게 한 수행승이 물었다. 어떤 것이 부처입니까? 운문화상이 대답하기를, 마른 똥막대기니라雲門因僧問 如何是佛 門云乾屎"라 하였다.

161. 익관溺冠: 관을 적심. 중국 한漢 고조高祖가 임금이 되기 전에, 유학자儒學者를 멸시하여 그들을 만나면 갓을 벗겨 오줌을 누었다.

162. 공안公案: '공부안독公府案牘'의 준말로, 원래 정부에서 확정한 법률안으로서 국민이 준수해야 할 사안事案을 뜻하는 말이나, 이를 선가禪家에서는 예로부터 조사祖師들이 정한 설說, 언구言句, 문답問答 등 불조佛祖와 인연된 종강宗綱을 수록하여 공안이라 하고, 선禪의 과제로 삼아 인연화두因緣話頭라고 한다. 선종禪宗에서 고칙古則 또는 화두話頭라고도 한다.

얼굴에다 오줌이나 갈겨 대항한다고 자못 기세가 펄펄하다. 시인을 아껴 초치한 권문세가인 남병철은 이런 시인의 기질과 재주를 기꺼이 허여한 인물이다. 그래서 시인은 그 갓머리에는 차마 오줌을 못 갈기고 시로써 뜻을 부친 것이다. 그것도 불가佛家의 문자로써 유가儒家의 문자를 조롱하였으니, 시인의 방달한 풍격이 자못 우스꽝스럽다. 꽃과 달보고 공안을 깨 버리다니, 무슨 달밤에 개 짖는 소리인가. 잔뜩 퍼마시고 장한 뜻이라고 부쳤으니 그 기개가 아낄 만하다.

백련사 정토는 옛 총림인데	白蓮淨土[163]舊叢林[164]
한번 몸 한가해 다시 찾았네	一度身閒一度尋
지극한 깨달음은 아득해 취생몽사하는 걸	究竟[165]悠悠生夢死
과거 현재 미래 삼생 인연 허망도 하지	因緣草草[166]去來今
들꽃이 피는 곳에 게송을 만나니	野芳[167]開處逢花偈[168]
주막에 잠시 파도소리 들리네	店酒傾時有海音
사십 년 남짓 가슴에 품은 뜻	四十餘年胸裏物
부처인지 마군의 마음인지 알지 못하네	不知是佛是魔心

—「백련사에서白蓮寺」

시인은 한때 출가하여 불문佛門에 들었다. 묘향산과 금강산 일대를 주유하며 공적空寂한 암굴에 몸을 의탁하던 때가 있었다. 대어對語를 써서 연구聯句를 이룬 제5, 6 구句는 압권이다. 들꽃이 피는 곳곳마다

163. 정토淨土: 불교용어로, 부처나 보살이 사는, 번뇌의 굴레를 벗어난 아주 깨끗한 세상, 즉 청정세계를 말함.
164. 총림叢林: 불교의 교리를 공부하는 강원講院, 참선을 하는 선원禪院, 깨끗한 몸과 마음을 가꾸는 율원律院이 모두 갖추어져 있는 절.
165. 구경究竟: 불교용어로, 가장 지극한 깨달음을 말함.
166. 초초草草: 간략한 모양, 혹은 바빠서 거친 모양.
167. 야방野芳: 들꽃. 야생화.
168. 화게花偈: 불교용어로, 경전의 게송偈頌을 말함.

깨달음의 노래인 게송을 만나다니. 이슥고 지나는 길목 주막에서 문득 파도소리를 듣는 시인의 귀라니. 참으로 기이하고 놀라운 초감각이다. 사십 년 가슴속에 품은 한 조각 마음이 부처인지 마군魔軍인지 아직도 미혹하지만, 눈 가득한 청산을 얻었으니 이미 실상은 여실하다.

나그네 쉬이 저물어 당도하니	客中容易到黃曛
또 수심에 잠겨 그대 보내야 해	又把閒愁作送君
번화한 삼십 년 물처럼 흘러가	一代繁華流似水
내일 생각하니 구름보다 암울하네	明朝思量暗於雲
사람은 하늘로 돌아가 어딘지 알까	人歸天末知何處
가지 끝 녹음 우거져 축 늘어졌네	綠漲枝頭謾十分
온갖 교분 맺은 게 젊은 날이었지	最是結交年少日
길 막혀 소식 끊겨 견딜 수 없네	道途相委不堪聞

—「봄날을 보내며送春日」

시인은 언제나 떠돌았다. 미치광이로 몸을 숨기고 떠도는 나그네는 그의 또 다른 이름이다. 그러기에 늘 소식은 끊기고, 길은 종종 막혀 사람을 못견디게 만든다. 이 시는 알레고리allegory(은유)가 촘촘하게 얽혀 있다. 시인은 길 위의 고독을 읊었다. 황혼과 근심, 물과 구름은 대척점에서 짝을 이루어 출렁이며 시의 호흡을 끌고 있다. 나그네가 막다른 곳은 늘 황혼이고, 만나면 헤어짐을 예비한다. 지난 삼십 년 세월은 물처럼 흘러가고, 내일은 구름처럼 암울하다. 긴장과 절제미를 유지하면서 봄날을 보내는 시인의 내면 풍경은 너무 쓸쓸하여 아득하다. 이런 좋은 봄날, 시인은 하늘로 돌아가는 길을 묻는다. 그토록 푸르던 녹음이 가지 끝에 축축 늘어지는 봄날에, 기이하다.

夏園詩鈔

하원시초

제사題辭

하원 정 군은 시로써도 성문 안에서 노닐었는데, 또한 이름이 일찍 알려졌다. 내가 만나지 못하였을 때 이미 그의 이름이 우레처럼 들렸는데 한번 만나는 걸 큰 다행으로 여겼다. 얼마 뒤에 내가 사는 누추한 곳으로 찾아왔는데 나이가 벌써 서른이 넘어 서로 알고 지내는 게 너무 늦은 걸 한탄하며 끊임없이 왕래하였다. 그 학문과 저술을 살펴보았으나 명확하게 답변하지 않았는데, 대개 군의 본심을 엿보니 그 마음속에 간직한 사연을 펼쳐 보이기를 원하지 않은 사람인가 싶었다.

그러나 나는 그의 시에서 느낀 점이 있으니 그가 지은 시는 옛 법에 얽매이지 않으면서도 옛 법을 버리지 않았다. 옛것을 참조하여 새것을 창작하고 손이 가는 대로 마음이 호응하여 더욱 예스러우면서도 더 새로웠으며, 기묘한 기운이 넘쳐흐르면서도 또한 전아하고 온건하여 천연으로 일가를 이루었으니, 만약 이를 가슴속에 간직하고 있지 않은 사람이라면 어찌 이와 같이 밖으로 표현하겠는가.

이에 그는 시로써 노닐며 희롱한 사람인가. 사람들은 단지 그 시의 기묘함만을 알 뿐, 그 사람이 시보다 더 기묘한 줄을 알지 못하니 애석하다. 이런 까닭으로 군은 시로써 명성을 얻음이 이같이 성대하지만 군은 스스로 자부하지 않았다.

저술이 참으로 많았지만 또한 소중히 여기지 않고 이내 모두 버려 조금도 모아 두지 않았다. 그 때문에 남아 있는 것이 매우 적어서 전하는 것이라고는 오직 사람들의 입으로 전해진 몇 쪼가리 짧은 글귀뿐이다. 이 또한 신마의 털 하나와 같아 스스로 그 광채를 숨길 수 없는 것이었지 군의 의도는 아니다. 군이 이를 남기는 것을 탐탁하게 여기지 않았으니 이는 군의 본심을 다한 것이 아니다. 그러나 우리가 이를 잃을까 염려함에 급급한 것은 또한 이를 구해 보기가 어렵기 때문이다. 이에 군의 본심을 볼 것이고, 이것이 하원시초를 간행하는 대략이다.

함풍 갑인년(1854) 봄에 벗 최성환 쓰다

題辭

夏園鄭君 以詩遊都門 知名且早 余在未面時 先已耳雷 以一見爲深幸 旣而見訪弊廬 則年幾皆二毛[1]矣 旣恨相知之最晩 過從尙源源 叩其學問述作則唯唯否否而已 蓋窺君之素 其有種種者于中 而不需乎施爲者耶 余於其詩得之矣 其爲詩也 不泥古法而亦不遺古法 攬舊作新 手隨心應 愈舊而愈新 奇氣橫逸 又典雅又溫存 天然成一家語 如非有存諸中者 豈形外若是 殆其詩以遊戲者耶 人止知其詩之奇 而不知其人之奇于詩 惜哉 以是之故 君於詩得名如是其盛 而君則不自有也 著述固甚富 而亦不珍惜 旋皆擲地 無一收貯 故其所存甚尠 唯是隻字[2]短篇之被人牙頰間者而已 是亦吉光片羽[3]之自不能自晦者也 非君之意也 君之不屑於留此 此不足以盡君之素 而吾儕之屑屑於懼失此者止此 亦難得故也 於以見君之素 而是爲刊夏園詩鈔之大畧

咸豐甲寅春 友弟崔瑆煥書

1. 이모二毛: 삽십이 세. 중국 진晋나라 때 반악潘岳이란 시인이 서른두 살에 머리가 반백半白이 되었는데, 이것을 이모二毛라고 부르게 되었다. '이모'란 말 그대로 머리털 색깔이 두 가지라는 뜻으로, 흰 머리와 검은 머리가 반반인 것을 말한다.
2. 척자隻字: 한 글자. 또는 짧은 글귀.
3. 길광편우吉光片羽: '신마神馬의 털 하나'라는 뜻으로, 전해 오는 예술작품의 진품을 이르는 말로 쓰임. '길광吉光'은 짐승 이름, 혹은 신마神馬의 이름인데, 그 말을 타면 삼천 세가 되도록 장수한다고 한다. 『서응도瑞應圖』.

자서自序

아아, 글자도 잘 모르던 기해년(1839) 내 나이 비로소 서른두 살 때, 매사가 어긋나 쓸쓸하고 막연히 지내면서 떠돌아다녔다. 누가 곤궁한 나를 잘려 나간 가시덤불이나 나뒹구는 쑥 검불처럼 정처없이 떠돌게 하고 장년의 뜻을 남과 같이 못 하게 하여 반딧불이나 좀과 같이 헛되이 죽게 하였는가. 전생의 티끌과 후생의 억만 겁도 한번 쳐다보고 굽어보는 잠깐 사이이고, 땅이 늙고 하늘이 시드는 것도 찼다가 비어지는 운수에 달렸다.

자신의 몸과 그림자만 서로 화답해도 흐르는 물은 오늘까지 유유히 흐르고, 슬픔과 기쁨도 정에 따라 부쳐도 버들가지는 그해에 시들어 버리고 만다. 꼼짝하지 않고 앉았으니 공손처럼 할 일이 없고, 적료하게 지내니 등우처럼 남들이 비웃는다. 예전 친구와 새 벗들, 아는 사람은 태반이나 떠나 버렸고, 등불이 빛나는 향촉의 불씨를 생각하니 평생의 감회가 일어난다.

감개가 격앙으로 바뀌고 노래는 곡소리보다 심하구나. 장욱이 초서의 성인으로 명성을 떨친 것은 그 기쁨과 분노를 모두 쏟아 그리 되었고, 우경이 글을 지어 뜻을 나타낸 것은 그 곤궁과 근심에 힘입어서였다. 경서의 주석은 복건과 정현의 정채한 연구에 모자라고, 문장의 기교는 왕포와 양웅의 풍부함과 미려함에 뒤진다.

그대의 '불치론'도 절교할 때는 소용이 없고, 나의 '낙피편'도 어찌 외롭고 분해함을 이름한 것이겠는가. 슬퍼 탄식하며 오두막에 들어앉아 있은들 무슨 유익함이 있겠는가. 심혈을 자루에 담아 모두 던져 버렸다. 사람들은 또한 얘기하기를, 시골의 보잘것없는 명예를 훔쳤다 하고, 세상 사람들은 모두 죽이려고 하면서 입으로 들먹거리며 부추김은 끝이 없었다.

양한의 학문과 삼당의 시가는 계륵처럼 허약한 체질 때문에 각고의 노력을 쏟지 않았고, 맹교의 신산한 시와 가도의 수척한 시는 말의 간처럼 먹어 보지 않아도 그 맛을 유달리 이해하였다. 대가들이 비웃음은 참으로 마땅하고, 수고로운 이들이 노래함은 오직 이것 때문이다. 파리가 윙윙대고 지렁이가 땅속에서 소리내는 것 같아 입술만 더욱 처량하고, 양각이나 상하 같아 성정은 비유하기조차 어렵다. 천뢰와 인뢰는 일대의 풍류를 구하지 않고, 안중과 의중은 삼생의 공안과 유사하다.

화류 같은 준마도 노쇠하면 장사들이 슬퍼하고, 두견새 울어 봄이 가면 시인들도 한탄한다. 모지라진 붓이 징조를 보이니 시재는 점점 퇴보하고, 우레 같은 북소리에 서리 맺힌 종이 저절로 운다. 미인의 향초는 이와 같이 깃들어 있는데 아녀자의 풍운은 돌아갈 곳 그 어딘가. 참된 모습 오악과 같아 그 면목을 능히 볼 것인데, 떠나는 길, 삼산이라 금단은 거의 다 익었네.

自序

粤以歲逢三豕[1] 年始二毛 歷落蕭條 因循汗漫[2] 誰爲窮我 乃令梗斷蓬飄 壯不如人 遂至螢乾蠹死[3] 前塵[4]後劫 俛仰之間 地老天荒 盈虛有數 影形相答 水今日而悠揚 哀樂關情 柳當年而憔悴 兀兀公孫[5]之無事 寥寥鄧禹[6]之笑人 舊雨新雲 相識飄零太半 燈光香灺 所思振觸平生 慨當以慷

1. 삼시三豕: 문자를 잘못 읽거나 사용하는 것을 말함. '기해도하己亥渡河' 라는 글자의 자형을 잘못 보고 '삼시도하三豕渡河' 라고 고친 고사에서 나왔다. 즉, "해시지와亥豕之訛"는 한자의 '亥' 자와 '豕' 자는 비슷하여 혼동하기가 쉬워, 서적을 베끼거나 책을 간행할 때 비슷한 글자는 잘못 쓰기 쉽다는 뜻인데, "공자孔子의 제자 자하子夏가 진晉나라에 가다가 위衛를 지나가는데, 어떤 사람이 역사책을 읽기를 '진의 군사가 삼시에 강을 건넜다' 라고 읽는 것을 보고는, "삼시라는 말은 틀렸으니, 기해己亥가 옳다. '三' 은 '己' 자와 비슷하고, '豕' 는 '亥' 자와 비슷해서 혼동하기가 쉽다. 진나라에 이르러 이를 물으니, '진나라의 선생이 기해에 이미 강을 건넜다' 고 말했다"라고 한 데서 유래했다子夏之晉過衛 有讀史記者曰 晉師三豕涉河 子夏曰 非也 是己亥也 夫己與三相近 豕與亥相似 至於晉而問之 則曰晉師己亥涉河也"『여씨춘추呂氏春秋』「찰전察傳」.
2. 한만汗漫: 광활한 세계에서 한가히 노니는 것을 뜻함. 노오盧敖가 북해北海에서 노닐다 한 선비를 만났는데, 그가 말하기를 "내가 구해九垓 밖에서 한만과 만나기로 약속했으니, 내가 오래 머무를 수 없다" 하였다. 『회남자淮南子』「도응훈道應訓」.
3. 형건두사螢乾蠹死: 반딧불이 마르고 좀이 죽음. 즉, 여름이 가고 가을이 되니 나그네 마음이 더 쓸쓸해짐을 의미함. "뽕나무가 잘리어지면 나무굼벵이가 죽는다桑木見斷而蠹殄"라 하였음. 『포박자抱朴子』.
4. 전진前塵: 불교 용어로, 망심妄心의 앞에 나타나는 일체 세간의 모든 사물을 이름.
5. 공손公孫: 중국 한漢 무제武帝 때 사람 공손홍公孫弘을 가리킴. 늦게 벼슬하여 지위가 승상丞相에까지 이르렀는데, 성품이 겉은 너그러우면서도 속은 심각하고 착한 체하면서 음흉하였음. 『한서漢書』 58권.
6. 등우鄧禹: 중국 후한後漢 광무제光武帝를 도와 천하를 평정한 논공제일論功第一의 개국공신. 이십사 세 때 광무제가 즉위하자 삼공三公의 하나인 대사도大司徒에 임명되고 고밀후高密侯에 봉해졌다.

歌甚於哭 張旭[7]成名於草聖 全輪其喜怒而然 虞卿[8]見志於著書 多賴其窮愁者也 若乃箋疏虧服鄭[9]之精研 藻翰謝淵雲[10]之富麗 卿之不置論[11] 無用於絶交 我自樂疲篇[12] 豈名於孤憤 廬悲歎而何益 囊心血而盡投 人亦有言 鄕曲之譽或竊 世皆欲殺 齒牙[13]之獎無餘 兩漢[14]三唐[15] 拳每安於雞

7. 장욱張旭; 초성草聖으로 불렸던 당唐나라의 명필名筆. 술을 좋아하여 아주 취해서 미친 듯 돌아다니다가 모발毛髮에 먹을 묻혀 휘갈겨 썼으므로 세상에서 '장전張顚' 이라고 불렀다 하며, 문종文宗 때에는 이백李白의 가시歌詩와 배민裴旻의 검무劍舞와 장욱의 초서草書를 삼절三絶로 꼽혔다. 『신당서新唐書』 202권, 「장욱열전張旭列傳」.
8. 우경虞卿: 중국 전국시대의 유세객遊說客. 조趙나라 효성왕孝成王에게 유세하니, 조왕趙王은 상경上卿을 삼고 백벽白璧을 선사하였다. 우경은 조나라의 상경으로 있으면서 영화를 누리다가 양梁나라로 도망가 곤란한 생활을 하였는데, 불우한 가운데 『우씨춘추虞氏春秋』라는 역사서를 저술하여 국가의 잘잘못을 평론하였다. 『사기史記』, 「평원군우경전찬平原君虞卿傳贊」에 "우경이 만약 고통과 시름의 나날을 보내지 않았더라면 후세에 길이 전해질 저서를 남기지 못했을 것이다虞卿非窮愁 亦不能著書以自見於後世" 하였다.
9. 복정服鄭: 복건服虔과 정현鄭玄을 말함. 복건은 중국 전한前漢 말기의 경학자經學者로 자는 자신子愼이다. 정현鄭玄은 후한後漢 사람으로 임금의 부름을 받아 대사농大司農 벼슬을 지냈음. 경학에 정통하여 한대漢代 경학을 집대성하였으며 『모시전毛詩傳』, 『주례주周禮注』 등 많은 저서를 남겼다.
10. 연운淵雲: 중국 전한前漢의 문장가인 왕포王褒와 양웅揚雄을 가리킴. 왕포의 자는 자연子淵이고, 양웅의 자는 자운이다. p.280의 주 10 참조.
11. 불치론不置論: 사람을 대할 때 과거의 일이나 선입견 없이 대하는 것. 중국 전한前漢 말기 왕망王莽이 정권을 찬탈하자 천하의 많은 사람들은 이를 반대하며 군사를 일으켰다. 서기 23년, 왕망에게 반대하며 왕광王匡과 왕봉王鳳 등이 주도하여 녹림산綠林山(지금의 호북성 당양현 동북쪽)에서 봉기한 집단인 녹림군綠林軍은 유현劉玄을 황제로 옹립하고, 유수劉秀가 곤양昆陽에서 왕망을 크게 물리치자 유현은 그를 파로破虜 대장군에 임명하였다. 왕망이 죽은 후에 유수는 다시 한단을 점령하고, 자칭 천자였던 왕랑王郎을 죽였다. 유현은 유수의 전공을 인정하고, 그를 소왕蕭王에 봉하였다. 당시, 유수는, 많은 지역의 군대가 통일되지 않아 평온이 오래가지 못하리라 생각하고, 계속적인 정벌에 나섰다. 서기 24년, 유수는 하북河北에서 농민들이 봉기하여 이룬 동마군銅馬軍을 격파하고, 그 중 잔여 병력을 흡수하여 재편성하고, 동마군의 장수들은 모두 해당 관직에 배치하였다. 그러나 재편성되거나 흡수된 병사들 가운데 상당수는 과거에 유수와 적대 관계에 있었으므로, 유수의 신임을 받지 못할까 걱정하였다. 이런 상황을 간파한 유수는, 이러한 장수들을 각각 과거 자신들이 속하였던 부대로 다시 배치하여, 그들로 하여금 소수의 병력을 데리고 순찰을 돌거나 지휘를 맡게 하였다. 유수가 조금도 경계하지 않고 그들을 자기 사람 대하듯 하는 것을 보고, 사람들은 모두 이렇게들 말했다. "소왕은 성의껏 사람을 대하며 자신의 속마음을 사람들에게 내어주니, 어찌 목숨을 걸고 싸우지 않을 수 있겠는가蕭王推赤心置腹中 安得不投死乎" 『후한서後漢書』 1권, 「제기帝紀」 1, '광무제기光武帝紀' 상上.

肋[16] 寒郊瘦島[17] 味偏解於馬肝[18] 大方之笑固宜 勞者之歌惟此 蠅鳴蚓竅口吻益悲 羊角[19]象河[20] 性情難喩 天籟人籟[21] 不求一代之風騷 眼中意中有似三生[22]之公案[23] 驊騮[24]歲暮 烈士悲吟 鶗鴂[25]春殘 詞人致恨 敗毫成

12. 낙피편樂疲篇: 즐겁기만 하면 다른 일은 괜찮다는 것. "나는 이 일이 너무 즐거워 조금도 피로하지 않단다我自樂此 不爲疲也" 낙차불피樂此不疲는 어떤 일을 즐거워하여 싫증을 내지 않는다는 뜻이며, '낙차불권樂此不倦'이라고도 한다. "후한後漢 말엽, 왕망이 제위를 찬탈하였다. 그는 도리에 어긋나는 일을 계속하며 백성들의 생활을 조금도 생각하지 않았으며, 이에 불만을 품은 백성들이 다투어 일어나고 있었다. 서기 22년, 전한前漢의 황족 유수劉秀는 남양에서 군사를 일으켰는데, 그의 힘이 점차 강성해지더니 마침내 서기 25년 천하를 평정하였다. 유수는 한漢나라를 다시 세우고 황제에 올랐으니, 바로 한나라 광무제였다. 즉위 후, 광무제는 백성들의 생활에 관심을 가지고, 악정惡政을 개혁하고, 가혹한 세금을 폐지하며, 사회 질서를 회복시켰다. 광무제는 백성들과 나라를 위하여 매우 부지런하게 일을 하였는데, 나이 예순이 넘어서도 여전히 새벽에 일어나서 오후 늦게 궁으로 돌아갔다. 황태자는 나이 드신 아버지의 건강을 염려하여 이렇게 권하였다. '부황께서는 하夏나라 우禹임금이나 상商나라 탕湯왕의 영명함을 지니고 있으시지만, 황제黃帝나 노자老子의 양생養生의 도는 가지고 계시지 않습니다. 원컨대, 건강을 생각하시어 한가롭게 시간을 보내시고, 다시는 새벽부터 일하시다가 한밤중에 주무시는 없도록 해주십시오.' 광무제는 이 말을 듣고 고개를 저으며 이렇게 말했다. '나는 이 일이 너무 즐거워 조금도 피로하지 않단다我自樂此 不爲疲也'『후한서後漢書』1권, 「제기帝紀」1, '광무제기光武帝紀' 상上.

13. 치아齒牙: 『공총자孔叢子』「항지抗志」에 의하면, 노래자老萊子가 말하기를 "그대는 치아齒牙를 보지 못했는가. 치아는 견강함으로 인하여 끝내 다 닳아지게 되고, 혀는 유순함으로 인하여 끝까지 해지지 않는 것이다子不見夫齒乎 齒堅剛 卒盡相磨 舌柔順 終以不弊."라 하였다. 즉, 혀는 치아보다 유순柔順하므로 오래도록 보전될 수 있음을 의미한다. 한유韓愈의 '부강릉도중기赴江陵途中寄' 시에 "치아가 모두 빠져버림으로부터, 비로소 유순한 혀를 그리게 되었네自從齒牙缺, 始慕舌爲柔"라고 하였다.

14. 양한兩漢: 전한前漢(서한西漢)과 후한後漢(동한東漢)의 두 한漢나라를 이름.

15. 삼당三唐: 당시唐詩의 품격을 나눔에 있어서 초당初唐, 성당盛唐, 만당晩唐으로 나눈 것.

16. 계륵雞肋: 중국 삼국시대 위魏나라 양수楊脩의 말에, "대저 닭갈비란 버리자면 아까운 생각이 들고, 먹자면 또한 먹을 것이 없다夫鷄肋 棄之如可惜 食之無所得"고 한 데서 온 말로, 전하여 그리 취할 만한 가치도 없지만, 그렇다고 차마 버릴 수도 없는 사물을 비유함.

17. 한교수도寒郊瘦島: 맹교孟郊의 신산한 시와 가도賈島의 수척한 시. 맹교(751-814)는 중국 중당中唐의 시인으로, 자는 동야東野이다. 796년 진사시험에 급제하여 율양의 위尉가 되었으나 사직하였다. 자신의 곤궁과 사회의 부정을 예리하게 파헤쳐, 가도와 더불어 '한교수도寒郊瘦島'라 불렸다. 시문집『맹동야집孟東野集』등이 있다. 가도(779-843)는 여러 차례 과거에 응시했으나 실패하고 승려가 되었으나 811년 한유와 교유하면서 환속하였다. 가난한 생애와 풍족한 정서는 결핍되어 있지만 서정적인 시는 매우 세련되어 세세한 부분까지 잘 묘사된 작풍作風에서의 공통점 때문에, 맹교와 함께 '한교수도'라 불렸으며, 또 '퇴고堆敲'라는 말을 낳기도 하였다.

兆 夢錦見還 雷鼓逢場 霜鍾自語 美人香草 寄寓若斯 兒女風雲 指歸安在 眞形五嶽[26] 如面目之能求 去路三山[27] 庶金丹[28]之始熟

18. 마간馬肝: 말의 간, 즉. 독 있는 의론. 말의 간은 독이 있어 먹으면 죽는다고 해서 나온 말이다. 말의 간馬肝에 대한 논論은, 문왕文王이 천하를 삼등분하여 그 둘을 소유한 것 또한 신하로서의 의리가 아니다. 성인이 하는 일은 여느 사람이 알 수 있는 바가 아니다. 비록 이를 논하지 않고 그만둘지라도 의리를 모른다고 할 수는 없다. 이는 마치 사람이 고기를 먹을 때 "말의 간을 먹지 않았다고 해서 살코기 맛을 모른다고 말할 수 없는 것과 같다食肉不食馬肝不爲不知味"고 하였다.『사기史記』,「유림열전儒林列傳」. 또한『치평요람治平要覽』에서는 "말의 간에는 사람을 죽이는 독이 있다"고 하였다.
19. 양각羊角: 양의 뿔. 빙빙 도는 회오리바람을 형상함. "큰 붕새가 양의 뿔처럼 빙빙 도는 회오리바람을 타고 공중으로 구만 리를 올라간다大鵬搏扶搖羊角 而上者九萬里"『장자莊子』,「소요유逍遙遊」.회오리바람이 사면에서 몰려와 모여 빙빙 도는 모양이 마치 양의 뿔과 같아, 그 형상을 말한 것이다.
20. 상하象河: 하도河圖의 상象처럼 변화무쌍함을 일컬음.
21. 천뢰인뢰天籟人籟:『장자莊子』「제물론齊物論」에 보이는 삼뢰三籟는 모든 소리를 뜻하는데, 인뢰人籟, 지뢰地籟, 천뢰天籟를 가리킨다. 남곽자기南郭子綦가 안성자유顔成子游에게 "너는 인뢰는 들었어도 지뢰는 듣지 못했고, 지뢰는 들었어도 천뢰는 듣지 못했을 것이다女聞人籟而未聞地籟 女聞地籟而未聞天籟夫"라 하였다. 인뢰는 사람이 울리는 소리로 악기의 소리이고, 지뢰는 대지가 일으키는 소리로 바람 소리이고, 천뢰는 인뢰와 지뢰의 근본이 되는 대자연의 소리이다.
22. 삼생三生: 불가의 문자로서 전세前世, 현세現世, 후세後世를 가리킴.
23. 공안公案: p.89의 주 162 참조.
24. 화류驊騮: 대추 빛깔의 준마駿馬로, 귀인들을 비유함.
25. 제결鶗鴂: 두견새가 울면 꽃이 시든다고 하여, 온갖 꽃이 시드는 처량한 시절이란 뜻임. 초사楚辭 이소離騷에 "두견새가 먼저 울까 두렵구나. 온갖 풀이 향기롭지도 않게 되네恐鶗鴂之先鳴兮 使百草爲之不芳"라 하였고, 백거이白居易와 소식蘇軾의 시에도 각각 "꽃이 시들어 두견이 울고殘芳悲鶗鴂"와 "단지 두견이 봄 먼저 울까 두렵네只恐先春鶗鴂鳴"라는 표현이 있다.『백낙천시집白樂天詩集』16권,「동남행東南行」일백운一百韻.『소동파시집蘇東坡詩集』8권,「화치사장랑중춘주和致仕張郎中春晝」.
26. 오악五嶽: 중국의 다섯 명산으로, 태산泰山, 화산華山, 형산衡山, 항산恒山, 숭산嵩山을 가리킴.
27. 삼산三山: 봉래蓬萊, 방장方丈, 영주瀛州 등 삼신산三神山으로, 자라 등 위에 얹혀서 바다에 떠 있다는 전설이 전함.
28. 금단金丹: 선인仙人과 도사道士가 만드는 장생불사약長生不死藥을 말함.

내주 시골집에서 萊州村舍

문 닫고 쓸쓸히 낮은 평상에 앉아
괜시리 한가해 괴로움 풀어놓네
화씨벽은 마을을 넘어간 적 없고
초나라 사람은 활 잃지는 않았네
새벽 꿈 하늘에 닿아 은은하게 날리고
봄날의 시름은 바다에 홍조를 드리우네
물가 적막하여 궁벽한 줄 모르는데
지난 날은 부평초처럼 떠돌았다네

가랑비 물안개 날더러 번민케 해
강마을 꽃피니 오송강과 같구나
봄빛은 시인이 늙는 걸 상관치 않아

蕭然短榻閉門中
閒緖無端欲惱公
不可踰鄕和氏璧[1]
失之於國楚人弓[2]
連天曉夢飛殘粉
似海春愁落片紅
未覺窮荒濱寂寞
向來漂泊類萍蓬

絲雨絲煙悶煞儂
江村花發似吳淞[3]
韶華[4]不管詩人老

1. 화씨벽和氏璧 : 화씨和氏의 옥玉. 화씨는 중국 춘추시대 초楚나라의 변화卞和를 가리킨다. 그가 형산荊山에서 직경이 한 자나 되는 박옥璞玉을 얻어 여왕厲王과 무왕武王에게 바쳤으나, 옥을 감정하는 사람이 보고 돌이라 하여 두 발이 잘리고 말았다. 그 후 문왕文王이 즉위하자 화씨는 형산 아래서 박옥을 안고 사흘 밤낮을 울어 피눈물이 흘렀다. 문왕이 이 사실을 듣고 사람을 보내 "천하에 발이 잘린 사람이 많은데 그대만이 유독 이렇게 우는 것은 어째서인가?" 하고 묻자, 그가 대답하기를 "나는 발이 잘린 것을 슬퍼하는 게 아니라 보배로운 옥을 돌이라 하고 곧은 선비를 미치광이라 하니, 이 때문에 슬피 우는 것입니다." 하였다. 이에 왕이 옥공玉工을 시켜 박옥을 다듬게 하니, 직경이 한 자나 되고 티 한 점 없는 큰 옥이 나왔다 한다. 『한비자韓非子』「화씨和氏」. 또한, 전국시대 조趙나라 혜문왕惠文王이 초나라의 화씨벽和氏璧을 얻었는데, 진秦나라 소왕昭王이 이를 빼앗고자 하여 거짓으로 열다섯 개의 성과 바꾸자고 하였다. 조나라에서는 화씨벽만 빼앗기고 성은 얻지 못할까 염려하여 진나라에 사신으로 갈 사람을 구하였는데, 인상여藺相如가 가서 기지를 발휘하여 화씨벽을 빼앗기지도 않고 흠집도 내지 않은 채 무사하게 조나라로 가지고 왔다. 『사기史記』 81권, 「염파인상여열전廉頗藺相如列傳」.
2. 초인궁楚人弓 : 초楚나라 사람의 활. 옛날에 중국 초나라 왕이 활을 잃어버리자 좌우 신하들이 그것을 찾으려고 하였는데, 초나라 왕이 말하기를 "내가 잃어버린 것을 다른 초나라 사람이 얻을 것이니 찾을 필요가 없다楚王出遊 亡弓 左右請求之 王曰止 楚王失弓 楚人得之 又何求之" 하였다. 『공자가어孔子家語』.

여관을 떠도니 시골 손님 뒤를 좇네	流寓初隨野客蹤
아픈 뒤라 큰 술잔은 보기도 싫어	病後厭看杯面大
시름에 붓 끝 진하게 적시기 어렵네	愁來難使筆頭濃
한 가지 딴 일 셈해 기이하게 부리고	算他一事堪奇絶
머지않아 남풍에 죽순은 용인 듯 솟네	非久南風筝作龍

곤명호 겁회 뒤에 창강에 누워설랑	昆明劫後[5]臥滄江
차례로 다듬어서 한 곡조를 이루네	取次銷磨熱一腔
오늘 봄바람은 얇은 소매 업신여겨	此日春風欺薄袂
밤비는 몇 해나 등잔불 지켰던가	幾年夜雨守寒釭
회문시 지으니 밭 도랑물 베짠 듯 흘러	回文[6]田水流如織
丫 자 같은 봉우리 아득히 마주 섰네	丫字遙峰立對雙
술 떨어지니 사람 없어 누굴 부를까	酒散人空誰喚得
석양빛 남은 꿈은 들창에 한가롭네	斜暉殘夢共閒牕

돌이켜 생각하니 십 년 견딜 수 없고	不堪回首十年時
세상을 따르다 보니 말짱 틀어졌네	世好全隨往事移
시 지어 어찌 꼭 천거할 사람 만나랴	作賦何須逢狗監[7]

3. 오송吳淞 : 중국 강소성江蘇省에 있는 강. 남강南江, 송강松江, 송릉강松陵江 등의 다른 이름도 있다. 당唐나라 때 문인 육구몽陸龜蒙이 차, 솥, 필상筆床, 조구釣具 등을 배에 싣고 이 강산으로 왕래하며 놀았는데, 당시 사람들이 그를 강호산인江湖散人이라고 불렀다.

4. 소화韶華 : 아름다운 계절의 경치. 보통 춘광春光을 가리키는 시어詩語이다.

5. 곤명겁후昆明劫後 : 중국 한漢 무제武帝가 곤명호昆明湖를 파다가 겁회劫灰가 나왔는데, 동방삭東方朔이 말하기를, "서역의 도인道人에게 물어보아야 할 것 같습니다." 하였으니, 서역의 도인이란 불도佛徒를 말하는 것이다. 겁회劫灰는 불교에서 세상이 멸망할 때 일어난다는 불의 재이다.

6. 회문回文 : 회문시回文詩를 말함. 또 "소혜蘇蕙의 자는 약란若蘭이요 두도竇滔의 아내이다. 두도가 일찍이 죄를 입어 유사流沙로 귀양가자, 소혜는 남편을 생각하다 못해 비단을 짜서 회문선도回文旋圖를 만들어 시를 써서 주었는데, 그 시가 몹시 처량하였다." 한다. 『진서晉書』 「열녀전烈女傳」.

교분은 다만 천한 사람들과 맞을 뿐 論交只合過牛醫[8]
외로이 늙어 가니 원래 계책 아니라 天涯終老元非計
하루 빨리 돌아갈 기약 아직은 없구나 日下思歸未有期
무상한 봄 아파해도 봄은 또 가고 刻意[9]傷春春亦去
두랑도 이로부터 머리털 새하얗네 杜郎[10]從此鬢生絲

자성 밖 서쪽에 부슬부슬 비 내리고 子城[11]西外雨霏霏
풀과 나무 축축해 비췻빛 은은하네 草樹沈深長翠微
땅이 축축해 낮에도 벌레나 뱀 구물대고 地濕蟲蛇連晝出
산골 초동과 목동 저물어도 돌아오지 않네 村荒樵牧未昏歸
십 년 동안 고갯길 나그네는 오지 않고 十年嶺路曾來客
석 달 서울살이 풍진에 옷만 더렵혔네 三月京塵舊化衣[12]
지팡이 짚고 높은 곳에 오르고 싶은데 正欲扶筇高處去
멀리 바라볼 것도 없이 희미해졌구나 不須騁望已依俙

집마다 도롱이 걸친 채 묵정밭 갈고 家家襏襫事菑畬
선생은 부끄러워 문 닫고 산다네 堪愧先生閉戶居
연하 자욱한 이곳에 해 지길 기다리니 是處煙霞期畹晚
지난 날 글 짓고 술 마신 일 쓸쓸하여라 向來文酒會蕭疎
황혼도 차지 않은데 귀밑머리 희끗희끗 黃昏不滿雙蓬鬢
넓은 바닷가에 오두막 한 칸이네 滄海爲隣一草廬

7. 구감狗監 : 중국 한漢나라의 내관內官 이름. p.82의 주 145 참조.
8. 우의牛醫 : 소의 병을 치료하는 의사. p.82의 주 146 참조.
9. 각의刻意 : 인생의 무상함을 말함. p.82의 주 147 참조.
10. 두랑杜郎 : 중국 송宋나라 때의 은사隱士 두생杜生을 가리킴. p.83의 주 148 참조.
11. 자성子城 : 본성本城에 딸려 따로 쌓은 성.
12. 화의化衣 : 옷이 더럽혀짐. 이교李嶠의 「상전원想田園」 시에 "벼슬 따라 이곳저곳 괴롭기만 하구나. 풍진 속에 옷 바꿔 입은 지가 오래되었네游宦勞牽網 風塵久化衣"라 하였다.

금고가 새 그물 짜니 비늘 크기는 한 치　　新網琴高[13]鱗徑[14]寸
하증의 호사야 전하는 글로 헤아리네　　何曾[15]此物解傳書

13. 금고琴高 : 중국 주周나라 때 잉어를 타고 하늘로 올라갔다는 선인仙人. 조趙나라 사람인데 거문고를 잘 타고 기주冀州 탁군涿郡에서 놀았다. 그 후 탁수涿水에 들어가서 용의 새끼를 데리고 아무 날에 틀림없이 돌아오겠다고 제자들과 약속하였다. 제자들이 재계를 하고 그날 물 옆에서 기다렸더니 그가 과연 잉어를 타고 나왔다가 한 달을 머무르고 다시 물로 들어갔다 한다.『열선전列仙傳』.

14. 인경鱗徑 : 물고기의 연령을 알고자 비늘의 크기를 재는 일. 전하여 임금을 용에 비유하기 때문에 임금의 비위를 거스른 것에 비유함. "용이란 짐승은 잘 길들이면 그 등에 탈 수도 있다. 용의 목 밑에 경척徑尺의 역린逆鱗이 있는데, 사람이 만약 이를 건드리면 곧 사람을 해친다 夫龍之爲蟲也 可狎而騎也 然其喉下有逆鱗徑尺 若人嬰之 則必殺人"『한비자韓非子』「세난說難」.

15. 하증何曾 : 중국 진晉 무제武帝 때의 관료. 여기서는 호사스러운 생활을 말함. 태위太尉 벼슬의 하증이 호사하기를 좋아하여 궁실, 거마, 의복, 음식 등을 왕보다도 사치스럽게 하였는데, 특히 끼니 때마다 만전萬錢의 값이 나가는 음식상을 받았는 데도 "젓가락으로 집어 먹을 것이 없다無下箸處"고 투정을 부렸다는 고사가 전한다.『진서晉書』33권,「하증전何曾傳」.

시 짓는 데 느낌이 있어 作詩有感

가장 영롱한 곳에 성령이 있는데
심절히 공을 쌓지 않으면 말하기 어렵네
묘경에 들려면 호랑이 굴 더듬어야 하고
기묘함은 용문산 뚫음만 어찌 못하랴
금당의 햇살에 꽃은 실체가 없고
옥궁의 맑은 밤 달에도 혼이 서렸네
호젓한 길일망정 때로 홀로 가느니
그대여 대가의 울타리엘랑 기대질 마오

부끄러워라 이 몸 처음부터 뜻한 것
지나온 길 돌아보니 참으로 엉성해라
공부가 겨우 이른 걸 담연히 알았더니
경솔하여 몸에 밴 것 없애기 어렵네
술 마시며 자주 맹세해도 한이 많아서
외로운 등불만 십 년 글공부 알고 있지
시구 생각느라 수염 배배 꼬아 끊지만
어쩌면 새로 지은 시 비단만도 못하네

제목 없이 반쯤 읊으니 그늘에 볕 들어
한가한 정을 품으니 파리해지고 마네

最玲瓏處性靈存
不下深功不易言
入妙應經探虎穴
出奇何減鑿龍門
金塘融日花無質
玉殿清宵月有魂
幽徑只堪時獨逞
勸君莫寄大家藩

慚愧吾人設計初
回頭歷歷已多疎
淡然纔覺工夫到
率爾終難習氣除
數酌莅盟千種恨
孤燈知狀十年書
撚髭[1]任汝莖莖斷
有底新詩錦不如

無題吟半寫陰晴
剩把閒情換瘦生

* 이 시는 격식에 얽매이지 않고 인간 성정性情을 표현하는 데 힘을 기울여야 한다는 '성령론性靈論' 영향을 받은 작품으로, 저자의 문학관이 잘 나타나 있다.

1. 연자撚髭 : 수염을 빼배 꼬음. 중국 당唐나라 노연손盧延遜의 「고음苦吟」에 시구를 생각하느라 고심하는 것을 형용하여 "읊조려 한 글자를 놓느라 몇 가닥 수염을 꼬아서 끊는다吟安一箇字 撚斷數莖鬚" 하였다. 시상詩想을 골똘히 생각하느라 수염을 배배 꼬며 고심하는 것을 형용한다.

시고 짠 맛은 별도로 책 밖에 맛 있으니	另是酸鹹書外味
울창한 대숲보다 그림 속 소리가 낫지	勝於絲竹畫中聲
재주는 한갓 돌멩이니 무얼로 바꿀까	才原一石論何易
글자는 천금에 걸려 모자라지는 않으나	字係千金下未輕
오직 봄바람 불어도 다 거두지 못하니	惟有東風收不盡
시골 논두렁 살구꽃은 다시 청명하구나	杏花村畔又淸明

봄날에 회포를 적다　　春日書懷

근심의 빗장 만 사내도 열지 못해	愁關不受萬夫[1]開
쇠로 만든 문지방에 내 또 왔네	鐵限[2]前頭我又來
세월은 무정해라 한갓 백면서생일 뿐	日月無情徒白面
영웅의 뼈에는 푸른 이끼 서렸네	英雄有骨亦蒼苔
젊어서 천 수의 시 짓기 바랐는데	弱年艶慕詩千首
말년에는 백 잔 술에 기대고 있을 뿐	末路歸依酒百杯
한 바탕 그 꼬락서니 면치 못해	未免一場聊復爾
동풍 건듯 불자 봄은 또 돌아오네	東風取次見春廻
선도 도도 아닌 관문에 앉으니	非禪非道坐關門
공자가 야비하다 말한들 어떠랴	夫子[3]何妨喚作村
세상 꼴 어지러워 혀끝에 올리기도 싫어	久厭舌尖繙世態
장차 새봄 오는 자취나 보려네	新將眼力試春痕
사발에 차 따르니 솔 넝쿨 담박하고	秘磁茶脚松蘿[4]淡
오래된 솥에 김 서리니 백자향 은은해	古鼎香雲柏子[5]溫
좋은 시 짓고 나니 때맞춰 밤비 내리니	賦就巧當時雨夜
온갖 꽃은 넋을 재촉해 돌아오는데	也應催返百花魂

1. 만부萬夫 : 많은 사내나 장정壯丁. p.83의 주 149 참조.
2. 철한鐵限 : 매우 굳은 작정이나 변함없는 기한期限, 혹은 철문한鐵門限을 가리킴. p.83의 주 150 참조.
3. 부자夫子 : 여기서는 공자孔子의 높임말로, 덕행德行이 높아 모든 사람의 스승이 될 만한 사람, 혹은 남편의 높임말이다.
4. 송라松蘿 : 소나무에 기생하는 여라女蘿 덩굴. 전하여 은자隱者가 머무는 산림山林을 가리킨다.
5. 백자柏子 : 백자향柏子香과 같은 뜻인데, 특히 불가의 선종禪宗에서 참선할 때 백자향을 많이 피우는 데서, 전하여 선종을 '백자선柏子禪'이라 일컫기도 한다. 백자선은 중국 당唐나라 승려 조주趙州를 가리키는데, 어느 중이 조주에게, "어떤 것이 조사가 서쪽에서 오신 뜻입니까?" 하고 묻자, 그는 "뜰 앞에 있는 잣나무니라." 하였다.

봄날 여러 사람이 부쳐 온 시에 차운하여 春日次諸君見寄

아득해라 예전에 해악에서 놀더니 前遊海嶽已茫然
꿈길은 어이해 한곳에 서성이는지 夢想何當在一邊
세상에 상여도 없어 술 마시기 어렵고 世乏柳車[1]難使酒
사람은 북쟁이 만나 나이도 잊네 人逢皷吏[2]始忘年
둥근 달 빛 반쪽 희미해지니 夜光月半圓虧際
꽃의 뜻 시샘하는 봄날도 차갑네 花意春交冷暖天
제군들 서로 부르지 않기에 不有諸君相喚起
한가하게 구름에다 부치려 하네 只將閒事付雲煙

1. 유거柳車 : 장례에 사용하는 수레인 상거喪車를 말함. 신거蜃車, 진거軫車라고도 한다.
2. 고리鼓吏 : 북을 치는 아전으로, 예형禰衡을 가리킴. 그는 중국 삼국시대의 명사였는데, 조조曹操가 그를 모욕 주기 위하여 고리로 삼자, 여러 사람들이 보는 자리에서 부모가 물려준 결백한 몸을 보여 준다면서 속옷만 걸치고 북을 치며 어양곡漁陽曲을 노래하였다. 『후한서後漢書』「예형전禰衡傳」.

가을날 홀로 있으며　　秋日獨居

날씨 쌀쌀하니 무슨 생각 드는지	天氣蕭蕭意若何
초나라 노래 쉬이 목청껏 부르네	楚聲[1]容易入高歌
새 시구 살펴보니 국화 많이 읊어	看來新句多吟菊
솜옷이 베옷보다 낫다고는 못하리	難道寒衣尙製蘿
술만 있으면 어디든 극락인데	有酒千場皆樂國
한 발짝만 나서면 풍파인 것을	出門一步卽風波
옛사람 뜻이야 어찌 다 잊으랴	古人豈盡忘情者
조롱과 그물이 두려울 뿐이네	秪畏樊籠[2]與網羅

1. 초성楚聲 : 중국 초나라의 방언을 포함한 가사歌辭. 원래 고대 초나라의 신관神官이나 무사巫史가 관장한 사령辭令 및 그것에서 진화한 문체의 이름이다. 혹은 초나라 가락으로, 굴원屈原과 송옥宋玉의 시에 엿보이는 애상조哀傷調의 노래를 말한다.
2. 번롱樊籠 : 짐승이 갇혀 있는 목책木柵이나 새가 갇혀 있는 조롱을 말함.

세밑에 느낌이 있어 歲暮有懷

눈 속 기러기 발자국 찾기 어렵고　雪鴻難復爪痕尋
얼음 밑 잉어는 기별 안고 잠기네　氷鯉仍將腹[1]素沉
한 그루 매화는 옥에 버금가　一樹梅花人比玉
십 년의 시고에 먹빛은 금빛이 되었네　十年詩草墨成金
방 안의 책상과 벼루 옛날 그대로　床南硯北渾依舊
밤비에 서리 친 새벽 지금도 여전해　雨夜霜晨竟至今
눈 내리는 밤, 배 띄워 흥이 일어 가 보니　正擬剡舟[2]乘興去
세밑 강가에 다다른 집은 고즈넉하여라　臨江歲暮宅深深

1. 이…복鯉…腹 : 잉어의 뱃속, 곧 편지를 말함. "나그네가 먼 곳에서 와서, 나에게 한 쌍의 잉어를 보내 주었네. 아이를 불러다 잉어를 삶게 하니, 뱃속에 편지 한 통이 있었네. 무릎 꿇고 앉아 편지를 읽으니, 편지에는 도대체 무어라 쓰여 있는가. 처음에는 밥 많이 먹으라 하고, 뒤에는 늘 생각하겠노라 하네客從遠方來 遺我雙鯉魚 呼兒烹鯉魚 中有尺素書 長跪讀素書 書中竟何如 上言加飱食 下言長相憶."라 하였다. 「악부고사樂府古辭」「음마장성굴행飮馬長城窟行」.
2. 섬주剡舟 : 섬계剡溪의 배. 섬계는 중국 절강성浙江省에 있는 물 이름이다. 중국 진晉나라 왕휘지王徽之는 눈 내리는 밤 친구인 대규戴逵를 찾아 섬계에 배를 띄우고 노를 저었다. 이를 두고 '섬계주剡溪舟' 라는 말이 나왔다.

새해 아침 元朝

울고 웃다가 지금 말짱 잊고서	啼笑如今已兩忘[1]
우두커니 앉으니 창가에 빛이 드네	一番枯坐[2]趁窓光
청춘은 본래 우리네 물건 아니라	靑春不是吾家物
온 나라 붉은 해 미친 걸 어찌 알리	紅日[3]焉知擧國狂[4]
용케 시 읊고 나니 너무 빨랐나	偶爾吟成眞太早
취해 널부러진 채 얼마나 상했나	依然醉倒復何傷
한가로운 가운데 신년축 있으니	閒中亦有新年祝
매화를 시어 삼아 철석간장 보존하네	爲語梅花保石腸

1. 양망兩忘 : 시비是非와 세상일 모두를 잊음. "요순을 찬양하고 걸주를 비난하기보다는 '둘 다 모두 잊고兩忘' 그 도에 동화되는 것이 훨씬 나을 것이다與其譽堯而非桀也不如兩忘而化其道"라는 말이 나온다. 『장자莊子』「대종사大宗師」.
2. 고좌枯坐 : 멍하니 우두커니 앉아있음. 여기에서 '일인고좌一人枯坐' 즉 '혼자서 우두커니 앉아 있다' 란 말이 나왔다.
3. 홍일紅日 : 붉은 해. 태양은 곧 임금을 지칭한 것으로 보임.
4. 국광國狂 : 온 나라가 미침. "옛날 어느 나라에 하나의 물이 있어 광천狂泉이라 하였는데, 나라 사람들이 이 물을 마시면 미치지 않음이 없었다. 오직 임금만이 우물을 파서 물을 마셨기에 홀로 근심에서 벗어날 수 있었다. 사람들이 이미 모두 미쳤기 때문에 도리어 미치지 않은 임금을 보고 미쳤다고 하였다. 그리하여 뜻을 모으고 임금을 함께 붙들어 그 광증을 고치고자 뜸을 놓고, 침을 놓고, 약을 먹이고, 모든 수단을 썼다. 임금이 괴로움을 이기지 못하여 광천에 가서 물을 떠 마셨는데, 마시자마자 곧 미쳤다. 임금과 대소 신하가 하나같이 미치게 되자 이에 백성들이 즐거워하였다. 송宋 원찬遠璨, 「묘덕선생전妙德先生傳」.

심석원이 부쳐 온 시에 차운하여 次沈石園見寄韻

어둠 속 삼엄한 느낌 풀어내	森然情緖暗中羅
오래도록 자르고 가다듬었네	此去流光又折磨
백 리에 정신 아득해 가을 보내고	百里懵騰秋惜別
한 편의 좋은 시로 눈을 노래하네	一篇珍重雪爲歌
오두막에 매화 새로 피니 사람 사는 듯	新梅小屋如人在
한밤중 궂은 비 꿈길을 지나네	舊雨深更借夢過
부칠 말 그치니 병든 몸 쉬엄쉬엄	寄語沈休休病瘦
시구는 창피해 성은 따져 무엇 하랴	多慚詩句姓非何

꽃의 혼 花魂

세월 흐르니 바퀴가 구르는 듯 歲歲煙光似轉輪
새 꽃 떨기 옛 정신을 기억하네 新叢記得舊精神
뻗는 뿌리 어디서 조금씩 오는지 漏根何處歸來些
온통 꽃밭인데 전생을 모르겠네 香國前生未了因

두견새 울음 은근히 한스러워 暗入杜鵑聲裏恨
커 보니 호랑나비 꿈속의 몸이네 長成蝴蝶夢中身
화들짝 시구 끌어 오니 어스름 달밤 分明句引黃昏月
꽃밭에 인기척 끊겨 그대로 그릴 뿐 庭院人空囑寫眞

* 이 시는 아마도 『장자莊子』「제물론齊物論」에서 득의得意한 작품으로 읽힌다. "언젠가 장주가 꿈속에서 나비가 되었다. 나풀나풀 잘 날아다니는 나비의 입장에서 스스로 유쾌하고 만족스럽기만 하였을 뿐 자기가 장주인 것은 알지도 못하였는데, 조금 뒤에 잠을 깨고 보니 엄연히 장주라는 인간이었다. 모를 일이다. 장주의 꿈속에 나비가 된 것인가, 나비의 꿈속에 장주가 된 것인가. 하지만 장주와 나비 사이에는 분명히 구분이 있을 것이니, 이것을 일러 물의 변화라고 한다昔者莊周夢爲胡蝶 栩栩然胡蝶也. 自喩適志與 不知周也 俄然覺則蘧蘧然周也 不知周之夢爲胡蝶與 胡蝶之夢爲周與 周與胡蝶則必有分矣 此之謂物化"라는 유명한 '호접몽胡蝶夢'의 이야기가 나온다.

등불 꽃 燈花[1]

야광이 고운 자태 잠깐 비치는데	夜光頃刻漏春妍
엷은 잠 얼핏 보니 늙은이 같네	睡霧相看似老年
웃음 머금어 좋은 꿈 엿보려 하여	含笑應因窺好夢
잠자려 화사한 자리로 향할 만하네	合歡[2]端可向華筵
등잔에 새 심지 자르니 울긋불긋	池中新剪隋皇綵
불꽃 속에 부처님은 연꽃을 피우네	火裏能開釋氏[3]蓮
휘장 아래 다 비추고 이슥고 말 그치니	照盡下幃休解語
신령스런 비가 천연을 질투할까 두려워	恐教神雨妬天然

1. 등화燈花 : 초나 등잔불의 심지 끝이 타서 맺히는 꽃 모양의 불똥을 말함. 불이 꺼지려 할 즈음에 이 등화 현상이 일어나면 조만간 기쁜 일이 있게 된다고 한다. 『본초本草』「등화燈花」, 『서경잡기西京雜記』 3.
2. 합환合歡 : 자귀나무. 낮에는 꽃이 피고, 밤이 되면 잎이 닫혀 잠자는 것과 같은 모양을 하므로 합환合歡이라는 이름이 붙여졌다. 별명인 야합수夜合樹도 같은 의미이다. 자귀나무의 껍질을 한방에서는 합환피合歡皮, 꽃을 합환화合歡花라고 한다.
3. 석씨釋氏 : 석가釋迦, 또는 석가의 가르침. 불교佛敎나 불가佛家를 총칭함. 석가를 스승으로 하여 그 법손法孫임을 나타내기 위하여 석모釋某라고 함.

밤에 도둑이 들어 夜有穿窬[1]

깜깜한 달밤 솨솨 헌 담요 써늘한데	月黑風喧冷舊氈[2]
부스럭 소리에 아내가 귀띔하네	家人警報正騷然
낡은 집 허술해 털어 갈 게 없는데	謾藏老屋堪懸磬[3]
기이한 물건이라야 남은 책이 돈 되지	奇貨殘書是直錢
빗장도 걸지 않고 홀로 알아채고서	不待閉關嚴自解
맑은 밤 드러누워 단단히 지킬 뿐	只因淸夜臥能堅
따져 보면 꿈이든 생시든 필경 잃을 것	檢來竟失蕉中鹿[4]

1. 천유穿窬 : 벽을 뚫고 담을 넘다 곧 '천벽유장穿壁踰墻'의 준말로 절도竊盜를 말한다. 『논어論語』「양화陽貨」 편에도 "공자가, '밖으로 얼굴빛을 위엄있게 하고 안으로 마음을 유약하게 하는 것을 소인에게 비유하면, 그 벽을 뚫고 담을 넘는 좀도적과 같은 것이다' 고 하였다色厲而內荏, 譬諸小人 其猶穿窬之盜也"라고 보임. * 한편, 이익, 『성호사설』 30권 「시문문詩文門」 도둑에게 준 시 「증도시贈盜詩」가 있다. "천유穿窬하는 일은 인정이 다 같이 분히 여기는 바이니, 청전靑氈의 비유도 이미 너그러운 말이며, 양상樑上의 책망에도 또 깨우치고 가르치는 뜻이 들어 있다. 오중吳中의 심문경沈文卿 같은 자는 방안에 물건이라고는 없어 도적이 가져갈 게 없으므로, 조용히 도적을 불러 말하고 다음과 같이 시를 지어주었다. '바람 차고 달 어두워 밤조차 먼데, 헛되이 마음 졸여 이 수고 어찌 하리. 다만 서너 묶음 고서만이 놓였으니, 차라리 가져다가 아이들이나 가르치게. 風寒月黑夜迢迢, 孤負勞心此一遭. 只有古書三四束, 也堪將去敎兒曹.' 하였다. 그래서 도적은 마침내 웃음을 머금고 갔다. 이는 이박사李博士(이섭李涉)에게 비하면 가상할 정도뿐만이 아니다. 이李의 시에, '오늘날 세상에는 반이 다 그대롤세世上如今半是君' 란 것은, 세상을 업신여기고 곱게 보이기를 구하는 뜻이 담겨 있는데, 이는 기책譏責하기를 후히 하고 교계敎戒하기를 깊이 한 것이다. 그러나 녹림綠林의 호객豪客들은 나중에 죄를 뉘우치고 착하게 되는 수가 있는데, 이 무리들은 그런 바가 없으니 사람에게도 낫고 못한 우열이 있을 따름이다."
2. 전氈 : 담요. '청전靑氈'에서 유래함. 세설世說에, 중국 동진東晉의 서예가 왕헌지王獻之(자는 자경子敬. 왕대령王大令)가 밤에 재실齋室에 누웠는데, 도적이 실내에 들어와 물건을 다 가져가므로 자경은 천천히 말하기를, "도둑아, 푸른 담요(청전靑氈)는 우리 집에 대대로 전해온 물건이니 그것만은 두고 가라." 하였다.
3. 현경懸磬 : 종을 달아 놓음. "집이 달아 놓은 종과 같다室如懸磬"는 말은, 집안이 텅 비어서 아무것도 없다는 뜻이다. 『춘추좌전春秋左傳』.
4. 초중록蕉中鹿 : "정鄭나라 사람이 들에서 땔나무를 하다가 사슴을 잡은 이야기鄭人有薪於野者"에서, 생시인지 꿈속인지 분간을 못하는 일을 말함. 『열자집석列子集釋』 3권, 「주목왕周穆王」.

내일 아침까지 자고 또 한숨 자야지　　　便腹[5]明朝又一眠

5. 편복便腹 : 배가 부름, 곧 학식이 많음을 비유한 말. 중국 후한後漢 변소邊韶가 문장으로 유명하였는데, "한번은 거짓 낮잠을 자는 체하고 있자, 제자가 혼잣말로 '변효선邊孝先(효선은 변소의 자)은 배는 잔뜩 부른 데다 글 읽기는 싫어하고 잠만 자려는구나.' 하니, 변소가 그윽히 듣고 나서 대응하기를 '잔뜩 부른 배는 곧 오경五經 상자이고, 자려고 하는 것은 경사經事를 사색함이다' 하였다' 曾晝日假臥 弟子私嘲曰 邊孝先 腹便便 嬾讀書 但欲眠 韶潛聞之 應時對曰 腹便便 五經笥 但欲眠 思經事". 『후한서後漢書』 80권, 「변소전邊韶傳」.

만월대 滿月臺[1]

송악산 높아 반은 허공에 걸친 채 松嶽山高半入空
고려왕조 터 다져 호걸은 뛰어났네 麗王基業亦豪雄
때 되자 나뉜 세 나라 통합했으나 時來統合三分國
운 다되어 너른 궁터 황폐하구나 運去頹荒數畝宮
달밤에 정령이 떠도는 걸 아는지 知有精靈遊夜月
부로는 봄바람에 다신 울지 않네 更無父老[2]泣春風
흥망이야 우리네 일 아니라지만 興亡不及吾曹事
저녁놀 비추니 스스로 상심하네 猶自傷心夕照中

1. 만월대滿月臺 : 개성 송악산松嶽山 기슭에 있는 고려 궁궐터. 고려 태조 2년(919) 송악산 남쪽 기슭에 도읍을 정하고 궁궐을 창건한 후 공민왕 10년(1361) 홍건적 침입으로 소실될 때까지 고려 왕궁터였다.
2. 부로父老 : 한동네에서 나이가 많은 남자 어른을 말함.

황진이 묘에서 黃眞[1]墓

해마다 꽃피니 아가씨도 청춘이라	年年花發女娘春
향기로운 혼 어찌 티끌이 되었나	肯遣香魂共作塵
그날의 굳센 마음 그 몇이던가	當日剛腸能幾箇
뒤에 오는 이 사람도 땅속에 묻히리니	後來痴想[2]亦吾人
재주 있어도 풀기 어려워 시로 조상하니	有才難襯詩相吊
실세하여 웃어넘기며 울컥하네	失勢猶應笑帶嗔
호구산 본뜨고자 봄비 오는 길	欲比虎邱[3]楡莢[4]路
천추에 두 땅덩이 한 모습이네	千秋兩地字同眞[5]

1. 황진黃眞 : 생몰년 미상. 조선 중기의 기녀妓女. 일명 진랑眞娘. 기명妓名은 명월明月. 보통 황진이黃眞伊라 불린다. 중종 때의 개성 기생으로, 박연폭포朴淵瀑布, 서경덕徐敬德과 함께 '송도삼절松都三絶'이라 일컬어진다. 재색을 겸비한 조선 최고의 명기이다.
2. 치상痴想 : 불교에서 이 세계를 받치고 있는 땅속의 삼륜三輪 가운데 가장 밑에 있다는 수레바퀴로 풍륜風輪이 있는데, 이는 밑바닥으로 전락한 말세의 양상을 뜻하는 말이다. 중국 송宋나라 문인 소식蘇軾의 시에 "위로는 생각이 미치지 않는데 또한 벗어나고 벗어나며, 아래로는 땅의 끝 풍륜과 함께 일개 치상癡想이로다上窮非想亦非非, 下與風輪共一癡"라는 표현이 있다.
3. 호구虎邱 : 중국 강소성江蘇省 오현吳縣에 있는 산. 중국 진晉나라 때의 고승 축도생竺道生이 이 산에 들어가 돌들을 모아서 불도佛徒로 삼고 『열반경涅槃經』을 강설하자, 돌들이 모두 감화를 받아 머리를 끄덕였다고 한다.
4. 유협楡莢 : 느릅나무 꼬투리. '유협우楡莢雨'는 느릅나무가 열매를 맺을 때 내리는 비로, 음력 삼월경에 내리는 봄비의 대명사이다.
5. 동진同眞 : 분양소선사汾陽昭禪師가 설하기를 "무릇 설법하는 자는 모름지기 십지동진十智同眞을 갖추어야 한다. 1은 동일질同一質, 2는 동대사同大事, 3은 총동참總同參, 4는 동진지同眞智, 5는 동편보同徧普, 6은 동구족同具足, 7은 동득실同得失, 8은 동생살同生殺, 9는 동음후同音吼, 10은 동득입同得入이다. 만약 십지동진을 갖추지 못하면 사정邪正이 분간되지 못하고 치소緇素가 나누어지지 못하여 능히 인천안목人天眼目이 되지 못함으로써 시비를 결단하지 못한다." 하였다. 『인천안목人天眼目』 상권上卷.

동협에서 벼를 거두며 희롱 삼아 짓다 穫稻東峽[1]戲作

사립문 없는 오두막에 관솔불 타는데
농사 얘기 하다가 밤늦게 돌아오네
고달픈 고을 석 잔 술에 취하여
십 리 산길 다 오도록 시 읊으며 건네
음식 거칠다고 내 어찌 꺼리랴
남과 견주어 적게 거둬도 그만
백면서생 처음 농사일 묻기 어렵더니
이제는 얼굴에 흙 내음 흠뻑 배었네

泥戶松燈不設關
農談相許夜深還
苦緣村局三杯酒
全負詩囊[2]十里山
處我何妨糠粃際
較人堪愧斗筲間
初來白面[3]耕難問
塵土如今已在顏

1. 동협東峽 : 경기도 동쪽 지방과 강원도 지방을 통틀어 이르는 말.
2. 시낭詩囊 : 잘된 시구를 넣는 주머니로, 금낭錦囊이라 말함. 중국 당唐나라 이하李賀는 좋은 시를 얻을 적마다 주머니에 넣어 두었다.
3. 백면白面 : 오로지 글만 읽고 세상일에 경험이 없는 사람. 중국 남북조시대의 송宋나라 문제文帝 때 오吳 땅에 심경지沈慶之가 어릴 때부터 힘써 무예를 닦아 기량이 뛰어났다. 전前 왕조 동진東晉의 유신遺臣 손은孫恩 장군이 반란을 일으켰을 때, 그는 불과 십 세의 어린 나이로 사병私兵을 이끌고 반란군과 싸워 번번이 승리하여 무명武名을 떨쳤다. 그의 나이 사십 세 때 이민족 반란을 진압한 공로로 장군에 임명되었다. 이어 즉위한 효무제孝武帝 때는 도읍인 건강建康을 지키는 방위 책임자로 승진했다. 그 후로도 많은 공을 세워 건무장군建武將軍에 임명되어 변경 수비군 총수總師로 부임했다. 어느 날 효무제는 심경지가 배석한 자리에 문신들을 불러 놓고 숙적인 북위北魏를 치기 위한 출병을 논의했다. 그러자 심경지는 북벌北伐 실패의 전례를 들어 출병을 반대하며 이렇게 말했다. "폐하, 밭일은 종에게 물어야 하고 길쌈은 하녀에게 물어야 잘 알 수 있습니다. 북위를 정벌하고자 하시면서 나이가 어려 희고 고운 얼굴에 오로지 글만 읽은 풋내기들과 일을 도모하신다면 어찌 성공을 기약할 수 있겠습니까? 하였다 耕當問奴 織當問婢 欲伐國 而與白面書生謀之 事何由濟" 『송서宋書』「심경지전沈慶之傳」.

매화	梅花[1]
번화함과 쓸쓸함 이 몸에 맡기고	一任繁華與寂寥
섣달 끝머리 이른 봄 소요하노라	春頭臘尾也消搖[2]
잠시 생각 일어나도 뜻 없는 곳	纔於有意無情處
이미 꽃 눌러 버리니 자랑할 게 없네	已壓千花不敢驕
정녕 산비탈에 월하빙인 되려는가	錯疑峭處欲氷人[3]
차라리 눌러앉아 독한 술이나 마시지	坐久沉沉勝飲醇
온통 빛나는 구슬 값은 매길 수 없어	摠是明珠無價顆
한 송이 지고 나니 한 송이 진귀하고	一花另有一花珍
차가운 명주 소매 깃에 시름이 일어	凄凄縞袂動愁端
시골 나그네는 인연 따라 기뻐하네	易作[4]隨緣野客歡
서로 좋아해도 헤어지기 마련	縱具阿嬌金屋[5]分
울타리 허물어져 잠깐 쓸쓸하여라	乍當籬落便荒寒

1. 이 시는 매화의 단아하고 고결한 자태에 저자 자신의 고고한 삶을 투영하여 그려 낸 시이다.
2. 소요消遙 : 슬슬 거닐며 돌아다님. (*원문의 '消搖'는 '消遙'의 오식인 듯함.)
3. 빙인氷人 : '월하빙인月下氷人'의 준말. 月下老월하노와 氷上人빙상인의 약어. 혼인婚姻은 천생연분이 있다는 고사에서 남녀의 인연을 맺어 주는 사람.
4. 역작易作 : 안면이나 주위 여건의 좋고 나쁨에 따라 처신을 바꿈.
5. 아교금옥阿嬌金屋 : 중국 한漢 무제武帝가 어릴 때 자기 고종매姑從妹 되는 진아교陳阿嬌와 함께 놀면서 매우 좋아하였다. 고모가 묻기를, "아교를 배필로 삼으면 어떻겠는가?" 하니, 무제가 "정말 아교와 배필이 된다면 금옥金屋에 감추어 두리라." 하였다. 과연 진아교는 뒤에 진황후陳皇后가 되었다.

달빛 자욱한 매화 그림에 제하여　　題煙月[1]梅畫

하늘에 하늘하늘 찬 가지 보니	搖落天寒見一枝
철석간장 그 뉘 그리움을 묻는가	誰將鐵石[2]問相思
시름 깊어 외로워 즐길 사람 없는데	已愁孤絶無人賞
달무리 깊어 때맞춰 달이 두둥실	況復煙深月墮時

1. 연월煙月 : 연기 같은 안개 속에 보이는 은은한 달. '강구연월康衢煙月' 로 통하기도 한다. '강구' 는 사통오달의 큰길로서 사람의 왕래가 많은 거리, '연월' 은 연기가 나고 달빛이 비친다는 뜻으로, 태평한 세상의 평화로운 풍경을 말한다.
2. 철석鐵石 : 철석간장鐵石肝腸, 즉 철이나 돌 같은 간과 창자란 뜻으로, 굳고 단단한 마음이나 절개를 말함.

흰나비 白蝶

향기로운 꿈꾸니 하루에 몇 번이던지
분분한 눈보라 봄기운 들이치네
새로 새긴 등왕첩은 분명하지만
산산이 흩어져 빈 뜰 이끼 자욱해

夢在香中日幾回
粉顚雪倒入春來
分明新搨膝王[1]帖
點破空庭漠漠苔

1. 등왕滕王 : (*원문의 '膝王' 은 '滕王' 의 오식인 듯함.) p.84의 주 151 참조.

아무렇게 제하여　　　　　懶題

아무렇게 제하여 자조하는 시 읊으니　　懶題歇后[1]自嘲詩
귀밑머리 돋아난 걸 알 만하겠네　　鬢有新絲事可知
또 한바탕 피하려니 쓸쓸하기만 해　　又惕一場蕭瑟債
문 나서니 천지는 온통 가을이로세　　出門天地正秋[2]時

1. 헐후歇后 : 뒷말을 생략한 시체인 헐후체歇後體를 말함. p.17의 주 15 참조.
2. 천지정추天地正秋 : '일엽낙지천하추一葉落知天下秋', 곧 한 잎이 떨어지는 것을 보고 천지에 가을이 가득함을 안다는 뜻. 중국 전한前漢 때 유안劉安이 지은 『회남자淮南子』, 「설산훈說山訓」에서, "한 점의 고기를 맛보면 가마솥 안 고기 맛 모두를 알 수 있고, 습기를 빨아들이지 않는 날개와 흡수하는 숯의 무게를 달아보면 방 안이 메마른지 눅눅한지 알 수 있으니, 이같이 하여 아는 것을 작은 것으로써 큰 것을 밝힌다고 말한다. 또 오동잎이 한 잎 떨어지는 것을 보면 해가 장차 저무는 것을 알 수 있고, 병 속의 물이 얼음이 된 것을 보면 추운 계절이 됨을 알 수 있으니, 이같이 하여 아는 것을 비근卑近한 것에서 원대遠大한 것을 추측한다 하는 것이다. 이에 의하여 밝혀진 것처럼 '"잎이 떨어지는 것을 보고 천지가 장차 가을로 저무는 것을 안다一葉落知天下秋' 고 한 것은 작은 일을 보고 대세를 살피어 안다는 뜻이다." 또한 이자경李子卿의 「추충부秋蟲賦」에는, "한 잎이 떨어지니 천지는 가을이다一葉落兮天地秋"라 했고, 『문록文錄』에는 "나라 사람이 시를 지어 말하기를, '산의 중이 갑자甲子를 세는 것을 알지 못하니, 한 잎이 떨어지니 천하의 가을을 안다' 라고 하였다載唐詩人曰 山僧不解數甲子 一葉落知天下秋".

초여름 初夏

창문에 스민 신록 뚝뚝 묻어나니
새는 어지러이 한낮 꿈속에 재잘대고
공터는 완연해 진나라 서첩 임서하듯
왕희지 서첩처럼 한 줄로 가꾸었네

新陰送綠上牕來
亂鳥聲呼午夢回
隙地宛如臨晉帖[1]
來禽青李[2]一行栽

1. 진첩晉帖 : 진자晉字와 같은 뜻. 중국 진晉나라 때 명필名筆 왕희지王羲之의 서적書跡, 모본摹本, 각첩刻帖 등을 이른 말.
2. 내금청리來禽青李 : 중국 진晉나라 왕희지王羲之가 쓴 사백육십오 첩帖 중의 하나로, '여촉군수주서첩與蜀郡守朱書帖' 의 별칭. 줄여서 '금리禽李' 라고도 함. 제일 첫머리에 "청리내금青李來禽"이라는 글자가 씌어 있기 때문에 그렇게 불리게 되었다.

아이의 죽음을 곡하며 哭兒

언제나 집안 살림 계책 끝도 없어	無限他時門戶計
하루아침 떠나니 험한 언덕에 묻네	一朝携去付荒厓
네 아비 평생 술이나 마시고 다녔더니	爾爺荷鍤[1]平生事
그래도 사람으로 시신 묻는 건 못 봤네	尙得人間未見埋
비단 한 조각 없이 네 몸을 감싸니	寸錦曾無裹汝肌
아플 때 약에 얼룩진 옷 눈물이 주루룩	淚痕藥跡病時衣
열 살 급살에 가난한 집 자식이라	十年慟煞[2]貧家子
저승에서 남루하다 돌려 보내진 않을까	復使壤泉藍縷歸
총명하진 못해도 모자라진 않았는데	未必聰明勝闒茸[3]
어찌 우둔한 내게 보내 기쁘게 했을까	何嘗喜汝就冬烘[4]
어렵사리 글자 깨쳐 무슨 소용 있는가	辛勤識字將何用
벽 위 삐뚤빼뚤 부질없이 남아 있네	空有塗鴉[5]壁上蹤

아이가 가까운 마을에 취학하길 청하길래, 내가 시권의 머리에다 시를 지어 보냈다. "옛사람이 빌기를 아이가 총명한 걸 꺼리니, 나 또한 머리로 백에 하나를 이루지 못했네. 오늘 아침에야 너를 새로이 학당에 보내노니, 끝까지 헛되지 않는 게 이 아비의 당부이네"
兒嘗請就隣學 余書一詩卷首送之曰 古人祝子忌聰明 我亦頭顱百不成 送汝今朝新上學 終難抛擲是家聲

1. 하삽荷鍤 : p.31의주 48 참조.
2. 살煞 : 사람이나 생물, 물건 등을 해치는 모진 기운. p.32의 주 49 참조.
3. 탑용闒茸 : 천하고 어리석음. 용렬하고 못난 사람. p.32의 주 50 참조.
4. 동홍冬烘 : 식견이 우활迂闊하고 천루淺陋함을 말함. p.32의 주 51 참조.
5. 도아塗鴉 : 글씨가 유치한 것을 이르는 말. 흔히 겸사謙辭로 쓰인다. p.32의 주 52 참조.

두현의 주점을 지나가다
주모를 만났는데,
옛날 서울의 교방에 있었다…

過斗峴[1]酒店
當壚女[2]是
舊日京城敎坊…[3]

금실 옷 은은한 노래 한이 없겠나
바람이 봄 흔적 쓸어가 이미 희미한데
완적은 예전 그대로 웃으며 미쳤는지

金縷歌殘恨有無
春痕風掃已模糊
阮生[4]自笑狂依舊

* 이 시의 원제목은 「두현의 주점을 지나가다 주모를 만났는데, 옛날 서울의 교방에 있었다. 기생으로 떠돈다는 풍문이 들리더니 추레한 줄 몰랐는데 한번 보고 놀라자빠질 지경이었다. 스스로 작별하고 오며 말하기를, 강주의 비파 경색이 완연하다 하였다過斗峴酒店當壚女是舊日京城敎坊風花飄蕩不知下落一見驚絶自道別來宛有江州琵琶景色」이다. * 강주비파江州琵琶 : 중국 당唐나라 시인 백낙천白樂天이 지은 한시 '비파행琵琶行'. 백낙천이 815년 강주사마江州司馬 벼슬로 좌천되어 강주와 여산에 머물던 어느 가을밤, 심양강둑에서 벗을 전송할 때 처량한 비파 소리를 듣게 되었다. 그 비파를 타는 여자로부터 그녀가 왕년에는 교방에 이름을 날리던 기녀로 지금은 늙어 상인한테 시집을 갔으나 남편은 장사꾼이라 타관으로 떠난 지 오래되었다는 기구한 사연을 전해 들었다. 나이 들어 버림 받은 비파녀와 좌천되어 온 자신의 불행한 처지를 두고 동변상련의 비파행을 읊었다. "봄 강가 아침 꽃과 가을밤 달빛 아래, 가끔 술 얻어 홀로 잔 기울이니. 어찌 산노래와 초동이 부는 피리 없으랴만, 조잡하고 시끄러워 들어주기 어렵네. 오늘 밤 그대 비파 소리 들으니, 신선의 음악 들은 듯 귀 잠시 맑았네. 사양 말고 다시 앉아 한 곡 들려 주오, 내 그대 위해 비파행을 지으리니春江花朝秋月夜 往往取酒還獨傾 豈無山歌與村笛 嘔啞嘲哳難爲聽 今夜聞君琵琶聲 如聽仙樂耳暫明 莫辭更坐彈一曲 爲君飜作琵琶行"

1. 두현斗峴 : 전북 완주군 구이면 두현리에 있는 '말고개'인데, 마을 뒷산에 말斗같이 생긴 네모진 명당자리가 있다 해서 붙여졌다.
2. 노녀壚女 : 주막이나 술집의 여자. 주모를 말함.
3. 교방敎坊 : 조선시대 장악원掌樂院의 좌방左坊과 우방右坊을 아울러 이르던 이름. 좌방은 아악雅樂을, 우방은 속악俗樂을 맡아 기생을 교육시켰다.
4. 완생阮生 : 중국 진晉나라 죽림칠현竹林七賢의 한 사람인 완적阮籍을 가리킴. 자字 사종嗣宗, 많은 책을 두루 읽었고 특히 노장老莊을 모범으로 삼았다. 명문에서 태어난 그는 부패한 정치로부터 스스로 보호하기 위해 미친 사람 행세를 하며 시와 산문으로 지배층을 비판했다. 결국 조정의 압박을 피해 시골에서 노닐며 시에 묻혀 지냈다. 그의 시는 음울하고 비관적이며, 어려운 시대에 대한 심오한 생각이 잘 드러나 있다. 작품으로 영회시詠懷詩 팔십이 수와 『완보병집阮步兵集』이 있다. 평소 술을 너무 좋아하여 보병주步兵廚에 술이 일백 곡斛이나 저장되어 있다는 말을 듣고 보병교위步兵校尉 벼슬을 구하여 매일 술에 취하여 업무를 폐할 정도였으

반나절이나 주막서 퍼마시고 뻗었네　　半日橫眠賣酒壚[5]

며, 모상母喪을 당해서는 술에 취해 통곡하다 피를 쏟고 기절할 정도로 행동이 예절을 벗어났다 한다. 『진서晉書』 21권.

5. 주로酒壚 : 술집. 이 시에서는 죽림칠현竹林七賢들이 모여서 노닐던 황씨 술집을 뜻함. 황공주로黃公酒壚는 보통 세상을 떠난 벗을 추억할 때 쓰는 표현. 『세설신어世說新語』「상서傷逝」.

선달 그믐날 밤에　　除夕[1]

차가운 등잔 불똥에 재만 남기고	漸炧寒燈見劫灰[2]
댓 장정도 구렁에 뱀은 꺼낼 수 없어	五丁難挽壑蛇[3]回
떠나려는 사람은 기어이 가고 말 듯	如人臨發終須去
기다리면 뭘 해 술잔만 비우네	且俟無何盡此盃
닭 우는 소리 자못 처량하고	雞聲殊可惜
은하수는 또 어이 돌아오는지	星漢[4]復何如
게으르고 소심해 괴로움은 많아	懶怯逢迎苦
정 붙여 여가 잡아 노닐고 있지	情從把玩餘
반생은 촛불처럼 미혹하고 짧아	半生迷短燭
닥치는 경계는 병서와도 같아	來境似新書[5]
벼랑에 매달려 한 번에 흩어지니	一作懸崖撒
누가 세월이나 보낼 생각하는지	誰能念送居

1. 제석除夕 : 섣달 그믐날 밤. 음력 십이월 말일.
2. 겁회劫灰 : 병화兵火 등으로 모두 불타 재가 되는 것. 혹은 불교에서 세상이 멸망할 때 일어난다는 불의 재이다.
3. 학사壑蛇 : 구렁에 들어가는 뱀. 꼬리를 당겨도 나오게 할 수 없다는 의미이다. 중국 송宋나라 시인 소동파蘇東坡의 「제야시除夜詩」에 "구렁에 들어가는 뱀赴壑蛇"이란 구절이 있다.
4. 성한星漢 : 은하銀河, 은하수銀河水의 별칭.
5. 신서新書 : 병서兵書를 뜻함. 중국 삼국시대 촉蜀 나라 제갈량諸葛亮이 지은 『신서新書』와 명明나라 척계광戚繼光이 지은 『기효신서紀效新書』 등이 있다.

관동에서 매화를 즐기며　　關東賞梅

낯선 데서 눈 뜨니 문득 봄이라	開眼殊方忽見春
한 동이 술맛에 청빈을 달래네	一尊風味療淸貧
태초에 임하니 누가 동조하리오	迥臨太始誰同調
봄기운 흠씬 마시니 이 한 몸뿐	力挽陽和是隻身
눈 온 뒤 강둑 길 찾으려 하니	雪後欲尋江上路
달밤에 미인은 꿈속에 먼저 드네	夜來先夢月中人
차라리 웃고 말지 처마 도는 나그네	知應笑殺[1]巡檐客
옷깃에 열 말 티끌 물들었음을	染盡衣邊十斛[2]塵

1. 소살笑殺 : 웃어넘기고 문제 삼지 아니함. 혹은 큰소리로 비웃음.
2. 곡斛 : 열 말의 용량. 또는 그 용량을 되는 연모인 말〔斗〕을 말함.

꿀벌　　　甘蜂

문호는 영롱하여 한 치마다 통해	門戶玲瓏寸寸通
켜켜이 쌓은 향 귀신 같은 솜씨네	砌香疊馥最神工
의연히 진 치며 농사짓는 틈을 타	依然屯陣開農隙
또 한번 조정의 방 가운데 있어	又一朝廷在室中
쓰고 매움 겪고 바야흐로 맛을 내니	閱歷苦辛方有味
진부함을 지휘하여 모든 공을 이루네	指揮陳腐摠成功
가련하다 나비는 끝내 무얼 일삼는지	可憐蝴蝶終何事
천만 떨기 꽃 모조리 차지하네	共領千花與萬叢

단연 죽로를 읊은 노래　端硯[1]竹爐[2]歌

물길 막고 구름 갈라 둥근 옥 만드니	囊沙[3]割雲璧成拱
구욕안 금성줄도 품평하자니 무익하네	鴝眼[4]金星[5]品之冗
방제수 한 움큼 명월을 적시고	方諸[6]一握涵明月
신묘한 붓 먹을 적셔 발묵하네	筆妙須墨墨須發

1. 단연端硯 : 중국 단계端溪에서 생산되는 돌로 만든 벼루 이름.
2. 죽로竹爐 : 대나무 화로. 추사秋史 김정희金正喜가 제주 유배생활을 마치고 쓴 예서체 현판 '단연죽로시옥端研竹爐詩屋' 은 "유명한 단계벼루, 차 끓이는 대나무 화로, 그리고 시를 지을 수 있는 작은 집이면 족한다"는 뜻으로, 추사의 강직한 정신세계를 나타낸다.
3. 낭사囊沙 : 모래주머니로 물길을 막았던 '낭사배수囊沙背水' 의 고사를 말함. 즉 중국 전한前漢의 고조高祖 유방劉邦의 신하 한신韓信이 사용한 낭사의 계計와 배수의 진陣을 쳤던 병법을 말함. 한신이 적장 용차龍且와 유수濰水를 사이에 두고 진을 쳤을 때, 밤중에 만여 개의 자루에 모래를 담아 유수의 상류를 막은 뒤에 강 복판으로 적군을 유인하여 그 둑을 일시에 터뜨려 승리하였다는 데서 '낭사지계囊沙之計' 란 고사가 유래하였다. 『사기史記』 92권, 「회음후전淮陰侯傳」.
4. 욕안鴝眼 : 단계석端溪石에 백白 · 적赤 · 황黃의 점이 구욕새의 눈같이 생겨 붙인 이름. 이익李瀷, 『성호사설星湖僿說』 5권, 「만물문萬物門」 '구욕안' 에서 "문방구로 아름다운 것은 반드시 단연端硯을 일컫는데, 구욕새의 눈처럼 생긴 문채가 있어야만 최상품이다. 대개 단계에서 나는 벼룻돌에는 세 종류가 있는데, 암석岩石이 상품, 서갱西坑이 중품, 후마後磨가 하품이다"라고 하였다.
5. 금성金星 : 연석硯石의 일종인 금성석金星石에 나타나는 흰색의 줄무늬. 『운림석보雲林石譜』에 "우전국의 단단한 땅속에서 나는 돌인데, 색깔이 검은색을 띤 명품이고, 반점으로 이루어진 백맥白脈이 있어 점점이 광채가 난다. 이를 금성석이라 한다于闐國石出堅土中 色深如藍黛一品 斑斕白脉點點光燦 謂之金星石" 하였다. 또 『격고요론格古要論』「만주금성석조萬州金星石條」에, "만주의 가파른 절벽에 금성석이 나는데, 재질이 단계의 하암下巖 다음간다. 돌 색깔은 칠흑색이고, 가늘고 부드럽기가 옥과 같다. 물에 젖으면 금성의 무늬가 곧 나타나고, 물이 마르면 없어진다萬州懸崖金星石 質亞端溪下嵒 色漆黑 細潤如玉 水濕金星則現 乾則否極" 하였다. 또한 한치윤韓致奫(1765-1814), 『해동역사海東繹史』 27권, 「물산지物產志」 2 '문방류文房類' 에서 벼루에 대해 말하기를, "고려연은 벼루 결이 단단하면서도 치밀하며 소리가 난다. 먹을 갈면 색깔이 푸르고, 간간이 흰색의 금성이 있어 돌의 가로무늬를 따라 촘촘하게 줄을 이루고 있는데, 오래 쓰면 무늬가 없어진다高麗硯 理堅密有聲 發墨色青 間白有金星 隨橫文密成列 用久乏"고 하였다.
6. 방제方諸 : 달빛 아래에서 이슬을 받아 내는 그릇. 달밤에 구리소반銅盤에다 받쳐서 받는데, 받은 물은 방제수方諸水 또는 명수明水라 하는데, 가장 맑고 깨끗하여 제사 지내는 데 쓰였다.

위대한 미불 무슨 뜻인지 알지 못해	不知何意大米顚[7]
섭주의 하찮은 물건도 도로 앞에 있네	歙州[8]瓦礫[9]還在前
대통 잘라 불 지피니 귀하지 않아	截筩吹煖未爲貴
비로소 타올라 육기를 짚는 듯	管灰[10]初似按六氣[11]
별같이 판향이 타올라 불똥은 없고	如星瓣香[12]耿不灺
이제야 죽존자로 공경하게 되었네	祇今敬爲竹尊者
공께서 한림으로 옛 봉공학사였더니	公是鑾坡[13]舊供奉[14]

7. 미전米顚 : 중국 북송北宋 서화가書畫家 미불米芾의 별호. 매우 기이하게 생긴 거석巨石을 보고 크게 기뻐한 나머지 의관을 갖춰 절을 하면서 형모이라 불렀다는 '미전배석米顚拜石' 의 고사가 전한다. 『송사宋史』「문원전文苑傳」6, '미불米芾'.
8. 섭주歙州 : 중국 당말唐末 역수易水 사람인 이초李超, 이정규李廷珪 부자가 섭주歙州에 살면서 그곳에서 많이 자라는 소나무를 태운 그을음으로 만든 먹으로, 먹 중에서도 최상품으로 일컬어져 황금보다 더 귀하다는 평판을 받을 정도였다.
9. 와륵瓦礫 : 기와와 자갈. 가볍고 천한 물건을 비유함. 『역대명화기歷代名畫記』에 "좋기로는 금과 옥보다도 귀하고, 좋지 않기로는 기와나 자갈보다도 천하다好之則貴於金玉 不好則賤於瓦礫"라고 하였다.
10. 관회管灰 : 율관律管 속에 가회葭灰를 넣어서 천후天候를 점치는 것. 사물이 점점 피어오름을 비유하는 말. "갈대 속의 막膜을 태운 재를 관管 속에 넣어 두면, 동지에 그 재가 동쪽을 향하여 난다."라는 주註에 "이는 동지가 되면 일양一陽이 생겨 천기天氣가 점점 길어진다는 것을 말한다"라 하였다.『진서晉書』「율력지律曆志」.
11. 육기六氣 : 천지간의 여섯 가지 기운인 음陰 · 양陽 · 풍風 · 우雨 · 회晦 · 명明을 말함. 『춘추좌전春秋左傳』「소공昭公」'원년元年' 주注. 또는 한의학 용어로, 한寒 · 열熱 · 조燥 · 습濕 · 풍風 · 화火의 여섯 가지 병증病症을 말함. 『소문素問』, 「천원기대론天元紀大論」.
12. 판향瓣香 : 모양이 외씨나 꽃잎 비슷하게 생긴 향. 선승禪僧이 축원할 때 피우던 것이다. 한편 도가道家에서는 다른 사람을 흠앙한다는 뜻으로 쓴다. 진사도陳師道의 '관연문충공가육일당도서觀兗文忠公家六一堂圖書' 란 시에 "저번에 한번 판향 올렸으니, 공경히 증남풍을 위한 것이네向來一瓣香 敬爲曾南豊" 하였다. 남풍南豊은 중국 송나라의 학자이자 문장가인 증공曾鞏의 호이다.
13. 난파鑾坡 : 금란파金鑾坡의 약칭. 한림원翰林院이나 학사원學士院의 아칭雅稱으로, 중국 당나라 한림학사翰林學士들이 금란전金鑾殿에 있어서 한림원이라 한다.
14. 공봉供奉 : 중국 당나라 한림원의 벼슬 이름. 여기서는 당시 한림공봉翰林供奉을 지낸 이백李白을 가리킴.
15. 봉연捧硏 : (*硏은 硯과 통자通字임). 벼루를 들다. 전하여 '술과 안주를 제공할 사람이 없음' 을 말함. 석만경石曼卿과 비연祕演의 고사를 인용한 것이다. 중국 송宋나라 석연년石延年은 자가 만경曼卿인데 주량이 대단했다. 봉록俸祿이 적어 술을 실컷 마실 수 없다는 말을 시우詩友인 중 비연에게 말했더니, 비연은 곡식을 바치고 감부監簿가 된 우牛라는 부호를 끌

벼루 받들어 일찍이 문집을 펴냈네	捧研[15]曾經殺青[16]寫
귀한 벼슬 우연히 인연이라 생각해	官貴偶爾想因緣
시문 밖에 즐기니 기호는 적어라	此外長物[17]嗜好寡

어들여 그로 하여금 번대사繁臺寺 근처 누각에다 술과 안주를 푸지게 차리게 하고는 석연년과 함께 그 누각에 올라 해가 지도록 마시며 즐겼다. 술에 취한 석만경은, 이러한 놀이에 기록을 남기지 아니할 수 없다 하여 큰 붓으로 쓰기를, "석연년 만경이 공문空門의 시우詩友 늙은 연演과 여기에 올랐었다. 절하며 두드리며 말하기를, 보잘것없는 사람이 요행히도 모시게 되었으니, 이름 한 자라도 걸어 천한 자취를 빛내도록 애걸하니 석만경이 아주 취하여 비록 붓을 잡고 한참 생각하였으나 묘책이 없어 거절하였다. 마침내 연을 바라보며 취한 양 춤추며 소리내어 풍자하기를, 대무가 소를 낳았도다. 벼루를 받들어 일을 보게 되었도다. 마침내 피할 길 없어 구름을 제목으로 삼아, '우 아무가 벼루를 들고 있었다' 하였다. 영숙이 뒤에 시로써 희롱하기를, '벼루를 받들어 모든 소를 얻었구나石延年曼卿同空門詩友老演登此 生拜扣曰 塵賤之人幸獲陪侍 乞掛一名以光賤跡 石雖大醉 猶握筆沉慮 無其策以拒之 遂目演 醉舞佯聲諷之曰 大武生牛也 捧硯用事可也 竟不免 題雲 牛某捧硯 永叔後以詩戲曰 捧硯得全牛"라고 하였다. 『상산야록湘山野錄』 하권下卷.

16. 살청殺青 : 문자를 기록하는 일. 옛날 대쪽에 문자를 기록할 때에 대의 푸른 빛을 빼내고 나서 썼기 때문에 연유되었다. 한청汗青이라고도 하며, 흔히 문집으로 간행하는 것을 '살청사殺青寫' 라 한다.

17. 장물長物; : 세상에 쓸데없이 남아도는 물건이라는 뜻. 여기서는 시문을 가리킨다.

가을날 성옥과 함께 짓다　秋日同星玉[1]作

고동색 솜 갖옷에 관도 쓰지 않아	壞色[2]緜裘復不冠
아침마다 느지막이 일어나 추위를 타네	連朝晏起怯新寒
한 물건도 몸에 허물 아닌 게 없어	知無一物[3]非身累
홀로 천추에 눈에 보는 듯하네	獨有千秋似眼看
얼마나 애써 시 지어 금석을 시험했나	得句何煩金試擲[4]
빌린 책 오래 아끼다 온전히 되주었지	借書[5]長惜璧歸完[6]
요즈음 문 닫고 오가는 일 적으니	邇來門掩交遊少
누런 국화 피거든 술이나 맘껏 드세	黃菊花開酒量寬

1. 성옥星玉 : 조선 후기의 무관으로 정지윤의 친구였던 최성환崔瑆煥의 자字. p.13의 주 2 참조.
2. 괴색壞色 : 진한 고동색. 집에서 염색하여 만든 목란색木欄色, 즉 청 · 황 · 적 · 백 · 흑의 정색正色을 부순 색이란 뜻으로, 검붉은 자목련의 빛깔을 이름.
3. 일물一物 : 한 물건. 대개 불가에서는 진여眞如, 즉 불법佛法의 대의大意를 말하나, 유가에서는 심心의 주재主宰인 이理를 가리킨다. 몸과 물의 관계 속에서 살펴보면, '유위일물流爲一物'이다. 즉 '흘러가 하나의 물이 된다'는 것인데, 마음은 한 몸의 주장으로서 그 주권을 얻으면 사지백체四肢百體를 관섭管攝할 수 있고 그 주권을 상실하면 그렇지 못하므로 이목耳目, 수족手足 따위와 더불어 같은 물건이 될 수 밖에 없다.
4. 시척試擲 : 문장이 매우 뛰어나 아름다움. 중국 진晉나라 때 손작孫綽이 '천태산부天台山賦'를 지어 놓고 나서 자기 친구인 범영기范榮期에게 말하기를, "그대는 시험 삼아 이 부를 땅에 던져 보게. 꼭 금석 소리가 날 걸세卿試擲地 當作金石聲"라 한 데서 온 말이다. 『진서晉書』 56권, 「손작열전孫綽列傳」.
5. 차서借書 : 책을 빌림. 책에 대하여 저지르는 네 가지 어리석음 중의 하나. 중국 당唐나라 이광예李匡乂가 "책을 빌리는 것이 한 가지 어리석음이요, 책을 아끼는 것이 두 가지 어리석음이요, 책을 구하는 것이 세 가지 어리석음이요, 책을 주인에게 돌려주는 것이 네 가지 어리석음이다借書一癡 惜書一癡 索書一癡 還書一癡"라 한 데서 온 말이다.
6. 벽귀완璧歸完 : 벽璧(둥근 옥)을 완전하게 돌려보냄. 중국 전국시대 조趙나라 혜문왕惠文王이 초나라의 화씨벽和氏璧을 얻었는데, 진秦나라 소왕昭王이 이를 빼앗고자 하여 거짓으로 열다섯 개의 성城과 바꾸자고 하였다. 조나라에서는 화씨벽만 빼앗기고 성은 얻지 못할까 염려하여 진나라에 사신으로 갈 사람을 구하였는데, 인상여藺相如가 가서 기지를 발휘하여 화씨벽을 빼앗기지도 않고 흠집도 내지 않은 채 온전히 보존해서 조나라로 돌려보냈던 '완벽귀조完璧歸趙'의 고사가 전한다. 『사기史記』 81권, 「염파린상여열전廉頗藺相如列傳」.

수원 서학포의 시골집에서　水原徐鶴圃村居

숲은 온갖 색 뒤섞여 알록달록
추운 밤 머무는 손님 왁자지껄
백 이랑 골짝 채마밭 일구어
자손들 철철이 묘도에 진헌 올렸네
비바람은 오락가락 평상에 마주 앉아
산골짝은 쓸쓸해도 또 술잔 마주치네
표연히 베옷 입으니 그 어디런가
기러기 발자국이야 찾아서 뭘 해

노래 그쳐도 간 밤 흥은 그대로인데
처마 사이 달은 두둥실 떠 있네
내 여기 와 늦도록 흠씬 마셨으니
떠날 그대는 새벽 한기 조심하시게
서울 생활 원래 그대론 걸 알겠고
가는 길 점점 어려움도 많겠지만
지금이라도 강남서 기별 오거든
꼼꼼히 보았노라 매화에게 부치게

渝色紅黃褋樹園
寒天留客夜喧喧
洞田百畝輸場圃[1]
墓道[2]三時[3]上子孫
風雨因循方對榻[4]
溪山怊悵又離尊
飄然短褐知何處
一任泥鴻[5]覓爪痕

歌罷依然宿昔歡
檐間月色又團團[6]
我來此地成昏飮
君爲歸人念曉寒
已覺長安元不易
漸知行路果多難
從今若有江南信
寄與梅花子細看

1. 장포場圃 : 집터 가까이 있는 채마밭. 혹은 타작마당 같은 곡식 거두어들이는 뜰.
2. 묘도墓道 : 무덤길. 무덤으로 통하는 굴길. 두 무덤 사이에 뚫어 넋이 서로 오가게 하거나, 스핑크스 따위처럼 큰 무덤에서 사람이 드나들게 만든 것도 있음.
3. 삼시三時 : 농번기인 봄, 여름, 가을 세 철.
4. 탑榻 : 걸상, 혹은 길고 좁게 만든 평상. 앉는 자리를 말함.
5. 이홍泥鴻 : 과거의 사적이 흔적도 남지 않고 없어짐을 비유한 말. 돌아가려는 기러기가 다시 올 때 표시로 눈 녹은 진흙 위에 남겨둔 발자국이 다시 돌아올 때 형적이 없어 찾을 길이 없게 된다는 '설니홍조雪泥鴻爪'에서 온 말이다.
6. 단단團團; : 둥근 모양. 이슬이 동글동글하게 맺혀 있는 모양.

너른 들판 진창에 발은 빠져
아침에 사립문서 헤어지려네
몸에 슬픔과 즐거움 얽혀 어쩌리
낯은 웃고 우는 걸 버림만 못해
무엇이 좋아 혼자서 오고가는지
남 따라 짓는 시구 별 볼 게 없네
응당 돌아온 뒤 도로 기억하겠지
새벽마다 평상에 내 앉아 있음을

富谷原頭[7]沒足泥
柴門朝日屬分携
中身不奈縈哀樂
頑臉無如廢笑啼
獨自朅來何所好
隨人詩句不勝低
知應歸後還相記
坐我連晨着榻西

7. 원두原頭 : 들판의 가장자리.

봄날 안정사에서　　安定寺[1]春日

염주 돌리며 턱 괴고 앉았으니	數了珠回拂拄頤
스님 권하길 무위를 배우라네	山僧相勸學無爲
사람이 모두 부처란 말 지나친데	爾言夸矣人皆佛
오늘이 아연하니 나는 곧 누군가	此日茫然我是誰
방장실 종과 목어 잠잠해진 뒤	丈室[2]鍾魚初定後
이 한 몸 산수에 물리도록 노닐었지	一身海嶽倦遊時
별별 생각 오락가락 극락도 부질없어	虧他吹送淸凉地
선사에게 온 걸 봄바람에 기꺼워할 뿐	多謝春風作導師

1. 안정사 : 서울시 성동구 하왕십리동에 있는 절. 신라 홍덕왕 2년(827)에 창건된 고찰로, 조선시대 무학대사無學大師(1327-1405)가 중건하고 칠 일간 기도하다가 관세음보살 화신을 접하고 경복궁 터를 정했다는 전설이 내려오는 곳이다.
2. 장실丈室 : 주지住持가 거처하는 방. 방장실方丈室이라고 함.

어느 사람에게 부치다　　寄人

써늘한 창에 등불은 여생을 이어 주니	寒窓燈火續殘年
책상물림 부끄럽네 글 파먹는 신선	慚愧床頭食字仙
지난 날 일찍 시 나부랭이 이뤘는데	向日曾成詩眷屬
서로 만나보니 빙그레 인연이로세	相逢猶有笑因緣
근심을 묻을 한 조각 땅도 없이	難求一片埋憂地
평생 주천만을 사랑했노라	只信平生愛酒天[1]
기다리던 동풍 산들산들 불어오니	準備東風來次第
삼청동 깊은 골짝 구름이 감도네	三清[2]深處訪雲烟

삼청은 동 이름이다 三淸卽洞名

1. 주천酒天 : 하늘이 술을 좋아함을 말함. p.86의 주 154 참조.
2. 삼청三淸 : p.86의 주 155 참조.

안정사에서 성옥, 자전, 치량과 함께 짓다

安定寺同星玉[1] 子田[2]穉良[3]作

이월 이튿날 날씨는 찬데	二月二日天氣寒
올 꽃나무는 봄 얼굴이 아니라	今年花樹吝春顔
동쪽 성곽 밖을 지나가다가	行過城東向郭外
좋은 시구가 없어 쩔쩔매네	苦無佳語懷難寬
인연 따라 당도해 절에 쉬노니	隨緣來到寺中憩
바위와 솔나무 보고 또 보고	石氣松色仍改觀
병풍바위 기댄 절 허물어지니	寺殘賴有屛壁勝
제단의 푸른 글자도 희미해졌네	雲壇綠字微古剜
냉담과 무성함은 매한가지라	冷淡穠郁知一例
장차 이 같은 일도 기쁨이 되리	便將此事成喜歡
삼생의 근기야 가장 밑바닥이라 자조해	自笑三生根下下
절 난간 기대 시 읊고 술 마실 궁리하네	詩情酒意憑佛欄
죽고와 선판 소리 번갈아 재촉하니	粥皷[4]禪板[5]催互換
생사를 거듭하여 시작과 끝이 없네	後身初地[6]無倪端
산 밖으로 몇 발짝 나서니 들판은 서늘해	山外數步凄凉野
만두는 별별 게 있고 땅은 둥글둥글하지	萬箇饅頭土團團[7]
당일 이지러진 경계에 몸 벗지 못하니	缺界當日身未脫

1. 성옥星玉 : 조선 후기의 무관 최성환의 자字. p.13의 주 2 참조.
2. 자전子田 : 조선 후기의 문신 이용수의 자字. p.22의 주 26 참조.
3. 치량穉良 : 정수동의 절친한 친구였던 박치량朴穉良을 가리킴. p.16의 주 8 참조.
4. 죽고粥皷 : 절에서 식사 시간을 알릴 때 두드리는 북.
5. 선판禪板 : 승려가 좌선할 때 몸을 기대거나 손을 놓는 기구. '禪版' 이라고도 쓴다.
6. 후신초지後身初地 : 불교의 생사문生死門에서 '후신' 은 무명을 끊어 뒤에 다시 몸을 받지 않는 등각보살이고, '초지' 는 인연에 따라 생사를 거듭하는 보살임.

강물은 아껴 누가 눈물 먼저 마르게 하리　　愛河何人淚先乾
차가운 샘에 한잔 물도 공덕은 있으니　　寒泉一盞薦功德
지옥과 천당이 둘 다 평안하리라　　地獄天堂俱兩安

7. 단단團團 : p.139의 주 6 참조.

심암 제조 상공께 배율시 백 수를 올리며

百韻排律[1] 上心庵提擧相公[2]

인생 채 백 년도 못 사는데
슬프고 또 얼마나 애달픈지
옛날 철인들 아득하기만 하고
우리네 괜스레 허둥거리네
어리석음 고치려면 뉘에게 약 짓지
세상 건너려니 종잡을 수 없네
술 빌리고 시도 넉넉히 빌리니
꽃지니 달도 기울어지네

人生不滿百
戚戚復何傷
前哲旣云邈
吾曹空自忙
療痴誰得劑
涉世未諳方
酒債饒詩債
花荒復月荒

어린 아이는 취학이 으뜸인데
옛날 무강은 난산에 놀랐네
반안은 젊어서 즐긴 걸 기리고

孩提[3]元慕藺[4]
憂故始驚姜[5]
譽竊潘安[6]少

1. 배율排律 : 오언五言, 칠언七言으로 된 여섯 구 이상의 시로서, 두 행씩 대對를 이루며 짝수 행에 압운押韻 자가 있다.
2. 이 시는 1840년대 심암心庵 조두순趙斗淳이 사역원司譯院 제조提調로 있을 때, 작자에게 오언五言으로 백운百韻을 지으라고 명하자, 하룻밤 사이에 지어 주었다는 일화가 전해지는 작품이다.
3. 해제孩提 : 어린아이. '해제지동孩提之童' 이라고도 함.
4. 모린慕藺 : '인상여藺相如를 사모함' 의 뜻으로, 아동이 취학하는 것을 말함. 중국 한漢나라 사마상여司馬相如가 전국시대 조趙나라 인상여藺相如의 사람됨을 사모해 자기 이름을 상여相如라 하였다. 『사기史記』「사마상여전司司馬相如傳」.
5. 경강驚姜 : 태아가 출생할 때 난산으로 산모가 몹시 고통을 받은 것을 말함. 강姜은 중국 정鄭나라 장공莊公의 어머니 무강武姜을 말한다. 무강이 장공을 낳을 때 출산이 어려워 놀랐기 때문에 한 말이다. 『춘추좌전春秋左傳』「은공隱公」 원년元年.
6. 반안潘安 : 중국 진晉나라 시인 반악潘岳. 그의 자字가 안인安仁이다. 하양현河陽縣의 수령으로 있을 때 온 고을에 도리桃李를 심었다.

맹자는 이웃에 이사 간 걸 칭송하네　　隣遷孟氏芳
형주에서 매화 빌어 편지 보내고　　荊州書譬借[7]
노나라 옥이 함께 빛났네　　魯國壁[8]同光
걸음이 느릴 때는 천리마 생각하고　　弱步思騏驥
병아리 털은 봉황을 기다리네　　雛毛待鳳凰

띠풀로 지은 집은 죽을 곳 아니고　　茅茨[9]非死所
문자는 주린 속을 비웃네　　文字笑飢腸
해와 달은 빠르게 흘러가니　　烏兎[10]流雙疾
하찮은 문자는 모두 잊기로 하네　　蟲魚注[11]兩忘
저들 썩은 선비의 기운을 싫어해　　厭他腐儒氣
만난 곳에서 곧장 내치네　　追彼結交場
한 섬 양식보다 쌍륙과 장기 두고　　陸博寧擔石[12]
명성은 초량이 되고자 하네　　聲名欲楚梁

7. 형주서비차荊州書譬借 : 형주에서 매선梅仙의 서신을 부친 것을 말함. 매선은 매화를 말하는데, 중국 남조南朝 송宋의 육개陸凱가 강남의 매화 한 가지를 역사驛使를 통해서 장안長安에 있는 친구 범엽范曄에게 부치며 시를 지어 안부를 전한 고사가 있으므로 이렇게 말한 것이다. 『태평어람太平御覽』 970권, 「형주기荊州記」.
8. 노국벽魯國壁 : (*원문의 '壁' 은 '璧' 의 오식인 듯함.) 노나라의 옥. 공자孔子의 고택古宅에서 수많은 고문古文 경전들이 나왔다. 『한서漢書』 「景十三王傳」 '노공왕魯恭王' .
9. 모자茅茨 : 띠풀을 이은 소박한 집. 중국 고대 요순堯舜 시대에 궁궐의 지붕을 "띠풀로 잇고 그 끝을 가지런히 자르지도 않고, 흙으로 세 계단의 섬돌을 만들 뿐이었다茅茨不剪土階三等" 라고 나온다. 『사기史記』 권130권, 「태사공자서太史公自序」.
10. 오토烏兎 : 해와 달. '오烏' 는 해를 금오金烏라 한 데서 연유하고, '토兎' 는 달을 옥토玉兎라 한 데서 연유한 것이다. 중국 진시황秦始皇이 동해에 놀러 와서 해 뜨는 곳을 보겠다고 돌을 채찍질하여 저절로 가게 하여 다리를 놓았다는 이야기가 전한다.
11. 충어주蟲魚注 : 벌레와 물고기에 대한 자세한 주석, 곧 하찮은 글이나 문자. 중국 당나라의 문장가 한유韓愈의 '독황보식공안원지시서기후讀皇甫湜公安園池詩書其後' 시에 "이아는 충어를 주석한 것이니, 정히 뜻이 큰 사람이 아니로다爾雅注蟲魚 定非磊落人" 한 데서 온 말로, 문자의 번쇄繁碎한 일에 종사하는 것을 의미한다.
12. 담석擔石 : '담擔' 은 두 항아리, '석石' 은 한 항아리라는 뜻으로, 집에 모아 놓은 곡식이 조금도 없음을 말함.

한마디에 세 번 큰 탄식하니	一言三太息
십 년에 구할은 타향살이라네	十載九他鄉
서쪽으로 가면 궁색한 곳이고	西去探窮域
남쪽에 노닐면 큰 바다 넘실대네	南遊犯大洋
눈 쌓인 호림에 발자국 맞딱뜨리고	虎林衝雪履
고래굴에는 돛대가 바람에 꺾어지네	鯨窟折風檣
헝클어진 머리칼 더욱 스산해	豎髮增蕭颯
빈속을 데우니 더욱 격앙되네	熱腔添激昻

연주의 구름은 몰려와 끝없고	燕雲[13]來未了
봉래와 방장산 마주 손짓하네	蓬丈[14]指相望
신라 왕조 옛 터를 조상하고	羅代遺墟吊
보고픈 중향성 소원 풀었네	香城[15]宿願償
오르고 보니 한갓 감개할 뿐	登臨徒感慨
대충 둘러보고 어슬렁 돌아오네	閱歷只回徨
명함은 틈을 메우려는 뜻이고	紙刺[16]懷間減
담비 갖옷은 몸을 서늘하게 하네	貂裘[17]體上凉

13. 연운燕雲 : 중국 황하黃河 북쪽에 있는 연주燕州와 운주雲州의 병칭으로, 화북華北 지방을 가리킴.
14. 봉장蓬丈 : 금강산인 봉래산蓬萊山과 지리산인 방장산方丈山의 병칭. 여기에 한라산인 영주산을 더해 삼신산三神山이라 불렀는데, 예로부터 일봉래一蓬萊, 이방장二方丈, 삼영주三瀛洲라 했다.
15. 향성香城 : 중향성衆香城. 금강산 내금강의 영랑봉 동남쪽을 병풍처럼 둘러싸고 있는 하얀 바위이다. 또한 『유마힐경維摩詰經』 하下, 「향적불품香積佛品」 권10의 "유마힐은 곧 삼매에 드신 모습으로 상방의 세계에서 이 나라를 떠났다. 마흔 둘의 항하사 불국토를 지나서 불명이 향적이라는 여래가 참된 정각에 이르렀는데 이 세계를 일러 중향이라 한다維摩詰卽如其像正受三昧 上方界分去此刹 度如四十二江河沙佛土 有佛名香積如來至眞等正覺 世界曰衆香"에서 나온 것으로 흔히 온갖 꽃이 활짝 피어 있는 곳을 비유한다.
16. 지자紙刺 : 신상 내용을 적은 일종의 명함 종이나 명패. '자지刺紙'. '명편名片', '명자名刺', '명지名紙', '명첩名帖', '작리자爵里刺' 라고도 함.

유유한 세월은 그대로 흘러가고 悠悠成櫟社[18]
무상한 꿈에 초황의 득실을 보네 忽忽見蕉隍[19]
봄 꿈은 바야흐로 실마리 풀고 春夢方抽緖
가을의 감회는 근원에서 절박하네 秋懷遽濫觴[20]
하늘가 떠도는 인형목인 듯 天涯流似梗[21]
지난 자취 몰라보게 그리워하네 往迹戀如桑[22]
풍환의 검 돌이켜 생각하니 回憶馮驩劍[23]
처음에는 마씨의 집을 좇았지 初從馬氏堂

17. 초구貂裘 : 담비가죽으로 만든 옷. "북쪽 변방 사람들이 초구 입기를 숭상한 것은 사치스럽게 하려는 마음이 아니고 대개 까닭이 있는 것이다. 추운 겨울철에 초구를 입으면 바람이 몹시 불어도 몸이 따스하고 물에 들어가도 젖지 않으며, 눈雪이 떨어져도 바로 녹아 버린다. 그리고 낯에 닿으면 불덩이처럼 화끈거리고 티끌이 눈에 들어 희미할 때 소매로 닦으면 티끌이 당장 나오게 된다. 우리나라 사람은 이 초구를 입으면서도 무엇 때문에 입는지 뜻을 알지 못한다北塞人崇用貂裘非侈心 蓋有爲也 寒月服之 得風更煖 入水不濡 遇雪卽消 拂面如燄 塵沙眯目 以袖拭之卽出 東人用之 而不詳其意" 이익李瀷, 『성호사설星湖僿說』 제5권, 「만물문萬物門」 '초구貂裘'.
18. 역사櫟社 : '역櫟' 은 갈참나무, '사社' 는 마을의 신神을 제사하는 곳. "사당에 심어진 상수리나무를 보았다. 나무의 크기는 수천 마리 소를 가릴 정도로 컸는데, 재어 보니 백 아름이나 되고 그 높이는 산을 굽어보고 열 길이나 가지가 뻗쳐 있었다見櫟社樹 其大蔽數千牛 絜之百圍 其高臨山 十仞而后有枝" 『장자莊子』 「인간세人間世」.
19. 초황蕉隍 : 인생의 득실得失이 무상하여 꿈과 같음. 중국 정鄭나라 사람이 땔나무를 하다가 놀란 사슴을 발견하고 그를 잡은 뒤 남이 볼까 하는 마음에서 죽은 사슴을 구덩이 속에다 넣고 나뭇잎으로 덮어 숨겨 두었다. 나중에 그 둔 곳을 기억하지 못하고는 그것이 꿈이라 생각하고 돌아오면서 그 사실을 혼자 뇌까렸는데, 곁에서 그 말을 들은 사람이 있어 그가 말한 대로 찾아가 보니 과연 사슴이 있어 그가 가져갔다. 『열자列子』 「주목왕周穆王」 참조.
20. 남상濫觴 : 사물의 시초나 근원. 잔觴에 넘칠濫 정도의 적은 물이란 뜻. 공자孔子가 제자 자로子路를 훈계하여 "원래 양자강은 민산에서 시작되는데, 그것이 시작될 때의 물은 겨우 술잔을 띄울 만하였다昔者江出於岷山 其始出也其源可以濫觴"라고 한 데서 비롯하였다.
21. 사경似梗: '인형목처럼' 의 뜻으로, 정처 없이 떠도는 인생을 말함. 복숭아나무 막대기를 조각하여 장승을 만들었는데 비가 와서 치수淄水로 떠내려가 어디로 가버렸는지 알 수 없었다고 한 우언寓言에서 나온 말. 『전국책戰國策』 「제齊」.
22. 여상如桑 : '뽕나무처럼' 의 뜻으로, '상전벽해桑田碧海' 에서 유래한 말이다. "뽕나무밭이 푸른 바다가 되었다"는 뜻은 세상이 몰라볼 정도로 바뀌어 엄청나게 변해 버린 것을 말한다.
23. 풍환검馮驩劍 : 더 나은 대우를 요구하려다 오히려 지금의 어설픈 처지도 보장받지 못한다는 뜻. 풍환이 맹상군孟嘗君 식객이 되어 훌륭한 대우를 바라면서 칼을 두드려 노래를 불렀다는 고사가 있다. 『사기史記』 75권.

안진경과 유공권 글은 뼈대가 있고	骨筋帶顏柳[24]
소식과 황정견 문장은 입에 오르내리네	口吻入蘇黃[25]
오늘 세태는 문 앞이 염량하고	此日門羅雀[26]
당시의 법도는 원앙에 수놓았네	當時繡度鴦
관부는 욕보이며 술자리 앉았는데	灌夫[27]猶罵坐
가의는 상수에서 굴원을 애도했네	賈傅[28]已浮湘
지난 일이야 의당 돌이키지 못해	歷抵宜無合

24. 안류顏柳 : 중국 당唐나라의 서가書家인 안진경顏眞卿과 유공권柳公權을 합칭한 말.
25. 소황蘇黃 : 중국 송宋나라 문장가인 소식蘇軾과 황정견黃庭堅을 병칭한 말.
26. 문라작門羅雀 : 세력이 있으면 빌붙고 권세가 없어지면 푸대접하는 염량세태炎凉世態를 가리키는 말. 중국 한漢나라 책공翟公이 정위廷尉로 있을 때 찾아오는 사람들이 문전성시를 이루다가 관직을 그만두자 '대문 앞에 새 잡는 그물을 칠 정도가 되었는데門外可設雀羅', 다시 정위로 복귀하자 사람들이 예전처럼 몰려오니 책공이 대문에 "한 번 죽고 사는데 친구의 정을 알고, 한번 가난하고 부유한데 친구의 태도를 알고, 한번 천하고 귀한데 친구의 마음이 그대로 드러난다一死一生 乃知交情 一貧一富 乃知交態 一貴一賤 交情乃見"라고 써 붙였다. 『사기史記』 120권, 「급정열전汲鄭列傳」.
27. 관부灌夫 : ?-전130. 중국 한漢나라 무장武將. 영음潁陰 사람. 자 중유仲孺. 무제武帝 때 아버지 관맹灌孟을 따라 오吳나라를 쳐서 용맹을 떨쳤으나 뒤에 실세失勢한 두영竇嬰과 날마다 사귀었는데, 사람이 호협하고 강직하며 술주정을 잘했다. 뒤에 승상 전분田蚡의 좌석에서 주정을 부려 좌중을 욕보이자 전분이 노하여 그의 모든 가족을 처형하였다. 『전한서前漢書』 「관맹전灌孟傳」. 또 그는 오吳와 초楚 등의 일곱 왕이 반란을 일으켰을 때, 십여 기의 병력만으로 오왕의 진영에 침투하여 수십 명을 죽였는데, 이 일로 용맹함이 천하에 알려졌다. 사람이 강직하여 권세 있는 자들을 만나는 것은 좋아하지 않았으나, 가난하거나 지위가 낮은 사람들에게는 매우 공손하였다. 또한 의협심이 있었으며, 약속을 소중히 여겼다. 벼슬에서 물러난 뒤에도 부유했지만, 세력을 잃게 되어 그동안 그를 찾아오던 빈객들도 점차 줄어들었다. 두태후竇太后가 죽은 후 위魏나라 제후 두영도 점차 그 세력을 잃고 있었다. 평소 그에게 달라붙어 아부를 하였던 자들도 점차 그를 떠나 새로이 권세를 얻은 이들과 관계를 맺기에 바빴다. 하지만 오직 관부만은 한결같이 두영을 의지하며 열후列侯들이나 황족들과의 교제를 통하여 자신의 명성을 높였다. 두 사람은 서로 돕고 의지하여 서로 내왕하는 것이 마치 부자父子와 같았다. 서로의 뜻이 매우 잘 맞아 조금도 싫어함이 없었으며相得歡心無厭, 서로 늦게 알게 된 것을 한스러워하였다恨相知晩也. 『사기史記』 107권, 「위기/무안후열전魏其/武安侯列傳」.
28. 가부賈傅 : 중국 한漢나라 관료 가의賈誼를 가리킴. 그의 벼슬이 태부太傅이어서 붙여진 명칭이다. 그가 장사왕長沙王의 태부로 쫓겨난 뒤 상수湘水를 건너다가 이곳에서 빠져 죽은 굴원屈原을 생각하며 자신의 감회를 덧붙여 애도하는 글을 지었던 고사가 있다. 『사기史記』 84권.

어려움 헤아려 실로 일찍 채비하세　　艱虞實備嘗

여뀌풀의 정은 마음 가득하고　　蓼情[29]心所飽
매화의 뜻 일찍이 나이 헤아리네　　梅意齒曾詳
외물을 버리면 천천히 저물고　　棄物漸遲暮
한림은 참으로 장수를 위로하네　　翰林誠慰將
신령한 기운 머무니 그윽한 맛보고　　留神看臭味
악수하니 미치광이라도 용서하네　　握手恕顚狂
과시에서 평가는 거울과 같고　　主試[30]評爲鏡
얽힌 뜻 글귀에 향기 스며 있네　　緣情句有香

독하기는 사위나 장인과 같은데　　酷能似甥舅
귀하다고 어찌 세도가를 빌리랴　　貴豈藉金張[31]
밭에서 사냥하는 걸 보아하니　　因見田間獵[32]
수레서 내려 사양한 일 또 생각하네　　復思車下攘
수레 휘장 뽐낸 걸 부끄러워하고　　帷功終愧董
작은 항아리 든 걸 수줍어 웃네　　瓿笑輒羞揚

29. 육정蓼情 : 육아蓼莪의 정. '육아'는 여뀌풀인데, 효자가 '육정'은 부모의 봉양을 뜻대로 하지 못하여 슬퍼하는 정을 이름. "저 장대한 풀을 쑥인 줄 알았더니, 쑥이 아니고 다른 풀일세. 불쌍하신 우리 부모님, 날 낳으시느라 수고하셨네蓼蓼者莪 匪莪伊蒿 哀哀父母 生我劬勞" 『시경詩經』「소아小雅」'육아蓼莪'.

30. 주시主試 : 과거시험. 혹은 공거貢擧라고도 하는데, 주시관主試官은 과거를 맡아보던 관리이다. 주시관을 지공거知貢擧라 하고, 부시관副試官을 동지공거同知貢擧라 함.

31. 금장金張 : 세도를 부리는 귀족이나 가문.

32. 전간렵田間獵 : 밭에서 사냥을 함. 초봄이 되어 강에 얼음이 녹으면 수달이 잡은 고기를 제사 지내는 것처럼 늘어놓고, 가을이 깊어 조수鳥獸가 자라면 승냥이가 잡은 짐승을 제사 지내는 것처럼 늘어놓는다. 이것을 보고 사람들이 승냥이와 수달이 조상을 섬길 줄 안다고 여겼다. "수달이 물고기로 제사를 지낸 뒤에야 우인이 물고기를 잡으러 어량魚梁에 들어가고, 승냥이가 짐승으로 제사를 지낸 뒤에야 밭에서 사냥을 한다獺祭魚 然後虞人入澤梁 豺祭獸 然後田獵" 『예기禮記』「왕제王制」.

팔뚝은 자주 관절이 꺾이고	肱或頻經折
늙어 수염은 반이 끊기고 마네	鬚皆半斷蒼
서곤체 시풍은 농염하고	西崑[33]穠矣艶
북지왕은 꿋꿋하고 강하네	北地[34]倔然强
마음 따라 힘껏 손이 가나	力逐心兼手
재주 없으니 땀만 나 뻣뻣하네	才疎汗且僵
시 읊을 때 격식을 덜어 조절하나	應酬調格損
핍박해 재촉하면 성령을 방해하네	迫促性靈[35]妨
몇몇의 일은 천추의 사업이라	若箇千秋業
누가 백 번을 단련해 강해지는지	誰爲百鍊剛
경지는 아득해 맛 좋기 어렵고	境遙難啖蔗
쓴맛 길들어 늘 절인 채소라네	癖苦每葅菖
놀이마당에 꼭두각시 등장하니	傀儡[36]登場戲

33. 서곤西崑 : '서쪽의 선산仙山' 을 뜻하며, 중국 송宋나라 초기의 시풍詩風이나 시파詩派로. 서곤체西崑體를 말한다. 당시 새로운 시대에 어울리는 문학이 나오지 않아 당唐나라 문학만을 모방하고 있었다. 그 중에서도 감상적 미문美文이었던 만당晩唐의 시를 애호하였다. 특히 이상은李商隱의 시풍을 모방한 시인은 양억楊億, 유균劉筠, 전유연錢惟演, 정위丁謂, 장영張詠 등이 있었다. 그들은 같은 제목의 시를 지어 십칠 명의 작품 이백오십 수를 모은 『서곤수창집西崑酬唱集』 2권을 남겼다. 그들의 시는 미사여구를 존중하는 현실과 동떨어진 내용이다.
34. 북지北地 : 중국 촉한蜀漢 후주後主 아들인 북지왕北地王 심諶을 가리킴. 염흥炎興 원년(263) 위魏나라 장수 등애鄧艾가 급습해 왔을 때 후주가 항복하려 하자 그가 "세력이 다하여 패망이 임박하면 부자와 군신이 한번 나서서 싸우다가 죽는 것이 옳다." 하였다. 그러나 후주가 듣지 않으므로 처자를 먼저 죽이고 나서 자신도 자살하였다. 『삼국지三國志』「촉지蜀志」
35. 성령性靈 : 도문일치道文一致를 주장한 고문파古文派를 반대하고 개성주의적 문학을 주장한 이탁오李卓吾(1527-1602)의 동심설童心說을 좇아 원굉도袁宏道(자字 중랑中郎) 등 공안파公安派의 문학이론이 된 문학정신이다. 정수동은 "가장 영롱한 곳에 성령이 나타나며, 깊은 공력을 쌓지 않고는 쉽게 얻어지지 않는다"고 하였다.
36. 괴뢰傀儡 : 꼭두각시.

의관 갖추고 앉아 노랠 부르네	衣冠入座倡
개골개골 개구리 울음 시끄럽고	鼃聲多吅鬧
자색은 홍색 옷을 어지럽히네	紫色[37]正披猖
가시는 온통 길을 가로막고	棘棘橫塗道
종기에 이리저리 구멍을 내네	班班啓孔瘡
소금이 물 머금는 걸 모르느니	未知鹽着水
나무에 생강이 여는 걸 믿으랴	寧信樹生薑
낱알 지니 개미는 무슨 상관이며	戴粒何關蟻
알을 굴리니 이게 쇠똥구리네	轉丸眞是蜣
경영은 실로 아둔하고	經營誠瞶瞶
모색은 갈팡질팡 느려터졌네	摸索謾倀倀
묘처는 전해 받은 비결 없고	妙處無傳訣
아프니 능히 청맹과니라네	病時能在盲
파리하여 침울하기보다	與其瘦成沈
목말라 밝은 게 차라리 낫네	還勝渴爲羌
처음부터 빙빙 돌고 돌다가	始有因循迹
사양하다 곁에서 먹을 가네	仍辭硏墨傍
막다르면 완적을 잇고	途窮携阮籍[38]
솜씨 다해 강랑을 조상하네	才退吊江郎[39]

37. 자색紫色 : 자줏빛. "공자께서 말씀하셨다. '자주빛이 붉은 빛을 빼앗는 것을 미워하고, 정나라 음악이 아악을 어지럽히는 것을 미워하며, 예리한 입놀림이 나라를 뒤엎는 것을 미워한다子曰惡紫之奪朱也 惡鄭聲之亂雅樂也 惡利口之覆邦家者'" 『논어論語』「양화陽貨」.
38. 완적阮籍 : 중국 죽림칠현竹林七賢의 한 사람. p.130의 주 5 참조.
39. 강랑江郎 : 중국 양梁나라 문장가 강엄江淹을 가리킴. 문장으로 이름을 날렸으나, 꿈에 오색五色 붓을 곽박郭璞에게 돌려주고 나서 문재文才를 상실했다. '강랑재진江郎才盡'은 강랑의 재주가 다했다는 말로, 학문이 두각을 나타낸 뒤에 퇴보하는 것을 뜻함.

문호의 자리에는 진유자를 구하고 門席求陳孺[40]
제나라 벽강은 꽃동산을 지나가네 園花過辟彊[41]

목청껏 노래하나 악보는 보지 않고 高歌非按譜[42]
찬 베옷도 어찌 때 맞춰 입으랴 短褐豈時裝
강좌 사람 의당 책임을 위임하고 江左宜任責
하동 사람 결국 비방을 받게 되네 河東果得謗
이 세상에서 명공께서는 明公於此世
지조 굳은 분으로 중앙에 있네 砥柱[43]在中央
아득한 옛날 두 눈으로 살피어 邃古[44]臨雙眼
여러분 보시고 나은 걸 뽑았네 諸家攬衆長

문장은 보불이요 文之而黼黻[45]
치장은 종과 피리라 飾則是鏞簧

40. 진유陳孺 : 중국 한漢나라의 책사 진평陳平의 자字. 고조高祖의 지낭智囊(지혜가 많은 사람)으로 기책奇策을 내어 통일을 도왔다. 그가 일찍이 고향에서 제사를 주관하며 고기를 공평하게 나눠 주자, 부로父老들이 "진유자가 일을 주관하여 잘 처리한다善陳孺子之爲宰"고 칭찬한 말이 있다. 『사기史記』「진승상세가陳丞相世家」. 또한, "진평이 젊었을 때 집이 가난했는데, 글 읽기만 좋아하고 살림을 돌보지 않았다. 장가들 때에 부자는 딸을 주지 않고 가난한 자는 진평이 싫어했다. 그러자 호유戶牖의 부자 장부張負에게 손녀가 있었는데, 진평이 이웃사람 상사喪事를 도와주는 걸 보고 가난도 관계하지 않고 폐백과 주육을 갖추어 혼인을 치렀다." 하였다. 『한서漢書』「진평전陳平傳」.
41. 벽강辟彊 : 중국 전국시대 제齊나라 위왕威王 아들인 선왕宣王의 이름.
42. 안보按譜 : 악보樂譜를 살펴보는 일.
43. 지주砥柱 : 격류 속에도 움직이지 않는 중국 황하黃河의 돌기둥. 어려운 시기에도 지조를 굳세게 지키는 사람을 비유적으로 이르는 말.
44. 수고邃古 : 아득히 먼 옛날.
45. 보불黼黻 : 지극히 아름답고 격조 높은 문사文辭를 뜻함. 『문원보불文苑黼黻』은 1787년(정조 11)년에 조선시대 관각館閣의 문장을 모아 간행한 45권 22책 규모의 책으로, 내용은 옥책문玉冊文 · 반교頒敎 · 위유慰諭 · 교문敎文 · 교명문敎名文 · 죽책문竹冊文 · 제문祭文 · 애책문哀冊文 · 상량문上樑文 · 사제문賜祭文 · 국서國書 · 노포露布 등으로, 김종수金鐘秀의 「서序」와 이복원李福源의 「발문跋文」이 들어 있다.

절기 보던 옥관은 임금의 조칙이고	玉管[46]絲綸[47]字
금규는 비단으로 수놓아 아리땁구나	金閨[48]錦繡裳
사신 탄 배는 기운 나라를 빛내고	漢槎[49]華國藁
노중련은 절개요 소공은 백성을 아꼈네	海節[50]愛民棠[51]
가지런히 문원은 바로 지니고	齊正持文苑[52]
화락하게 묘당에 걸어가네	雍容[53]步廟堂

태평한 시대는 한때뿐	太平歸一片
공덕은 천 가지 상서로움 얻네	功德獲千祥
남은 일은 누대서 피리나 불며	餘事依樓笛

46. 옥관玉管 : 옛날에 절기節氣를 관찰하던 법의 한 가지. 옥으로 만든 열두 개의 율관律管 끝 부분에 갈대를 태운 재를 넣어서 밀실密室 안 목안木案 위에 안치해 놓았다가 해당 절기 자월子月에 속하는 황종黃鐘을 표기한 율관에 넣었던 재가 날면, 11월이 되었음을 알았다.
47. 사륜絲綸 : 황제의 조서詔書를 표현할 때 쓰는 말. "임금의 말은 처음엔 실처럼 가늘다가도 밖에 행해짐에 미쳐서는 밧줄처럼 굵어진다王言如絲 其出如綸"는 말에서 기인하였다. 『예기禮記』「치의緇衣」.
48. 금규金閨 : 임금과 가까운 곳을 말함. 중국 한漢나라 때 궁궐에 금마문金馬門이 있었는데, '금규' 또는 '금문金門'으로 약칭하였다. 『문선文選』「강엄江淹」 별부別賦.
49. 한사漢槎 : 사신이 타고 가는 배. 중국 한漢 무제武帝가 장건張騫에게 대하大夏에 사신으로 가서 황하黃河의 근원을 찾게 하였는데, 장건이 뗏목을 타고 가 은하수에 도착하여 견우牽牛와 직녀織女를 만났다고 한다. 후대에는 이 고사를 따라 흔히 사신이 가는 것을 흔히 뗏목을 타고 간다고 표현하게 되었다.
50. 해절海節 : 불의不義를 피해 떠난 노중련魯仲連의 절개를 말함. 중국 전국시대 제齊나라 고사高士인 노중련이 조趙나라에 가 있을 때 진秦나라 군대가 조나라 서울인 한단邯鄲을 포위하자, 조나라는 위魏나라에 군대의 원조를 요청하였다. 이때 위魏나라가 장군 신원연新垣衍을 보내 진나라 임금을 천자로 섬기면 포위를 풀게 할 것이라 하였다. 이에 노중련이 "진나라가 방자하게 천자를 참칭僭稱하여 지나치게 천하를 다스리면 나는 동해를 밟고 빠져 죽겠다彼卽肆然而爲帝 過而爲政於天下 則連有蹈東海而死耳" 하니, 진나라 장군이 이 말을 듣고 군사를 후퇴시켰다. 『사기史記』 18권, 「노중련열전魯仲連列傳」.
51. 애민당愛民棠 : 감당나무 밑에서 백성들을 사랑함의 뜻. 중국 주周나라 소공召公이 고을을 순행하다가 감당나무 밑에서 공평하게 정사를 다스려 백성들이 그 나무를 보호하며 감당甘棠의 노래를 지어 불렀다는 고사가 있다. 『사기史記』 34권, 「연소공세가燕召公世家」.
52. 문원文苑 : 조선시대 예문관藝文館의 별칭. 정삼품 아문으로 왕의 사령서辭令書(사명詞命)를 찬술하는 일을 맡음.
53. 옹용雍容 : 마음이 화락和樂하고 조용한 모양.

숨긴 시 재주나 몽땅 발휘하네	無遺脫穎囊[54]
용문은 영예를 더럽히게 되니	龍門[55]榮得忝
좀이 슬어 지나치게 될까나	蠹刻[56]獎過當
누가 곤륜산 현포를 말하였나	孰謂崑崙圃[57]
도로 거름흙으로 담장을 손보네	還添糞土[58]墻
연구聯句는 한유와 맹교를 잇지 않아	聯非續韓孟[59]
감히 신농씨를 노래하네	詠敢列山[60]王
궂은 비 흩뿌리니	舊雨紛吹散
새벽 별빛 거두어 가고	晨星斂色芒
한바탕 그저 그러하니	一場聊復爾
반평생 멍하니 허비하였네	半世窅然喪
나은은 과거에 급제 못 하고	羅隱[61]非科第
배휴는 기방에 기탁하였지	裴休[62]寄院娼

54. 영낭穎囊 : 재주가 빼어남. '영탈穎脫' 이라고도 함. '낭중영囊中穎' 은 남의 앞에서 재능을 과시하지 않음을 비유한 말이다.
55. 용문龍門 : 명망이 높은 사람. "이응李膺이 홀로 풍재風裁(좋은 거동이나 품위)를 지녀서 명망이 높았으므로, 선비 중에 그의 인정과 대접을 받은 자가 있으면 용문에 올랐다고 지칭하였다膺獨持風裁 以聲名自高 士有被其容接者名爲登龍門." 『후한서後漢書』 67권, 「이응열전李膺列傳」.
56. 두각蠹刻 : 나무 좀이 스며들어 갉아먹고 줄어듦. 침모각삭侵耗刻削.
57. 곤륜포崑崙圃 : 곤륜산에 있는 현포玄圃. 즉 선인仙人이 사는 곳.
58. 분토糞土 : 거름흙. 뜻이 흐리고 게으른 사람의 비유. 공자孔子가 낮잠을 자는 재여宰予에게 "거름흙으로 쌓은 담은 흙손질을 할 수가 없다糞土之牆 不可圬也"라 하였다. 『논어論語』 「공야장公冶長」.
59. 한맹韓孟 : 중국 당나라의 한유韓愈와 그 친구 맹교孟郊를 말함. 한유(768-824)는 당나라의 대표적 문인이자 정치가로, 자字는 퇴지退之, 호號는 창려昌藜이다. 당송팔대가唐宋八大家의 한 사람으로 당시 유행하던 사륙변려문四六騈儷文을 비판하고 고문古文의 숭상을 주장하였다. 저서에 『창려선생집昌藜先生集』 등이 있다. 맹교는 p.102의 주 17 참조.
60. 열산列山 : 신농神農의 옛 나라. 신농씨神農氏를 일명 열산씨列山氏라고 함.
61. 나은羅隱 : 중국 당말唐末 오대五代의 시인. 본명 횡橫. 열 번이나 과거에 실패하자, 은隱으로 개명改名한 뒤 급제했다.

울지는 요처에다 돈 굳혀 두고 | 尉遲[63]錢固鐍
백거이는 녹미가 올라갔네 | 居易[64]米騰翔
헌책은 전당에다 잡히고 | 典庫[65]投殘帙
잠자는 방에 빚더미 수북하네 | 債臺[66]連臥房[67]
귀양 가는 친구 뒤치따꺼리에 | 後圖禦交謫
따듯한 말로 절뚝이는 발 다독이네 | 溫語勉羸尫
인적 드무니 문 앞에 눈이 쌓여 | 人避門前雪
집은 온통 벽마다 서리가 치네 | 家徒壁上霜

병든 말은 작은 여물에나 기대고 | 病蹄依棧豆[68]

62. 배휴裵休 : 중국 당唐나라의 명신名臣. 자 공미公美. 불교를 숭상하여 평일에 술과 고기를 먹지 않고, 불교 교리敎理를 연구하여 수만언數萬言을 연역演繹하였다. 『당서唐書』 182권, 「배휴전裵休傳」.

63. 울지尉遲 : 울지경덕尉遲敬德을 가리킴. 중국 수隋나라 말년에 한 가난한 서생書生이 관아 창고에 가서 그 안을 살펴보니, 수만 관의 돈이 있기에 그 돈을 조금 가져가려고 하였다. 순간 금갑 입은 사람이 창을 들고 말하기를, "이 돈은 울지공尉遲公 것이니, 울지공 어음을 가져오라." 하기에, 서생이 마침 대장간에서 일하는 울지경덕을 찾아가서 돈 오백 관貫만 빌려 달라고 하자, 울지경덕이 화를 내며 "대장장이에게 무슨 돈이 있겠느냐. 이는 나를 모욕하는 것이다." 하였다. 그러나 서생이 "그대는 후일 부귀할 것이니, 단지 증서 한 장만 써 달라"고 청하므로 울지경덕이 부득이 '아무에게 돈 오백 관을 준다'는 내용과 날짜를 쓴 다음 서명해 주었다. 이에 서생이 증서를 가지고 오니, 금갑 입은 사람이 증서를 대들보 위에 붙이게 하고 오백 관의 돈을 가져가게 하였다. 뒷날 울지경덕이 당唐 태종太宗을 도와 공을 세우자, 한 창고의 돈을 상으로 주었는데, 오백 관이 부족하였다. 바로 창고 책임자를 벌주려다가 대들보 위에 붙인 증서를 보니, 자신이 대장장이 시절에 떼어 준 것이라 경탄해 마지않았다.

64. 거이居易 : 772-846. 중국 당나라 시인 백거이白居易를 가리킴. 낙양洛陽 신정新鄭 태생. 자 낙천樂天. 호 취음선생醉吟先生, 향산거사香山居士. 그의 시는 짧은 문장으로 누구든지 쉽게 읽을 수 있으나, 경쾌하지는 않고, 구세제민救世濟民을 주제로 삼아 약간 무거운 느낌이 있다. 시집 『백씨문집白氏文集』이 있고, 장편서사시로 「장한가長恨歌」 「비파행琵琶行」이 유명하다.

65. 전고典庫 : 전당포, 또는 도서를 모아둔 서고. 한편, 조선시대 해전고解典庫는 전당典當에 관한 일을 맡던 직소로서 태조 원년(1392)에 두었음.

66. 채대債臺 : 빚더미, 혹은 납세를 말함. 피채대避債臺는 납세를 기피하는 일로, 중국 주周나라 난왕赧王이 이대誃臺로 도망하여 빚을 기피하였으므로 이 대의 이름을 피채대라 했다 한다. 『한서漢書』 「제후왕표諸侯王表」.

67. 와방臥房 : 잠을 자도록 마련된 방.

게으른 새는 낟알을 곁눈질 하네 倦翼眄秔粱
필경 쇠뇌로 새를 몰아내고 竟以臂邊鳥
우리 밖에서 이리를 구하네 求爲圈外狼
단약은 불로장생 흐리게 하나 粒丹渾大藥[69]
찰나에 생사를 건너가네 彈指[70]卽慈航[71]
강에서 용마도 웃으며 주니 河賜龍圖[72]笑
강물이 갈라져 곤경에 빠졌네 江分鮒轍[73]殃

벼슬은 우선 귀한 이에게 풀고 官應先解貴
봉록은 실로 어진 이에게 후하네 祿固厚沾良
선불은 널리 수록하고 選佛[74]廣收錄
산선은 항렬에 따르네 散仙[75]歸列行
집안은 솜옷 입은 듯 고르게 하고 室家均挾纊[76]

68. 잔두棧豆 : 마방馬房의 두료豆料, 즉 사료飼料. 말구유에 담긴 여물. 노둔한 말이 늘 여물이나 많이 먹고자 생각하는 것처럼 용렬한 사람은 눈앞의 작은 이익에 연연한다는 뜻. 『진서晉書』「선제기宣帝記」에 "노마駑馬가 잔두棧豆에 연연하는 격이라, 반드시 능히 쓸 수 없을 것이다駑馬戀短豆 必不能用也" 하였다.
69. 대약大藥 : 밥을 먹지 않고도 거뜬히 버틸 수 있다는, 도교道教의 불로장생하는 선약仙藥인 단약丹藥.
70. 탄지彈指 : 불가佛家 용어로, 눈을 스무 번 깜짝이는 극히 짧은 시간을 말함.
71. 자항慈航 : 불가佛家 용어로, 불보살이 대자대비로써 중생을 구도救度하여 생사의 바다를 벗어나게 하는 것이 주항舟航과 같으므로 자항慈航이라 칭함.
72. 용도龍圖 : 복희씨伏羲氏 때 황하黃河에서 길이 팔 척이 넘는 용마龍馬가 등에 지고 나왔다는 그림을 말하는데, 이 그림이 『주역周易』 팔괘八卦의 근원이 되었다.
73. 부철鮒轍 : 곤경에 허덕이는 처지를 비유한 말. "내가 어제 길 가운데서 부르는 것이 있기에 가 보니, 수레바퀴 자국에서 붕어가 허덕이고 있기에 '어찌 여기 와 있느냐?' 라고 물으니, '나는 동해의 파신波臣인데, 그대가 몇 말斗이나 몇 되 쯤의 물로 나를 살려 주겠는가?' 했다周昨來 有中道而呼者 周顧視車轍中 有鮒魚焉 周問之曰 鮒魚來 子何爲者邪 對曰 我東海之波臣也 君豈有斗升之水而活我哉" 고 하였다. 『장자莊子』「외물편外物篇」.
74. 선불選佛 : 석가모니 부처님께서 당堂을 열어서 계戒를 설하신 곳. 선불당選佛堂, 선불장選佛場이라고도 함. 흔히 선당禪堂, 승당僧堂, 좌당坐堂의 다른 이름이며, 이곳에서 계율을 일러 주기도 한다.

금석은 상나라 노래를 면하게 하네　金石免歌商[77]
뒷말을 생략한 시는 직함을 바꾸고　歇后[78]頭銜[79]改
부처에 귀의하니 족적이 뚜렷하네　歸依[80]足迹彰

연꽃 들어 오묘한 깨달음 보이고　拈花[81]開妙悟
말을 먹이고 달릴 걸 기다리네　厲秣待馳颺
화장하여 시집갈 걸 배우고　塗粉學新嫁
산파 할미도 실수를 근심하네　倒繃[82]愁老娘
페르시아는 귀한 보석이 나고　波斯[83]珍磊磊
구리 손바닥은 이슬에 젖네　銅掌露瀼瀼
차라리 배해체를 쓰느니　寧用俳諧[84]體
오로지 빨리 문장을 지으려는 게지　專由急就章

75. 산선散仙 : 도가道家에서는 신선의 세계에 관직이 있다고 하는데, 아직 관직을 받지 않은 자를 가리킴. 이 시에서는 신선 중에서도 얽매임이 없는 호방한 것을 말함. 중국 송나라 때 선선도選仙圖가 있는데, 주사위를 던져 색깔을 견주어 가장 나은 자가 산선이 되고, 다음이 상동선上洞仙이 되고, 점차로 봉래蓬萊, 대라大羅 등 열선列仙에 이른다.

76. 협광挾纊 : 솜을 껴서 몸을 따뜻하게 하는 것처럼, 은혜에 감복하여 추위를 잊는 것을 말함.

77. 가상歌商 : 상나라 노래. '예리가상曳履歌商' 에서 온 말임. "뒤축이 없는 신발을 끌고 상송商頌을 노래하는데 소리가 천지에 가득 차서 금석金石에서 나오는 것 같았다納屨而踵決 曳縱而歌商頌 聲滿天地 若出金石"라고 하였다. 『장자莊子』「양왕편讓王篇」.

78. 헐후歇后 : 뒷말을 생략한 시체인 헐후체歇後體를 말함. p.17의 주 15 참조.

79. 두함頭銜 : 관리의 품계를 적은 관함官銜.

80. 귀의歸依 : 돌아가 몸을 의탁함. 혹은 부처를 깊이 믿고 돌아와 의지함.

81. 염화拈花 : '꽃을 들다' 의 뜻. '염화拈華' 로도 쓰인다. '염화미소拈華微笑' 또는 '염화시중拈華示衆' 에서 온 말로, 석가釋迦가 연꽃을 따서 제자들에게 보였는데, 그 뜻을 해득하는 자가 없었으나, 가섭迦葉이 그 뜻을 알아차려 미소를 짓자, 석가가 그에게 불교의 진리를 전수하였다 한다.

82. 도붕倒繃 : 산파가 갓난아이를 거꾸로 싼다는 뜻. '도붕해아倒繃孩兒' 에서 나온 말로, 아무리 경험이 풍부한 고수高手도 부주의하면 실수할 수 있다는 뜻이다.

83. 파사波斯 : 서남아시아에 위치한 페르시아로, 지금의 이란 지역을 가리킴. 고대 중국인들에게, 세상에서 가장 값진 보물이 많이 나는 나라로 알려졌으며, 전하여 보물을 가리키는 대명사로 쓰였다. 『삼보태감三寶太鑑』「서양기西洋記」.

몽당붓은 암키와를 깔깔대고	禿毫呵凹瓦
어둔 등잔에 불빛은 쇠잔해라	昏檠點殘肪
닭 갈비는 젓가락 놓아 서럽고	鷄肋[85]惜投筯
질경이는 위장을 씻어내네	牛溲[86]終倒倉[87]
쇠뇌는 가벼운 명주를 겁내고	卷弓怯輕縞
어지러운 바큇자국은 고삐 놓은 곳이네	亂轍墮垂韁
가시는 작아 원숭이도 새기기 어렵고	棘小猴難刻
고치가 죽어 누에 허옇게 말라죽네	繭殘蠶欲殭
일자무식 허여하기 어렵고	識丁[88]難自許
교정은 서둘러 할 수 없네	塗乙[89]未能遑
허물 없이 오직 번뇌 없애니	無累惟除惱

84. 배해俳諧 : 익살과 해학諧謔을 말함. 중국 명나라 서사증徐師曾이 지은 문체명변文體明辯에서 문체의 종류를 말하면서, 배해체俳諧體는 회해시詼諧詩의 일종으로 시적 대상을 조롱하거나 웃음거리로 삼는 것을 말한다. 이유원李裕元(1814-1888), 『임하필기林下筆記』 2권, 「경전화시瓊田花市」 '회해시詼諧詩'. 또 『시경詩經』「위풍衛風」 '기욱淇奧' 에 "희학을 잘하니 지나침이 되지 않도다善戲謔兮 不爲虐兮"라고 하였는데, 이것은 언어에 대해서 말한 것으로, 후세 사람들이 이것에 부연해서 시를 지었다. 배해체俳諧體, 풍인체風人體, 제언체諸言體, 제어체諸語體, 제의체諸意體, 자미체字謎體, 금언체禽言體가 있는데, 비록 풍유諷諭를 포함하고 있지만 사실은 익살이자 해학으로, 대개 모두 골계滑稽를 문식文飾한 것일 뿐이기 때문에 취할 것이 못 된다. 그러나 이러한 문체가 있기 때문에 논하여 열거하였다."
85. 계륵鷄肋 : 닭의 갈비. 먹을 만한 살은 없지만 버리기는 아까운 것으로, 중국 삼국시대 위魏나라 양수楊脩의 말에 "대저 닭갈비란 버리자면 아까운 생각이 들고, 먹자면 또한 먹을 것이 없다夫鷄肋 棄之如可惜 食之無所得"고 한 데서 온 말이다. 『후한서後漢書』「양수전楊脩傳」.
86. 우수牛溲 : 원래 '우수마발牛溲馬勃' 에서 나온 말로 '우수' 는 소오줌인데, 한방에서 질경이, 곧 '차전초車前草' 를 말한다. 별로 소용 없이 매우 흔해 빠진 값싼 약재이다. 훌륭한 의사는 이런 것들도 빠뜨리지 않고 함께 거두어 두었다가 나중에 활용하는 법이다. 한유韓愈, 『진학해進學解』.
87. 도창倒倉 : 위장에 쌓인 적취積聚를 씻어냄. 한방에서 장위腸胃에 낟알이 들어와 있는 것을 창倉이라 하고, 오랫동안 쌓여 있는 것을 몰아 내어 깨끗하게 하는 것을 도倒라 한다. 허준許浚, 『동의보감東醫寶鑑』.
88. 식정識丁 : 글자를 전혀 모름, 또는 그러한 사람을 비유해 이르는 말. '목불식정目不識丁' 에서 온 말로, 고무래를 보고도 그것이 '고무래 정丁' 자인 줄 모른다는 뜻이다.

식견이 많아 녹봉이 있겠네　　多聞可作粮
장대 끝에서 멈칫거리고　　竿頭隨彳亍
술 단지 속에서 허우적거리네　　壺裏[90]足商羊[91]
자기 분수를 몰라 부끄럽고　　所愧飮河鼴[92]
이삭은 누리에 상할까 저어하네　　反疑傷稼蝗

총명함도 한갓 지금 있고　　聰明徒現在
속세는 온통 마군의 장애라네　　煙火[93]摠魔障[94]
울퉁불퉁 자갈밭 산 이랑 따라　　犖确依山畝
농막은 물 베고 쓸쓸히 누워 있네　　蕭疎枕水庄

89. 도을塗乙 : 문장 속에서 글자를 지우고 탈자脫字를 끼워 넣는 일을 말함. '도은塗乚'은 문자를 개찬改竄함을 말한다. 말거抹去함을 '도塗'라 하고 구개句改함을 '은乚'이라 한다. 흔히 '도을塗乙'이라 쓰는데 이것은 '도은塗乚'의 잘못이다.

90. 호리壺裏 : '호리유천壺裏有天'에서 나온 말로서, 중국 후한後漢 때 비장방費長房이 시장을 관리하는 자리에 있었는데, 시중에 한 노인이 약을 팔면서 가게 앞에다 '술단지壺'를 걸어 놓고는 시장이 파하자 그 속으로 뛰어들어갔다. 비장방이 누각 위에서 그 모습을 보고 보통 사람이 아니라는 걸 알았다. 다음날 그 노인에게 가서 노인과 함께 그 술단지 안으로 들어갔는데, 그곳에는 옥당玉堂이 있었으며, 그 안에서 좋은 술과 기름진 안주가 끊임없이 나왔다. 이에 둘이 함께 마시고는 취해서 나왔다. 『후한서後漢書』, 82권 하, 「방술열전方術列傳」, '비장방費長房'

91. 상양商羊 : 전설 속의 새. 다리가 하나이고 부리가 붉으며 낮에는 숨어 있다가 밤에 날아다니고 비가 올 듯하면 춤을 추며, 홍수를 미리 알린다고 한다.

92. 하언河鼴 : 강에 사는 두더지. "뱁새는 깊은 숲에 둥지를 틀어도 의지한 것은 나뭇가지 하나에 지나지 않고, 두더지는 강물을 마셔도 제 배를 채우는 데에 지나지 않는다鷦鷯巢於深林 不過一枝 鼴鼠飮河 不過滿腹"라고 한 데서 온 말로, 사람이 각각 자기 분수가 있음을 의미한다. 『장자莊子』「소요유逍遙遊」.

93. 연화煙火 : 집에서 불 때는 연기. 여기서는 속세를 말함. 중국 진晉나라 손초孫楚가 숨어 살려고 하면서, "돌을 베고 물에 양치질하련다枕石漱流"라고 말해야 할 것을, "물을 베고 돌로 양치질하련다枕流漱石"라고 잘못 말했는데, 왕제王濟가 그 말을 듣고 잘못을 지적하자, 손초가 "물을 베는 것은 속진俗塵에 찌든 귀를 씻어 내기 위함이요, 돌로 양치질하는 것은 연화에 물든 치아의 때를 갈아서 없애려 함이다"라고 대답했던 고사가 전한다. 『세설신어世說新語』「배조排調」.

94. 마장魔障 : 몸을 닦거나 일을 이루는 데 장애가 되는 것. 스님이 수행득도修行得道하는 데 장애가 되는 것을 말함. 범어梵語인 마라mara의 음역音譯이다.

붉은 담장은 덩굴나무 덮고	墻紅衣薜荔[95]
골짝 물총새는 왕대로 집을 짓네	谷翠繞篔簹[96]
글 써서 아이가 읽게 하고	書著令兒讀
술잔 들자 아내는 묵힌 안주를 내네	樽傾待婦藏
궁함을 다스리면 마음 쉬이 족하고	御窮心易足
게으름을 기르면 몸도 편안해지네	養懶體因康
새벽 주살끈으로 오리를 잡고	曉繳鳧堪弋
가을 어망은 게를 묶어 두네	秋罧蟹可綁
이 누가 주장하는 사람인가	是誰主張者
내 어찌 크게 국량이 넘치랴만	豈我太過量
한밤중 그림자 부러 바라보노니	試顧中宵影
작은 책상에 등불은 어른거리네	燈花落短床

95. 벽려薜荔 : 덩굴나무.

96. 운당篔簹 : 물가에서 자라는 큰 대나무. 왕대나무.

한쪽에 버려져　　　　　　束閣[1]

어찌 버려져 허공에 글을 쓰랴　　　寧從束閣便書空
고달픈 시골살이 시는 신통치 못해　　苦乏田園賦未工
때로 방관하며 화복을 논하니　　　時有傍觀論塞馬[2]
애초에 계책 없어 덧없을 뿐　　　初無久計任泥鴻[3]
녹이라곤 난쟁이 배우보다 못 받고　　粟囊已在侏儒[4]後

1. 속각束閣 : 묶어서 시렁 위에 올려놓는다는 뜻으로, 사용하지 않거나 내팽개치거나 한쪽에 내버려 둠. "중국 동진東晉 때 유익庾翼이라는 재주 많은 장수가 있었다. 그는 동진의 원로인 유량庾亮의 동생이다. 유량이 죽은 후, 무창武昌을 지키는 임무가 동생인 유익에게 맡겨졌다. 당시, 유익은 무창의 수비를 맡는 것 이외에도, 강주, 형주, 사주, 옹주, 양주, 익주 등 여섯 주의 군사 도독에다 형주 자사刺使를 겸임하고 있었다. 북방 영토의 회복을 자신의 임무로 선포하였던 터라, 북쪽으로부터의 침입자를 막는 데는 어느 정도의 효과를 발휘하였다. 그런데, 당시 임의林義, 은호殷浩 등과 같은 사람들은 자신들의 말재주만 뽐내며, 겉으로는 싸우자고 하면서도, 사실은 이름뿐인 사람들로서 위기에 처한 동진에 아무런 도움이 되지 않았다. 유익은 이러한 사람들에 대하여 증오감을 나타내며 늘 '이런 사람들은 마땅히 꽁꽁 묶어 높이 매달아 놓아다가, 천하가 태평해지면, 그때 가서 그들의 할 일을 의논해야 합니다' 라고 말하곤 하였다 此輩宜束之高閣 俟天下太平 然後議其任耳" 또한, '속지고각束之高閣' 은 "물건을 묶어서 높은 시렁 위에 올려놓다"의 뜻으로, '방치해 둔 채 사용하지 않음' 을 비유한 말이다. '속저고각束諸高閣' 이라고도 한다. 유사한 표현으로 '속고군서束高群書', 즉 '책을 묶어놓고 읽지 않음' 이라는 말이 있다. 『진서晉書』 73권, 「유량전庾亮傳」 '유익庾翼'. 또 조선 전기의 문신 허침許琛(1444-1505)의 '극기가 준 시 세 수를 보고 운을 빌려次韻克己見贈三首' 에서, "한쪽에 버려져 쓸데없음을 알고, 어질기 바랐는데 그리 되지 못해 한탄하네. 다만 세 치 되는 혀를 가지고, 그래도 다섯 수레 책을 외우네. 신세는 고달파 지극히 궁색하여, 친한 벗들 기억에서 가물거리네. 지금까지 살아온 일들 옹졸하여, 바짝 여위어 맑고도 텅 비워 앉아 있네束閣知無用 希賢歎不如 徒將三寸舌 猶誦五車書 身世龍種極 親朋記憶疎 向來生事拙 消瘦坐淸虛" 라 하였다.
2. 새마塞馬 : 변방에 사는 노인의 말. '새옹지마塞翁之馬' 의 준말. 세상만사는 변화가 많아 어느 것이 화禍가 되고, 어느 것이 복福이 될지 예측하기 어려워 재앙도 슬퍼할 게 못 되고 복도 기뻐할 것이 아님을 이르는 말로, 인생의 길흉화복吉凶禍福은 늘 바뀌어 변화가 많음을 이르는 말이다. "옛날 중국의 북쪽 변방에 한 노인이 살고 있었는데, 어느 날 노인이 기르던 말이 멀리 달아나 버렸다. 마을 사람들이 이를 위로하자 노인은 '오히려 복이 될지 누가 알겠소.' 라고 말했다. 몇 달이 지난 어느 날 그 말이 한 필의 준마駿馬를 데리고 돌아왔다. 마을 사람들이 이를 축하하자 노인은 '도리어 화가 될는지 누가 알겠소.' 라며 불안해 하였다. 그런데 어느

무대엔 꼭두각시놀음 북소리 감도네　　場皷旋催傀儡中
만약 멍청이 보내 공무를 마치면　　若遣痴兒公事了
누가 내 시풍이 헐후체인 줄 알리　　誰知歇后[5]我家風

광문 선생은 자적하는 분이라　　廣文[6]秖是散人[7]銜
이 마을 저 마을로 진창길 가네　　徒步衝泥巷北南
한 무리 고기도 비늘과 갈기 귀하고　　同隊有魚鱗鬣貴
학 아닌 무리에 드니 낟알도 부끄럽네　　入羣非鶴稻粱慚
부적은 아직 떼어 낼 때가 오지 않고　　桃符[8]見退時猶未

날 말타기를 좋아하는 노인의 아들이 그 준마를 타다가 떨어져 다리가 부러졌다. 마을 사람들이 이를 걱정하며 위로하자 노인은 '이것이 또 복이 될지 누가 알겠소.' 라며 태연하게 받아들이는 것이었다. 그로부터 일 년이 지난 어느 날 마을 젊은이들은 싸움터로 불려 나가 대부분 죽었으나, 노인의 아들은 말에서 떨어진 후 절름발이였기 때문에 전쟁에 나가지 않아 죽음을 면하게 되었다." 『회남자淮南子』.

3. 이홍泥鴻 : 과거의 사적이 흔적도 남지 않고 없어짐을 비유한 말. p.139의 주 5 참조.

4 주유侏儒 : 난쟁이 배우를 말함. "중국 한漢 무제武帝 때 동방삭東方朔이 일찍이 무제에게 아뢰기를 '난쟁이는 키가 세 척尺 남짓밖에 안 되지만 한 자루의 곡식과 이백사십 전錢을 받는데, 신臣 삭은 키가 구 척 남짓이나 되지만 역시 한 자루의 곡식과 이백사십 전을 받으니, 난쟁이는 배가 불러 죽을 지경이고 신 삭朔은 배가 고파서 죽을 지경입니다. 그러니 신의 말을 채용할 만하시면 예우를 그들과 다르게 해 주시고, 채용할 만하지 못하면 파면하시어 장안의 쌀만 다 없애도록 하지 마소서' 하였다朱儒長三尺餘 奉一囊粟 錢二百四十 臣朔長九尺餘 奉一囊粟 錢二百四十 朱儒飽欲死 臣朔飢欲死 臣言可用 幸其異禮 不可用罷之 無令但索長安米" 한 데서 온 말이다. 『한서漢書』 65권, 「동방삭전東方朔傳」.

5. 헐후 : 뒷말을 생략한 시체인 헐후체歇後體를 말함. p.17의 주 15 참조.

6 광문廣文 : 중국 당나라 시인 두보杜甫의 친구였던 정건鄭虔을 가리킴. 광문관 박사廣文館博士를 지냈으므로 광문廣文이라 호하였다. 시詩 · 서書 · 화畫의 세 가지 예藝에 능하여 정건삼절鄭虔三絶로 불린다. 당 현종玄宗이 그의 재질을 아낀 나머지 그를 위해 광문관廣文館을 설치하고 박사博士로 임명하였는데, 두보의 '취시가醉時歌' 중에 "광문 선생은 끼니도 제대로 못 먹어廣文先生飯不足"라는 구절이 나온다. 『당서唐書』 「문예전文藝傳」.

7. 산인散人 : 벼슬에 얽매이지 않고 한가히 자적하는 사람. 혹은 쓸모없는 사람이란 뜻으로, 자신의 겸칭謙稱으로 쓰임.

8. 도부桃符 : 복숭아나무로 만든 부적. 두 개의 복숭아나무 판자에다 신도神荼와 울루鬱壘의 두 귀신 이름을 써서 만든 부적으로, 인가人家에서 정초正初가 되면 사기邪氣를 막을 목적으로 문간에 걸어 두었다. 『설부說郛』 12권, 「울루鬱壘」.

모래와 자갈로는 옹기를 빚지 못하네　沙礫相陶戲不堪
왕랑의 그날 일 되레 부끄러워　却愧王郎[9]當日事
하찮은 벼슬로 어찌 청담을 얘기하랴　馬曹[10]那得付淸談

9. 왕랑王郎 : 중국 한漢나라 때 사람으로 이름은 창昌이다. 왕랑이 살고 있는 하북河北 땅에 제왕 될 사람이 있다고 해서 조趙 목왕繆王의 아들 임林 등이 왕랑을 추대해서 왕위에 앉혔다가 광무제에게 쫓겨났음.

10. 마조馬曹 : 중국 동진東晉의 서예가 왕휘지王徽之의 별칭. 여기서는 '하찮은 벼슬'을 뜻함. 왕휘지가 거기장군車騎將軍 환충桓沖의 기병참군騎兵參軍으로 있으면서 머리는 쑥대 같고 허리띠는 풀어헤친 채 자기 직무를 돌보지 않았다. 환충이 "그대는 무슨 관서官署를 맡는가?" 하고 묻자 "무슨 관서인지는 모르겠지만 늘 말을 끌고 오는 것을 보니, 아마도 마조馬曹인 듯합니다." 하였고, 또 "관서에는 모두 얼마의 말이 있는가?" 하자 "공자가 말을 묻지 않았다 했으니 어떻게 그 숫자를 알 수 있겠습니까?" 하고서, "말이 근래 얼마나 죽었는가?" 하자 "산 것도 모르는데 죽은 것을 어떻게 알겠습니까?" 하였다. 『세설신어世說新語』「간오簡傲」.

우경의 시에 차운하여　　次右卿[1]韻

잎 지니 산봉우리들 또렷해	葉脫山添數角峰
처참하도록 차서 더더욱 푸르네	慘靑冷碧更重重
갑자기 창가 대숲에 눈 오는 소리	乍聽微霰當窓竹
담장 가득 솔바람 쏴 부니 귀에 익네	慣作驚濤滿院松
처사는 글 다듬느라 절로 그윽하고	處士爲文仍自祭
갈강은 고을 얻어 봉토를 바꾸었지	渴羌[2]得郡是移封[3]
짙거나 묽거나 두루 손을 떼니	濃匀淡抹俱停手
늙어 가며 잊노라니 기꺼이 용납하네	老去兼忘悅已容
고요히 앉아도 늘 책은 읽지 않아	靜坐多常不讀書
문 닫는 곳마다 한가로이 사네	閉門隨處得閒居
난세에 순우곤의 고담준론 들으며	談天炙轂[4]駭時聽

1. 우경右卿; : 조선 후기 서예가인 이건필李建弼의 자字. p.22의 주 25 참조.
2. 갈강渴羌 : 술을 대단히 즐기는 사람을 말함. 중국 진晉나라 때 강족羌族인 요복姚馥이란 사람이 탁주濁酒 찌꺼기를 잘 마시면서 항상 "순주에 목마르다渴於醇酒"고 말하므로, 사람들이 그를 희롱하여 '갈강' 이라고 했다는 데서 온 말이다. 『태평어람太平御覽』.
3. 이봉移封 : 봉토封土를 바꿔 옮기는 것. 중국 당唐나라 여양왕汝陽王 이진李璡이 술고래로 유명해 양왕 겸 국부상서釀王兼麯部尙書라는 별호를 얻었는데, 이를 두고 지은 두보杜甫의 시에 "여양은 서 말 술을 마셔야 조정에 나가고, 길에서 누룩 수레만 만나도 군침을 흘린다. 주천 고을로 벼슬을 옮기지 못함을 한스러워한다汝陽三斗始朝天 道逢麯車口流涎 恨不移封向酒泉" 하였다. 『두소릉시집杜少陵詩集』 권2, 「음중팔선가飮中八仙歌」.
4. 자곡炙轂 : 중국 전국시대 제齊나라 사람인 순우곤淳于髡을 가리킴. 그가 지혜와 언사가 유창하고 무궁함을 이른 말이다. 옛날 제齊나라 사람들이 추연鄒衍과 추석鄒奭, 그리고 순우곤 세 사람을 각각 칭송하여 말했는데, "하늘을 말하는 자는 추연이고, 문장에 용을 새기는 자는 추석이며, 지혜가 끝없이 흘러나오는 사람은 순우곤이다談天衍 雕龍奭 炙轂過髡"라 하였다. 여기서 '담천談天' 과 '조룡雕龍' 은 변론을 잘하는 것을 비유한 말로, 추연은 천도天道의 음양오행陰陽五行을 잘 표현하고, 추석은 추연의 학문을 받아들여 용무늬를 새기듯이 문식文飾을 잘하여 "담천연談天衍, 조룡석雕龍奭"이라 불렀다. 또 '과過' 는 수레바퀴에 기름칠을 하는 기물로서 노구솥을 뜻하는 '과鍋' 와 같다. 『사기史記』「맹자순경열전孟子荀卿列傳」.

마당 쓸고 향 피워 근원에서 노니네　　掃地焚香遊物初
베개 괴고 잠자니 꿀보다 달고　　枕上睡甛勝蜂蜜
술잔 철철 넘치게 마시니 술고래네　　尊中飮快憶鯨魚
들 여우나 앵무새나 참선을 하니　　野狐鸚鵡禪俱似
당년에만 면벽한 게 아니겠지　　非是當年面壁餘

늘그막에 좋은 시절로 돌아 못 가도　　晩境無由復入佳[5]
그대를 만나니 옛날 풍류가 생각나네　　逢君猶覺舊風懷
집 온통 눈빛에 묻히니 흔히 있는 일　　屋將雪色尋常比
문안에 산 빛이 드니 저녁 해는 설핏해　　闥許山光日夕排
공초는 사리에 어긋나 죄주려 쓰고　　供狀[6]書淫惟罪案[7]
벼슬은 높아야 좋으니 궁궐 품계석이라　　頭銜[8]歡伯是宮堦
예전부터 흥이 많아 돌아갈 걸 말하니　　從前各訴多歸興
어느 해나 손잡고 산림에서 노닐까　　林下何年把臂[9]偕

5. 입가入佳 : 점입가경漸入佳境과 같은 뜻으로, 갈수록 흥미진진하다는 말이다. 중국 진晉나라 고개지顧愷之가 감자甘蔗(사탕수수)를 꼬리 부분부터 맛보자, 어떤 사람이 그 이유를 물으니 "점점 더 좋은 맛을 보려고 해서漸至佳境"라고 대답했다는 고사에서 유래한다.
6. 공장供狀 : 죄인이 범죄 사실을 자백한 공초供招.
7. 죄안罪案 : 범죄 사건을 적은 기록.
8. 두함頭銜 : 관리의 위계, 혹은 벼슬의 직함.
9. 파비把臂 : '파비입림把臂入林', 즉 팔을 잡아 산림에 들어가 함께 노닐기를 원한다는 뜻. 『세설신어世說新語』.

추사와 인암, 두 공과 등정하는 날에

秋史寅庵 二公登程日

어슴푸레 한 듯 아닌 듯도 해	似不分明似不持
구름 두어 장 석양에 들쭉날쭉 비치네	斷雲殘照兩參差
그 해 또 삼 년 동안 헤어졌지만	當年亦有三年別
오늘 하루 생각이 얼마나 많은지	今日何多一日思
기이한 책 부치고 은덕에 보답하니	盡付奇書[1]容祭獺[2]
또 새 시제는 여룡을 더듬는 듯	更將新課囑探驪[3]
빈 상에 촛불은 간밤에 다 타니	空床燭點前宵跋
말에서 내린 그 쉼터 바로 여기일세	可是長亭[4]下馬時

1. 기서奇書 : 기이奇異한 내용의 책. '사대기서四大奇書'는 중국 명明나라의 네 편의 걸작 소설인 「수호전水滸傳」「삼국지연의三國志演義」「서유기西遊記」「금병매金瓶梅」를 말함.
2. 제달祭獺 : 승냥이와 수달 같은 미물도 조상의 제사를 모셔 근본에 보답할 줄 안다는 뜻의 '시달개지보본豺獺皆知報本'에서 나온 말이다. 승냥이는 포획한 짐승을 먹을 때 먼저 좌우에 늘어놓아 제사하고, 수달도 포획한 물고기를 먹으려 할 때 좌우에 늘어놓고 제사한다고 한다. 『소학小學』「가언嘉言」.
3. 탐려探驪 : 검은 용을 더듬음. 『장자莊子』「열어구列禦寇」에 "천금의 구슬이 저 깊은 바다 속 흑룡의 턱 아래에 숨겨져 있다夫千金之珠 必在九重之淵而驪龍頷下"라고 하였다.
4. 장정長亭 : 행인들의 휴게소. 5리里마다 단정短亭을 설치하고 10리마다 장정을 설치하였다.

대흥에서 해서로 돌아가며　　自大興[1]轉向海西

새 근심 묵은 한 울적해 풀 길이 없어	新愁舊恨鬱難開
다섯 해 세 번이나 만월대 지나네	五載三過滿月臺[2]
오래된 절 푸른 구름 나막신은 남아	古寺碧雲餘短屐
황폐한 성에 단풍 들어 흠뻑 취하네	荒城紅樹足深盃
눈에 가득 산은 막혀도 사람은 가고	關山溢目人猶往
첩첩 천지 응달에도 기러기는 날아오네	天地層陰鴈又來
돌아보니 우산 메고 도로 웃어 젖히니	自顧擔簦還一笑
우경도 책 펴내던 재주는 있었다지	虞卿[3]亦是著書才

1. 대흥大興 : 충청남도 예산지역의 옛 지명.
2. 만월대滿月臺 : p.121의 주 1 참조.
3. 우경虞卿; : 중국 전국시대의 유세객遊說客. p.101의 주 8 참조.

여름밤에

밤 되자 찌뿌듯하니 더벅머리 상쾌해
내일 아침에는 비가 내리려나
초가에 연기 피니 박쥐 한 쌍 나오고
울타리에 맺힌 이슬에 거미가 산뜻하네
날 뜨거워 이리저리 대자리에 옮겨 눕고
거문고는 줄이 말라 소리가 축 처졌네
늙어 가니 새 시절 풍광 보는 것도 싫어
서풍은 쏜살같이 불어 가을이 오고 있네

夏夜

終慳入夜快鬆淸
可是明朝雨又成
煙後屋頭雙蝠[1]出
露初籬角一蛛晴
煖多簟竹頻移臥
潤盡琴絲欲慢聲
老去厭看新節物
西風莫遽遣秋生

1. 쌍복雙蝠 : 박쥐 한 쌍, 상서로운 기운과 행운을 상징함. 박쥐를 일명 '선서仙鼠' 라고 하는데, 박쥐의 한자음 편복蝙蝠의 '복蝠' 이 '복福' 과 같아 다복의 상징으로 여겼다. 박쥐에 관해서 재미난 옛 이야기가 있다. 봉황의 수연壽宴에 모든 새들이 참여하였는데, 오직 박쥐만이 참석하지 않았다. 박쥐는 자기는 새가 아니라 네 발 달린 동물이기 때문이라 했다. 뒤에 기린이 생일잔치를 벌였을 때도 박쥐는 참여하지 않았다. 자기는 새처럼 능히 날 수 있기 때문에 새이지 짐승이 아니라고 했다. 박쥐 두 마리를 그린 문양은 쌍복雙福을 의미하고, 박쥐 다섯 마리를 그린 문양은 오복五福을 상징한다.

남의 '추흥' 시권에 제하여 題人秋興詩卷

성정과 가을은 서로 비슷해	性與秋相近
해마다 일찍 그걸 알았지	年年早得之
홀로 우는 벌레 곡조를 이루고	鳴蟲成獨調
서늘한 달빛은 곱기만 하네	凉月有姸姿
불평불만은 다 풀지 못하고	不盡牢騷感
젊은 시절은 그리 길지 않았지	無多少壯時
쟁반 위 알알이 구슬이 구르니	珠珠[1]盤上轉
눈 닦고서 그대 시를 읽고 있네	拭眼對君詩

1. 주주珠珠 : 이 시에서 구슬은 아주 잘된 시구詩句를 말함. '관주貫珠'는 구슬을 끈에 꿰는 일의 뜻으로, 글이나 시문詩文을 하나하나 따져 보면서 잘된 곳에 치던 동그라미를 말한다.

낙동강에서 김경희에게 주다　洛東贈金慶熙

듣자니 그대 심약처럼 아프다는데	聞君病似沈休文[1]
죽길 무릅쓰고 고서에 매달리나	抵死猶能事典墳[2]
집을 찾아 문에 이르니 저잣거리 휑한데	有屋門臨虛市路
소와 말만 오고 가며 분주하구나	來牛去馬正紛紛

1. 심휴문深休文 : 휴문은 중국 남조南朝 양梁나라의 시인 심약沈約의 자字. 송 · 제 · 양 삼조三朝에 걸쳐 벼슬이 상서령尙書令에 이르고, 시문이 당대에 으뜸이던 그가 서면徐勉에게 준 편지에, “노쇠함에 따라 병이 점점 깊어 외출하기도 어렵고, 특히 상열하냉上熱下冷의 증세가 극심하여 몸이 점점 수척해지니, ……어찌 오래 지탱할 수 있겠느냐支體不復相關 上熱下冷月增日篤 取煖則煩.……豈能支久”라는 말을 하였다. 『양서梁書』 13권, 「심약열전沈約列傳」.
2. 전분典墳 : ‘삼분오전三墳五典’의 준말로, 고서古書를 가리킴. ‘삼분’은 삼황三皇의 책이고, ‘오전’은 오제五帝의 책인데, 지금은 전하지 않는다.

볼기짝에 부스럼이 나서　　臀腫

지독한 부스럼 오래 뻗치니　　癰腫徒聞享大年[1]
엉덩이 짐짓 아무렇지 않은 듯　　尻輪[2]無計馭泠然
종기 뿌리 따라 찬 방석에 앉아 견디니　　根從耐得寒氈坐
그 닳은 모양은 옛 걸상 구멍 뚫린 듯　　形作磨來舊榻穿[3]
곰곰 생각하니 안장에 어찌 앉으랴　　顧眄寧論鞍上據
가부좌 삼매 선정은 이미 그만두었네　　跏趺已廢定中禪
배설의 두 구멍 원래 붙어 있으니　　尾閭[4]有穴元相近
새는 곳 찔끔찔끔 적셔 말도 못 하겠네　　漏處難辭小滴涓

넓적다리 아파 측간 가서 우는 영웅인가　　如廁英雄泣髀[5]時
하찮은 게 어찌 사람을 찌르는 시가 되랴　　葑菲[6]況復刺人詩
피부병 어찌할 수 없어 한쪽 평상만 닳고　　膚灾無奈床偏剝
침놓을 때 무슨 수로 잠시 자리 떠날까　　針坐何由席暫離

1. 대년大年 : 원래 고년高年이나 장수長壽를 가리키는데, 여기서는 부스럼이 오래되어 괴로움을 해학적으로 말한 것이다.
2. 고륜尻輪 : '고륜신마尻輪神馬'의 준말로, 자유로운 삶을 뜻함.
3. 탑천榻穿 : 의자에 난 구멍. 중국 삼국시대 위魏나라 관녕管寧의 검소한 생활을 이름. 관녕이 워낙 검소하여 자기 탑상榻上의 무릎 닿는 곳에 모두 구멍이 뚫렸었다는 데서 온 말이다. 『삼국지三國志』 11권.
4. 미려尾閭 : 바다 한복판에 있어서 물이 한없이 새는 곳, 그러므로 바닷물은 넘치지 않는다 한다. 『장자莊子』「추수秋水」. 여기서, 미려(생리 배설기)는 정액의 길이다尾閭者精之路.. 홍만선洪萬選, 『산림경제山林經濟』 1권, 「섭생攝生」 '총론總論'.
5. 삽비泣髀 : 천자문千字文에, "수재는 또 병부를 주장하고 다만 넓적다리가 원활하지 않다秀又握符備但泣髀"라는 구절이 있다. *여기서 泣의 음은 '삽'이며, 피가 통하지 않음, 원활하지 않음의 뜻이다.
6. 봉비葑菲 : 보잘것없는 것을 가리킴.『시경詩經』「패풍邶風」, 「곡풍谷風」의 "순무나 무를 캐는 것은 뿌리만을 위한 것이 아니다采葑采菲 無以下體"라는 말에서 나온 것으로, 그 뿌리는 하찮다는 말이다.

하루 종일 문지르다 가려워 못견디니　　盡日馬摩難着癢
두려워 몇 번이나 흠칫흠칫 하였나　　幾番狼顧[7]欲成疑
괜찮은 자리는 그래도 고만고만한데　　明堂部位猶差歇
예전 일로 볼기짝에 벌 주는 걸 알겠네　　知我從前罪固笞

7. 낭고狼顧 : 이리狼가 뒤를 돌아다봄. 이리가 겁이 많아 뒤를 잘 돌아다보므로, 자꾸 두려운 생각이 드는 것을 비유한 말이다. 혹은 고개를 흘깃거리며 노리는 물건이나 악랄하고 탐욕스럽게 무엇을 얻고자 하는 노림의 형용으로 쓰인다. 『진서晉書』에 "조의가 동쪽 제를 노렸다曹嶷狼顧東齊"라고 하였다.

안악 영공의 시에 차운하여 희롱하여 주다　　次安岳[1]令公[2]戲贈

눈가에 노을 스치니 봄은 오는가　　過眼斜陽刻意春
애초에 시름겨우니 갈증이 속되네　　有愁如緒渴生塵
비파 켜는 사람은 꽃에 취했는데　　琵琶人守花前醉
몇 겁이나 닦아야 사무진처럼 이룰까　　幾劫修成謝茂秦[3]

1. 안악安岳 : 황해도 서북부에 위치한 지명.
2. 영공令公 : 관아의 우두머리를 높임말.
3. 사무진謝茂秦 : 무진은 중국 명明나라 시인 사진謝榛의 자字. 그는 "산 한 명의 노남盧枏은 구해줄 줄 모르면서 이내 천년 위로 올라가 굴원屈原을 슬퍼하고 가의賈誼를 조위한다生有一盧枏不能救 乃從千載下 哀湘弔沅乎"고 말하였다. 여기서, 노남은 명나라 사람으로 재주가 높고 특히 시에 뛰어나서 사진과도 교의가 깊었는데, 일찍이 현령縣令에게 거슬러 옥고를 치르고, 평생 뜻을 펴지 못하고 죽었다. 사무진은 이반룡李攀龍, 왕세정王世貞, 종신宗臣, 양유예梁有譽, 서중행徐中行, 오국륜吳國倫과 더불어 중국 명대 일곱 명의 문학가를 칭하는 '후칠자後七子'의 한 사람이다. 가정연간嘉靖年間(1522-1566)에 활동해서 '가정칠자嘉靖七子'라고도 한다. 의고주의擬古主義를 주창하여, 전한前漢의 문장과 성당盛唐의 시만을 존중하고, 당대 문단에 압도적인 세력을 가지고 있었다. 『사명시화四溟詩話』.

해서에서 봄날에　　海西春日

아침마다 비바람 치니 더 쌀쌀해	風雨朝朝尙薄寒
올해 봄 일도 역시 시들하네	今年春事亦闌珊
바둑도 끝내 같은 판은 없고	看棋究竟無同局
수 찾아 늘 만반을 하고 싶네	布算尋常欲滿盤
술 취해 꽃 보니 썩 나쁘진 않아	扶醉對花殊不惡
애써 시구 찾아 읊는 일 많구나	搜詩吟病更多端
운몽호 견주는 남쪽 고을 나그네	比他雲夢[1]南州客
졸다 괜히 바다 벙벙하게 만드네	睡思空令海樣寬

1. 운몽雲夢 : 중국 한漢, 위魏 이전엔 그리 크지 않은 습지를 지칭했는데, 진晉 이후에 동정호洞庭湖까지 포괄하는 큰 호수를 뜻하게 되었다. 한나라 사마상여司馬相如의 '자허부子虛賦' 에 "운몽과 같은 것 여덟 아홉 개를 한꺼번에 집어삼키듯, 그 흉중이 일찍이 막힘이 없었다呑若雲夢者八九 於其胸中 曾不蔕芥"라고 하였다.

다시 서학포의 집을 지나며　　再過徐鶴圃

화성 밖 서쪽으로 드는 길 으슥해	花城西外路初深
과현 남쪽 변두리에 한 해가 저무네	果縣[1]南邊歲欲陰
옛날 변화는 벽옥에 세 번 발이 잘리고	異代卞和[2]三刖玉
당년 양진은 사사로운 황금을 물리쳤네	當年伯起[3]四知金[4]
겨울은 따스해 눈 녹은 물이 밭고랑 녹여	冬溫雪水融田脉
밤 이슥토록 바람 소리가 먼 산에 흩어지네	夜久風聲落遠岑
논두렁 건너가니 그 느낌을 잊지 못해	越陌度阡聊復爾
그댈 위해 어찌 시 읊지 않으리오	爲君那得不沉吟
그냥 서로 오랫동안 그리워할 뿐	相憶相思一任長
인간사는 참 빨리도 흘러가지	人間逝者最忙忙
밭뙈기 느니 때 되면 계획하고	園林漸展年來畫
서권은 많아져 점점 향기를 더하네	書卷逾添別後香
이런 형편에 어찌 꿈속인들 괴로움 없으랴	此地能無勞夢寐

1. 과현果縣 : 과천현果川縣을 말함. 과현 남쪽은 지금의 경기도 군포시이다. 조선시대의 과천현 남면 일대가 1914년 시흥군 남면이 되었다가 시로 발전한 곳이다.
2. 변화卞和 : 중국 춘추시대 초楚나라 사람. p.105의 주 1 참조.
3. 백기伯起 : 중국 후한後漢 때의 학자 양진楊震의 자字. 오십 세에 무재茂才(과거등용법의 하나)로 추천되어 형주자사荊州刺史를 네 번 지내고, 동래태수東萊太守와 탁군태수涿郡太守를 거쳐 태위太尉가 되었다. 학문을 좋아해 관서공자關西孔子로 불렸다. 『후한서後漢書』 84권.
4. 사지금四知金 : 중국 후한後漢 때의 학자 양진楊震이 일찍이 동래태수東萊太守로 부임하던 도중 창읍昌邑에 이르렀을 때, 앞서 양진에게서 무재茂才(과거등용법의 하나)로 천거를 받았던 창읍령昌邑令 왕밀王密이 밤중에 양진을 찾아가서 황금 열 근을 바치자, 양진이 말하기를 "그대의 친구인 나는 그대를 아는데, 그대는 나를 알지 못하는 것은 무슨 까닭인가故人知君君不知故人何也" 하니, 왕밀이 말하기를 "밤이라 아무도 아는 사람이 없습니다暮也無知者" 하므로, 양진이 말하기를 "하늘이 알고, 귀신이 알고, 내가 알고, 자네가 아는데, 어찌 아는 사람이 없다고 하는가天知神知我知子知 何謂無知" 하고 황금을 물리쳤던 고사에서 온 말이다. 『후한서後漢書』 54권, 「양진열전楊震列傳」

우리네 본래 염량이야 쓸어버린 걸	吾曹本自掃炎涼[5]
옛 시절 천기는 지금 또 잇닿아 있으니	舊時天氣今重到
몇 그루 찬 매화가 초당에 피어 있네	數樹寒梅認草堂

벌써 이틀 묵으니 꿈인 듯 아닌 듯	信宿[6]曾經夢不眞
내 가슴속 오가는 그리운 사람 있네	胷中我有往來人
산과 시내 오래 막혀 달포를 그리다가	山川久碍相思月
천지는 머뭇머뭇 한바탕 만발한 봄	天地方慳一笑春[7]
점점 흥겨워져 청안으로 대하노니	頓頓能爲靑眼[8]待
아득해라 누가 또 흰 머리털 느는지	悠悠誰復白頭新
강남의 절후는 아주 온화하니	江南時候溫存甚
게다가 맑은 술로 목마른 속세를 씻네	況是淸尊洗渴塵

5. 염량炎涼 : 더위와 서늘함. 세태를 판단하고 선악과 시비를 분별하는 슬기. 세력의 성함과 쇠약함. '염량세태炎涼世態'는 세력이 있을 때는 아첨하며 따르고, 권세가 없어지면 푸대접하는 세상인심을 말한다.
6. 신숙信宿 : 이틀 밤을 머묾. 숙숙宿宿, 재숙再宿이라고도 함.
7. 일소춘一笑春 : '일소의 봄'으로, 기뻐하여 웃는 모습을 말함. 중국 한漢나라 소제昭帝 때 준불의雋不疑가 경조윤京兆尹이 되어 매양 현縣을 순행하면서 죄수들을 조사하고 돌아왔다. 그때마다 늙은 모친이 준불의에게 "이번에는 평반(번)平反(잘못된 판결이나 억울한 누명을 바로잡아 줌)을 해서 몇 사람이나 살렸느냐有所平反 活幾何人"고 물었는데, 만일 준불의가 평반을 해서 죄를 감해 준 것이 많았으면 그의 모친이 기뻐하여 웃으면서 밥도 잘 먹었고, 평반한 것이 없었을 경우에는 노하여 밥도 먹지 않았다는 고사에서 온 말이다. 『한서漢書』 71권, 「준불의전雋不疑傳」.
8. 청안靑眼 : 남을 기쁜 마음으로 대하는 뜻이 드러난 눈초리. 중국 진晉나라 때의 명사인 완적阮籍은 세속의 법도에 구애 받지 않고 지내면서 "예속지사를 대할 때에는 백안白眼으로 대하였다. (중략) 혜희嵇喜가 와서 조문하자 완적이 백안으로 대하자 혜희가 화를 내면서 되돌아갔다. 그러자 혜희의 동생인 혜강嵇康이 그 말을 듣고는 술과 거문고를 가지고 가서 조문하자, 완적이 몹시 기뻐하면서 청안으로 대하였다見禮俗之士 以白眼對之 (中略) 及嵇喜來吊 籍作白眼 喜不懌而退 喜弟康聞之 乃齎酒挾琴造焉 籍大悅 乃見靑眼" 『진서晉書』 49권, 「완적전阮籍傳」.

화성에서 돌아오는 길에… 華城[1]歸路…

백 리 길 비틀비틀 앞서 걸어와 蹣跚百里步初開
어느 주막 이르니 술 한잔 파네 一店旋沽一酒杯
저물 녘 눈 내리려나 나무는 찬데 雪意平連寒樹暮
얼음장 떠 있고 언 구름이 몰려오네 澌流如帶凍雲來
여정을 재촉해 강가에 다다라 한탄하니 催程又作臨河歎
세상 구제보다 사공 부르는 게 어렵네 喚渡難於濟世才
오늘 밤은 그냥 접고 길 가는 것도 쉬니 棄置今宵休復道
부귀공명이야 한갓 신선의 꿈에나 있지 黃粱[2]白璧[3]夢仙回

* 이 시의 원제목은 「화성에서 돌아오는 길에 저물 녘 유우범 서재에 묵으며華城歸路暮宿柳雨帆書所」이다.

1. 화성華城 : 넓게는 경기도 수원을 말하는데, 혹은 수원시 장안구와 팔달구에 걸쳐 있는 조선 후기의 읍성을 말한다.
2. 황량黃粱 : 누런 기장밥. p.88의 주 158 참조.
3. 백벽白璧 : 흰 옥덩이. 여기서는 자기 재능을 발휘할 길이 없음을 의미한다. p.88의 주 159 참조.

자석영 벼루　　紫石英硏山[1]

자석영 벼루	紫石英硏山[1]
연꽃 떨어져 옥처럼 영롱하니	芙蓉墮化玉玲瓏
전생의 몸 생각하니 구멍마다 통하네	想得前身竅竅通
삼요와 불사에 공양하지 않고	不與參寥[2]供佛事
항아리 속 구화석은 그냥 두기로 하네	留看九華[3]在壺中

1. 연산硏山 : 기암괴석으로 이루어진 산 모양의 벼루. 연산硯山이라고도 한다. 실질적 용도보다는 감상의 대상인 연산은 중국 한대漢代 '열두 봉우리를 가진 도자기 벼루十二峰陶硯' 에서 연원을 찾을 수 있으며, 연산과 관련된 문헌은 다음과 같다. 오대십국五代十國의 이후주라는 사람이 가지고 있다가 이후 여러 사람을 거쳐 북송北宋 서화가 미불米芾(1051-1107)에게 넘어갔다. 미불은 이 벼루를 '해악암 연산' 이라 이름 지었는데, 뒤에 집을 짓기 위한 땅을 얻기 위해 이 벼루와 땅을 교환했다고 전해진다. 이 벼루는 지름이 한 자 정도이고, 서른여섯 개의 봉우리가 솟아 있었는데, 봉우리 모두 크기가 손가락만 하였다. 좌우에 두 개의 가파른 낮은 산이 있으며, 가운데를 뚫어 벼루로 삼은 것이다. 미불이 그린 연산도 횡권橫券이 최근 중국 고궁박물관에 소장되었다. 당시에 김유근金逌根이 그린 〈황산연산도黃山硏山圖〉가 있다.
2. 삼요參寥 : 언어와 문자의 길이 끊어진 현묘玄妙한 상태. "오구於謳는 현명玄冥에게서 듣고, 현명은 삼요參寥에게서 듣고, 삼요는 의시疑始에게서 들었다於謳聞之玄冥 玄冥聞之參寥 參寥聞之疑始"고 하였다. 『장자莊子』「대종사大宗師」. 또한 "『장자莊子』「대종사大宗師」에 '부묵副墨의 아들에게 들었고, 부묵의 아들은 낙송洛誦의 손자에게 들었고, 낙송의 손자는 첨명瞻明에게 들었고, 첨명은 섭허聶許에게 들었고, 섭허는 수역需役에게 들었고, 수역은 오구於謳에게 들었고, 오구는 현명玄冥에게 들었고, 현명은 삼요參寥에게 들었고, 삼요는 의시疑始에게 들었다.' 하였다. 대개 의시疑始란 것은 있는가 의심되고 없는가. 의심되는 그 시始를 이름이요, 이미 시始하여 고요함을 삼요라 이르고, 고요하여 측량할 수 없는 것을 현명이라 이르며, 구謳는 아마도 구허嘔噓라는 구嘔와 동일한 듯싶으니 곧 동動의 시초이다. 동하면 승강升降, 왕래往來하여 쉬지 아니한다. 그러므로 수역需役이란 것은 기氣의 이름이다. 섭聶은 '귀 이耳' 자를 따랐고, 첨瞻은 '눈 목目' 자를 따랐고, 송誦은 '말씀 언言' 자를 따랐으니, 이 세 가지는 귀와 눈과 입의 이름이다. 소리聲는 빛色에 비하면 더욱 가는데, 소리만을 듣고 미처 빛을 보지 못했으므로 섭허聶許라 한 것이요, 빛만을 보고 미처 입으로 외지 못했으므로 첨명瞻明이라 한 것이요, 입은 소리를 낳고 소리는 말을 낳기 때문에 낙송洛誦의 손자라 한 것이다. 그런 연후에 붓으로 능히 쓰게 되므로, 부묵副墨이란 것은 붓의 이름이요, 붓이 능히 단독으로 임무를 치르지 못하고 먹을 얻어 부副를 삼은 연후에야 쓰게 되므로 부묵이라 이르고, 붓이 글씨를 낳게 되므로 부묵의 아들이라 이른 것이니, 그 뜻은 성인聖人의 글에서 얻었다는 것을 이름이다"라 하였다. 이익李瀷, 『성호사설星湖僿說』 29권, 「시문문詩文門」 '부묵자副墨子'. *부묵자副墨子는 문자文字를 이름.

광명을 허락한 듯 비로소 쓸 만한데	似許光明始可人
갈고 매만져 거울 속 먼지를 닦네	摩挲如拭鏡中塵
손잡이는 또 한 점 티도 없어	無勞更把頭[4]相點
이미 무너지지 않는 금강의 몸	已是金剛不壞身
일찍 바다 속 선경을 찾아 유람하니	曾遊三島[5]訪眞源
대같은 총석은 바다 어귀를 막았네	叢石如竿東海門
이제 집안끼리 사귀어 한 데 만나니	今與通家[6]逢一派
면목은 예 그대로 바로 손자뻘이네	依然面目是兒孫

3. 구화九華 : 호중구화석壺中九華石을 말함. 중국 송宋나라 문인 소식蘇軾의 '호중구화시서壺中九華詩序'에 "호구 사람 이정신이 이석異石을 가졌는데 아홉 봉우리가 영롱 완전하여 창령窓欞과 같았다. 그래서 나는 일백 금金으로 그것을 사서 구지석과 짝을 지으려 했는데 남쪽으로 옮기게 되어 미처 뜻을 이루지 못하고 이름을 '호중구화'라 함과 동시에 시로써 기록한다 湖口人李正臣 蓄異石 九峰玲瓏宛轉 若窗欞然 予欲以百金買之 與仇池石爲偶 方南遷 未暇也 名之曰壺中九華 且以詩紀之云"라고 하였음.
4. 파두把頭 : 동검이나 철검 등 기물의 손잡이 끝에 부착하는 일종의 장식.
5. 삼도三島 : 도교道敎에서 '십주삼도十洲三島'를 말함. 바다 속에 있는 선경仙境. 또한 삼십육동천三十六洞天은 도교에서 말하는 땅속의 선경은 그윽하게 숨어 신선만이 차지하여 비밀스럽게 감춰 놓고 있는 곳이다.
6. 통가通家 : 집안 대대로 서로 사귀는 세교世交와 같은 말. 두 집안이 대대로 두터운 교분을 맺어 어른들로부터 훈도를 받아 왔다는 말이다. 한편, 과정過庭은 공자의 아들 백어伯魚가 뜰을 지날 적에過庭, 부친으로부터 가르침을 받았던 고사에서 유래하여, 어른의 훈도를 받는 것을 뜻하게 되었다. 『논어論語』「계씨季氏」.

겨울밤 작은 모임 冬夜小集

그해는 온 나라 둘러보길 바랐지만	當年氣欲九州[1]橫
오늘은 몸 따라 만사가 심드렁해	此日身隨萬事輕
달빛은 어젯밤보다 미적거리고	月色較升昨夜晩
촛불 비치자 모든 사람 환히 비치네	燭花慣照諸人明
미간 살짝 펴지니 시 지은 걸 알아	眉頭乍展知詩就
뱃속은 막 귀공자의 술잔을 기다리네	腸曲初回待酒平[2]
찬 매화 도저하여 푸근히 피니	到底寒梅能穩藉
가지마다 동그랗게 알알이 맺혔네	枝枝圓轉綴珠成
오늘 휘영청 눈 내리는 달밤	崢嶸雪月一宵天
어이해 한가한 시름 나만 유독 심한지	豈有閒愁向我偏
잠시 집 근처 어슬렁거리다가	室近暫隨行藥步[3]

1. 구주九州 : 옛날 중국 전역을 아홉 개의 주로 나눴던 데에서 나온 말로 온 나라를 말함.
2. 주평酒平 : 여기서는 귀공자貴公子로부터 술 대접 받는 것을 비유한 말이다. 중국 당나라 시인 두보杜甫가 일찍이 장사長史 하란양賀蘭楊의 주연酒宴에서 취하여 노래한 '낙유원가樂遊園歌'에 "공자의 화려한 자리는 지세가 가장 높으니, 술잔 대하니 진천이 편평하기 손바닥 같네公子華筵勢最高 秦川對酒平如掌."라 한 데서 온 말로, 공자는 장사 하란양을 가리키고, 진천은 바로 그곳의 물 이름이다.
3. 약보藥步 : 가벼운 산책.
4. 포서면抱書眠 : 책을 안고 잠. 조선 후기의 문신 이유원李裕元(1814-1888)의 『임하필기林下筆記』 26권, 「춘명일사春明逸史」에 '포서抱書'라는 시구가 쓰인 서안書案에 관한 일화가 실려 있다. "내각에 오래된 서안이 하나 있는데, 안면案面에, '청산에서 이를 잡고 앉아 있다가 꾀꼬리 우는 소리 속에 책을 안고 자네靑山捫虱坐 黃鳥抱書眠'라는 시구가 새겨져 있다. 서법書法이 초일超逸한 까닭에 나이 많은 하리下吏에게 물어보았더니, 그가 말하기를, '이것은 고故 제학 서죽석徐竹石(서영보徐榮輔의 호)이 직소에 있을 때에 장난삼아 쓴 글씨인데 그 뒤에 여러 각신들이 그 묵적墨跡을 좋아하여 그것을 새겼습니다'라고 하였다. 이것은 죽석이 근경近景에서 글씨를 쓰고 있었는데, 당시는 녹음이 한창 짙었고 책을 안고서 꾀꼬리 소리를 들었음을 말한 것이다. 선배들이 지조를 엄격하게 견지하는 중에서도 한적하게 처신한 아취雅趣를 상상할 수 있다."

술이 괜히 책 안고 잠들게 하네	酒空還作抱書眠[4]
우선 마음이 쉬고 쉬어 아득하니	休休莫莫元心裏
절로 눈앞에 오가는 게 자연스럽네	去去來來自眼前
어느새 사십 년 다시 붙들기 어려워	四十居然難更挽
인간사 볼게 없어 올해 그럭저럭 지나네	人間無賴是今年

양화강 객사에서 楊花[1]江舍

늘 하던 대로 술 마시다 또 해 저물어 樽前隨例又黃昏
그해 만 그루 버들은 고을을 이뤘지 萬柳當年已作村
얼음과 눈은 기미를 논할 만하고 氷雪可能論氣味
강과 산은 서로 엉켜 올망졸망하네 江山相與入溫存
연경서 만나 술 마시니 울길 꺼리랴 酒逢燕市[2]何妨泣
시에 혼이 서려야 시인에게 합당하지 賦[3]到騷人[4]合有魂
마주 보고 웃으며 한 해 보내니 一笑相看成歲暮
매화 피는 시절, 말조차 잊고 싶네 梅花時節欲忘言

강가서 꿈이 서린 하룻밤도 길어 夢緖江干一夜多
그대 위해 무릎 치며 어이 할까나 爲君擊節欲如何
그을음은 삼가 봉해 책에 갈무리하고 煙煤重檢圖書貯
나무를 보며 세월 가는 걸 생각하네 樹木回思歲月過
우연히 만나 손잡으니 지금 눈은 내리고 携手偶逢今雨雪[5]

1. 양화楊花 : 한양에서 강화江華로 가는 도중의 양화진楊花津을 말함. 지금의 서울 마포구 합정동 부근에 있는 한강 가에 위치한다.
2. 연시燕市 : 연燕나라 저자(시장). '연시비가燕市悲歌', 즉 중국 전국시대 연나라 수도인 연경 저잣거리에서 부르는 비장한 노래란 고사에 나온다. 『사기史記』「자객열전刺客列傳」에서, 전국시대 때 진시황秦始皇을 죽이러 가는 형가荊軻가 연나라 태자 단丹의 부탁을 받고 축筑의 명인인 친구 고점리高漸離와 연시에서 매일 술을 마셨다. 또 진晉나라 좌사左思의 『영사咏史』에서 "형가 연시에서 술 마셨나니, 주기가 오르면서 그 기운 더욱 떨쳤어라荊軻飮燕市 酒酣氣益震"라는 표현이 있다. 또한 『전국책戰國策』「연책燕策 3」에서, 고점리의 반주에 맞추어 '역수한풍易水寒風' 이라는 비장한 노래를 부르고 작별했다는 고사가 유명하다.
3. 부賦 : 한문문체의 하나. 본래 『시경詩經』에서, 작자의 생각이나 눈앞의 경치 같은 것을 있는 그대로 드러내 보이는 표현방법이다. 그 뒤 굴원屈原의 '초사楚辭'를 계승한 송옥宋玉 등에 의하여 하나의 문학 장르로 정립하게 되었다. 이들은 모두 아름다운 글을 통한 풍유諷諭에 목적을 두고 있다.
4. 소인騷人 : 중국 초楚나라 굴원屈原, 송옥宋玉 등 일파의 문사文士 또는 시인을 지칭함.

관사를 집 삼지 않는 건 옛 풍속이라지　　爲家[6]元避舊風波
강 남북 여기는 어부와 나무꾼 다니는 길　　江南江北漁樵[7]路
이 내 생애는 단가 속에 들어오구나　　自此生涯入短歌

5. 우설雨雪 : "지금 나는 가는데, 눈이 펄펄 내린다今我往矣 雨雪霏霏" 『시경詩經』「소아小雅」 '채미편采薇篇'.

6. 위가爲家 : 중국 당唐나라 문인 한유韓愈의 '송양소윤서送楊少尹序'에 "중세에는 사대부들이 관소를 자신의 집으로 삼았기 때문에 벼슬을 그만두게 되면 돌아갈 곳이 없었다中世士大夫以官爲家 罷則無所於歸"라는 말이 나온다.

7. 어초漁樵 : 어부나 나무꾼들과 어울려서 소박하게 노닐며 예절 따위에 구애 받지 않고 스스럼없이 산다는 뜻이다. 즉 필부匹夫의 삶을 말한다.

내원암에서

청산 높은 곳 멀리 찾아가니
숲에는 서늘한 비바람 가득 치네
옛 부처 사람 보고 빙긋 웃으니 문기 있고
가을 하늘은 내 마음 환히 비추네
깊은 샘은 슬피 옥 울리는 소리인 듯
으스름 달빛 파리한 쇠같이 비치네
괴이해라 지난 날 티끌은 만 섬이라
어이해 살살 침노함을 알지 못했나

內院庵

青山高處遠相尋
凉雨凉風滿一林
古佛笑人文字氣
秋空還我妙明心
幽泉送響同哀玉[1]
澹月流光作瘦金
却恠向來塵萬斛[2]
如何不見些兒[3]侵

1. 애옥哀玉 : 옥이 울리는 소리가 처량하고 맑은 것을 말함. 중국 당나라 시인 두보杜甫의 시 '설십이장 판관이 시를 보내 준 데 대해 삼가 수답酬答하다奉酬薛十二丈判官見贈' 에서 상대방의 시를 칭찬하여 "맑은 글은 애옥을 울리는 듯하고, 도를 보는 것은 신형(숫돌에서 갓 갈아낸 칼. 즉 '능란한 솜씨' 를 말함.)에서 나온 것 같아라清文動哀玉, 見道發新硎" 하였다. *신형新硎은 숫돌에서 갓 갈아낸 칼, 즉 '능란한 솜씨' 를 말함.
2. 만곡萬斛 : 만 섬. 아주 많은 분량.
3. 사아些兒 : 조금. 약간. 이때 '아兒' 는 정해져 있지 않은 어림수량을 표시하는 부정양사不定量詞로, '사些' 와 그 쓰임이 같다.

비에 갇혀 유주 온천점에 묵었는데…

滯雨儒州[1]溫泉店…

행장 차려 바삐 수소문해 쫓아가니
집안일이야 팽개치고 꿈속에 있네
연일 밤비가 내려 시냇물은 불고
꽃샘바람은 몇 번이나 불었던가
봄은 먼저 기생의 살갗에 닿고
단약은 신선의 우물에서 통하지
나물 캐는 노래는 내 일 아니라
예부터 풍속이 다르기 때문이지

筇鞋棲屑逐西東
抛却家園夢想中
新漲一溪連夜雨
催花二月幾番風
春生遊女[2]肌邊早
丹在仙人井底通
欲採歌謠非我事
從來有俗不相同

* 이 시의 원제목은 「비에 갇혀 유주 온천점에 묵었는데, 인근에 시인이 있다기에 화운해 시를 구하다滯雨儒州溫泉店聞隣舍有詠詩者求韻和之」이다.

1. 유주儒州 : 황해도 신천군信川郡 문화면文化面 지역.
2. 유녀遊女 : 사람들이 모이는 마을과는 동떨어진 곳으로 떠돌이같이 흘러다니는 여자나 기생을 말함.

현기의 시에 차운하여　次玄錡[1]

한가한 계책 없이 궁달에 이르니	更無閒算及窮通
진여의 흥취는 죽 거죽보다 끈끈해	歸興眞如[2]粥面[3]濃
늘그막 여울지는 물길 보며 지나니	老去重過觀皺水
취해 낭랑히 읊는 시는 봉우리에 감도네	醉來飛下朗吟峰
그대는 옛 어른들 '삼시' 란 문자를 알 것인데	君能向古知三豕[4]
난 어찌 아직도 제자리라 부끄럽네	我奈于今愧一龍[5]
이야말로 예사 닭털로 만든 붓이니	尋常最是雞毛筆
평생 높은 벼슬에는 미치지 못하지	亦累平生萬里封[6]

1. 현기玄錡 : 조선 후기의 여항시인閭巷詩人. p.16의 주 10 참조.
2. 진여眞如 : 범어 Tathātā에서 온 말로, 궁극적으로 추구해야 할 대승불교의 이상이나 우주 만유에 보편한 상주불변하는 본체를 가리킨다. 이것은 우리의 생각이나 개념으로 미칠 수 없는 진실한 경계로, 오직 성품을 증득한 사람만이 알 수 있는 것이며, 거짓이 아닌 진실이란 뜻과 변천하지 않는 여상如常의 뜻을 말한다.
3. 죽면粥面 : 진한 차濃茶나 '진한 술醇酒의 표면에 응결되는 얇은 막膜. 그 모양이 마치 죽막粥膜처럼 생겼기 때문에 일컫는 말이다. 중국 송宋나라 문인 소식蘇軾의 '기손군부寄孫君孚' 시에 "즐거워라 무엇을 근심하리오, 사주(토지신에게 제사 지내고 마시는 술)는 죽면이 진하기도 하거니樂哉何所憂 社酒粥面濃"라 하였다.
4. 삼시三豕 : 문자文字를 잘못 읽거나 사용하는 것을 말함. p.100의 주 1 참조.
5. 일룡一龍 : 배운 사람은 신룡神龍이 변화함이 있는 듯하고 배우지 않은 사람은 돼지가 변화함이 없는 것과 같음을 비유한 것임. 중국 당나라 때 문인 한유韓愈의 시 '부독서성남符讀書城南'에 "서른 살에는 골격이 이루어져, 마침내 한 사람은 용, 한 사람은 돼지가 된다네三十骨格成 乃一龍一豬."라 하였다.
6. 만리봉萬里封 : 중국 후한後漢의 반초班超가 집이 가난해 대서代書 일을 하며 먹고 살다가, 만 리의 제후에 봉해질 상相이라는 말을 듣고는, 군대에 종사하여 공을 세워 정원후定遠侯에 봉해진 고사가 있다. 『후한서後漢書』「반초전班超傳」.

우연히 짓다

달포나 비바람 치니 일기가 고르지 않아
해악서 돌아오니 꿈속에도 찾지 않네
고작 한낮에 평상에서 바둑이나 두며
선약으로 아침부터 술 흠씬 들이키네
눈 밝아도 수레는 보지도 못해
쫄쫄 흘러 끝내 깃털도 가라앉지
함께 부른 아양곡 뜻 없이 오래가
종자기는 어디서 마음의 벗을 찾으리

偶成

三旬風雨足晴陰
海嶽[1]歸來夢懶尋
勳業午枰棋鬭妙
金丹[2]卯椀酒嘗深
眼明未必輿能見[3]
流弱終成羽亦沉
並與峨洋[4]無意久
子期何處試知音

1. 해악海嶽 : 사해四海와 오악五嶽, 즉 사방의 바다와 오대 명산. 오악은 나라의 큰 제사를 지내던 곳으로 동의 금강산金剛山, 서의 묘향산妙香山, 남의 지리산智異山, 북의 백두산白頭山과 중앙中央의 삼각산三角山을 가리킨다.
2. 금단金丹 : p.103의 주 28 참조.
3. 여능견輿能見 : 모두 할 수 있으면서도 하지 않는 경우를 비유하여 말한 것. 『맹자孟子』「양혜왕梁惠王」에 "시력이 추호의 끝은 살필 수 있으나 수레에 실은 나뭇단은 볼 수 없다明足以察秋毫之末 而不見輿薪"라고 하였다. 이와 유사한 말로, 「고자告子」에 "힘이 한 마리 어린 새끼를 이길 수 없다力不能勝一匹雛"가 있다.
4. 아양峨洋 : 거문고의 명인인 백아伯牙가 높은 산을 연주하면 친구인 종자기鍾子期가 "태산처럼 높고 높도다峨峨兮若泰山"라고 평하고, 흐르는 물을 연주하면 "강하처럼 양양하도다洋洋兮若江河"라고 평했다는 아양峨洋의 고사가 있다. 이때 연주한 거문고 곡조를 '고산유수곡高山流水曲' 또는 '아양곡峨洋曲'이라 한다. 『열자列子』「탕문湯問」.

늦은 가을밤에 앉아 晩秋夜坐

글 읽다 시력 희미해지는 걸 느끼니	漸覺看書眼力微
요즘 쇠약하긴 나 같은 사람도 드물지	龍鍾[1]近日似吾稀
생각이 꼬리 무니 막 등불이 떨고	所思不斷燈初落
이 밤 이파리 우수수 다 지고 말겠네	此夜無邊葉盡飛
세 번 빚은 술에 국화 내음 진동하고	菊氣濃于三醞酒
구름이 가볍기는 육수의 꼴이라지	雲容輕比六銖衣[2]
허연 터럭 쓸쓸해라 서풍 부는 언덕	蕭蕭鬓髮西風畔
지금 가을 빛과 더불어 손 보내고 있네	今與秋光又送歸

1. 용종龍鍾 : 몸이 노쇠하여 비실거리는 모양. 기민하지 못한 모양.
2. 육수의六銖衣 : 불가佛家에서 매우 가벼운 옷을 일컫는 말. 도리천의忉利天衣는 무게가 육수六銖, 염마천의炎摩天衣는 무게가 삼수三銖, 도솔천의兜率天衣는 무게가 이수二銖, 화락천의化樂天衣는 무게가 일수一銖, 타화자재천의他化自在天衣는 무게가 반수半銖라고 한다. 『장아함경長阿含經』.

상공 이재와 황강에 성묘하러 가서

彝齋[1]相公黃江[2]省掃[3]之行

예순 한 해 평생 길주를 맡았지　六一平生負吉州
좋은 업적 늘그막에 시름만 불러　穎昌還入晚年愁
황강이 상강의 길과 더 흡사해　黃江勝似瀧崗[4]路
가마 내리니 큰 나무는 가을을 타네　釦下筍輿[5]喬木秋

전배들이 축출할 것을 의논하자 공은 고개도 돌리지 않았다.
오두막을 닫고 책임을 벗었는데 큰 나무의 의표가 있었다
前輩議歐公無回首 敝廬息肩[6]喬木之義

1. 이재彝齋 : 조선 후기의 문인 · 서화가 권돈인權敦仁의 호. p.16의 주 11 참조.
2. 황강黃江 : 경상남도 합천군 북서에서 남동쪽으로 흐르는, 낙동강洛東江의 지류支流.
3. 성소省掃 : 묘를 깨끗하게 돌보는 일.
4. 상강瀧崗 : 중국 강서성江西省 영풍현永豐縣 남쪽에 있는 구릉. 원래 훌륭한 아들이 작고한 아버지의 행적을 기록한 글을 말하는데, 중국 송宋나라 문인 구양수歐陽脩가 자기 아버지를 상강瀧岡에 장사 지내고 상강천표瀧岡阡表를 지었던 데서 온 말이다.
5. 순여筍輿 : 대나무로 만든 가마. 원래 본격적으로 등산할 생각 없이 그저 주위 풍경을 둘러보려고 했다는 말이다. 중국 남조南朝 송宋나라의 시인 사영운謝靈運이 심산유곡深山幽谷을 샅샅이 탐색하는 것을 좋아하였는데, 그럴 때면 꼭 나막신을 준비하여 신고 대나무로 만든 가마를 타고 다녔다는 고사가 있다. 『송서宋書』 67권, 「사영운열전謝靈運列傳」.
6. 식견息肩 : 짐을 등에서 내려놓고 쉼. 즉 책임을 벗음.

희원이 그린 '서천호산도'에 제하여

題希園[1]暑天湖山圖

오구나무 푸른 갈대 물가에 땀 개고	烏臼[2]碧蘆消夏灣
누구 집 정자런가 난간이 있네	誰家亭子有闌干
늙어 가니 기침은 해마다 도져도	老來肺氣年年甚
청량한 맛보니 만 섬도 느긋해	對此清涼萬斛寬

1. 희원希園 : 조선 후기의 화가 이한철의 호. p.19의 주 19 참조.
2. 오구烏臼 : 오구나무. 갈잎큰키나무.

중구일 九日[1]

점점 운무를 느끼니 나날이 가벼워	漸覺雲煙日日輕
저물 녘 올라 갠 하늘 굽어보네	登臨快眺晩天晴
한 마리 기러기 첫 도정에 오르니	一鴻又作初程道
몇 그루 국화는 전혀 더운 기색 없네	數菊全無熱性情
가을 느끼려 하나 어딘 줄 누가 알리	欲辨秋光誰識處
선배들 더러 보니 그 생애 가련해	多看前輩可憐生
'고糕' 자가 없다고 무얼 상관하나	未題糕[2]字干何事
시인이여, 응당 운일랑 맞추지 마소	莫向詩家作應聲

1. 구일九日 : 중구일重九日, 중구절重九節, 중양절重陽節로, 음력 9월 9일이다. 음양철학에서 양수의 극인 9가 겹쳐서 중일重日 명절로 으뜸이었으나, 오늘날은 명절이 아니다. 중국 한漢나라 때 추석보다 큰 명절로 삼고, 상국일賞菊日이라 하여 국화를 즐겼다. 우리나라에서는 신라시대에 군신이 모여 연례행사로 시가를 즐기고, 고려시대는 국가적 향연으로 정례화되다가, 조선 세종 때 중삼절重三節과 더불어 명절로 공인되었다. 성종 때는 추석에 지내던 기로연耆老宴을 중양에 지내어 추석, 백중, 대보름 같은 보름날인 망일명절望日名節보다 더 큰 명절로 지냈다. 속설에는 제비가 삼월 삼짇날에 왔다가 중양에 강남으로 간다고 한다. 이날 국화전菊花煎과 국화주菊花酒를 먹고 마시며, 선비들은 산에 올라 국화와 단풍을 감상하면서 시를 짓고 그림을 그리며 즐겼다.
2. 제고題糕 : 『소씨견문록邵氏見聞錄』에 "유몽득劉夢得이 일찍이 '구월 구일' 시를 지으면서 '고糕' 자를 쓰려고 하다가 생각해 보니 육경六經 중에는 그 글자가 없어 걷어치우고 쓰지 않았다"고 하였다. 송기宋祁의 시에 "유랑은 '제고' 글자가 마음에 들지 않아서 시 가운데 한때의 호사를 저버렸다劉郎不肯題糕字 虛負詩中一代豪"란 구가 있다.

삼청 서옥에서 치량에게 주고 떠나다

三淸書屋 留別穉良[1]

춥고 외진 강마을에 갈까마귀 돌아오니	流水歸鴉冷僻村
창 틈으로 보이는 건 황혼뿐이네	窓間只是見黃昏
잔 들어 마시니 어찌 취하지 않으리	深尊到手何辭醉
헤어져 마음에 빗장 거니 혼을 끊어 놓고	小別關心亦斷魂
이 밤 온갖 얘기에 자리 뜨기 어려워	此夜細論難出席
내일 아침 지체해서 쉬이 찾아가리	明朝誤步易敲門
앞서 온 길 비바람인 걸 알고말고	前程風雨知多少
시름은 찬 꽃 보고 싱거워 말하지 않네	愁對寒花淡不言

1. 치량穉良 : 박치량朴穉良을 가리킴. p.16의 주 8 참조.

팔월 사일 정암 산방에서 八月四日鼎庵山房

남북에 이웃해도 자주 만나지 못해	南北空多偪側行[1]
가련해라 곧장 한 걸음도 안 되는데	自憐不直一文程
십 년 자취는 강호에 떠돌고	十年蹤跡江湖散
오두막 지나니 나무들 상큼하네	小屋經過樹木清
간간이 큰 웃음 듣는 사람 있으니	聞者有時還大笑
난 어쩔 수 없어 또 정을 다 쏟네	我生無奈亦鍾情[2]
만나고 싶어도 못 만나 시도 그만두니	秦風白露[3]休重唱
늘 벗이 그리워 소리내어 탄식하네	每爲伊人[4]恨此聲

1. 핍측행偪側行 : 같은 동네에 살면서 즐겁게 노닐던 때가 그립다는 말. 중국 당나라 시인 두보杜甫의 '핍측행偪側行' 시에 "가까워라, 얼마나 가까운가, 나는 골목 남쪽에 살고 그대는 골목 북쪽에 사네. 가련하여라, 같은 동네 이웃해 살면서 열흘에 얼굴 한번 대하지 못하네偪側何偪側 我居巷南子巷北 可憐鄰里間 十日不一見顔色"라 하였다.
2. 종정鍾情 : 서로 친한 감정을 한껏 다 쏟은 것을 의미함. 중국 진晉나라 때 왕융王戎이 일찍이 아들을 잃었을 때 산간山簡이 찾아가 보니, 왕융이 비통함을 감당하지 못하므로, 산간이 말하기를, "어린애는 품 안의 물건이거늘 어찌 이 지경에 이른단 말인가孩抱中物 何至於此"라고 하자, 왕융이 말하기를 "성인은 정을 잊는 것이고, 가장 하등인 사람은 정을 다하지 못하는 것이며, 정을 다 쏟을 수 있는 것은 바로 우리들에게 있다聖人忘情 最下不及情 情之所鍾 正在我輩"라고 했다.
3. 진풍백로秦風白露 : 만나고 싶은 사람을 만나지 못하게 됨을 애석하게 여김. "긴 갈대 푸르른데, 흰 이슬은 서리가 되었네. 저기 바로 저 사람 물 저편에 있네. 물길 거슬러 올라가나 험한 길은 멀기도 하네蒹葭蒼蒼 白露爲霜 所謂伊人 在水一方 遡洄從之 道阻且長"『시경詩經』「진풍秦風」'겸가蒹葭'.
4. 이인伊人 : 그리운 사람, 즉 만나고 싶은 사람을 만나지 못할 때 쓰는 말. "저기 저 사람이 물가에 분명 있네. 물길 따라 좇으려 하나 모래톱에 완연히 보이네所謂伊人 在水之湄 遡游從之 宛在水中坻"『시경詩經』「진풍秦風」'겸가蒹葭'.

시흥으로 가는 길에	始興道中
너절한 옷에 달랑 명아주 지팡이 짚고	半披麤葛短扶藜
풀과 나무 내음 풋풋한데 길은 질퍽해	草樹薰薰路水泥
산봉우리에 구름 잔뜩 몰려 있는데	山外雲皆垂作脚
시흥 서쪽에서는 석양에 비가 내리네	夕陽雨在始興西

금강산 보현사에서 퇴운 화상에게 주다 金剛普賢寺 贈頹雲和尙

눈바람 치는 원주 하늘 기억하는지 記否原州雨雪天
인생살이 찰라 같아 꿈인 듯 하네 刹那人事夢依然
일찍 한 마디 번뇌 서로 부치려 했으니 曾將一語煩相寄
부처 앞에 술 마시던 과보를 드러내네 果已銜杯證佛前

처음에 원주에서 퇴운 화상을 만나 더불어 시를 주고받았다. 내가 지은 시구에 "부처님 앞에 날 위해 술잔 기울여 증명하소서"가 있어서, 이 시를 주었다

初逢頹雲於原州 相與賦詩 拙句有佛前爲我證銜杯云 故及之

백련사에서	白蓮寺
꾸짖다 웃다 맘껏 재잘대며	訶罵笑拈時縱談
흰 연꽃 옛 절에 막 피어나네	白蓮花發古禪庵
능히 넌 법을 알아 둘이 아닌데	爾能有法原非二
난 무생이라 셋도 못 기다리네	我自無生[1]不待三[2]
평등한 마음은 도솔천에 노닐며	平等心遊兜率[3]上
몸은 인간세상 천지사방 떠도네	閻浮[4]身在大洲[5]南
텅 빈 산 나뭇잎 지는 인간세상	山空木落人間世
손수 향 피워 하룻밤 선법을 듣네	手爇爐香一夜參[6]

1. 무생無生 : 불교용어로, 모든 법의 실상實相은 나고 없어짐이 없다는 의미임. 다시 미계에 나지 않는다는 뜻으로, 아라한阿羅漢, 열반涅槃을 일컬음.
2. 부대삼不待三 : 『맹자孟子』「공손추公孫丑」 하下에, 창을 잡은 전사가 하루에 세 번 대오隊伍를 이탈하면 어떻게 하겠느냐는 물음에 "세 번까지 기다리지도 않겠다不待三"라고 대답한 이야기가 나온다.
3. 도솔兜率 : 불가佛家에서 말하는 하늘의 하나. 여기서는 높은 곳에 위치한 절을 말한다.
4. 염부閻浮 : 불교용어인 '남염부제南閻浮提'의 준말. 수미산須彌山 사대주四大洲 남주南洲에 있기 때문에 그런 이름이 붙었는데, 남염부주南閻浮洲 혹은 남섬부주南贍部洲라고도 함. 원래는 인도 지역을 가리키는 말이었으나, 나중에는 인간 세상의 총칭으로 쓰이게 되었다. 『장아함경長阿含經』 18권, 「염부제주품閻浮提洲品」.
5. 대주大洲 : 불교에서, 수미산須彌山을 중심으로 사방에 사대주四大洲가 있고, 그 주위는 철위산鐵圍山으로 둘러쌌다고 한다. 이것을 하나의 사천하四天下라 하는데, 이를 천 개 합한 것이 하나의 소천세계小千世界, 소천세계를 천 개 합한 것이 중천세계中千世界, 중천세계를 천 개 합한 것이 대천세계라 한 데서, 천지사방을 의미한다.
6, 야참夜參 : 만참晩參과 같은 뜻으로, 선사禪寺에서 저녁때에 사장師匠에게 불법佛法을 묻는 일.

정토사에서 정암, 우봉, 석남과 함께 짓다

淨土寺 同鼎庵[1] 又峰[2]石南[3]作

한 줄기 푸른 길 옛 절은 가을 한창
나무 비늘 우둘투둘 바위는 뾰쪽뾰쪽
새털구름 흐르다 비 갠 하늘 가리고
맑은 물 졸졸 멀리 흐르진 못하네
끊어질 듯 대통 울려 공양간 이르러
높낮은 나뭇잎 지니 너머 누각 보이네
바람은 소매에 스치고 날은 썰렁해
노을빛 눈 가득 이 시름 아니던가

一路蒼然古寺秋
樹鱗齒齒石頭頭
輕雲澹抹晴猶掩
澄水微痕遠不流
斷續筧鳴到香積[4]
高低葉脫出經樓
天風衫袖泠泠極
滿目斜陽不是愁

1. 정암鼎庵 : 조선 후기의 서화가 유최진의 호. p.17의 주 13 참조.
2. 우봉又峰 : 조선 후기의 화가 조희룡의 호. p.23의 주 30 참조.
3. 석남石南 : 자세한 신원은 불명이나 정수동의 절친한 친구로 보인다.
4. 향적香積 : 사찰寺刹의 부엌. 공양간 '향적주香積廚' 의 준말. 승가僧家의 식주食廚로서 대개 향적불국香積佛國의 향반香飯의 뜻을 취한 것임.

삼계에서 돌아오는 길에　　三溪歸路

귀갓길 술 취해 소매 너덜너덜	歸路依微醉袖翻
선생은 어느 곳에다 몸을 숨겼나	先生何處寄衡門[1]
아이는 삘리리 파 잎 불며 노닐고	童遊歷歷吹葱葉[2]
짧은 머리털 듬성듬성 마늘 뿌리 심네	短髮蕭蕭作蒜根
한판 훈수하나 바둑은 두지 않고	一局輸他棋不着
많은 변 물리친 뒤 말없이 쉬네	萬緣了却偈無言
매화와 달 화락해도 부르기는 어려워	梅情月意融難喚
이게 바로 시혼이자 주혼이라지	可是詩魂是酒魂

1. 형문衡門 : 은자隱者가 사는 곳을 비유적으로 이르는 말. 혹은, 두 기둥에다 한 개의 가로 막대를 질러 만든 허술한 대문.
2. 취총엽吹葱葉 : 아이들 놀이의 일종으로, 파 잎을 입으로 불어 삘릴리 소리를 내는 것을 말함. 송宋나라 유극장劉克莊의 시에 "어려서 파 잎 불 때엔 들을 만했는데, 늙어서 호리병 그리긴 오히려 익숙지 못하네幼吹蔥葉還堪聽 老畫葫蘆却未工"라 하였다.

남성에서 정승으로 있는 심암공의 운에 차운하여

南城次心庵[1]居留相公韻

서늘한 산길은 분분한 티끌 끊기고	淸凉山路斷塵紛
늦가을 노니니 비할 데 없이 좋구나	秋後玆遊亦不羣
하룻밤 찬 소리에 붉은 잎 시들고	一夜寒聲凋絳葉
온 산은 눈 오려나 먹구름이 이네	千峰雪意亂黃雲
의연히 재상은 정절과 청백을 좇으니	依然宰相追貞白
홀로 영웅이 있어 사군이 되셨네	獨有英雄到使君[2]
지난 일을 보니 멀지 않은 듯	往事眼中如未遠
끙끙대며 시 읊으니 금방 어둑하네	沉吟容易見西曛
늘어선 군사의 위용은 상번을 호령해	簇簇軍容號上番[3]
마침내 문채 더해 깃발이 펄럭이네	居然增彩到旌旛
봉우리는 새벽 서슬에 천의 칼날 드러내	峰稜曉厲千鋩出
밤새 더벅한 갈기 달려 만마가 울부짖네	松鬣宵驅萬馬喧
바람에 설렁줄 방울 울려 새는 날지 않고	鈴索風生無鳥下
몇 년을 방비하여 구름처럼 모였네	儲胥年久有雲屯[4]
성채에 바람 부니 갈피리는 목메게 해	城頭吹送笳聲咽
앞사람께 말하노니 원통하게 하지 말게	欲訴前人未洩寃

1. 심암心庵 : 조선 후기의 문신 조두순의 호. p.16의 주 9 참조.
2. 사군使君 : 임금의 명령을 받들고 나라 밖이나 지방에 온 사신의 경칭敬稱.
3. 상번上番 : 당직자 중에서 윗자리에 있는 사람. 군인이 차례가 되어 번番에 들기 위해 군영으로 들어가 던 일. 외방의 군인이 서울로 번을 들러 올라가던 일.
4. 운둔雲屯 : 사람이 구름처럼 많이 모임. 운집雲集.

눈앞에 기러기 날다 물에 잠기고	滅沒飛鴻過眼前
이제야 지난 일 아니 산전을 보겠네	于今折戟[5]見山田
당일 같은 일 어찌 능히 그치랴	事如當日何能已
그 사람만 죄 주니 그렇지 않을까 두렵네	專罪其人恐未然
학은 회강을 바라지만 병사는 나가지 않아	鶴望江淮兵不進
개미 떼로 외성은 온전히 지키기 어렵네	蟻屯郛郭守難全
서생은 늦자식 낳아 물정은 어둡고	書生生晩疎迂甚
서풍에 홀로 서니 또한 가련하구나	獨立西風亦可憐

5. 절극折戟 : 부러진 창. 즉 유물 조각을 보고 지난날의 일을 안다는 뜻. 중국 당나라 시인 두목杜牧의 '적벽赤壁' 시에 "꺾인 창 모래에 잠겼어도 쇠는 썩지 않아, 이것을 가져다 갈고 닦으니 전조의 것임을 알겠네折戟沈沙鐵未消 自將磨洗認前朝"라 하였다.

정암 서옥에서 운을 떼어 빨리 짓다

鼎庵[1]書屋拈韻走筆

지나온 길 서로 바라보니 멀지 않고　經過相望路非遙
나무들 언 가지 아른아른 보이네　數樹依微出凍條
한 자리 따뜻해 얘기는 끝도 없어　一席溫溫談未竟
몇 해나 쫓아야 정을 다 풀어놓나　幾年逐逐意全消
날리는 꽃잎들 유마실로 들어오는 듯　散花疑入維摩室[2]
신발 줍고 진정한 벗 기쁘게 만나니　拾履欣逢孺子橋[3]
오늘 밤이 맑고 제일인 걸 알겠고　今夜偏知淸更絶
눈 오는데 초승달은 담장에 걸려 있네　雪中新月上墻腰

도원 찾아 절에 드니 속세는 아득해　尋眞逃佛與塵遙
이 길로 가는 인간 오히려 한 가지　此路人間尙一條
사후에 무단히 혹 귀신에게 가니　事後無端神或往
한가한 중에 무엇보다 복이 다하네　閒中最是福能消
처음 도서 부치니 지금 오동궤라　圖書初寄今梧几[4]
꽃과 달이 서로 잊으니 옛 판교로다　花月相忘舊板橋[5]

1. 정암鼎庵 : 조선 후기의 서화가 유최진의 호. p.17의 주 13 참조.
2. 유마실維摩室 : '유마방장실維摩方丈室'의 준말. 즉 유마 거사의 처소를 말함. 유마維摩는 인도 비사리국의 장자長者로 석가의 재가在家 제자인데, 속가俗家에서 보살 행업行業을 닦았다. 대승불교의 경전인 『유마경維摩經』의 주인공이다. 수행이 대단하여 불제자로도 미칠 수 없었다고 한다. '무구無垢', '비마라'라고도 한다. 『후한서後漢書』「서역전西域傳」'논論'.
3. 유자교孺子橋 : 중국 후한後漢의 진번陳蕃이 남주南州의 고사高士인 서치徐穉(자字는 유자孺子)가 찾아 올 때에만 특별히 그를 위해 만든 의자를 내려놓았다가, 그가 가고 나면 다시 의자를 올려놓고는懸橋 일절 빈객을 사절했던 고사가 전한다. 『후한서後漢書』「서치전徐穉傳」
4. 오궤梧几 : 오동나무로 만든 궤안几案. 여기서는 속진俗塵을 멀리하고 청한淸閑한 삶을 살아간다는 뜻.

지난 일 부러 물으니 성벽은 어떠한지	試問從前何性癖
날마다 그리워 허리띠는 헐렁하네	帶圍[6]日日沈郎腰
꿈은 미혹하고 시의 경지는 아득해	夢境易迷詩境遙
인생은 어찌하여 잠잠하지 않은가	人生那得不蕭條[7]
매화 심을 땐 늘 천 가지 생각하고	種梅常憶千枝繞
눈 보고는 한 점 녹는 걸 시름하지	對雪先愁一點消
창은 어둑한데 초는 불꽃 일렁이고	窓暗留殘花結燭
황량한 산비탈에 나무다리 걸쳐 있네	洞荒斜帶木成橋
금어패 차고 밑으로 떨어지진 마시고	縱無墜下金魚佩[8]
살살 허리 꺾어 굽히도록 하시게	可復輕輕折此腰

5. 판교板橋 : 중국 청나라의 문인 · 화가 · 서예가인 정섭鄭燮(1693-1765)의 호. 자字는 극유克柔, 양주 팔괴八怪의 한 사람으로, 관직에서 물러난 후 시詩, 서書, 화畵로 세월을 보냈다. 혹은, 조선 후기의 문신 이조원李祖源(1735-1806)의 호. 이조 참의, 대사성大司成, 예조 판서, 병조 판서 등을 지냈으며, 순조 원년(1801) 안동김씨의 세도정치에 대항하다가 유배된 후 풀려났다. 당대의 명필로 꼽힌다.
6. 대위帶圍 : 그리움을 못이겨 살이 빠진 나머지 허리띠마저 헐렁헐렁해졌다는 말. 사형 선고를 받은 아들 걱정에 어미의 "허리띠가 한 자나 줄었다帶圍減尺"는 고사가 있다. 『열녀전列女傳』 「모의母儀」 '위망자모전魏芒慈母傳'.
7. 소조蕭條 : p.86의 주 156 참조.
8. 어패魚佩 : 어과魚果 또는 어부魚符라 하는데, 과果는 물고기 모양을 나무에 새기거나 구리로 빚어 허리띠에 차던 관리의 신표信標를 말한다. p.87의 주 157 참조.

우범에게 줌 贈雨帆[1]

가장 가련한 게 이승의 목숨이지 最可憐知是此生
이 목숨 한 마당 꿈보다 가볍지 此生不及夢場輕
매일 세상을 따라도 한가롭지 못하고 日從塵裏無閒步
때로 등잔 앞에 큰소리로 웃을 뿐 時向燈前有笑聲
고달픈 인생살이 어찌 더위를 막으랴 人似五噫[2]何待熱
성인도 한결같아서 비로소 맑았다지 聖堪一中始爲淸
늙어 세월 가니 어리석음 더할 뿐 老來歲去瞢騰地
만나 헤어지기 어려우니 경계와 인정이네 相觸難分境與情

무슨 큰일 있길래 인연을 지을까 有何大事作因緣

1. 우범雨帆 : 조선 후기의 서예가 유상의 호. p.17의 주 12 참조.
2. 오희五噫 : '다섯 가지를 한탄함' 의 뜻. 중국 후한後漢의 양홍梁鴻이 다섯 구의 시를 지었는데, 구절마다 모두 '희噫' 로 끝나므로 '다섯 가지 한탄하는 노래' 란 뜻으로 '오희가五噫歌' 로 불린다. '오희가' 는 맑은 지조를 지닌 양홍이 서울을 지나다가 건축공사에 시달리는 백성의 고달픔을 비통하게 읊고 있다. "저 북망산에 오르니 슬프구나, 서울을 뒤돌아보니 슬프구나, 궁궐은 높게도 솟으니 슬프구나, 백성은 수고로우니 슬프구나, 아득하여 그칠 줄 모르니 슬프구나陟彼北芒兮噫 顧瞻帝京兮噫 宮闕崔嵬兮噫 民之劬勞兮噫 遼遼未央兮噫" 『후한서後漢書』 「양홍전梁鴻傳」.
3. 심매尋梅 : 매화를 찾음. 옛 사람들은 친구나 사랑하는 연인을 만나듯 매화를 찾아 길을 나서 심취하여 이를 '심매행尋梅行' 이라 하였다. 또한 '세한삼우歲寒三友' 는 겨울에도 잘 견디는 세 가지 벗인 매화, 소나무, 대나무를 일컫는 말이다. 그 가운데 추위에 굴하지 않고 꽃을 피우는 매화의 모습을 옛 선비들은 시류에 흔들리지 않고 지조와 절개를 지키며 자신의 이상을 실현하는 상징으로 여겨 왔다. 매화는 이런 의미로 선비들이 붓처럼 가까이에 두고 보며 초봄에 '심매행' 을 하였다. 퇴계退溪 이황李滉은 매화를 평생의 도반道伴으로 여겨 스스로 '참으로 매화를 아는 사람' 이란 뜻으로 '진지매자眞知梅者' 라 칭하고 많은 매화시를 남기기도 하였다. "홀로 산창에 기대니 밤기운 차가운데, 매화 가지 끝 둥그렇게 달이 떴구나. 살랑살랑 부는 바람 기다릴 것 없이, 온 집안 맑은 향기 절로 가득하구나獨倚山窓夜色寒 梅梢月上正團團 不須更喚微風至 自有淸香滿院間" 퇴계는 운명하던 섣달 초순의 추운 날 아침, 기르던 분매盆梅에다 "물을 주라" 는 마지막 유언을 남겼다.

꼭두각시가 남 따라 한 줄에 매였지　　傀儡從他一線牽
대숲 보며 흥이 트여 스스로 취하고　　看竹興疎人自醉
매화 찾자는 기약은 희미한 길에 있네　　尋梅[3]約在路如煙
안개 자욱해 세 마을 헷갈려서　　霧痕易苦迷三里
누가 술이 달다 여겨 구천에 이르렀나　　酒滴誰甘到九泉
잠 깨고 일어나 의연히 밥을 기다리니　　眠起依然還待飦
옛날의 내가 그대로 원만히 나타나네　　從前是我現澄圓

만취에게 답하여　　答晩翠

벌레나 새나 그게 그거지	爲蟲爲鳥也差池
뭣이 기이하고 기이하지 않을까	有底工夫奇不奇
종이 몇 장 만지다 바스라지고 말지	數紙且謀揉碎去
달리 감상하자면 이 시가 참된 걸	枉他鑑賞當眞詩

연광정에서 진사 김낙효를 만나

練光亭[1] 逢金進士樂孝[2]

평양의 삼천 년	平壤三千年
나그네로 열두 달	客子十二月
찬바람 불어 술 깨니	風寒吹酒醒
다락에 올라 시름을 끊네	樓頭愁欲絶

1. 연광정練光亭 : 평양 대동강의 명승지인 정자 이름.
2. 낙효樂孝 : p.22의 주 24 김낙효 참조.

누각에서 내려와 기생집을 찾다 下樓訪句欄[1]

아가씨는 천치라 구름을 안은 듯	郎痴抱如雲
난 달처럼 밝은 걸 좋아하지	儂好明似月
정가 늙은이가 눈물 더한 뒤	鄭老[2]添淚後
초록빛 물결은 흘러 끊이질 않네	綠波[3]流不絶

1. 구란句欄 : 난간에 아亞자 모양으로 장식한 창기娼妓의 집.
2. 정로鄭老 : 고려 중기의 문신이자 시인인 정지상鄭知常(?-1135)을 가리킴.
3. 녹파綠波: 푸른 물결. 이 시는 정지상이 지은 '송인送人'이란 시에서 따왔다. 십구 세기 전반 한재락韓在洛이 지은, 평양의 유명한 기생을 다룬 소품문학서인 『녹파잡기綠波雜記』는 두 권으로 되어 있는데, '송인送人'에서 제목을 차용하기도 했다. 1권에는 평양 기생 예순일곱 명이 실려 있고, 2권에는 그들 주변의 당대 명사 다섯 명이 실려 있다. 다음 시는 '송인'이다. "비 개인 긴 언덕 풀빛 푸른데, 그대 남포에서 보내며 슬픈 노래 부르네. 대동강 물은 그 언제 다할 것인가, 이별 눈물 해마다 푸른 물결에 더하는 걸雨歇長堤草色多 送君南浦動悲歌 大同江水何時盡 別淚年年添綠波"

설날 아침, 길 가는 중에 途中元朝

어이해 천기는 일찍이 다른지　天氣何曾異
인정에 스스로 매이지는 말게　人情不自聊
산에 막혀 궂은 비를 읊자니　關山吟舊雨
설날에 눈보라가 섞어 치네　風雪作元朝
서울 떠나와 신세 더욱 천하니　去國身逾賤
집도 없이 바라보니 아득하여라　無家望更遙
흰 머리털 근심해서 아니라　非緣愁鬢白
사십 년 세월 너무 적막하였지　四十太寥寥

묘향산에서 대연에게 주다

妙香山贈大演

그해 탕춘대의 밤비 더듬어 보니 　 蕩春[1]夜雨憶當年

처음 대연을 서울 탕춘대에서 만나 복사꽃을 보며 함께 묵었다
初逢大演於京城蕩春臺 看桃花 因共留宿

그 뒤로도 여럿이 가도의 시를 지었지 　 自後諸君鑄浪仙[2]
골짝엔 복사꽃 지니 세월을 재촉해 　 洞落桃花催日月
단목이라 전하는 산에 구름 자욱하네 　 山傳檀木積雲烟
시선은 몇 번이나 방외에서 노닐었나 　 遊神幾度來方外
손잡고서 지금은 부처님 앞에 있네 　 握手而今在佛前
남북에 눈과 등불 두 그림자 수척하니 　 雪北燈南雙影瘦
그대 가법은 희고 내 얘기는 현묘하지 　 爾家法白我談玄

1. 탕춘蕩春 : 탕춘대蕩春臺를 가리킴. 한성의 서쪽에 있다고 하여 서성西城이라고도 하였다. 인왕산 동북쪽에서 시작하여 북쪽의 능선을 따라 내려가다가 북한산 서남쪽의 비봉碑峰 아래까지 연결하여 축성한 산성의 명칭을 탕춘대성蕩春臺城이라고 한 것은 현재 세검정이 있는 동쪽 약 일백여 미터 되는 산봉우리에 탕춘대가 있었던 것에서 유래한다.
2. 낭선浪仙 : 중국 당나라 시승詩僧인 가도賈島의 자. 호 갈석산인碣石山人, 승려가 되어 이름을 무본無本이라 하였다. 이동李洞이 그를 사모한 나머지 그의 불상을 만들어 놓고 가도불賈島佛이라고 염송한 고사가 있다. 『당서唐書』 176권, 「제동야어齊東野語」 16, '가도불賈島佛'. p.102의 주 17 참조.

대연이 내 돌아갈	大演慮吾[1]歸橐[2]
바랑을 근심하기에	自費香積[3]
스스로 먹을거리를 채비하며	

많은 나무들 미친 듯 눈에 파묻혀	痴痴萬木雪崔嵬
학배암과 신광암 가는 길 막혀 있네	鶴背神光路不開
여래의 설 들으며 아직도 걸식하는지	聞說如來曾乞食
나도 지금 걸식하며 여래를 향하네	我今乞食向如來[4]

학배와 신광은 암자의 이름이다鶴背神光二庵名

1. 오吾 : 정수동 자신을 가리킴. 정수동 연보에 보면, 정미년(1847)에 평양, 해주, 묘향산 등 관서關西와 해서海西 지방을 유람하였는데, 도성에는 그가 불가에 귀의해 머리를 깎고 묘향산에 들어가 중이 되었다는 소문이 파다하게 났다.
2. 귀탁歸橐 : 지방 관원이 임기가 만료되어서 돌아갈 때에 가지고 가는 짐 등을 말함. '탁橐' 은 전대.
3. 향적香積 : 승려의 음식이나 먹을거리. p.198의 주 4 참조.
4. 여래如來 : 석가모니釋迦牟尼를 성스럽게 일컫는 말, 혹은 여래 십호의 하나. 진리로부터 진리를 따라서 온 사람이라는 뜻으로 '부처' 를 달리 이르는 말이다.

다시 평양을 지나가며　　重過平壤

십 리 봄바람은 남몰래 한도 많아　　十里春風暗恨長
초록 창 붉은 문은 옛날의 영화로다　　綠窓朱戶[1]舊平康
궁색한 처지는 도로 거짓말이 되니　　窮途還作欺人語
내 스스로 근년에는 철석간장 되었네　　我自年來鐵石腸[2]

1. 녹창주호綠窓朱戶 : 초록 창, 붉은 문, 여기서는 번화한 평양 거리를 뜻함. 고려시대 정지상鄭知常(?-1135)의 '서도西都' 시에, "번화한 거리 봄바람 보슬비 지나간 뒤, 가벼운 티끌조차 일지 않고 버들개지만 휘늘어졌네. 푸른 창 붉은 문에 흐느끼는 노랫가락 이 모두 이원의 자제들 집이라네紫陌春風細雨過 輕塵不動柳絲斜 綠窓朱戶笙歌咽 是梨園弟子家"라 하였다. 봄비가 촉촉이 내린 번화한 거리와 버들개지 휘늘어진 아름다운 서경西京의 풍경을 읊었다. 이원梨園은 중국 당나라 때 음악과 춤을 가르치던 곳이다. 서경은 고려 삼경三京의 하나로서 오늘날의 평양이다.
2. 철석장鐵石腸 : 철석간장鐵石肝腸. 철이나 돌 같은 간과 창자란 뜻으로, 굳고 단단한 마음이나 절개를 말함.

해주에서 취학한 김 아무개 아이에게 주다 海州贈遊學金童

장차 누구를 글방 친구로 여길까　誰將師友[1]付淵源
작은 책 상자로 배우고자 시골 찾았네　短笈行尋學究村
해 지나 들려오는 소문에 마음 언짢아라　年紀聞來懷作惡
내 집에는 일찍 못난 자식이 있었지　吾家曾有景升豚[2]

죽은 아이와 동갑이다與亡兒同庚

등불 끄고 누우니 새벽은 더디고　低枕殘燈曉色遲
푸른 성은 납향일 입춘 무렵이네　碧城臈日[3]立春時
내일 아침 갈림길에 슬픔을 달래리니　明朝歧路消魂債
그대같이 어린 사람 미처 알지 못하리　年小如君未及知

* 이 시는 열 살 때 급살로 죽은, 저자의 아들을 읊은 시 '아이의 죽음을 곡하며哭子' 와 같이 읽힌다. 시골 글방에 취학하러 온, 아들과 동갑내기인 김 아무개에게 준 시이다.

1. 사우師友 : 한 스승 밑에서 같이 공부한 글벗. 글방 친구.
2. 경승돈景升豚 : 경승의 못난 자식. 중국 삼국시대 위魏의 조조曺操가 일찍이 손권孫權의 정숙한 군오軍伍를 보고는 감탄하여 말하기를, "자식을 낳으려거든 의당 손중모孫仲謀처럼 낳아야 할 것이다. 유표의 자는 경승景升인데 자식은 돼지, 개 같을 뿐이다生子當如孫仲謀 如劉景升 劉表字景升兒子 豚犬耳"라고 했던 데서 온 말로, 돈견豚犬은 곧 못난 자식을 뜻한다. 중모仲謀는 손권의 자字이고, 경승景升은 유표劉表의 자字이다. 『자치통감資治通鑑』 권66, 「효헌황제신孝獻皇帝辛」.
3. 납일臈日 : 납일은 보통 '납일臘日'로 쓴다. 납향臘享(신에게 제사 지냄)하는 날. 동지 뒤 셋째 술일戌日이다가 조선시대 태조 이후에는 동지 뒤 셋째 미일未日로 하였음. 그러나 『형초세시기荊楚歲時記』에 따르면, 실제로는 불편한 점이 많아 민간에서는 따로 12월 8일을 납일로 정했다는 기록이 있다.

여관에서 묵으며 밤에 읊다 旅館夜吟

여관에 닭 우는 소리 들리지 않고	店雞聽不鳴
차가운 달빛만 아스라이 창에 비치네	冷月窓光薄
원래 꿈자리 사나워 자주 놀랐더니	自是夢頻驚
아직 등잔의 불꽃은 꺼지지 않았네	燈花[1]猶未落

1. 등화燈花 : 등화결燈花結, 즉 기름종지에 올려놓은 등불의 심지가 다 탈 무렵에 꽃 모양이 맺힌 것을 말함.

희롱하여 제함 戲題

관서를 두루 달려 해서로 돌아오니 走遍關西復海西
이 몸 천지간에 한 점 서글픔 뿐 側身天地一悽迷
술 마신 뒤 풍속과 인정 해마다 줄어 風情酒後隨年減
지난 일 봄 오니 꿈도 가지런해 往事春來入夢齊
문득 시름겨워 학질에 걸린 듯 愁輒按時如患瘧
시는 대개 솜씨에 맡기니 점치는 것 같고 詩多信手似扶乩
뉘 날더러 간절히 돌아오길 재촉하나 更誰向我催歸切
두견새도 늙은 아내와 더불어 우네 爲有啼鵑與老妻

관서지방에서 노닐다가 …내가 머리를 깎고 승려가 되었다는 소식을 많이 전해 듣고

西遊… 多傳余祝髮[1]

하찮은 세상 일이야 제멋대로 맡겨 두니
속됨을 감당치 못해 말은 그르쳤네
여러 사람 기대받았으나 도로 부끄러워
양주를 날 비교하다니 내가 더 하다네

蟲臂鼠肝[2]皆任他
不堪一髻[3]語猶訛
諸君期望還慚愧
我比楊朱[4]爲我多

＊이 시의 원제목은 「관서지방에서 노닐다가 돌아온 뒤 친지들이 내가 머리를 깎고 승려가 되었다는 소식을 많이 전해 듣고西遊歸後聞親知多傳余祝髮」이다.

1. 축발祝髮 : 삭발 곧 중이 됨을 뜻함. p.36의 주 59 참조.
2. 충비서간蟲臂鼠肝 : 벌레의 팔뚝이나 쥐의 간. p.36의 주 60 참조.
3. 일계一髻 : 위에서 좋아하는 바가 있으면, 세속에서 이를 본받아 더욱 심하게 된다는 뜻. p.37의 주 61 참조.
4. 양주楊朱 : 중국 전국시대 초기 위衛나라의 사상가. p.37의 주 62 참조.

묘향산에서 돌아온 뒤 여러 사람을 불러 차례로 말하다

香山歸後 諸君子邀與敍語

돌아오니 시들해져 늦은 봄이라	歸後闌珊屬晩春
어른대는 그림자 보니 사람이 또 오네	依依顧影再來人
해마다 경물 보니 시름이 앞서고	經年節物[1]前愁在
이 모임에 술 마시는 일 눈에 익어라	慣眼杯樽此會新
홀로 웃으며 또 만나니 꿈을 잇는 듯	自笑重逢如續夢
능히 한번 가지 못해 문득 도원을 찾지	未能一去便尋眞[2]
무정이 제일이라 밤비는 추적추적	無情最是連宵雨
차마 날리는 꽃은 티끌처럼 어지러워	忍遣飛花亂似塵

1. 절물節物 : 한 계절의 경물景物을 말함.
2. 심진尋眞 : 도원桃源이나 이상향을 찾는 것을 의미함.

마침내 남쪽으로 가서 한간송을 방문하여　終南訪韓磵松

지난 해 이맘때 채비차려 나서서　去年天氣又笻鞋
마침 남쪽 가니 볼만한 게 많았지　轉覺終南大有佳
꽃 날리니 어찌 즐거이 놀지 않으랴　萬片花飛何預事
봄도 한번 가면 회포 잊지 못하니　一番春去未忘懷
시 읊고 느긋이 유람하니 몸은 늙어 가　懶辭遊覽身方老
병들어 술 경계하나 명은 애초에 어긋나　病戒盃尊命始乖
숨은 사람 낮잠을 훼방할까 저어할 뿐　恐與幽人妨午睡
흰 구름이 문을 가려 쉬이 밀치지 못하네　白雲門掩未輕排

오륙 구는 나를 불러서 금강산 유람할 때 지은 것이다.
내가 병을 핑계대고 사양하여 또 술을 경계하려 하였다
五六句謂時有邀余作金剛之遊者 余以病辭 又方戒酒

칠송정에서 계선과 우경과 함께 짓다

七松亭 同繼先右卿作

남은 봄 거의 가니 넉넉히 빌리어
지팡이 짚다 말 몰다 새털구름 희롱하니
날은 따스해 온갖 꽃 피어나고
새 울고 사람은 돌아와 절로 느긋해
술잔은 돌아 잘 지은 시 가리지 않고
흥이 다해 돌아가니 시 돌려 보지 않네
시인은 그윽하여 한가한 정한이 많아
그늘은 점점 늘어나 석양이 깔리네

未了春餘債十分
杖頭捶曳弄輕雲
千花日暖皆呈氣
數鳥人歸自遣聞
有酒且來非擇勝
借山[2]相看莫移文[3]
詩家到底多閒恨
一倍新陰送薄曛

1. 우경右卿; : 조선 후기의 서예가 이건필의 자字. p.22의 주 25 참조.
2. 차산借山 : 홍취를 빌림. 중국 진晉나라 왕자유王子猷가 눈 내리는 밤에 산음山陰의 섬계剡溪에 있는 벗 대안도戴安道가 생각나서 조각배를 타고 찾아갔다가 정작 그곳에 도착해서는 문 앞에서 다시 돌아왔다. 그 까닭을 물었더니, "내가 본래 홍에 겨워 타고 왔다가 홍이 다하여 돌아가는 것이니, 대안도를 보아 무엇 하겠는가吾本乘興而行 興盡而返 何必見戴" 하였다 한다. 눈 내리는 밤의 홍취를 뜻하는 고사로 곧잘 쓰인다.『세설신어世說新語』「임탄任誕」.
3. 이문移文 : 여러 사람이 돌려보도록 쓴 글. 중국 남제南齊 때의 은사隱士 주옹周顒이 처음 북산北山에 은거하다가 뒤에 벼슬길에 나가자, 그의 친구인 공치규孔稚圭가 그 변절變節을 풍자한「북산이문北山移文」에서 "청컨대 속사의 수레를 돌리어라, 신령을 위하여 포객을 사절하노라請廻俗士駕 爲君謝逋客"라 한 데서 온 말이다. 포객逋客은 도망간 은자隱者를 뜻한다.

정암과 더위를 피하며 鼎庵[1]消夏

살림살이라야 세 칸 집	經濟三間屋
유월의 서늘함에 맡겨 두네	安排[2]六月凉
거문고는 말라서 무릎이 닿고	琴枯連膝短
지팡이는 가늘어 눈썹보다 기네	筇瘦過眉長
굳센 포부 독한 술에 시들어가고	壯志頹唐酒
그윽한 마음 옛날의 기이한 향기로세	冥心古異香
'오동잎에 듣는 저녁 비' 시에 제하니	題詩桐雨夕
맹호연과 여전히 닮아 있구나	猶似孟襄陽[3]

1. 정암鼎庵 : 조선 후기의 서화가 유최진의 호. p.17의 주 13 참조.
2. 안배按排 : (*원문 중 '안배安排' 는 '안배按排' 의 오식인 듯함.) 제 차례나 제자리에 알맞게 몫몫이 갈라 붙이거나 벌여 놓음.
3. 맹양양孟襄陽 : 중국 당나라 시인 맹호연孟浩然(689-740)을 가리킴. 호북성湖北省 양양襄陽 사람으로 절개와 의리를 존중하였으며, 한때 녹문산鹿門山에 숨어 살면서 시 짓는 일을 즐겼다. 사십 세 때 장안에 나아가 시로써 이름을 날리고, 왕유王維, 장구령張九齡 등과 사귀었다. 그의 시는 왕유의 시풍과 비슷하며, 도연명陶淵明의 영향을 받아 오언시에 뛰어났다. 격조 높은 시로 산수의 아름다움을 읊어 왕유와 함께 '산수시인의 대표자' 로 불린다. 왕유와 더불어 이름을 날렸으므로 왕맹王孟이라 병칭된다. 저서에 『맹호연집孟浩然集』 4권이 있다.

유정암의 시에 차운하여　　次柳鼎庵[1]

버들개지 살랑대니 바람 이는 걸 알아	和柳聞來信有風
때로 외상술에 낯 벌개 마음 부치지	寓心時借酒顏紅
육경과 일월은 천추토록 있고	六經日月千秋下
한 시대 태평세월은 성한 운수에 있지	一代昇平午運中
이 내 천한 몸 어려움 겪어 아는데	賤子自知頗喫苦
기이한 재주일랑 허세라고 하지 마소	奇才莫許但憑空
도토리 주워 원숭이에게 조금씩 주니	得芧漸與羣狙等
조삼모사 부세가 공평하다 소릴 듣지	暮四朝三[2]聽賦公

1. 유정암柳鼎庵 : 조선 후기의 서화가 유최진의 호. p.17의 주 13 참조.
2. 모사조삼暮四朝三 : 조삼모사暮四朝三. 눈앞에 당장 보이는 차이만 알고 결과가 똑같은 것을 모르는 어리석음. 또는 간사한 꾀로 남을 농락하는 것을 이르는 말. 중국 송宋나라 저공狙公이 여러 원숭이에게 도토리를 아침에 세 개, 저녁에 네 개씩 주겠다고 하자 원숭이들이 성을 내므로, 그러면 아침에 네 개, 저녁에 세 개씩 주겠다고 하니, 원숭이들이 기뻐하였다는 고사에서 온 말이다. 『열자列子』「황제黃帝」.

서쪽 성에서 화운하여 빨리 짓다　　城西唱和走筆[1]

연꽃과 대는 서늘해 경계 담박하고	荷竹深凉境澹如
하룻밤 옷깃에 스치는 바람은 쓸쓸해	衣襟一夜最蕭疎
이미 가을 깊어 끙끙대며 시 읊으니	新秋已入沉吟裏
천년 상봉은 자나깨나 남아있어라	千載相逢寤寐餘
빈한한 서생이 돈 없어 집은 궁색해	措大[2]可能錢塞屋
술꾼들은 모여서 죽도록 퍼마시네	酒人端合鍤隨[3]車
문 닫고 세월 가는 걸 견디노라니	閉門歲月堪消受
시름은 다하지 않아 글이나 쓰려해	不爲窮愁欲著書
이에 양생주는 새 술을 맛보나니	養生主[4]乃酒嘗新
안 배워도 곰은 재주넘고 새는 나네	不學熊經與鳥伸[5]
전생은 몇 겁인가 오늘 달 밝으니	幾劫前身是明月
네 계절 그 기운 홀로 봄은 길구나	四時爲氣獨長春

1. 주필走筆 : p.18의 주 17 참조.
2. 조대措大 : 빈사貧士, 별로 볼 것이 없는 한미한 서생.
3. 삽수鍤隨 : 삽을 메고 따라다님. 중국 진晉나라 때 죽림칠현竹林七賢 중의 한 사람인 유령劉伶이 술을 매우 좋아하여 항상 술병을 휴대하고 다녔는데, 언제나 사람을 시켜 삽을 메고 따르게 하면서 이르기를, "내가 죽으면 바로 나를 묻으라死便埋我" 고 했던 데서 온 말이다. 『진서晉書』「열전列傳」 19, '유령劉伶'.
4. 양생주養生主 : 자연의 진리에 따라 양생함으로써 천수天壽를 누리게 됨을 비유한 말. 여기서는 양생을 위해 계속 술을 마시는 일을 말한다. "손으로 땔나무를 계속하여 밀어 넣으면 불이 번지는 것은 끝날 줄을 모른다指窮於爲薪 火傳也不知其盡也" 라고 한 데서 온 말이다. 『장자莊子』「양생주養生主」.
5. 웅경조신熊經鳥伸 : 선가仙家의 양생방養生方에 있는 말로, 사람이 일찍 일어나 운동을 하되, 마치 곰처럼 나무에 매달리고 새가 날개를 펴듯 하면 건강하고 장수한다는 것이다. 『장자莊子』「각의刻意」.

처음 글자 배울 때는 연꽃 움처럼 쓰고	初知嚼字蓮心[6]苦
노인은 혹독함 경계하니 생강은 맵네	老戒粹人薑性辛
아름다운 말로 여는 습관을 익히면	綺語到頭成結習
인연 따라 절로 기쁨도 물씬 넘치지	隨緣猶自說津津
아침마다 막바지 더위 차츰 수그러들어	殘暑連朝減一分
비 온 뒤 누대에는 가을 바로 완연하네	樓頭雨後是秋雲
절교하여 혜강의 말은 좇지 않아도	絶交未就嵇康[7]論
기교 빈 그대 두터운 문장 도로 가엾네	乞巧還憐子厚文
봄바람 새로 부니 갠 하늘 이슬 맺히고	新態風煙晴始露
저물 녘 수풀 내음 한편에 물씬하네	眞香草樹晚偏聞
취해 시골길에 있으니 내 숨을 곳이니	醉鄕有路吾將隱
어느 날 좋은 벗을 만날까 적어 둔다네	作記他時合倩君
가자니 머뭇머뭇 이 대자리가 아쉬워	臨去躕躇惜此筵
홍건히 맑고 깨끗해 둘이 아쉬움을 견디고	淋漓瀟灑兩堪憐
이미 시와 그림으로 속마음 보았으니	已看境裏詩兼畫
비로소 한가해 하루가 한 해 같네	始覺閒中日似年

6. 연심蓮心 : 연근蓮根에서 나온 움. 본디 맛이 쓰다. 황정견黃庭堅의 '공상식련유감시贛上食蓮有感詩' 에 "연실의 크기가 손가락만 한데 좋은 맛 나누어라 인자한 어머니 생각나네. 열매 속엔 요하가 있으니 소아의 주먹처럼 말려 있구나. 연심은 정히 저절로 쓰니, 쓴 것을 먹고 어찌 달 수 있으랴蓮實大如指 分甘念母慈 實中有幺荷 拳如小兒手 蓮心政自苦 食苦何能甘" 하였고, 진초陳樵의 '죽지사竹枝詞' 에는 "첩의 마음은 흡사 연심처럼 쓰기에, 요하만 먹고 연은 먹지 않는다오妾心恰是荷心苦 只食幺荷不食蓮" 하였다.
7. 혜강嵇康 : 중국 위魏나라의 시인. 죽림칠현竹林七賢 중의 한 사람으로 도가이며 연금술사이다. 위나라의 유력가문에서 태어나 전통적인 교육을 받고, 위 종실의 사람과 결혼해서 중산대부中散大夫에 임명되었다. 그러나 정치에는 관심이 없어, 하남성河南省에 있는 그의 집 근처 대나무 숲에서 여섯 명의 유명한 친구들과 어울려 바둑과 춤, 술 등을 즐겼다. "두루 달통하신 당신께서는 좋게 봐 주는 것은 많은 반면, 괴이쩍게 여기는 경우는 드물기만 하다足下傍通多可而少怪"『문선文選』, 혜강嵇康, 「여산거원절교서與山巨源絶交書」.

머무는 나그네 술은 잘 사 말술이고　　留客能沽容斗飮
이웃에 시구 부치고 술잔을 돌리네　　寄隣有句遞筒傳
누각에 오르니 서산은 가까운 듯　　樓頭爲是西山近
날 새길 기다리지 않아도 기분은 상쾌해　　不待朝來氣爽然

홰나무 버들가지 늘어져 푸른 옥 같아　　槐柳垂垂碧玉條
마을마다 훤히 트여 청고함을 느끼네　　扶疎門巷覺淸高
누각 오른 가객은 피리 길게 불고　　樓中詞客呼長笛
금중의 선아는 퉁소를 부네　　禁裏仙娥[8]誦洞簫
자식 데리고 한묵에 정신 쏟으며　　與子留神從翰墨
내 흐린 자취 잊고 낚시하며 땔감하네　　忘吾渾迹到漁樵
한번 만나 웃으니 뜻 없는 게 아니고　　相逢一笑非無意
맹교는 용이 되니 역시 노래할 만하네　　東野[9]爲龍亦可謠

모난 벼루 하나 운유차와 나누고　　一方硯面割雲腴[10]
몇 자 거문고일랑 오래되어 갈라 터졌네　　數尺琴脣剖石枯[11]
두 마리 새 만난 탄식을 쓸 바에야　　寧用歎嗟逢二鳥[12]
의연히 천 마리 여우를 모아 엮겠네　　依然補綴集千狐
충성 없이 임금께 아뢰는 건 의심 않고　　無肝不必疑陳主
눈 있어 누가 자도를 알아보겠나　　有目誰能識子都[13]
순채에 농어 안주 가장 흔한 일　　添得蓴鱸最多事

8. 선아仙娥 : 달 속에 있다는 항아姮娥.

9. 동야東野 : 중국 당나라 문장가 맹교孟郊의 자字. p.102의 주 17 참조.

10. 운유雲腴 : 좋은 차茶의 별칭.

11. 석고石枯 : 돌의 표면이 갈라 터지듯 긴 세월이 흘렀음을 형용한 말. '석두고열石頭枯裂'에서 나온 말이다.

12. 이조二鳥 : 중국 당나라의 문장가 한유韓愈의 글에 '감이조부感二鳥賦'가 있는데, 그가 출세의 길을 찾지 못해 서울을 떠나는 길에 새 두 마리를 철장에 넣어 천자에게 바치려는 사람을 만나 크게 깨닫고 감동하여 지었다.

한가한 사람은 원래 강호에 사네	散人[14]元自住江湖

끝없이 아득하여 맑게 노니니	無端汗漫[15]亦清遊
일대의 시문과 조금 짝하네	一代風騷[16]少與儔
노을 붉자 방석 가득 붉게 비추고	霞片送丹烘滿席
먼 산 푸른 빛 누대에서 보이네	山光分碧遠生樓
바람결에 차 달이니 생황을 불고	含風茶乳笙初轉
비 맞은 파초인 양 서묵이 흐르네	經雨蕉書墨盡流
이 가장 인생 견디기 어려운 곳	最是人生難耐處
푸르고 어둔 빛 한가한 시름 부르네	蒼然冥色赴閒愁

한 번 문설주 닿자 황혼이 되니	一番棖觸又黃昏
누구와 손잡고 한가한 정 자상히 말하리	誰把閒情與細論
산은 비 내려 못에 물 흘러들고	山雨遽添入池水
가을 꽃 이어 피니 섬돌에다 화분 둘렀네	秋花續發繞階盆
이 세상 어느 누가 도로 나 같을까	今世何人還似我
옛부터 넋을 잃는 걸 면하기 어려워	古來難免此銷魂
그대 덕에 난간에 기대 노래하다가	虧君共倚闌干曲
손잡고 가며 웃고 따뜻히 말하네	執手移時笑語溫

13. 자도子都 : 중국 정鄭나라 공손알公孫閼의 자字. 정나라 장공莊公 시절 소년장군으로 영고숙穎考叔과 용맹함을 떨치고, 공족公族으로 대부의 지위에 있었는데, 당시 미남자로 장공의 두터운 총애를 받았다. 뒤에 맹자는 "자도에 이르러 천하가 그 좋음을 알지 못함이 아무도 없었으니 자도의 좋음을 알지 못하는 사람은 안목이 없는 사람일 것이다至於子都 天下莫不知其姣也 不知子都之姣者 無目者也"라 하였다. 『맹자孟子』 「고자告子」 상上.
14. 산인散人 : 벼슬을 하지 않고 한가로이 지내는 사람. 흔히 아호雅號 밑에 붙여 씀.
15. 한만汗漫 : 드넓음, 아득히 넓어 진실을 알 수 없음.
16. 풍소風騷 : 「풍風」은 『시경詩經』의 국풍國風, 「소騷」는 굴원屈原이 지은 「이소離騷」로서 시문을 말함.

백운루에서　白雲樓

백운루에서	白雲樓
해 길어 누각 올라 성령을 부르니	遲日樓中喚性靈
여름날 흰 구름은 푸른 산에 걸렸네	夏雲多白夏山青
관음월인 듯 마음은 광채로 가득한데	心光滿似觀音月[1]
처사성인 듯 신세는 한미하구나	身世微如處士星[2]
나물밥 먹고 묵정밭에 김매고	野茱食單鋤舊圃
석천에 찻물 길어 새 병에 담으니	石泉茶品汲新瓶
근년에는 이미 공안도 끊고	年來已是言詮[3]斷
때때로 지팡이 짚고 오래 뜰 서성이네	倚策時時立晩庭
단번에 신선이 되지 못하여	不能一擧作神仙
티끌일랑 길가에 내버려두었지	遺落塵埃道路邊
해는 지고 샘물은 오늘도 흘러가니	斜日流泉今去去
그윽한 꽃 한가로운 풀 예 그대로	幽花閒草舊年年
내 생애 절로 천생의 정취 있으니	我生自有天生趣

1. 관음월觀音月 : 바다 위에 비친 달의 형상이 마치 한 잎의 연꽃에 선 관음보살과 같아, 이를 비유한 말. 중생의 허무한 꿈 같은 망상이 마치 물에 비친 달의 허상이듯이 이를 비유해 깨우치는 보살로서, 달리 '수월관음水月觀音' 이라고도 한다.
2. 처사성處士星 : 별 이름으로,이 별빛이 희미해지면 죽음의 징조가 드리운다고 함. 일명 소미성少微星.
3. 언전言詮 : 불교에서 깨달음의 내용을 말로 표현하는 방법을 배우는 공안. 혹은 불법이나 말씀을 가리킴.
4. 취사醉死 : 술에 취해 죽음. 중국 송宋나라 때 육유陸游가 지은 '독사유감시讀史有感詩' 에서, "머리 숙여 세상 일에 나가고 싶지 않고, 전문 지어 하늘에 올리고 싶지도 않네. 오직 술이나 실컷 마시고 취해 죽어서, 첩첩 산 깊은 곳에서 솔바람소리나 들어야지不肯低頭就世事 亦不作牋與天公 惟須痛飮以醉死 亂山深處聽松風" 한 데서 온 말이다. 『검남시고劍南詩藁』 43권. 또한, 진晉나라 죽림칠현의 한 사람으로 '주덕송酒德頌' 을 지은 유령劉伶이 늘 술을 마시며 삽을 메고 따라오게 하다가, 자기가 죽으면 그 자리에 파묻도록 말했는데, 이도 취사醉死의 예라 할 수 있다. 『몽구蒙求』「유령해정劉伶解酲」.

근심해 죽는 게 취해 죽느니만 하겠나　　憂死何如醉死[4]賢
피서 핑계하고 세상 피하는 것　　避暑因成兼避世
산중 일마다 훌훌 털어 버리네　　山中事事却飄然

술 취한 뒤 적루의 운에 맞추어 빨리 짓다

醉後走和笛樓[1]韻

1.

처음 내 적루를 읊으니	我初誦笛樓
절반 가량도 못 하였지	未能謀半面
연경실에 초 심지 자르니	剪燭硏經室
봄비는 기이한 소식을 빌리고	夜雨借奇便
금석은 천 년의 기운이라	金石千載氣
눈썹 가 옛 빛이 드러나지	蒼然眉際見
형편은 맑고 화사하여	起居[2]淸華境
수목이 자그만 담을 이루고	樹木劣成院
신선과 시인이	仙人與詩人
서로 품평하니 천할까 두려워	相方品恐賤
손으로 베끼니 매화가 비치고	手寫梅花照
몸과 정신은 화폭을 잊네	形神忘礬絹[3]
외로운 산골 늙은이 멀리 불러서	遠招孤山叟
딴 세상에 한가지로 전하여 주네	異世而同傳
향기로운 그림자 날마다 오래되니	香影日久久
몸에는 한 조각 어리석음뿐	與身渾一片
버리는 게 귀중하지 않으니	棄之不貴重
이 가운데 이치가 있지	此中有理遣
두보가 지은 시가 많듯이	如謂杜撰多

1. 적루笛樓 : 취적루吹笛樓. 누대 이름.
2. 기거起居 : 살아가는 형편, 손님을 맞으러 일어남.
3. 반견礬絹 : 산반山礬, 즉 운향을 물들인 명주. 여기서는 명주로 된 화폭을 말함.

청하노니 한마디 깨쳐 주시길	請下語一轉[4]

2.

모양은 옛 매화같이 기이하고	形奇如古梅
정신은 제때 핀 국화인 듯 담박해	神澹如時菊
봄 오는 길목과 가을 끝 무렵	春頭與秋尾
거머쥐나 움켜쥘 수는 없네	攬之不可掬
일찍이 몸을 보존한다 들었는데	嘗聞高蹈[5]風
역시 비단과 같은 쓰임이 있지	亦有如綺用
힘겹게 깊은 산으로 드니	苦苦入山深
일 년 내내 무성하고 향기롭네	終年謝濃郁
참 뜻은 멀리 있지 않아	眞意非在遠
이를 보니 책 읽는 집이로세	視此讀書屋
나무는 해를 보고 뿌리내리고	樹根日可坐
장사치는 옛 고리짝에서 고함치네	商聲發古簏
굽어보고 우러러볼 일 뭐 있으랴	俛仰知何待
도탑게 노닐며 빨리 돌아오진 말게	優遊無復速
당시 사람은 사양하고 말았는데	已與時人辭
하물며 이어 오는 사람마다 구할까	況求來者續
매화와 국화는 다 누렸으니	消受一梅菊
또한 한량없는 복을 쌓았지	亦無量積福
이 틈을 얻어 시나 읊조리니	日哦得此間
의당 이름은 화려하게 실리겠지	宜名菁華錄

4. 어일전語一轉 : '일전어一轉語' 와 같은 말. 선가禪家에서 사람을 깨우치기 위해 선기禪機를 드러낸 한마디 말. 여기서는 깨우치는 한마디 말을 부탁하는 의미이다.

5. 고도高蹈 : 세속을 떠나 몸을 깨끗이 보전함.

3.

향로와 경서 그냥 곁에다 두고　　香爐經卷爭虛左
반은 비껴 작은 다락에 넘겼네　　一半橫斜讓小樓
원망 않는 주인 홀로 살아 몸에 배고　　不忿主人索居[6]慣
매화가 지자 온갖 꽃 피어나네　　梅花替壓百花頭
시 한 수 그림 한 폭 매화에 빌리니　　一詩一畫梅花債
이같이 그리워하니 옛날에는 없는 듯　　如此相思古有無
매화는 도저히 갚을 수 없으니　　到底梅花能不報
하룻밤 방안에 교룡의 구슬을 얻네　　室中一夜得鮫珠[7]
화락해 훈기 다해도 정취는 남아　　百和熏過意未央
이 일로 생각하는 걸 그대는 아시게　　知君此事費思量
근년에 수행은 높고 묘한 경지 얻으니　　年來鼻觀[8]多高妙
이로 매화 향 셈하지 않는 게 아닐세　　不是梅花不算香

4.

그대 청하노니 시에 매화 신 깃들길　　君請梅神來入詩
매화 신은 머리 끄덕여 아주 기꺼워해　　梅神點頭[9]千肯之
암향은 그림자 성글어 말투는 지금대로　　暗香疎影語今套

6. 삭거索居 : '이군삭거離群索居'의 준말. 친지나 벗들과 헤어져서 홀로 사는 생활. 『예기禮記』「단궁檀弓」상上.

7. 교주鮫珠 : 교인鮫人의 구슬. 남해 바다 속에 교인, 즉 인어人魚가 사는데, 베를 잘 짜며, 눈물을 흘리면 진주가 된다고 한다. 옛날에 이 교인이 물에서 나와 어떤 사람의 집에 살다가 떠나갈 적에 통곡을 하여 소반에 진주를 가득 담아서 주인에게 주었다고 한다. 『문선文選』「좌사左思」'오도부吳都賦'.

8. 비관鼻觀 : '비단백鼻端白'을 관觀하는 불교 수행법의 하나로, 눈을 코끝에 집중시켜 정신이 맑아지도록 하는 수행 방법이다. 『능엄경楞嚴經』5권에 "세존世尊이 나我와 구치라拘絺羅에게 '코끝에서 나오는 흰 연기를 보는 참선법觀鼻端白'을 가르쳐 주셨다"는 말이 나온다.

9. 점두點頭 : 시권試券을 살펴 고사考査하는 일. 중국 송宋나라 구양수歐陽脩가 과거시험관인 공거貢擧를 주관하여 시권試券을 고사考査할 때 자기 등 뒤에서 한 붉은 옷을 입은 사람이 '머리를 끄덕인 것點頭'을 본 다음 시권을 입격入格시켰다.

어린 여자의 시를 번안하지는 않지	可無翻案幼婦辭
저녁서 새벽까지 누가 덜어 내는 걸 볼지	昏曉誰能看到殺
그 사람 여기 있어 그 덮개를 여네	其人斯在披其帷
다시 한 층 오르니 격외를 결단하고	更進一層格外[10]訣
이같이 허여하니 진실로 서로 알아	如此始許眞相知
한 번 다듬어서 한 번 능가하니	一番刻劃[11]一唐突[12]
기이하려다 도로 아닌 걸 자주 보니	多看欲奇還不奇
온자한 시어 탈속해 영롱히 통하고	溫藉[13]語脫玲瓏竅
귀해서도 안 되지만 없어서도 안 되지	貴在不卽兼不離
자세히 들고 돌아오니 봄꿈이 앞서고	仔細挈還先春夢
구름이 햇살에 걷히니 좋은 시절이라	初雲始日留佳期
흰 소매는 대가에게 간 게 부끄러워	縞袂羞作桃李[14]嫁
적루는 난초 살랑이듯 죽 감쌌구나	笛樓長護如蘭吹
삼생과 깨끗한 인연을 맺으니	三生[15]自與淨緣結
닦아서 이루는 건 바로 지금 아닌가	判不修成在今玆
언제 맑은 술로 잘 지은 시 보답하나	他日淸尊侑綺語
침 흘리는 먹보, 혼은 이미 달리지	流涎老饕[16]神已馳

10. 격외格外 : 격식이나 규범을 벗어남.
11. 각화刻畫 : (*원문 중 '刻劃' 은 '刻畫' 의 오식인 듯함.) '각화무염刻畫無鹽' 의 준말로, 못생긴 여자는 아무리 잘 그려도 미인에 비교할 수 없다는 뜻. 무염은 지명地名으로, 중국 전국시대 제齊나라 선왕宣王의 부인이 되어 정사를 도와 나라를 크게 안정시킨 추녀醜女 종리춘鍾離春이 태어난 곳이다.
12. 당돌唐突 : 무례함. 버릇없이 굶. 『세설신어世說新語』에 "무염을 단장하여 서시를 능가하려 한다刻畫無鹽 唐突西施"라는 말이 있는데, 비교가 되지 않음을 비유한 것이다.
13. 온자溫藉 : 시가 알맞게 따사로운 정조를 지님을 말함.
14. 도리桃李 : 훌륭한 인물에 의하여 많은 인재가 배출되었음을 의미하는 말. 중국 당唐나라 때 적인걸狄仁傑이 일찍이 천거한 요원숭姚元崇, 환언범桓彦範 등 수십 인이 모두 명신名臣이 되었으므로, 적인걸에게 "천하의 도리가 모두 공의 문하에 있었다天下桃李 悉在公門矣"고 말했다.
15. 삼생三生 : p.103의 주 22 참조.
16. 노도老饕 : 대식가大食家, 탐식하는 사람.

한 송이 등불 꽃 一燈花[1]

촛불이 탈 동안 지은 시다 刻燭[2]作也

봄빛에 술 빌려 낯은 벌겋고	韶華[3]欲借酒顏紅
지친 새는 지금 구만 리 바람도 잊네	倦翼今忘九萬風
부귀한 고개지 어찌 상을 따지리	食肉[4]虎頭[5]焉有相
작은 정성 양의 코는 노인 되지 못하네	嗜芹[6]羊鼻[7]不成翁[8]
일념에 귀의해 위 없는 도리 아니	歸依一念知無上

* 이 시는 촛불이 한 치만큼 타는 동안에 지은 칠언율시七言律詩이다. 규재圭齋 남병철南秉哲이 저자를 자신의 집에 머물게 하기 위해 초燭가 다 타기 전에 칠언율시 서른 수를 지으면 보내 준다는 조건을 걸었을 때에 지은 작품으로, 제목에 '각촉작야刻燭作也' 라는 저자의 주註가 소자쌍행小字雙行으로 달려 있다.

1. 등화燈花 : 등잔불 심지 끝이 타서 맺히는 꽃 모양의 불똥. 불이 꺼지려 할 즈음에 이 등화현상이 일어나면 조만간 기쁜 일이 있게 된다고 한다. 『서경잡기西京雜記』.
2. 각촉刻燭 : 촛불이 한 치만큼 타는 동안. '각촉위시刻燭爲詩' 는 촛불이 한 치만큼 타는 짧은 동안에 지은 시를 말한다. 비슷한 의미로 '격발擊鉢' 이 있다. 『남사南史』 59권 「왕승유전王僧孺傳」에 "양梁나라 경릉왕자竟陵王子가 일찍이 여러 학사를 모아 시회詩會를 열고, 초에다 금을 긋고 촛불이 한 치 탈 동안 사운시四韻詩를 짓게 했는데, 소문염蕭文琰이 '그게 뭐 그리 대단한가?' 하고, 사람을 시켜 동발銅鉢을 침과 동시에 운을 부르게 하고 그 음향이 끊이기 전에 사운시를 지었다." 하였다. 또한, '백운진감의마최百韻眞堪倚馬催' 란 고사도 있는데, 진晉나라 원호袁虎가 환선무桓宣武로부터 포고문을 빨리 지으라는 독촉을 받고는 말에 기댄 채 종이 일곱 장의 글을 금방 지었던 고사가 있다. 『세설신어世說新語』 「문학文學」.
3. 소화韶華 : 아름다운 계절의 경치, 보통 춘광春光을 가리키는 시어詩語이다.
4. 식육食肉 : '가거식육駕車食肉' 의 준말. 수레 타고 고기 먹는다는 뜻으로, 부귀富貴를 비유한 말이다.
5. 호두虎頭 : 중국 진晉나라 때의 화가 고개지顧愷之를 가리킴. 그의 소자小字(아명兒名)가 호두虎頭이므로, 세칭 '고호두顧虎頭' 라 한다. 세상에서 재才, 서書, 치癡의 삼절三絶로 일컬어졌다.
6. 기근嗜芹 : 미나리를 좋아함. '기근헌귀嗜芹獻貴' 의 준말로, 작은 정성을 비유한 말이다. "옛날에 미나리를 좋아하는 사람이 그 고을 귀족에게 미나리를 보냈다. 그것을 받아먹은 귀족은 입맛이 떫고 배가 아팠다昔人有美戎菽 甘枲莖芹萍子者 對鄉豪稱之 鄉豪取而嘗之 蜇於口 慘於腹." 그 뒤로 아랫사람이 윗사람에게, 천한 사람이 귀한 사람에게 자기의 정성을 바치는 것을 말한다. 『열자列子』 「양주楊朱」.

텅 빈 고을 누가 이 맛을 알리	空洞何人識此中
신령한 산에 좋은 약 구하려 말고	莫向靈山求大藥
난 분수에 맞춰 복령이면 통하네	吾生隨處足苓通
하루를 마다하랴 하루 또 가니	肯辭一日一過從
요즘 위로하니 맹동야의 용이로세	慰藉[9]邇來東野[10]龍
더러 편지 받아 보며 나물밥 먹고	書到時看求益菜
막걸리 익자 아쉬워 솔밭도 안 가네	醪成偏惜不遭松
선비가 남의 처마 밑에 기웃대는 게 부끄러워	士羞廡下因人熱[11]
궁궐에 계집은 시샘해 제 용모 다듬네	女妬宮中悅己容
오직 흰 구름 창밖에 머물게 두니	惟許白雲窓外宿
이 물건 나와 같아 품팔이하네	似吾此物起居傭
밤 깊어 창호에 어스름 비치고	夜久虛明在紙窓
숙취에 목말라 서강도 마시겠네	渴酲空憶吸西江
묵은 시고 뒤적여 다시 찾아보니	詩尋舊草因緣再
매화가 새로 피어 정혜가 짝이네	梅作新花定慧雙
고달픈 반생 콧수염 다듬으니	霜雪半生髭一鑷
산수 십여 년에 천 동이 술이네	海山十載酒千缸

7. 양비羊鼻 : 양의 코. 관상학에서 '호양비胡羊鼻'는 양의 코와 같음을 말하는데, 대체로 코가 커서 가정을 부흥시키며 이익이 있고 녹이 있다고 한다.
8. 불성옹不成翁 : 옹翁이 되지 못함. "나이 육십이 지나야 옹翁이라 한다年過六十各成翁"라는 말이, 1613년(광해군 5, 계축년) 안동에 살던, 임자년과 계축년에 출생한 예순 살 이상의 계원으로 구성된 모임을 그린 〈임계계회지도壬癸稧會之圖〉의 화제시畵題詩에 붙어 있다.
9. 위자慰藉 : 위로하고 도와 줌.
10. 동야東野 : 중국 당나라 문장가 맹교孟郊의 자字. p.102의 주 17 참조.
11. 인인열因人熱 : '불인인열不因人熱'에서 나온 말로, 남의 덕이나 은혜를 입는 것을 말함. 사람의 열熱로써 밥을 짓지 않는다는 뜻으로, 남에게 은혜를 입는 것을 떳떳이 여기지 않음을 이르는 말이다.

제군은 다툼 없이 시회는 탄탄해　　諸君莫鬪詞壇健
난 달갑게 북쪽에 머릴 조아리네　　老僕[12]甘心北面降

진창을 뒤집어쓰고 고개 떨구니　　拖泥帶水[13]苦低垂
해탈 못한 이 몸을 누가 묶었나　　解脫非吾縛是誰
천 점 다홍빛은 천 갈래로 애석한데　　千點猩紅[14]千愛惜
좀 같은 한 편 엮으니 한평생이네　　一編蠹粉一生涯
예사로 물 마시고 아주 좋은 곳 밝혀　　尋常飮水論深嗜
괜히 홀로 보며 뛰어난 곳 부르짖네　　獨自看空叫絶奇
세상을 눈여겨보니 부딪치고　　注目人間逢觸撥
세월은 흘러가 어긋나 버렸네　　歲華相捨又差池[15]

마흔 넘어 나날이 쓸쓸하고 혼미해　　年過四十日凄迷[16]
영웅이 혹 있다면 난 아니라 말하리　　或有英雄謂我非
재주는 급한 골짝보다 빨리 줄어드니　　才退疾於傾急峽
긴 울타리를 두른 듯 시름겨워 괴롭네　　愁來困似築長圍
요락을 만나니 아주 피하기 어려워　　生逢搖落[17]難深諱
경계는 무성해 더러 기교는 어긋나고　　境有芬華[18]或巧違
애당초 믿는 게 없으니 천 길 생각뿐　　自信初無千仞想

12. 노복老僕 : 원래 종, 하인下人, 노비奴婢, 혹은 노인을 가리키나, 이 시에서는 옛날 남자가 스스로 자신을 낮추어 일컫는 말로 '저', '나' 란 뜻임.

13. 타니대수拖泥帶水 : 진흙을 끌고 물을 띰. 곧 흙탕물을 뒤집어씀. 얽히고 설켜서 깨끗하지 못한 것이나 어물어물하며 명확하지 못한 것을 비유하는 말이다.

14. 성홍猩紅 : 진한 붉은빛, 혹은 광물의 일종인 주사朱沙나 진사辰砂를 가리킴.

15. 차지差池 : 잘못이나 실수, 가지런하지 않고 들쑥날쑥하다.

16. 처미凄迷 : 경치가 처량하고 어렴풋하다, 쓸쓸하고 희미하다,

17. 요락搖落 : 흔들어 떨어뜨림, 늦가을에 나뭇잎이 떨어짐, 즉 숙살지기肅殺之氣가 몰아쳐 나뭇잎이 다 떨어지는 가을철을 말함. 중국 전국시대 초楚나라 시인 송옥宋玉이 지은 '구변九辯' 첫머리에 "슬프다, 가을 기운이여. 쓸쓸하게 초목은 바람에 흔들려 땅에 지고 쇠한 모습으로 바뀌었도다悲哉秋之爲氣也 蕭瑟兮 草木搖落而變衰"라 하였다.

우뚝 떨쳐 일어서니 한미한 서생이네　　嶠頭猶振左家衣[19]

인연 따라 한가롭게 살지는 않아도　　隨緣不必卜閒居
뭇 새는 주변에 날아 집 짓길 좋아하네　　衆鳥飛邊愛結廬
샘물 새로 길어다 차 부글부글 끓이고　　蟹眼[20]新泉烹活火
마제와 추수는 양생을 위한 글이네　　馬蹄[21]秋水[22]養生書
호랑이 그리기 어렵다 게을리 하겠나　　倦焉有畫難成虎
늙어선 시 짓지 않고 낚시를 하네　　老矣無詩更掣魚
시속은 따르지 않아 세상에 물듦을 논하니　　莫把肚皮[23]論入世
물정 어두운 가운데도 얻는 건 있네　　迂疎剩得此中儲

옛날의 난 지금의 날 알지 못하니　　古吾莫復認今吾
이름은 아예 산다고 되는 게 아니네　　名字全然不待沽
주먹 쥔 부처에게 똥 막대기 안 돌아오고　　屎橛[24]未歸竪拳佛
갓에 오줌 눠 선비 얼굴에다 대항하네　　溺冠[25]曾對抗顔儒
꽃 보고 달 향해 공안을 깨닫고　　看花向月知公案[26]

18. 분화芬華 : 무성하여 아름답다, 번영하여 화려하다.
19. 좌가의左家衣 : 좌가左家는 벼슬이 낮은 사람을 지칭하는 말로, 여기서는 벼슬하지 않은 한미한 서생書生을 스스로 말함.
20. 해안蟹眼 : '게의 눈'으로, 물이 처음 끓을 때 일어나는 작은 기포氣泡를 말한다. 중국 원元나라 사종가謝宗可가 다선茶筅에 대해 읊은 시에서 '차군의 마디는 맑은 옥과 같은데, 밤엔 솔 소리 듣고 옥가루로 양치하네. 만 가닥의 바람은 해안으로 돌아가고, 반쯤 찬 병 속 찻물 용아를 일으키네此君一節瑩無瑕 夜聽松風漱玉華 萬縷引風歸蟹眼 半瓶飛雪起龍牙'라고 하였다. 여기서 게의 눈과 고기 비늘은 차를 끓일 때 물이 부글부글 끓어오르는 모양을 형용한 말이다.
21. 마제馬蹄 : 인위人爲의 굴레에서 벗어나 자연 그대로 자유로운 생활을 희구한다는 말. 『장자莊子』「마제馬蹄」의 사상을 요약한 표현이다.
22. 추수秋水 : 『장자莊子』의 편명, 우주의 근본根本과 자연의 대도大道에 합일하여 시공時空의 제약을 완전히 벗어난 도를 말함.
23. 두피肚皮 : 뱃가죽, 여기서는 시속時俗을 말함.
24. 시궐屎橛 : 마른 똥막대기. p.89의 주 160 참조.

통음하며 미친 듯 노래해 장한 뜻 부치네　痛飮狂歌付壯圖
어찌 이리 사람을 천고의 일에 묶는지　有底關人千古事
눈과 가슴속 무시로 '무' 자뿐이네　眼中胷裏無時無

몇 해나 실각하여 동서로 달렸나　幾年失脚走東西
속세의 티끌 오래 옷에 묻었네　塵土長看衣上棲
사람 요모조모 살피고 진나라 넘으니　人視瘠肥秦更越
나는 초나라와 제나라 득실을 아네　我知得失楚兼齊
적수를 서로 잊어 구슬을 남긴 땅　相忘赤水[27]珠遺[28]地
흙이 둑에 넘쳐 황하를 비방하네　起謗黃河土決堤
시월 하늘 찬데 텅 비고 높아서　十月天寒空佇立
북풍과 눈비는 누구를 이끌려는지　北風雨雪欲誰携

잊는 걸 말하자면 좋을 듯도 해　語到忘時若有佳
모든 인연일랑 끊을 수 있겠네　可能除却萬緣皆
그대 따라 금석 같은 좋은 글 지으니　作金[29]聲去從君擲

25. 익관溺冠 : 관을 적심. p.89의 주 161 참조.
26. 공안公案 : p.90의 주 162 참조.
27. 적수赤水 : 붉은색의 물. 황하의 물이 천 년에 한 번씩 맑아지는데, 먼저 사흘 동안 청수淸水가 되고 그 다음은 백수白水, 적수赤水, 현수玄水, 황수黃水의 순으로 되돌아간다고 한다. 성군聖君이 출현하여 태평시대가 전개되는 상서로운 일로 꼽힌다. 『역건착도易乾鑿度』.
28. 주유珠遺 : '구슬을 남기다' 는 뜻. 상망象罔은 수신水神의 이름인데, "황제가 적수 북쪽을 여행하면서 곤륜산 언덕에 올라 남쪽을 바라보고서 산을 내려오다가 현주를 잃어버렸다. 이에 지知라는 사람을 보냈으나 찾지 못했다. 다시 눈이 밝은 이주를 시켜 찾게 해도 찾지 못했다. 말솜씨 좋은 끽후를 보내 찾게 했지만 여전히 얻지 못했다. 그래서 상망을 시켰더니 그것을 찾아냈다皇帝遊乎赤水之北 登乎崑崙之丘而南望 還歸遺其玄珠 使知索之而不得 使離朱索之而不得 使喫詬索之而不得也 乃使象罔, 象罔得之" 『장자莊子』「천지天地」.
29. 작금作金 : "글을 땅에 던지면 금석 같은 소리가 난다擲地作金石聲" 에서 온 말로, 훌륭한 글을 말한다. 중국 진晉나라 손작孫綽이 시문을 잘했는데, 일찍이 '천태산부天台山賦' 를 지어 범영기范榮期에게 보이면서 "경卿은 이것을 땅에 던져 보라. 응당 금석 소리가 날 것이다." 하였다. 『진서晉書』 56권, 「손작전孫綽傳」.

선녀가 온 듯 날 감화시키네　　如玉人[30]來起我懷
간밤 의연히 술꾼처럼 잠자고　　昨夜依然眠畢卓[31]
오늘 아침 또 신선의 어깨를 어루만지네　　今朝重與拍洪厓[32]
어린아이 조화는 기특할 게 없어　　小兒造化非奇特
내 사는 꼴 우연하여 맘대로 안 되네　　偶爾吾生事不諧

눈보라 춤추며 펄펄 흩날리니　　輕盈雪片舞旋回
겹 휘장 병풍을 느지막이 여네　　複帳重屛向晩開
대빗자루 빌려 쓸고 나니 술이 깨고　　倩竹掃他醒酒石[33]
매화를 위해 바람 막는 단을 쌓았네　　爲梅築得避風臺
천지는 역력하여 나막신 달랑 두 짝　　乾坤歷歷餘雙屐
고금은 아득해 한잔 술 들이키네　　今古茫茫入一杯

30. 옥인玉人 : 생김새와 마음이 아름다운 사람, 선녀仙女. 중국 춘추시대 진秦나라 목공穆公의 딸 농옥弄玉이 퉁소를 잘 부는 소사簫史에게 시집을 가서 날마다 소사에게서 퉁소를 배워 봉황의 울음소리를 잘 냈는데, 뒤에 그 부부가 똑같이 신선이 되어 바람을 타고 승천했다는 전설이 있다.
31. 필탁畢卓 : 중국 진晉나라 회제懷帝 때의 관인. 신채동양新蔡鮦陽 사람, 자 무세茂世. 일찍이 이부랑吏部郞으로 있을 때 비사랑比舍郞의 집에 숨어들어가 술을 훔쳐 먹다가 포박을 당했을 정도로 술을 좋아하였다. 『진서晉書』 45권.
32. 박홍애拍洪厓 : 홍애를 어루만짐. 홍애는 옛날 신선인데, 중국 진晉나라 곽박郭璞의 '유선遊仙' 시에 "왼편으로 부구의 옷소매를 잡아끌고, 오른편으로 홍애의 어깨를 어루만지네左挹浮丘袖 右拍洪崖肩"라 하였다. 『문선文選』.
33. 주석酒石 : 술을 만들어 낸다는 보배. "명明의 천계天啓 연간에 왜倭가 유구琉球를 쳐서 그 임금을 사로잡았는데, 유구의 태자가 그 나라의 세보世寶를 싣고 가서 그 아버지를 속贖하려다가, 배가 풍파에 휩쓸려서 제주濟州에 닿았다. 어느 목사牧使가 배에 무슨 물건이 실렸느냐고 물으니, 태자가 주천석酒泉石과 만산장漫山帳이 있다고 답하였다. 주천석은 모양이 마뇌瑪瑙처럼 생겼는데 가운데가 오목하게 파이고 물 한 잔이 들 정도이다. 맑은 물을 채우면 곧 아름다운 술이 된다. 만산장은 바닷거미의 실에다 약으로 물빛을 들여서 뜬 것인데, 적게 펼치면 집 하나를 덮을 정도이나 넓게 펼치면 산 하나를 덮을 수 있으며, 작은 놈으로는 모기나 파리, 큰 놈으로는 뱀이나 이무기 따위가 모두 그 속에 들어가지 못한다. 목사가 그것을 얻고자 청하였으나 태자는 허락하지 않으므로, 드디어 군사를 내어서 배를 에워싸니 태자가 돌과 창을 모두 바다 속에 던졌다. 목사가 배에 실은 물건을 다 몰수하고는 태자를 죽였다." 박지원朴趾源, 『열하일기熱河日記』「피서록避暑錄」.

베옷 입고 벗 논하는 건 그만 두기로	短褐論交意已倦
동방에 선비는 무얼 위해 사는지	東方有士何爲哉
정포에 돌아오니 십여 일이라	鄭圃[34]歸來日有旬
호량의 문답 또한 좋은 손님이네	濠梁[35]問答亦嘉賓[36]
정신이 노닐어 반듯이 텅 비어 밝으니	神遊端在空明界
알음알이 끊어 외곬수니 적막하여라	知已偏求寂寞濱
고금을 삼는 글은 기세를 뻗쳐	書爲古今張氣勢
천지에 시는 정신을 일으키네	詩於天地作精神
봄기운은 남녘에서 처음 이르러	垂垂南至陽初復
네게 자신을 이겨 어질라 가르치네	教爾重看克己仁
허공이 일고 지는 걸 내 말하려 하나	起滅空虛我欲云
인연이 이 같은 줄 일찍이 들었네	因緣如是得曾聞
일생은 비유하니 가슴에 품은 달이고	一生自況胷中月
인정은 자주 변해 아른대는 구름이네	百變人情望裏雲
마른 등나무 줄기 손 따라 짝해서 가니	隨手枯藤行可伴

34. 정포鄭圃 : 옛날 열자列子가 살던 곳. 곧 현자賢者가 사는 곳을 말함. "열자가 정포에 살았는데, 사십 년 동안 아는 사람이 없었다. 임금이나 경대부들도 그를 보통 서민으로 보았다列子居鄭圃 四十年人無識者 國君卿大夫 視之猶衆庶也"라고 하였다. 『열자列子』「천서天瑞」.
35. 호량濠梁 : 호濠라는 강의 다리. "장자莊子와 혜자惠子가 호량을 거닐면서 물고기가 자유롭게 노니는 것을 보고 심오한 이치에 관해 대화를 나누었다. 장자가 '피라미가 조용히 노니니 이는 물고기의 즐거움이로다.' 하니, 혜자가 '그대는 물고기가 아닌데 어찌 물고기의 즐거움을 아는가?' 하였다. 이에 장자가 '그대는 내가 아닌데 내가 물고기의 즐거움을 모르는 줄 어찌 아는가?' 하니, 혜자가 '나는 그대가 아니므로 진실로 그대를 알지 못하니, 그대는 물고기가 아니므로 그대가 물고기의 즐거움을 모르는 것은 분명하다' 하였다莊子與惠子遊於濠梁之上 莊子曰 儵魚出遊從容 是魚樂也 惠子曰 子非魚 安知魚之樂 莊子曰 子非我 安知我不知魚之樂 惠子曰 我非子 固不知子矣 子固非魚也 子不知魚之樂 全矣" 『장자莊子』「추수秋水」.
36. 가빈嘉賓 : 좋은 손님. 『시경詩經』「소아小雅」'남유가어南有嘉魚'에 나온다.

묵은 고리짝 나누어 앉을 자리 없네 等身舊篋坐難分
술친구 또 있으니 당년에 고마워도 酒徒亦有當年感
하물며 또 산도와 왕융이 오군과 다르랴 況復山王異五君[37]

간밤 뜰에 매화 봉오리 터지자마자 纔綻梅花昨夜園
눈보라 섞어 치는 바람을 만났구나 已逢雪打與風翻
칼을 보며 지난 시절 술을 찾았고 往時看劍因呼酒
향 사르며 하루 종일 문을 닫았네 盡日焚香又閉門
이곳에 참뜻 있는 줄 익히 알지만 是處慣知眞意在
어찌 사람에게 이 마음 털어놓으랴 此心安得解人論
난간머리 반드시 무정한 곳 아닌데 闌頭未必無情地
차고 푸른 산 빛 정갈해 먹을 만하네 冷碧山光淨可餐

당당한 세월은 날이 갈수록 막혀 堂堂歲色日成闌
실로 사람 가는 길에 어려움 있고 信有人間行路難
올망졸망 능선은 푸르게 퍼질러져 深淺點皴歸痞碧
계절을 따라 도로 붉어지고 있네 降升時候負還丹
경신은 쉽지 않아 삼매를 구하고 庚申[38]未易求三昧[39]
갑자는 괜히 오관만 늙게 만들어 甲子空令老五官[40]

37. 산왕이오군山王異五君 : 산왕山王이 오군五君과 다름. '산왕'은 중국 진晉나라의 산도山濤와 왕융王戎을 아울러 말한 것이고, '오군五君'은 완적阮籍, 혜강嵇康, 유령劉伶, 완함阮咸, 상수向秀의 다섯 선비를 가리킴. 일찍이 중국 남조南朝 송宋의 안연지顔延之가 영가 태수永嘉太守로 폄척되어 나아가게 되자, 몹시 분개한 나머지 죽림칠현竹林七賢에 대해서 산도와 왕융은 현달하여 귀인貴人이 되었다는 이유로 제외하고, 완적 등 다섯 선비의 일만을 서술한 시를 지어 '오군영五君詠'이라고 했다는 고사가 전한다. 『송서宋書』 73권, 「안연지전顔延之傳」.

38. 경신庚申 : 경신일庚申日. 도교道教에서는 수경신守庚申이라 하여 그날 밤에 잠을 자지 않는데, 사람의 몸에 삼시충三尸蟲이 있어 경신일이 되면 사람이 자는 동안에 하늘로 올라가 그 사람의 선악을 보고하지만, 잠을 자지 않으면 하늘로 올라가지 못하여 선악을 보고하지 못하므로 모든 재액災厄을 면할 수 있다고 한다.

다시 무지개 토할 만한 기운 없으니	無復如虹氣堪吐[41]
그림자 한번 돌아보니 썰렁하기만 해	一番顧影已酸寒

궤안에 기대 먼 산을 바라보니	自從隱几得遙山
뜻밖에 하루가 세상 밖에 한가롭네	一日居然世外閒
어렵사리 차라리 중의 계율 지키느니	苦甚寧持律僧戒
고집스레 호방한 신선이나 되겠네	頑多欲入散仙[42]班
지난 일 돌이켜 보니 몸은 헛되이 늙어	回頭往事身空老
모든 인연 손 떼니 꿈조차 상관없네	放手諸緣夢不關
때로 홍이 나니 멀고 가까움도 없어	乘興時時無近遠
홀로 안개 속 거닐다 달 뜨면 돌아오네	煙中獨去月中還

행하고 감춤을 살피니 이에 족하고	行藏[43]點檢屬於焉
눈보라 들이치니 또 한 해가 가네	風雪侵尋又送年
사흘 우는 귀머거리, 걸림 없는 부처	三日喝聾無碍佛
당시 굳센 기절은 뿌리 있는 신선	當時骨節有根仙
술판 홍건히 벌어지니 나라를 들먹이고	酒爲樂地堪呼國

39. 삼매三昧 : 범어 samādhi, 삼마제三摩提(帝) · 삼마지三摩地의 음역. 들뜨거나 가라앉은 마음을 모두 떠나 평온한 마음을 견지하는, 집중된 마음의 상태를 뜻한다. 불교에서 수행을 통해 얻고자 하는 지혜는 흩어짐이 없이 편안하고 고요한 마음의 상태에서 비롯되므로 삼매의 상태는 매우 중요하다.

40. 오관五官 : 다섯 가지 감각기관. 즉, 귀 · 눈 · 코 · 입 · 마음을 말함.

41. 홍기감토虹氣堪吐 : 웅혼한 기상이나 정채. 고려 중기의 문인 정지상鄭知常의 '춘일春日' 시에 "고향 산천은 천 리 먼 곳에 있는데, 한 통 술로 담소하니 만 가지 인연 부질없네. 감흥이 일어 시 한 수 새로 쓰려는데, 붓 아래 무지개 같은 기운 없어 부끄럽구나故國江山千里遠 一樽談笑萬緣空 興來意欲題新句 下筆慚無氣吐虹"라고 하였다.

42. 산선散仙 : 도가道家에서는 신선의 세계에 관직이 있다고 하는데, 아직 관직을 받지 않은 자를 가리킴. 이 시에서는 신선 중에서도 얽매임이 없는 호방한 것을 말함. 주 396 참조.

43. 행장行藏 : 행行은 세상에 나와 도를 행하는 것이며, 장藏은 초야에 은둔하는 것으로, 『논어』 「술이述而」의 "쓰이면 도를 행하고 버려지면 은둔한다用之則行 舍之則藏"에서 유래하였다.

벼루가 가난한 집 이르니 농사 시작하네　　硯到貧家始作田
한가로이 살자 하니 다른 정취가 많아　　欲識閒居多異趣
뜻대로 내로라 이리저리 변통하리　　情生我我共周旋

뜰 안과 울타리에 온통 달 밝은 밤　　庭心欄角摠良宵[44]
정취 가득하니 은하수는 밤 하늘 맑히고　　極意星河淨九霄[45]
작은 등잔 돋우고 지난 날 더듬으니　　挑盡小燈時的歷
남은 잎에 바람 불어 쑥대도 울부짖네　　飄來殘葉或騷蕭
백년 한 있어 얽히고설킨 지 오래　　百年有恨纏緜久
괜스레 서글퍼 천리 멍하니 바라보다　　千里無端悵望遙
잠시 한가한 틈타 묘한 슬기 찾으니　　一刻偸閒眞妙訣
내일 아침 합당하니 내일 아침 기다리네　　明朝事合待明朝

찬 연기는 명주 같아 가지에 걸리고　　寒烟似練掛庭梢
찬 달은 물결 인 듯 초가에 스며드네　　冷月如波浸屋茅
하룻밤 매화는 좋은 꿈과 통하고　　一夜梅花通好夢
십 년 독서는 신령과 접하였네　　十年燈火得神交
흑백 남은 바둑에 새로 돈을 걸고　　棋殘黑白新經賭
꽁꽁 언 절인 김치 오래 안주 삼네　　菹凍青黃久代肴
자주 허기져 꼬르륵 소리 어쩌지 못해　　頓頓飢來渾不救
이 몸은 그래도 글 읽는 늙은이라네　　此身猶自老書巢

평생 한결같아 벼슬은 오르지 못해　　生平一着未能高
거울 속 바라보니 귀밑머리 희끗희끗　　鏡裏凋零對鬢毛

44. 양소良宵 : '양소명월良宵明月'의 준말로, 밝고 둥근 달이 높이 뜬 밤을 뜻함.
45. 구소九霄 : 가장 깊은 밤하늘. 밤하늘의 높은 곳을 '구소九霄', 땅의 가장 깊은 곳을 '구천九泉'이라 한다.

박주로 어찌하면 이 병을 고칠까　　魯酒[46]何當毉此事
진부한 인생 우리들더러 웃을 뿐　　陳人只合謚吾曹
시는 헤진 거문고 같아 정취는 없고　　詩如琴衲才情破
몸은 미천하여 발자취만 수고롭지　　身似車薪[47]足跡勞
밭이 있다면 어이 돌아가지 않으랴　　可使有田寧不去[48]
긴 보습 나무자루로 손수 밭을 가네　　長鑱木柄[49]手堪操

궂은 비 이제 흐려 목청껏 노래하니　　舊雨今雲入浩歌[50]
오직 한 친구도 또한 많다고 하네　　一人知己亦云多
먹의 기운 넘쳐 시전을 처음 자르니　　淋漓墨氣箋[51]初劈
일렁이는 등잔불에 술도 넘실대네　　瀲灩燈光酒欲波
옛 경전 힘써 보니 대초를 따르고　　力泝[52]遺經追帶草[53]
고첩을 열어 보니 영근 이삭 닮았네　　閒披古帖倣嘉禾[54]

46. 노주魯酒 : 질이 낮은 노魯나라의 술. “입술이 없어지면 이가 차고, 노나라 술이 언짢아 한단이 포위를 당하고, 성인이 태어나니 큰 도둑이 일어난다脣竭則齒寒 魯酒薄而邯鄲圍 聖人生而大盜起”는 고사에서, 전轉하여 ‘박주薄酒’의 뜻으로 쓰인다. 『장자莊子』「거협胠篋」.

47. 거신車薪 : 한 수레에 실린 땔감. 이는 “한 잔의 물로 한 수레 분량의 땔감에 붙은 불을 끄려 하다”는 의미로서, 힘이나 능력이 미미하여 일을 감당하기 어려움을 비유한 말이다. ‘배수구거杯水救車’ 또는 ‘배수여신杯水輿薪’이라고도 한다. “인자함이 인자하지 않음을 이기는 것은 마치 물이 불을 이기는 것과 같다. 오늘날 인仁을 행하는 사람은 마치 한 잔의 물로써 한 수레의 땔나무에 붙은 불을 끄는 것과 같다仁之勝不仁也 猶水勝火 今之爲仁者 猶以一杯水救一車薪之火也” 『맹자孟子』 11권, 「고자告子」 상上.

48. 유전녕불거有田寧不去 : 조선 초의 학자 김종직金宗直의 ‘한식촌가寒食村家’에서, “다섯 말 녹봉 못 잊어, 내 땅이 있어도 떠나지 못하니, 원량 사람(도연명)이 비웃어도 내 어쩌지 못하겠네有田不去戀五斗 元亮人笑將柰何”라 하였다.

49. 장참목병長鑱木柄 : 긴 쟁기와 나무자루. 곧 쟁기로 밭을 가는 농부의 모습. 중국 당나라 시인 두보杜甫의 시에, “긴 보습에 하얀 나무자루여, 네 덕분에 나의 목숨 이어 가누나長鑱白木柄 我生託子以爲命”라는 말이 나온다. 『두소릉시집杜少陵詩集』 8권, 「건원중우거동곡현작가乾元中寓居同谷縣作歌」.

50. 호가浩歌 : 큰 소리로 노래를 부름. 여기서는 비분강개한 뜻에 겨워 부르는 노래를 뜻함.

51. 전箋 : 간단한 쪽지나 종이. 여기서는 시를 적는 종이, 즉 ‘시전詩箋’을 말한다.

52. 역소力泝 : 힘써서 거슬러 오름. 여기서는 옛 경전을 힘써 봄을 뜻함.

바른 그대 정 도타우니 당상에 머물고	淳于正爾留堂上
물시계 방울지는 소리 이 어찌할까	漏箭[55]聲聲奈此何

강좌의 풍류는 또 더할 게 없어	江左[56]風流更莫加
당시 왕사씨 대대로 전한 집안이네	當時王謝[57]最傳家
충심과 기이한 생각 흘러 비단을 짜고	拄腸奇思渾成錦
새로운 소리로 입 열자 꽃 피려하네	脫口新聲盡欲葩
그대 생각 밤마다 보름달 같은데	夜夜思君如滿月
날 위한 술잔은 저리 노을로 흐르네	深深爲我酌流霞
달리 감탄하니 헛된 칭찬은 아니라	作他傾倒非虛譽
귀천이 함께함은 옛부터 탄식했네	玉樹蒹葭[58]古所嗟

어진 선비 실솔당서 시 지으니	良士詩成蟋蟀堂[59]
세상살이 염량이야 알지 못하지	不知世路有炎凉

53. 대초帶草 : '서대초書帶草'의 준말로, 맥문동麥門冬을 말함. 중국 한漢나라 학자 정현鄭玄의 문인들이 책을 묶었다는 풀 이름이다. 다년생으로 꽃은 담자색淡紫色이고 열매는 벽록색碧綠色에 모양이 둥글다. 『삼제기략三齊記略』에 "정강성이 불기성 남산에서 학생을 가르칠 때, 잎은 부초와 같고 길이는 한 자 남짓한 풀이 산 밑에 났으므로, 사람들이 강성의 서대초라 불렀다鄭康成教子處 不其城南山下生草 如薤葉長尺餘 土人呼爲康成書帶草" 하였다. 또한 중국 송나라 문인 소식蘇軾의 시에 "뜰 아래 이미 서대초가 자랐으니, 사군은 아마도 정강성인가 하네庭下已生書帶草 使君疑是鄭康成"라는 구절이 있다. 『소동파시집蘇東坡詩集』 14권, 「서헌書軒」.

54. 가화嘉禾 : 열매가 많이 붙은 큰 벼이삭. 경사스러운 징조라고 함.

55. 누전漏箭 : 누각漏刻으로, 물시계의 한 가지. 누호漏壺 속에 세운 누전漏箭에 눈금을 새김.

56. 강좌江左 : 원래 중국 남북조시대 때 동진東晉을 가리키나, 이 시에서는 경상좌도인 안동·대구 지역을 말함. 영남 지역을 낙동강을 중심으로 나눌 때, 대구와 안동을 중심으로 한 강좌江左, 성주와 진주를 중심으로 강우江右로 나누고, 학파學派도 강좌를 퇴계학파退溪學派, 강우를 남명학파南冥學派로 나눈다.

57. 왕사王謝 : 왕씨王氏와 사씨謝氏. 중국 진晉나라 이후 남조南朝에 이르기까지 왕씨와 사씨 두 집안이 대대로 높은 벼슬을 지낸 까닭에, 세가世家나 망족望族의 대표적인 가문으로 일컬어졌다. 『남사南史』 80권, 「후경열전侯景列傳」. 또는 진晉나라의 재상인 왕도王導와 사안謝安을 말하는데, 세상의 구속을 받지 않고 자유스럽게 함께 어울려 노닐며 현담玄談에 능하였다.

내 아직 입 안에 세 치 혀 있고	口中三寸[60]吾猶在
머리 위 세월은 그대 바쁘게 하네	頭上雙丸[61]爾許忙
시 주머니 빌려 불룩하게 하니	借使錦囊[62]無數飽
어찌 춤추는 소매 조금 긴 것만 하랴	爭如舞袖[63]若干長
난사 향 자꾸 태울 게 뭐 있나	休將蘭麝[64]重勤爇
서책은 해 갈수록 옛 향기 풍기는 걸	書卷年深發古香
빙 다 돌고 나니 등불은 희미해	環回剔盡小燈明
이 밤 우리들 날 새는 줄 몰랐네	夜得吾曹不害淸
사람이 기린각 오르는 그림을 보니	眼看人登麟閣[65]畫
녹문서 밭 갈 계책 어긋나 버렸네	計違身作鹿門[66]耕

58. 옥수겸가玉樹蒹葭 : 미천한 사람이 고귀한 사람과 함께 있는 것을 말함. '옥수玉樹' 는 뛰어난 사람으로 상대방을 추켜 주는 말이고, '겸가蒹葭' 는 보잘것없는 사람으로 자신을 낮추어서 하는 말이다. "위나라 명제가 황후의 동생 모증을 하후현과 함께 앉게 하니, 당시 사람들이 겸가가 옥수에 기대었다고 하였다魏明帝使後弟毛曾與夏侯玄共坐 時人謂蒹葭依玉樹 蒹葭指毛曾 玉樹指夏侯玄" 하였는데, 겸가는 모증을 가리키고 옥수는 하후현을 가리킨다. 『세설신어世說新語』「용지容止」.
59. 실솔당蟋蟀堂 : '실솔재당蟋蟀在堂' 에서 나온 말로 '실솔' 은 귀뚜라미를 말한다. "집안에 귀뚜라미, 한 해도 저물어 가네. 지금 내가 즐기지 않으면, 세월은 가 버리네. 너무 태평하지 말고, 집안일도 생각해야지. 즐거움은 지나치게 않는 것, 훌륭한 선비는 늘 조심하네蟋蟀在堂 歲聿其莫 今我不樂 日月其除 無已大康 職思其居 好樂無荒 良士瞿瞿" 하였다. 『시경詩經』「당풍唐風」'실솔蟋蟀'.
60. 구중삼촌口中三寸 : 입 가운데 있는 세 치의 혀를 말함.
61. 두상쌍환頭上雙丸 : '머리 위의 두 바퀴' 로, 세월을 말함. "가슴속에 한 점의 티끌도 묻지 않았고, 머리 위엔 두 바퀴 해와 달이 구르네胸中一點塵埃絶 頭上雙丸日月跳" 라 하였다. 『목은집牧隱集』 제6권, 「즉사卽事」.
62 금낭錦囊 : '좋은 시를 넣는 주머니' 의 뜻으로, 해낭奚囊이라고도 한다. 중국 당唐나라 이상은李商隱의 '이장길 소전李長吉小傳' 에 의하면, 장길(이하李賀)이 제공諸公과 놀러 나갈 때마다 어린 종복奚奴이 오래되고 '허름한 금낭古破錦囊' 을 등에 지고 그 뒤를 따라다녔는데, 장길이 새로운 시를 짓고 나면 곧장 금낭 속으로 던져 넣었다고 한다.
63. 무수舞袖 : 미인의 춤추는 소맷자락. 혹은 춤추는 미녀.
64. 난사蘭麝 : 식물인 난초와 동물인 사향으로 만든 향기. 중국 당나라 때의 미인 양귀비楊貴妃의 몸에서 풍겼다는 향으로 최고로 쳤다.

평원군은 이미 선생 용모에 놀라고	平原[67]已訝先生貌
광무는 수자의 이름 애석히 견뎠네	廣武[68]堪憐豎子[69]名
한 줄기 험한 성질 오만하게 뻗치니	一副嶒崚餘傲骨
이 머리로 앞으로 무얼 이루려 하나	頭顱[70]自此欲何成

된서리 내려서 빗장에 들이치니	霜威淅淅入重扃
학어와 매향이 뜰에 한가득이네	鶴語[71]梅香共一庭
부들잎 문채 없어 작은 자리 엮고	蒲葉無文編小席
글자 있어 금니로 여러 경전 베끼네	金泥有字寫諸經
한가히 시 읊어 족하니 노닐 만하고	閒吟已足當遊戲
정좌하니 이 나이에 누릴 만하네	靜坐元知是享齡

65. 인각麟閣 : '기린각麒麟閣'으로, 공신을 모시는 누각을 뜻함. 중국 전한前漢 무제武帝 때 지은 누각으로, 선제宣帝 때 이곳에 공신功臣 열한 명의 화상畫像을 안치하였다.
66. 녹문鹿門 : 중국 호북성湖北省 양양현襄陽縣에 있는 산 이름. 후한시대 방덕공龐德公이 처자를 거느리고 이 산으로 들어가서 돌아오지 않았다 하여, 후세 사람들이 은사隱士가 사는 곳을 지칭하는 말로 인용하였다. 여기에서는 집으로 다시 돌아가면 방덕공처럼 가족들을 데리고 속히 은거할 곳으로 가겠다는 의미를 담고 있다. 『후한서後漢書』 83권, 「방공열전龐公列傳」.
67. 평원平原 : 중국 전국시대 조趙나라 평원군平原君을 말함. 그의 문객인 모수毛遂가 주머니 속의 송곳을 예로 들면서, 자기가 만약 일찌감치 주머니 속에 들어 있었다면 송곳날이 몽땅 비어져 나왔을 것穎脫而出이라고 말했다는 고사가 있다. 『사기史記』 76권, 「평원군열전平原君列傳」.
68. 광무廣武 : 중국의 산 이름. 초楚나라 항우項羽와 한漢나라 유방劉邦이 이곳에서 몇 달 동안 대치하였다.
69. 수자豎子 : 더벅머리를 한 아이. 중국 춘추시대 진晉나라 경공景公이 병이 들어 명의名醫를 청했는데, 그가 오기 전에 경공의 꿈에 두 수자豎子가 서로 말하기를, "내일 명의가 오면 우리를 처치할 것이다. 그러니 우리가 고膏의 밑과 황肓의 위로 들어가면 명의도 어찌 하지 못할 것이다." 하였다. 다음 날 명의가 와서 진찰하고는, "병이 고황膏肓의 사이에 들어갔으니 치료할 수 없다公夢疾爲二豎子曰 彼良醫也 懼傷我 焉逃之 其一曰 居肓之上 膏之下 若我何 醫至 曰 疾不可爲也 在肓之上 膏之下 攻之不可 達之不及 藥不至焉 不可爲也" 하였다. 전하여 '이수二豎'는 병이라는 뜻으로, 병기病氣가 이 수자로 화하였다는 『좌전左傳』에 있는 고사에서 나온 말이다.
70. 두로頭顱 : 원래 골통, 머리통, 두정골頭頂骨을 말하나, 여기서는 백발의 쇠한 머리를 뜻함.

문 닫고 이소경 시를 읊조리느니　　掩罷離騷[72]眉欲皺[73]
이 몸 하품하며 술 다시 깨네　　此人只欠一生醒

늘그막 경계는 홍취에 사는 것　　老來境界在居興
새벽 오기 전에 능가하고 싶어라　　未到晨光便欲凌
잠 맛은 찻물 가리는 것보다 담박하고　　睡味淡於茶擇水
참선은 높은 탑을 쌓는 공과 같네　　坐功高似塔加層
콧수염에 찬 얼음 맺히니 몸 움칠하고　　結髭氷冷身仍蟄
손꼽아 봄이 오길 기다리니 홍겹네　　屈指春溫興可乘
친구를 향해 번민을 말로 부치니　　爲向故人煩寄語
지금 병들고 피곤함 응당 알리라　　如今病倦也知應

처세는 본래 일류가 아니라　　處世元非第一流
장차 몸 엎드려 숨어 살기 알맞네　　將身端合卜居幽
하루도 속된 일 없어 입 열 만하고　　日無俗事堪開口
마침 산 빛은 저절로 눈에 드네　　時有山光自入眸
티끌 밖에 노니니 적잖이 알겠고　　塵外消搖知不少
과연 세상을 벗은 까닭이 뭐라던가　　人間擺脫果何由

71. 학어鶴語 : 학이 저승으로 떠나가며 했다는 말. 중국 동진東晋의 시인 도연명陶淵明의 '수신후기搜神後記'에 "정영위丁令威는 본래 요동遼東 사람으로 영호산靈虎山에서 도를 배워 신선이 되었는데, 그가 뒤에 학으로 변하여 요동으로 돌아와서 성문 앞의 큰 기둥인 화표華表에 앉아 있었다. 이때 어떤 소년이 활로 쏘려고 하자 학이 날아서 공중을 배회하며 말하기를, '새여, 새여, 정영위로다. 집을 떠난 지 천 년 만에 이제야 돌아오니, 성곽은 옛날과 같은데 백성은 그때 사람이 아니로구나. 어찌하여 신선술을 배우지 않아 무덤만 즐비한지有鳥有鳥丁令威 去家千年今始歸 城郭如故人民非 何不學仙塚纍纍' 하고 날아가 버렸다." 하였다.

72. 이소離騷 : 중국 초楚나라 때 사람 굴원屈原이 지은 사부詞賦.

73. 미욕추眉欲皺 : '눈썹을 찌푸리다' 는 뜻으로, 여기서는 시를 읊는 일을 말한다. 중국 宋의 문인 소동파蘇東坡의 '증사진하수재贈寫眞何秀才' 시에 "또 보지 못했는가, 눈 속에 나귀를 탄 맹호연이 눈썹을 찌푸리고 시를 읊느라 쫑긋한 어깨가 산처럼 높네又不見 雪中騎驢孟浩然 皺眉吟詩肩聳山" 하였다.

지팡이와 짚신 갖추니 생계는 그럭저럭　　筇鞋若辦閒經濟
구태여 촌집이야 애써 물을 게 있나　　田舍寧勞更問求

어둑한 산과 들은 운림에 펼쳐져　　晩山平遠展雲林
그림 그린 뜻은 가득 옷깃에 쌓이네　　畫旨依然蓄滿襟
정취는 스스로 가여워 백발이 무성해라　　意氣自憐千白髮
영웅도 일만의 황금은 어쩔 수 없네　　英雄無奈萬黃金
살아 처한 곳마다 한가한 자취 많아　　生來隨處多閒跡
세월 가도 어느 누가 이 마음 알까　　歲久何人會此心
방 안에 무릎 껴안고 늘상 노래하니　　抱膝室中[74]元是慣
양보가 불평을 읊은 시라 의심치 말게　　莫疑梁甫[75]不平吟

긴 밤 헤니 북 소리 세 번 울려　　更籌遙夜皷聲三
왁자지껄 집안은 극담이 한창이네　　堂裏喧喧有劇談
시구는 떠오르지 않아 하늘 밖에 놀고　　不速詩來自天外
등잔 곁 바라보니 남쪽에 책상이 있네　　傍觀燈在證床南
양껏 술 마시니 봄은 바다를 이루어　　滿腔歡伯[76]春成海
한 손가락 선의 종지, 달은 못에 찍혔네　　一指禪[77]宗月印潭
기꺼이 형해 아니 날 위한 물건이고　　肯認形骸[78]爲我物

74. 포슬실중抱膝室中 : 방 안에서 무릎을 감싸 안음. 중국 촉한蜀漢 재상 제갈량諸葛亮의 '포슬음抱膝吟'이란 고사에서 빌렸다. 제갈량이 출사出仕하기 전 남양南陽에서 몸소 농사를 지으며 매일 새벽과 저녁이면 무릎을 감싸 안은 채 '양보음梁甫吟'이란 노래를 지어 불렀던 데서 유래한 말로, 고인高人과 지사志士가 시를 읊어 심회를 푸는 것을 뜻한다. 『삼국지三國志』「촉지蜀志」'제갈량전諸葛亮傳'.

75. 양보梁甫 : 중국 태산泰山 아래 있는 산 이름. 여기서는 악부樂府의 곡명 '양보음梁甫吟'을 말한다. 양보음은, 사람이 죽으면 이 산에다 묻었기 때문에 사람들은 장가葬歌라고도 한다. 지금 전해지는 제갈량諸葛亮의 '양보음'은 춘추시대 제齊나라 재상 안평중晏平仲이 도량이 좁아 세 명의 용사를 죽인 일을 탄식하는 내용이며, 이백李白의 '양보음'은 자신의 포부를 실현하지 못한 울분을 드러낸 것이다.

왕랑의 뜻은 죽음조차 달게 받았다지　　王郎[79]情到死猶甘

명승과 사람이 만나 아름다움 겸하고　　境與人逢美始兼
희미한 등불에 맑은 서리 주렴에 서리네　　淸霜殘燭下重簾
뚜렷이 신이 통하니 거문고를 덕 삼아　　犂然神會琴爲德
온화하여 공 이루니 술은 본래 공손하네　　溫克功成酒本謙
세상은 돈으로 눈 크게 뜨게 만드나　　世許孔方[80]能眼大
내야 이미 붓 끝에 근심이 서렸네　　我愁毛穎[81]已頭尖
그대 위해 열 길 푸른 노을이 뻗치니　　爲君十丈靑霞氣
그윽이 상대해 담담하게 쳐다보네　　相對悠悠澹視瞻

내 집은 산 기슭 사립은 바위에 기대　　吾家山下倚扉巖
몇 권 낡은 책은 상자에도 차지 않네　　數卷殘經不滿函
우연히 눈길 가니 나막신 구멍만 찍혀　　偶向雪中穿短屐
오랫동안 풀빛은 찬 적삼을 비웃네　　長教草色笑寒衫
아무도 도연명과 같이 할 사람 없어　　無人可與留元亮[82]

76. 환백歡伯 : 술의 별명. “기쁘게 하는 데 으뜸이 된다”는 뜻으로, 중국 한漢나라 초공焦贛의 『역림易林』에 “술은 환희의 으뜸이 되어 걱정을 없애고 즐거움을 오게 한다酒爲歡伯 除憂來樂”라 하였다.

77. 일지선一指禪 : 손가락 하나를 들어 선禪의 종지宗旨를 드러낸 구지 화상俱胝和尙의 선법. “구지가 천룡을 찾아가 불법을 물으니 천룡이 손가락 하나를 세워 법을 보여 주므로 구지가 크게 깨쳤다. 그는 죽으면서 하는 말이 ‘나는 천룡 일지두선一指頭禪을 얻어서 일생을 못다 먹고 간다’ 하였다俱胝因問之 天龍時竪一指示之 俱胝卽坐 大有所悟 當欲示寂 曰吾得天龍一指頭禪 一生用不盡”『전등록傳燈錄』「금화구지전金華俱胝傳」.

78. 형해形骸 : 사람의 몸과 몸을 이룬 뼈.

79. 왕랑王郎 : 중국 한漢 나라 때 사람. p.164의 주 9 참조.

80. 공방孔方 : 돈의 별칭. 중국 진晉나라 때 노포魯褒가 ‘전신론錢神論’에서 “지금 사람들이 신기한 보배로 여겨 마치 형처럼 좋아하니 공방이라 말하여 금문金門을 헤치고 자달에 들어간다爲世神寶 親愛如兄 字曰孔方 排朱門 入紫闥”라 하였다.

81. 모영毛穎 : 붓의 별칭. 중국 당나라 때 문인 한유韓愈가 붓을 의인화擬人化하여 지은 「모영전毛穎傳」이 전한다.

술 있으니 어찌 완함과 마시길 꺼리랴 有酒何妨共阮咸[83]
평생을 다 헤아려 보니 신릉군이고 細數平生信陵[84]客
늙은이 칠십에 바로 문지기일세 老翁七十是門監[85]

82. 원량元亮 : 중국 진晉나라 때의 은사隱士 도연명陶淵明의 자. 일명 잠潛인데, 팽택현령彭澤縣令이 되었다가 석 달 만에 벼슬을 버리고 돌아오면서 유명한 「귀거래사歸去來辭」를 읊었다.

83. 완함阮咸 : 중국 죽림칠현竹林七賢의 한 사람. 자字 중용仲容. 진晉나라 초기에 노장사상老莊思想을 숭상하여 속세를 떠나 죽림竹林에서 거문고와 술로 지연을 즐겼던 삼국시대 위魏나라 완적阮籍의 조카이다. 후대에는 완함阮咸을 일컫는 아함阿咸을 조카를 뜻하는 말로 쓰이게 되었다.

84. 신릉信陵 : 중국 전국시대 위魏나라의 신릉군을 가리킴. 신릉군은 위나라 공자公子인데, 성문에 문지기 노릇하는 후생侯生이란 노인이 어진 사람이란 말을 듣고, 연회에 초대하기 위하여 신릉군이 친히 영접하러 가서 수레에 태우고 오는데, 중도에서 후생이 "내가 친한 사람 주해朱亥라 하는 자가 백정들 가운데 있는데 잠깐 같이 들러서 갑시다." 하고 신릉군이 수레를 끌고 그리로 갔다. 후생은 그 사람과 일부러 오랫동안 서서 이야기하니 같이 간 하인들이 모두 후생을 가만히 욕하였다. 그러나 신릉군은 말고삐를 잡고 더욱 공손하였다. 후일 마침내 후생과 주해의 도움으로 진秦나라의 침략을 받은 조趙나라를 구하는 공을 이루었다.

85. 문감門監 : '자문감紫門監' 을 말하는데. 여기서는 하찮은 벼슬을 말한 듯함. 자문감은 조선시대 선공감繕工監에 딸리어 대궐의 건축과 수리, 공작의 일을 맡아보던 관아官衙이다.

서봉사에서 西峰寺

가을 오자마자 삿갓 쓰고 지팡이 짚고	簷帽枝筇早趁秋
부처님 앞에 참회하니 지난 풍류라네	佛前懺悔舊風流
멀리 종소리 나니 서늘한 담에 새로워	鍾聲迥出新涼院
탑에 어린 그림자 한낮 누대 비껴가네	塔影斜侵過午樓
물은 인연 따라 파문을 일으키고	水有因緣看皺面
구름은 쓸데없는 시름에 몰려가네	雲多減沒付閒愁
밝으신 조사의 뜻 어디에 있는지	祖師何處明明意
옥 같은 이슬 온갖 풀대 끝에 어리네	玉露初沾百草頭[1]

1. 백초두百草頭 : "온갖 풀대 끝에 조사의 뜻이 있다百草頭邊祖師意"는 선가禪家의 문자. 방 거사龐居士는 중국 당唐나라 때의 방온龐蘊(808-?)인데, 마조馬祖의 제자로 자는 도현道玄이다. 하루는 그가 망연히 앉았다가, 이미 도를 깨친 딸 영조靈照에게 넌지시 한마디 던졌다. "영조야, 한 수행자가 선사를 찾아가서 물었느니라. '어떠한 것이 불법의 대의입니까?' 하니, '밝고 밝은 백 가지 풀 끝에 밝고 밝은 조사의 뜻이다明明百草頭, 明明祖師意' 이 선사의 대답을 너는 어떻게 생각하느냐?" 영조는 아버지 말씀이 끝나기가 무섭게 대뜸 욕설을 퍼부었다. "머리는 희고 이가 누렇게 된 늙은이 소견이 아직도 저 정도밖에 되지 않다니!" "그럼 너는 불법의 대의에 대해 어떻게 대답하겠느냐?" "밝고 밝은 백 가지 풀 끝에 밝고 밝은 조사의 뜻입니다明明百草頭 明明祖師意" 이 대답에 방 거사는 머리를 끄덕이며 인가하였다. 『방거사어록龐居士語錄』.

그림에 제하여 題畵

고목과 바위라야 짝할 게 없으니	古樹巖畔無件侶
한 조각 쓸쓸한 기운 뉘에게 말하려고	一片荒寒欲誰語
단지 솜씨로야 가을과 겨울 그려 내나	是知信手寫秋冬
그 중에 가장 어려운 건 그린 뜻이겠네	中有最難爲意處

우범의 서옥에서 밤에 술 마시며

夜飮雨帆[1]書屋

천지는 당당하게 저물고
한 해는 머리털 위에 있지
옛날 뻐꾸기 소리는 같아
소리마다 부리는 재잘대고
그 가운데 오균체에 드니
봄꽃은 아주 뼈도 없구나
이 가운데 무슨 정취 있길래
지금 또 다시 망발하는지
천 년을 누가 귀의하는가
백 년을 빈 배 기다리다
때로 옛 원고나 들춰 보며
탄식하고 또 탄식하네

天地堂堂暮
歲華上須髮
當年同布穀[2]
聲聲口頰滑
中間[3]入吳體[4]
煙花太無骨
此中有何趣
今又復妄發
千載誰歸依
百年待泊歇
時看古案稿
戱吁間吁咄[5]

1. 우범雨帆 : 조선 후기의 서예가 유상의 호. p.17의 주 12 참조.
2. 포곡布穀 : 뻐꾸기의 별칭. 봄철에 우는 소리가 '씨앗을 뿌려라布穀' 라고 재촉하는 것과 비슷하다고 해서 그런 이름이 붙여졌다고 한다.
3. 중간中間 : 속인이 사는 세상과 신선이 노니는 세계의 중간. 이 시에서는 시문의 중간을 말하는 듯함.
4. 오체吳體 : 오균체吳均體. 중국 육조시대六朝時代 오균吳均이 오흥주부吳興主簿가 되어 오흥자사吳興刺史 유운柳惲과 매일 시를 지었는데, 시가 맑고 고기古氣가 있으므로 시인들이 그 시체詩體를 많이 모방하여 오균체라 불렀다.
5. 희우간우돌戱吁間吁咄 : 탄식하며 내뱉는 소리. 중국 당나라 시인 이백李白(701-762)의 시 '촉도난蜀道難' 에 "아하, 험하고도 높구나. 촉도의 어려움이 푸른 하늘 오르는 것보다 어렵구나噫吁戲 危乎高哉 蜀道之難難于上青天" 라 하였다. 촉도의 험난한 지형을 지나며 탄식한 소리이다. 진秦나라가 망한 뒤 초패왕楚霸王 항우項羽와 한漢나라 유방劉邦이 다툴 때 유방이 항우를 피해 험난한 지형인 한중漢中에서 힘을 비축하였다. 3세기 삼국시대에는 조조曹操의 위魏와 유비劉備의 촉蜀나라 간의 국경지대였으며 전략적 요충지였다. 제갈량諸葛亮이 위나라를 치러 갈 때, 사마의司馬懿의 이십만 대군과 싸운 곳으로, 제갈량은 결국 이곳에서 숨을

흥취는 닿을 데 없으니 興所不到處
한 걸음 떼다 넘어지고 말지 一步輒一蹶[6]
한바탕 웃으며 지는 해 보니 夕陽一笑逢
거리에 먼지는 열 길이나 빠지고 街塵十丈[7]汨
마실 걸 구해 주막 가리키니 邀飮指茅廬
허락도 않은데 심부름꾼 부르네 諾不待言卒
문득 사람의 천성 생각해보니 便是人天[8]想
이 사람 바로 연하굴에 사네 便是煙霞窟[9]

거두었다. 한중을 정벌하러 온 조조는 한중을 계륵鷄肋이라 칭하였다.

6. 일궐一蹶 : 한 번 넘어짐. '일궐부진一蹶不振', 즉 "한 번 넘어지고는 다시 떨쳐 일어나지 못한다"는 뜻에서 나온 말이다. 중국 한漢나라 문장가 유향劉向의 『설원說苑』에 '한 번 목이 멘다고 식음을 끊고, 한 번 넘어졌다고 나서지 않는다一咽之故 絶谷不食 一蹶之故 却足不行'에서 유래한다.
7. 장丈 : 십 척尺에 해당되는 길이의 단위. 길이가 아주 길 때 간단하게 표시하는 데 쓰인다. 흔히 건장하고 씩씩한 사람을 가리켜 장부丈夫라 부른다.
8. 인천人天 : 사람에게 있는 천리天理. "사람과 만물을 함께 논하여 그 천리를 가리키면 모두 하늘이라 말할 수 있다. '인천'이란 사람에게 있는 천리요 '물천'이란 만물에 있는 천리이니, 천리에 거역하면 인욕이요 천리에 해가 되면 사욕이요, 천리를 따르면 도덕이 된다凡論人物 指其天理 皆可謂之天也 人天者 在人之天理 物天者 在物之天理 逆於天理, 爲人欲, 害於天理 爲私欲 順成天理 爲道德"라고 하였다. 최한기崔漢綺, 『추측록推測錄』 2권, 「추기측리推氣測理」 '인천人天과 물천物天'.
9. 연하굴煙霞窟 : 산수山水 간에 노니는 유유자적한 삶의 태도를 나타냄. '연하고질煙霞痼疾'은 산수가 빼어난 경치를 깊이 사랑하는 마음煙霞이 너무나 강해 마치 고치지 못할 병이 든 것과 같음을 비유한 말이다. 비슷하게 '천석고황泉石膏肓'이란 말도 있다. 『당서唐書』.

수선화에 차운하여 水仙花次韻

흰 바위 맑은 강물은 봄을 달가워 않아 白石淸江不肯春
뭣이 옥 같은지 물어 이상향에 드노라 問誰如玉步尋眞[1]
우리 집 교보는 아름다운 얘기해 주며 我家交甫[2]傳佳話
다시 만나 한번 웃고 패옥을 풀어 주네 一笑重逢解佩人

선비 방에는 봄 오는 듯 마는 듯 床南硏北[3]有無春
하룻밤 솜이불에 누우니 꿈인지 생시인지 一夜纏緜夢或眞
매화를 빌미로 서로 만나길 청하자 欲倩梅花相問訊
어여쁜 귀걸이, 푸른 줄기 서글프게 해 明璫翠帶[4]可憐人

1. 심진尋眞 : p.217의 주 2 참조.
2. 교보交甫; 주周나라 정교보鄭交甫. 교보가 강한江漢 기슭에서 두 강물의 여신 강비江妃를 만나 마음속으로 애모한 나머지 그들이 허리에 찬 패옥佩玉을 선물로 달라고 청하자, 그 신녀들이 끌러 주고 사라졌다는 전설이 있다. 『열선전列仙傳』 상上
3. 상남연북床南硏北; 남쪽에는 상, 북쪽에는 벼루, 곧 선비의 간소한 방이나 서재를 뜻함.
4. 명당취대明璫翠帶; 옥 귀걸이와 푸른 띠. 이 시에서는 수선화를 묘사하면서, 환한 관冠과 푸른 줄기를 상징적으로 형용한 것이다.

가을비 초고 秋雨稿

밤에 가을비 오는데 허공에 바람 소리 가득하여, 누가 있어 귀로 듣는 듯 기쁘고 즐거워하여 미리 가락을 마련하여 두었다. 우리가 등불 하나를 밝히고 불똥이 나는 참에 눈이 쑥 들어가도록 서로 수창하였다. 천하의 지극함은 무료함이다. 바랜 붓과 남은 먹으로 한껏 흉금과 회포를 노래하니 집에는 물방울 떨어지고 나무가 젖도록 서로 시를 주고받으니, 엉성하고 어수선하기가 꿈에 지껄이는 듯하고 귀신과 얘기하는 듯하였다. 이에 부치노니 이미 짧은 기운으로 족하니 어찌 홀로 '가을비'라 삼지 않으랴

秋雨入夜 颯颯滿空 有誰耳得之 以爲歡愉悅豫之音者乎 我輩一燈將灺 相對窅然 天下之至無聊也 剩毫殘墨 强寫胷臆 與屋溜樹滴相贈答 零星拉穛 如說夢焉 如譚鬼焉 寄托至此 已足短氣 豈獨秋雨爲也

거문고 가락 책 읽는 소리에 가을은 깊어	琴韻書聲漸入秋
남은 더위 분분히 몽땅 거두어 가네	紛紛餘暑欲全收
닭 울고 비바람 치는데 만나서 얘기하니	雞鳴風雨逢迎話
관산에 말의 자취는 수심을 겪었구나	馬迹關山[1]閱歷愁
작은 난간에는 돌솥이 우레 소리를 내고	石鼎有雷生小檻
콩알 같은 등불은 누각에 비치네	銀缸[2]如豆落中樓

* 이 시는 '수愁'를 운韻 자로 채용하여, 근심과 우수를 드러내고 있다. '수愁'는 정수동이 가장 즐겨 쓴 시어 가운데 하나이다. 이 시는 모두 칠언율시 열 수인데, 압운押韻으로 추秋, 수收, 수愁, 루樓, 두頭 운을 썼다. 그의 부정적이며 비관적 정조를 잘 살펴볼 수 있다.

1. 관산關山 : '관산융마關山戎馬'를 가리킴. 이 시는 서도지방에서 불리는 영시詠詩 또는 율창律唱이라고도 하는 시창詩唱 가운데 하나로, 서북지방의 기령妓伶들에 의해서 주로 불렸다. 노랫말은 조선 영조 때의 문인 신광수申光洙가 지은 공령시功令詩, 즉 과거볼 때 쓰는 시체詩體로서, 시의 제목은 「등악양루탄관산융마登岳陽樓歎關山戎馬」이다. 중국 당나라 시인 두보杜甫가 만년에 경승지를 찾아 유람하다가 악주岳州의 악양루에 오른 일을 읊은 것이다.
2. 은항銀缸 : 은항아리나 등불을 말함.

이제 막 밝은 시어를 토하려는 참에	秖今復作歐陽語
여럿 죄다 제치고 한 사람이 우뚝하네	盡放諸君出一頭
사람은 어쩔 수 없이 가을이 서글퍼	人間無奈可憐秋
땅에는 연기가 깔려도 거두질 않네	滿地風煙爛不收
파도처럼 더위 가니 저녁 피리 아스라해	暑退似潮殘笛暮
물처럼 서늘하니 다듬이질 시름겨워	凉生如水一砧愁
등불은 무지개인 듯 집에서 새어 나오고	燭光高作虹穿屋
대는 푸른 기운 서려 누각에는 비 내리네	竹氣蒼交雨映樓
천 번 휘감아도 돌아오기 쉬운데	易被千般來繚繞[3]
정이란 일절 끊고 난간에 기대었네	有情切莫倚欄頭
소년은 자부하나 기운은 가을에 걸쳐	少年自許氣橫秋
남은 판 쓸쓸히 차례로 거두어 가네	殘局蕭蕭取次收
쓸데없이 우쭐거려 오만한 기질뿐	長物[4]耀人惟傲骨
대가는 날더러 한가한 시름 일러 주네	大家輸我是閒愁
술 없다 싫어 말고 모임인 듯 참석해	不嫌無酒參如社
글 지어 누대에 뽑힌 듯 다만 부끄럽네	秖怕爲文選似樓
파초잎 연꽃은 어떤 일에 골몰하나	蕉葉蓮花何事業
종일 서풍은 불고 번뇌는 몰아치네	西風一日入搔頭[5]
꿈인 듯 강호에 오니 온 들판 가을이라	歸夢江湖萬頃[6]秋
홀가분하게 입고 누구와 때 맞춰 거둘까	輕裝誰與及時收

3. 요요繚繞 : 소리 · 연기 · 구름 · 안개 등이 감돌다. 혹은 그 모양을 형용하는 말.
4. 장물長物 : 긴 물건, 불필요한 물건, 남는 물건, 방해가 되는 물건.
5. 소두搔頭 : '머리를 긁는다'는 뜻으로, 그리움이나 번뇌 따위로 마음이 괴로운 모습을 형용하는 말. 『시경詩經』「패풍邶風」'정녀靜女'에 "사랑하되 만나지 못하여 머리 긁으며 머뭇거리도다愛而不見 搔首踟躕"라고 하였다.

천 년을 늘 좇아 서로 보는 듯하더니 每從千載如相見
홀연히 평생 더듬으니 비로소 시름겨워 忽憶平生始欲愁
옛 가락은 동남 땅 홀로 친구가 없고 古調東南惟獨鳥[7]
미인은 서북 땅 높다란 누각에 있지 佳人西北是高樓
어느 해나 이 정을 말할 수 있을지 此情可使他年道
한 조각 쓸쓸한 마음만 헤아려 보네 一片荒凉屬轉頭

다정도 한가한 가을과 같지는 않아 多情不作等閒秋
풍광이야 끝내 거두어 가길 기다리지 至竟風光待攬收
싼 술 어찌 논할까만 천 날의 취향이고 薄酒寧論千日趣
늦은 꽃 막 피어나니 시름이 일어나네 晩花秖合一生愁
천하 명사와 사귈까, 미친 생각하니 狂思天下交名士
번민은 부질없어라 좋은 누각에 올라 悶欲空中起好樓
그대와 시 읊고 희롱하니 싫지 않아라 吟弄如君無倦態
창에 대어 어둔 눈으로 잔글씨를 베끼네 對窓昏眼寫蠅頭[8]

한 해 보면 그해 가을을 볼 것인데 一年例是一年秋
한가로이 공들여 모두 다 거두고 可得閒功到底收
사람을 보아하니 술은 많이 남아도니 剩把人間多少酒
진탕 술 마시며 고금의 시름을 푸네 强澆無限古今愁
뜰은 텅 비고 절로 빽빽한 대숲 있어 庭空自有千尋竹
마침내 책상에 앉으니 백척루라네 床上居然百尺樓[9]
하루에 어찌 논할까만 내 잘한 일 있으니 一日寧論吾有長

6. 만경萬頃 : '백만 이랑' 이라는 뜻으로, 지면이나 수면이 아주 너름을 이르는 말. 여기서는 매우 너른 들판을 말함.
7. 독조獨鳥 : 외로운 새, 곧 친구가 없음을 비유한 말.
8. 승두蠅頭 : '파리의 머리' 라는 뜻으로, 작은 것을 비유적으로 이르는 말. 여기서는 자잘한 글자를 말함.

다른 선비에게 사양해 으뜸으로 친 게지	讓他名士作龍頭[10]
수염과 눈썹 날리니 가을은 날로 깊어	須眉颯颯日成秋
이름은 종래 그 몇 번이나 얻었던고	名字從來幾箇收
형편은 아득해 헛되이 옛 꿈이 되니	地逈空勞知舊夢
사람은 한가해 성정은 '수' 운 많이 쓰네	人閒多寫性情愁
웃으며 만난 자리 봄처럼 따스한데	相逢一笑春生坐
새벽에 마음 걸리니 달은 누각에 밝네	後夜[11]關心月滿樓
칼집과 거문고 주머니 심하게 요동치니	劒匣琴囊搖落甚
첫머리에 장황하게 얘기하고 싶지 않네	張皇不欲說初頭
신령이 나니 가을이 바뀌는 걸 깨닫고	出神最覺者番秋
서로 잊고자 담박하나 거둘 수 없네	澹欲相忘不可收
먹물과 석란은 비 쏟아지듯 취하고	墨瀋石欄飛雨醉
바둑 두는 소리는 저녁 바람에 시름겨워	棋聲玉局晩風愁
숲속 오솔길에 구양의 벗이 이르니	求羊[12]客到林間徑
책 감춰 양웅과 사마상여는 누각 올랐네	揚馬[13]書藏屋上樓
처마는 파초와 오동 추켜서 잠깐 서 보니	簷拂蕉梧人小立
초록 하늘 온통 머리에 닿을 듯 해	綠天無數恰當頭

9. 백척루百尺樓 : 호걸지사豪傑之士가 거처하는 높은 누대樓臺. 허사許汜가 진등陳登을 찾아가서 허튼소리를 하다가 냉대를 받고 돌아와서는, 진등의 호기豪氣가 여전하더라고 유비劉備에게 하소연하자, 유비가 "(나 같은) 소인은 백척루 위에 높이 눕고자 하는데, 당신은 땅바닥에 있게 했을 것이다. 어찌 다만 상하의 자리에 틈이 있겠는가如小人 欲臥百尺樓上 臥君於地 何但上下床之間邪"라고 했던 고사가 있다. 『삼국지三國志』 7권, 「위지魏志」 '진등전陳登傳'.

10. 용두龍頭 : 문과文科 장원 급제자의 별칭. 여기서는 시회詩會에서 으뜸으로 뽑힌 사람을 가리킨다.

11. 후야後夜 : 새벽. 육시六時의 하나로, 불가佛家에서 1주야晝夜를 여섯으로 나눈 시각이다. 그 명칭은 신조晨朝, 일중日中, 일몰日沒, 초야初夜, 중야中夜, 후야後夜로, 절에서는 종을 울려서 이 여섯 시각을 알렸다.

12. 구양求羊 : 중국 한漢나라 때 고사高士 장허蔣詡의 친구인 구중求仲과 양중羊仲을 병칭한 말. 장허는 자가 원경元卿인데, 두릉杜陵에 은거해서 집안에 대나무를 심고 그 아래 세 갈래 길을 만들고 오직 구중과 양중 두 사람과 어울렸다. 『몽구蒙求』 「장허삼경蔣詡三經」.

여남 땅 달마다 품평하니 양추의 포폄이고 汝南月旦[14]亦陽秋[15]
낱낱의 산호는 그물로 모두 거두지 箇箇珊瑚[16]網盡收
선가 단약은 신령해 성속을 고치고 丹鼎[17]有神醫聖俗
청동은 기쁨과 수심 비춤을 따지지 않지 靑銅[18]無較照懽愁
수천만 사람 맘 항상 바다와 같아 萬千人裏常如海
서른 해 만에 홀로 다락에 올랐네 三十年來獨此樓
나른한 행장 차려 윤가 점집 이르니 懶把行藏[19]詹尹卜
헝클어진 머리털 온 머리에 가득하네 紛然絲髮欲盈頭

13. 양마揚馬 : 중국 한漢나라의 문장가인 양웅揚雄과 사마상여司馬相如를 말함. 둘 다 부賦의 명가名家로 임금에게 부를 바쳤다. "문장에는 본래 정해진 값이 있게 마련이다. 그 당시에는 명예나 지위와 결부하여 그 문장의 경중輕重을 평가하기도 하나, 천추千秋에 불후不朽하게 되는 것은 오직 그 실력 여하에 달려 있을 뿐이다. 좌태충左太冲(태충은 진晉나라 좌사左思의 자字)이 처음에 「삼도부三都賦」를 지었을 때는 사람들이 중하게 여기지를 않다가, 황보사안皇甫士安(사안은 진晉나라 황보밀皇甫謐의 자字)이 서문을 써주자 사람들이 비로소 옷깃을 여미고 칭찬을 하였다. 그런데 오늘날의 시각에서 보면, 태충의 부賦는 앞으로도 '양마揚馬'와 함께 길이 전해지겠지만, 현안玄晏(황보사안의 별칭)의 경우는 그 당시에 비록 높은 명성을 지녔다 하더라도 문장이 전해지는 면에서는 대체로 적막한 느낌을 지울 수가 없다. 그러고 보면 한 시대의 명성이 있다고 해서 어찌 천추토록 똑같은 평가를 받는다고 할 수 있겠는가." 장유張維(1587-1638), 『계곡만필谿谷漫筆』 2권, 「만필漫筆」 '문장에는 본래 정해진 값이 있다文章自有定價'.
14. 여남월단汝南月旦 : '여남 땅에서 달이 바뀔 때마다 인물을 품평함'의 뜻. 중국 후한後漢 때 허소許劭는 젊어서부터 명절名節을 지니고 곽태郭泰와 친하게 지내면서 사람을 잘 알아본다는 명성을 함께 얻었다. 그리고 종형從兄인 허정許靖과 더불어 달이 새로 바뀔 때마다 향리의 인물들에 대해서 품평을 다시 하곤 하였는데, 그 뒤로 여남汝南에 월단평月旦評의 풍속이 생겼다고 한다. 『후한서後漢書』 68권, 「허소열전許劭列傳」.
15. 양추陽秋 : 속내를 입으로 표현하지 않음. 중국 동진東晉의 중서령 저부褚裒가 소년 시절에 입으로는 선악을 말하지 않으면서 마음속으로는 정확하게 포폄褒貶을 가하였으므로 '피리양추皮裏陽秋'라는 평을 얻었다는 고사가 전한다. 『세설신어世說新語』 「상예賞譽」.
16. 산호珊瑚 : 바다에서 나는 무척추동물. 중국 진晉나라 때 왕개王愷와 석숭石崇은 부호富豪로 유명했었는데, 한번은 왕개가 두 자尺가 넘는 산호수珊瑚樹를 하사받고는 자랑삼아 보이자, 석숭은 하찮게 여기고 이를 부숴 버렸다. 왕개는 자기의 보물을 질투한 것이라고 하자, 석숭은 자기 집의 산호수를 모두 가져오게 하였는데, 그 중에는 서너 자가 넘는 것만도 예닐곱 개나 있었다 한다. 『진서晉書』 「석숭전石崇傳」.
17. 단정丹鼎 : 선가仙家에서 단약丹藥을 끓이던 솥.

하룻밤 시로 흉금 털며 가을을 읊으니 一夜題襟[20]報答秋
어느 날 다시 보배라서 거둘 게 없네 不須他日更珍收
어찌해 늙은이 침범하는 걸 구하랴 如何可救侵尋老
벗을 길 없으니 시름에 맡겨 둘밖에 若是難逃落托愁
올연히 앉아 읊조리다 상 밑에 숨기니 兀爾枯吟初隱榻
저물 녘 누대에 창연한 옛 뜻이 서려 蒼然古意晩生樓
세상 어느 곳인들 다 한가한 곳인데 世間隨處皆閒地
꼭대기에 이르는 사람 없어 아쉬워할 뿐 最惜無人占到頭

18. 청동青銅 : 구리와 주석으로 만든 합금. 중국 당唐 태종太宗이 곧은 신하 위징魏徵이 죽은 뒤에 탄식하기를, "청동으로 거울을 삼아서 의관을 바르게 할 수 있고, 옛 역사를 거울로 삼아 흥망을 알 수 있으며, 곧은 말하는 사람을 거울로 삼아 일의 득실을 볼 수 있는데, 짐은 이 세 가지 거울로 나의 허물을 방비하였는데, 지금 위징을 잃었으니 으뜸가는 거울이 없어졌다今魏徵殂逝 以銅爲鏡 可以正衣冠 以古爲鏡 可以知興替 以人爲鏡可以明得失 朕常保此三鏡以防己過 今魏徵殂逝, 逐亡一鏡矣"라고 하였다.
19. 행장行藏 : '뜻을 얻어 세상에 도를 행하고, 물러나 은거하는 것'을 말한다. '용사행장用舍行藏'이란 말은 선비가 출처出處의 대의大義를 지키는 뜻으로서, "쓰임을 받으면 행하고 버림을 받으면 숨는다用之則行 舍之則藏"고 하였다. 『논어論語』「술이述而」.
20. 제금題襟 : 시를 지어 흉금을 말하는 것. 즉 절친한 친구 사이를 뜻하는 말이다. 중국 당唐나라 때 온정균溫庭筠, 단성식段成式, 여지고余知古 등이 서로 창화唱和한 시를 수집하여 만든 『한상제금집漢上題襟集』이라는 서명書名의 준말이다.

어둑한 가을밤에 앉아서 　暮秋夜坐

바람 부니 외양간 소란해 찬비 내리고	風作牢騷雨作寒
수심 많은 사람은 난간에 기대지 않지	多愁人不倚欄干
등불 어른어른 어이 벌레 소리 견디랴	可堪燈影蟲聲裏
시골 주모 부르지만 술은 살짝 시었네	村酒沽來又薄酸

백련사에서

백련사 정토는 옛 총림인데
한번 몸 한가해 다시 찾았네
지극한 깨달음은 아득해 취생몽사하는 걸
과거 현재 미래 삼생 인연 허망도 하지
들꽃이 피는 곳에 게송을 만나니
주막에 잠시 파도소리 들리네
사십 년 남짓 가슴에 품은 뜻
부처인지 마군의 마음인지 알지 못하네

白蓮寺

白蓮淨土[1]舊叢林[2]
一度身閒一度尋
究竟[3]悠悠生夢死
因緣草草[4]去來今
野芳[5]開處逢花偈[6]
店酒傾時有海音
四十餘年胷裏物
不知是佛是魔心

1. 정토淨土: p.90의 주 163 참조.
2. 총림叢林: p.90의 주 164 참조.
3. 구경究竟: p.90의 주 165 참조.
4. 초초草草: p.90의 주 166 참조.
5. 야방野芳: p.91의 주 167 참조.
6. 화게花偈: p.91의 주 168 참조.

숭양서원에서　　嵩陽書院[1]

선생의 사당은 산비탈에 기대어　　先生廟貌倚山開
고려왕조 지난 자취 풀더미에 묻혔지　　往迹麗家但草萊
당시 유명한 포은 선생 아는 이 적지만　　當日名公知不少
저마다 도상 그려 조정에서 받들었네　　各將圖畫上雲臺[2]

1. 숭양서원嵩陽書院 : 조선 중기에 포은圃隱 정몽주鄭夢周와 화담花潭 서경덕徐敬德을 모시기 위해 개성에 세운 서원. 1575년(선조 8)에 '숭양崧陽'이라는 사액을 받았고, 1668년(현종 9)에 김상헌金尙憲, 1681년(숙종 7)에 김육金堉과 조익趙翼, 1784년(정조 8)에 우현보禹玄寶를 추가 배향하여 선현 배향과 지방 교육에 공헌했다. 영조는 친필로 어필사액御筆賜額을 내리기도 하였다. 현재 북한사적 제51호로 지정되어 있다. 포은 선생의 옛집 터에 세운 사당祠堂인 문충당文忠堂이 있고, 그 앞 작은 시내를 건너 언덕에 대나무가 우거진 숲은 익재益齋 이제현李齊賢과 여러 현인들이 살던 곳으로, 곧 죽림당竹林堂의 옛 터이다. 아래 작은 연못이 있는데 지금도 전하며, 그 뒤 작은 봉우리와 시내 밑에 상국相國 이규보李奎報의 옛 집터가 남아 있었으나, 지금은 산전山田이 되고 말았다.
2. 운대雲臺 : 조정朝廷. 혹은 조선시대 관상감觀象監의 별칭.

최긍재에게 줌　贈崔兢哉[1]

인간사 갈림길 이미 아득해	歧路人間已渺茫
나이 드니 성근 머리칼 부끄러워라	羞將短髮[2]較年長
지금 사공 불러 건너려니 뗏목이 없어	如今喚渡[3]無慈筏[4]
이로 집 삼으니 거나한 별천지라네	自此爲家有醉鄕[5]
그대와 즐겁게 죽마 타고 놀았지만	與子嬉遊共驂竹
처음에는 내 포부 또한 컸었지	降吾初度亦弧桑[6]
희미한 등불 아래 창가에 눈보라치고	打窓風雪殘燈底
밤 이슥토록 마주 보며 잊고자 하네	夜久相看漸欲忘

1. 최긍재崔兢哉 : 조선 후기의 역관 최긍식崔兢植의 자字. p.22의 주 28 참조.
2. 단발短髮 : 모지라져 성긴 머리칼로, 늙음을 비유함.
3. 환도喚渡 : 나루터에서 사공을 부름. 즉 나룻배를 부르는 것을 말함.
4. 자벌慈筏 : 불가용어로, 부처의 자비로운 마음으로 사람이 고해苦海를 벗어나 피안彼岸에 오르게 하는 것이 배로써 중생을 건지는 것과 같다는 뜻. 자항慈航이라고도 한다.
5. 취향醉鄕 : 술이 거나하게 취하여 즐기는 별천지別天地.
6. 호상弧桑 : 남아의 웅대한 포부. 호시弧矢라고도 하는데, 옛날에 남아가 태어나면 장차 사방을 경영하는 데에 뜻을 두게 한다는 의미에서, 뽕나무활桑弧과 쑥대화살蓬矢 여섯 개로 천지 사방을 향해 한 개씩 쏘았다는 데서 온 말이다. 『예기禮記』「사의射義」.

정미년 섣달에 丁未臘月[1]

성령을 토끼털 붓 끝에 부치노니	性靈一付兎毫[2]尖
시세 좇거나 기교나 섬세는 다투지 않지	不逐時新競巧纖
벽만 보며 앉는 게 공력인 줄 잘못 알까	錯認坐功同面壁
어찌해 실없이 웃으며 처마 밑을 떠도는지	何如索笑但巡檐
평생 교활함과 어리석음이 반반이니	平生有黠痴相半
남은 해 근심은 많고 몸은 아프네	殘歲多愁病更兼
약주를 쳐다보지만 손이 가질 않아	已看屠蘇[3]遲到手
올 한 해는 다 가고 나이만 더하는 걸	原來年減是年添
일마다 저질러 말짱 허공에다 부치니	事事侵尋盡付空
시마다 기개 있어 풍도가 우러나	篇篇氣槩又生風
가는 세월 바다에 별 지는 걸 보고	流年已見星沉海
세상사 돌이키니 해는 동쪽에 있지	過境回思日在東
병중에 신선의 용호비결 생각하니	病憶仙家龍虎訣[4]
책상에 좀과 반디가 가득 부끄럽기만 해	窮慚塵案蠹螢工
새봄에 한가로운 정서 아낄 줄 알아	新春解惜閒情緒
봄꽃을 보내려 하니 꿈속에도 드네	欲遣煙花入夢中

1. 납월臘月 : 섣달, 음력 12월의 별칭.
2. 토호兎毫 : 토끼 털로 만든 붓. 즉 토호필兎毫筆을 말함. 오늘날 중국 하북성河北省 정현定縣에 있는 중산中山의 토끼 털로 만든 붓이 최고의 명품으로 일컬어졌으므로, 보통 좋은 붓을 중산옥토호中山玉兎毫 혹은 줄여서 옥호玉毫라고 부르게 되었다.
3. 도소屠蘇 : 옛날 풍속에 설날이면 마시던 약주藥酒의 한 가지. 길경桔梗, 육계肉桂, 방풍防風, 산초山椒, 백출白朮 등의 약재藥材를 넣어 빚었다고 하며, 괴질怪疾과 사기邪氣를 물리치고 장수長壽하기 위해 이 술을 마셨다고 한다.

시의 정취 미치지 못해 잠잘 생각뿐　　詩情不及睡情濃
속세에 노니는 일이야 지팡이에 맡기고　　遊事前塵[5]付短笻
쪽문 안에 새 꽃술에 향기를 더하니　　閤裏新添香作蘂
난간 멀리 눈 덮인 봉우리가 다가오네　　欄頭遙接雪爲峰
친구와 세밑에 석 잔 술을 마시니　　故人歲暮三杯酒[6]
빈 하늘 새벽달 뜨자 종소리 댕그렁　　曉月天空一杵鍾[7]
촛불에 그림자 어른어른 귀밑머리 성글어　　燭影蕭疎雙鬢薄
우연히 여기 와서 조용한 시간 누리네　　偶來此地得從容

4. 용호결龍虎訣 : 『용호비결龍虎秘訣』을 말함. 조선 중기 학자인 북창北窓 정렴鄭磏(1506-1549)이 지은, 전통 조식법調息法에 관한 책. 정렴의 본관은 온양溫陽, 호가 북창이라 '북창 선생'으로 불렸다. 조선시대 대표적 선인仙人으로, 위로는 임금부터 아래로 나무꾼까지 그를 알고 있을 정도였다. 따라서 설화가 많으며, 역사적 족적을 뚜렷하게 남긴 인물이다. 태어나서부터 천부적인 학문적 능력을 타고나 생이지지生而知之의 자질을 갖추어, 나이 스물 이전에 천문, 지리, 의약醫藥, 복서卜筮, 율려律呂, 산수算數, 외국어 등을 배워 통달하였다. 십구 세 때 국자시國子試에 뽑혔으나 다시 과거에 응하지 않고 경기도 양주 괘라리掛蘿里(지금의 남양주시 오남읍 팔현2리)에 살았다. 중종 때 장악원掌樂院 주부主簿, 관상감觀象監과 혜민서惠民署 교수敎授가 되고 뒤에 포천현감이 되었다가, 벼슬을 버리고 숨어 살며 세상을 멀리한 지 십 년 만인 나이 마흔네 살에 선화仙化하였다.

5. 전진前塵 : 불교용어로, 망심妄心의 앞에 나타나는 일체 세간의 모든 사물을 이름.

6. 삼배주三杯酒 : 석 잔의 술. 중국 당나라 시인 이백李白의 시 '월하독작月下獨酌'에서 "석 잔이면 대도에 통하고, 한 말이면 자연과 하나가 되네三杯通大道 一斗合自然"라 하였다.

7. 일저종一杵鍾 : 한 번의 종소리.

관동으로 돌아가는 장운암을 보내며

送張雲庵歸關東

달리다 보니 마침 좋은 말이 없어
옷깃은 시원스레 또 서로 헤어지니
네 가지 시름은 장평자에 뒤지지 않아

馳逐居然冀北羣[1]
衣襟[2]落落[3]且相分
四愁[4]不讓張平子[5]

1. 기북군冀北羣 : '기북지방의 말 떼'를 뜻함. 중국 당나라의 문장가 한유韓愈의 '송온조처사서送溫造處士序'에 "말의 상을 잘 보는 백락이 말의 고장인 기북지방을 한번 거쳐 가자 말 떼가 마침내 텅 비게 되었다고 한다. 기북지방은 천하에서 말이 가장 많은 곳인데, 백락이 아무리 말을 잘 알아본다 하더라도 어떻게 그 말 떼를 텅 비게 할 수 있겠는가. 그것을 해석하는 자가 말하기를 '내가 말한 텅 비었다는 것은 말이 없다는 것이 아니라 좋은 말이 없다는 것이다.' 하였다伯樂一過冀北之野 而馬群遂空 夫冀北 馬多於天下 伯樂雖善知馬 安能空其群邪 解之者曰 吾所謂空 非無馬也 無良馬也"고 한 데서 온 말이다.
2. 의금衣襟 : 옷섶이나 옷깃, 저고리나 두루마기의 목에 둘러대어 앞에서 여밀 수 있도록 된 부분을 말함.
3. 낙락落落 : 행동거지가 시원하고 자연스럽다.
4. 사수四愁 : 네 가지 근심. 중국 후한後漢의 문인 장형張衡이 일찍이 하간왕河間王의 정승으로 있으면서 시국을 몹시 근심한 나머지 네 개의 장章으로 된 '네 가지 근심'을 읊은 시, 곧 '사수시四愁詩'를 지어서 스스로 우수번민憂愁煩惱의 정을 토로했던 데에서 온 말이다. "첫째 근심을 말하니, 내가 그리는 분은 태산에 있어, 찾아가 따르고 싶어도 양보가 어렵네. 몸 숙여 동쪽 바라보니 눈물이 글을 적시고, 임은 나에게 금착도 주셨는데. 나는 어찌해야 빛나는 보석으로 보답하리오. 길이 멀어 하염없이 걸어서는 가지 못하니, 어찌하여 근심을 품고 마음을 태우리오一思曰 我所思兮在太山 欲往從之梁父艱 側身東望涕霑翰 美人贈我金錯刀 何以報之英瓊瑤 路遠莫致倚逍遙 何爲懷憂心煩勞. 둘째 근심을 말하니, 내가 그리는 분은 계림에 있어, 찾아가 따르고 싶어도 상수의 물 너무 깊네. 몸 숙여 남쪽을 바라보니 눈물은 옷깃을 적시고, 임은 나에게 금낭간을 주셨는데, 나는 어찌해야 쌍 옥반으로 보답하리오. 길 멀어 하염없이 슬퍼하며 가지 못하니, 어찌하여 근심을 품고 마음을 상하리오二思曰我所思兮在桂林 欲往從之湘水深 側身南望涕沾襟 美人贈我金琅玕 何以報之雙玉盤 路遠莫致倚惆悵 何爲懷憂心煩傷. 셋째 근심을 말하니, 내가 그리는 분은 한양에 있어, 찾아가 따르고 싶어도 용판이 길구나. 몸 숙여 서쪽을 바라보니 눈물이 치마를 적시고, 임은 나에게 담비옷 주셨는데, 나는 어찌해야 명월주로 보답하리오. 길 멀어 하염없이 주저하며 가지 못하니, 어찌하여 근심을 품고 마음을 번민하리오三思曰我所思兮在漢陽 欲往從之隴阪長 側身西望涕沾裳 美人贈我貂襜褕 何以報之明月珠 路遠莫致倚踟躕 何爲懷憂心煩紆. 넷째 근심을 말하니,내가 그리는 분은 안문에 있어, 찾아가 따르고 싶어도 눈이 펄펄 날리네. 몸 숙여 북쪽을 바라보니 눈물이 수건을 적시고, 임은 나에게

시서화 뛰어나 광문 선생이 너무 부끄럽네　三絶多慚鄭廣文[6]
해진 베옷 입고 눈 덮인 산허리 헤쳐가니　裋褐衝過山脊雪
사립문은 바닷가에 붙어 구름 자욱해　柴荊寄在海頭雲
기꺼이 풍진 속 파묻힌 검을 좇아가　肯隨埋沒塵中劒
어느 해 광채나거든 그대인 걸 알겠네　光氣他年認是君

비단옷을 주셨는데, 나는 어찌해야 청옥소반으로 보답하리오. 길 멀어 하염없이 주저하며 가지 못하니, 어찌하여 근심을 품고 마음을 번민하리오四思曰我所思兮在雁門 欲往從之雪雰雰 側身北望涕霑巾 美人贈我錦繡緞 何以報之青玉案 路遠莫致倚增歎 何爲懷憂心煩惋" 라 하였다. 장형張衡, 「사수시四愁詩」.

5. 장평자張平子 : 중국 후한後漢의 문인 장형張衡을 가리킴. 평자平子는 그의 자字. 벼슬하다가 돌아와서 「귀전부歸田賦」를 짓고, 또 자기 심사를 세상에 알리기 위하여 유명한 「사현부思玄賦」를 지었다. 『후한서後漢書』 59권.

6. 정광문鄭廣文 : 중국 당唐나라의 정건鄭虔을 가리킴. 광문관박사廣文館博士를 지냈으므로 '광문'이라 호하였다. p.163의 주 6 참조.

초봄 예문관 유정의 집에서 장중규와 함께 짓다
初春柳汀[1]內翰[2]宅同張仲圭[3]作

초봄은 넘실넘실 한 채의 여인숙
게으르고 물정 모르기는 나 만한 사람 없어
시의 풍격 무르익어 성곽에 올라
속된 뜻을 부치니 강에는 물고기 노니네
눈보라치는데 앉으니 촛불은 가물가물
헤어진 뒤 구름 흘러도 기별은 오지 않아
낭풍산과 견주니 옥산은 더욱 멀고
금년도 떨어져서 한가로이 살기로 해

初春盎盎[4]一蘧廬[5]
不數如吾懶且疎
老格[6]成詩登木雉[7]
俗情寄語過河魚
坐來風雪燒殘燭
別後雲濤未到書
更比閬風[8]玉山遠
今年搖落又閒居

1. 유정柳汀 : 조선 후기의 문인 김병운의 호. p.22의 주 23 참조.
2. 내한內翰 : 조선시대 예문관藝文館의 별칭.
3. 장중규張仲圭 : 조선 후기의 여항문학인. p.22의 주 27 참조.
4. 앙앙盎盎 : 동이. 배가 넓고 주둥이가 작은 그릇. 혹은 넘치다. 충만하다. '춘의앙연春意盎然' 은 "봄기운이 완연하다"의 뜻임.
5. 거려蘧廬 : 여인숙. 여관. "어짊과 외로움은 임금의 여관과 같은 것이어서 단지 하루 저녁 묵는 것은 괜찮겠지만, 오래 묵을 곳은 못됩니다. 오래 머물러 있으면 책망만 많이 받게 될 것입니다仁義 先王之蘧廬也 止可以一宿而不可久處 覯而多責"라 하였다. 『장자莊子』「천운天運」.
6. 노격老格 : 시문이나 회화 등에 있어서, 풍격이 높아지고 무르익어 창로蒼老(오래되고 예스러움)한 품격.
7. 목치木雉 : 나무로 만든 치雉. '치'는 성벽을 돌출시켜서 성벽에 접근하는 적을 전면과 좌우 양 측면, 즉 삼면에서 적을 공격할 수 있게 만든 시설물이다.
8. 낭풍閬風 : 신선이 산다는 곤륜산崑崙山의 꼭대기. 여기에 낭풍전閬風巔이란 산이 있는데, 바로 선녀仙女인 서왕모西王母가 거주했던 곳이라고 한다.

명절날 구여곡을 부르며 부채에 즐겨 제하다

九如[1]唱名日[2] 喜題便面[3]

하루 동안 봄바람 참으로 어여쁘네	春風一日最憐渠
젊어 입은 은혜, 비단도 이만 못해	年少承恩錦不如
금궁화 지켜 얻으니 모름지기 자세하고	護得宮花[4]須仔細
주렴 걷어 비로소 태평시절 노래하네	平康人喚捲簾初
점치니 활 솜씨 좋아 급제 방에 올라	占來金榜[5]勝穿楊[6]
훤칠한 체구는 응당 장자방인 줄 알겠지	魁梧[7]多應認子房[8]
범의 머리는 본디 타고난 관상이라	自是虎頭[9]原有相
출신이야 볼 게 없어도 우림랑이네	出身不待羽林郎[10]

1. 구여九如 : 아홉 가지의 축복. 천보편天保篇의 시에 '여如' 자가 아홉 개가 들어 있다. 곧 임금의 덕을 칭송하여 산과 같고 '여산如山', 언덕과 같고 '여부如阜', 산마루와 같고 '여강如岡', 구릉과 같고 '여릉如陵', 냇물이 한창 흘러오는 것과 같고 '여천지방지如川之方至', 초승달과 같고 '여월지항如月之恒', 떠오르는 해와 같고 여일지승 '如日之升', 장구한 남산과 같고 여남산지수 '如南山之壽', 무성한 송백과 같은 여송백지무 '如松柏之茂'를 말한 것이다.『시경詩經』「소아小雅」'천보편天保篇'.
2. 명일名日 : 명절날. 우리나라의 4대 명절인 설, 단오, 추석, 동지를 말함.
3. 편면便面 : 옛사람들이 얼굴을 가리던 부채.
4. 궁화宮花 : 약초 이름. 석죽과의 두해살이풀로, 달리 장구채라고도 한다. 금궁화禁宮花, 전금화剪金花, 금잔은대金盞銀臺, 맥람자麥藍子, 왕불류王不留, 왕불류행王不留行으로도 부른다. 약초는 성질이 활동적이며 머물러 있지 않아, 비록 왕명이라고 할지라도 그 움직임을 멈출 수 없기 때문에 '왕불류행王不留行'이란 명칭을 얻게 되었다.
5. 금방金榜 : 옛날 과거科擧 시험에서 전시殿試에서의 합격자 명단을 붙이던 방.
6. 천양穿楊 : 버들잎을 뚫음. 중국 초楚나라 양유기養由基가 활을 잘 쏘아 '백 걸음 앞에서 버들잎을 겨누어 뚫었음百步穿楊'을 말함.『전국책戰國策』「서주책西周策」.
7. 괴오魁梧 : 체구가 크고 훤칠하거나 건장한 모습을 형용한 말.
8. 자방子房 : 중국 한漢나라의 건국 공신 장량張良의 자. 한 고조高祖를 도와 항우項羽를 멸하고 천하 통일을 이루었으며, 만년에 황로黃老를 좋아하여 신선 벽곡辟穀의 술법을 닦았다 한다.『사기史記』55권.

구여곡은 군영에 속하지 않으나, 특히 서총대에서 무과를 베푼 걸 읊었다

九如不屬軍營 特蒙瑞葱[11]賜科

9. 호두虎頭 : 범의 머리. 곧 먼 변방에서 큰 공을 세워 귀하게 될 골상骨相. 중국 후한後漢의 반초班超가 서역西域에 종군하여 만년에 정원후定遠侯로 봉해졌는데, 일찍이 관상가觀相家가 말하기를 "그대는 제비의 턱에 범의 머리라, 날아서 고기를 먹는 상이니, 이는 곧 만리후에 봉해질 상이다相者指曰 生燕頷虎頭 飛而食肉 此萬里侯相也"라고 하였는데, 반초가 뒤에 과연 서역 오십여 나라를 평정하는 큰 공훈을 세워 서역 도호都護가 되고 정원후에 봉해졌던 데서 온 말이다. 『후한서後漢書』 47권.

10. 우림랑羽林郎 : 임금의 친위대親衛隊인 우림羽林의 젊은 무관. 중국 한漢나라 때에, 종군한 병사로서 전사한 자의 유자손遺子孫을 데려다가 우림에서 무술을 가르쳐 뒷날 우림랑으로 삼았으니, 이것을 우림고아羽林孤兒라 한다.

11. 서총瑞葱 : 조선시대 임금이 무관의 활 쏘는 것을 시험하던 서총대瑞葱臺를 가리킴. 연산군 때 창덕궁 안에 지었다.

우범이 부채에 그린 그림 두 점을 보고 제하다 / 題雨帆[1]扇頭田而見畫二本

작은 다리로 사람은 건너지 않고	小橋人不渡
맑은 나무 그늘은 축축 늘어졌네	落落對淸樾
준과 점은 언제 쳐서 그릴는지	何待施皴[2]點
예찬을 불러내고 싶은지	倪迂[3]呼欲出
온갖 나무뿌리 또아리 틀어 달리고	樹皆根走蛇
바위는 골짝에 소라처럼 빙빙 감도네	巖盡谷旋螺
빙긋 웃으며 저 멀리 구름 가리키니	一笑指雲外
먼 산은 푸르른 기운 더하고 있네	遠山青更多

1. 우범雨帆 : 조선 후기의 서예가 유상의 호. p.17의 주 12 참조.
2. 준皴 : 동양회화에서 산이나 바위의 입체감과 질감을 나타내기 위해 사용한 준법皴法을 말함. '준'이라는 용어의 기록은 중국 북송 때 곽희郭熙의 『임천고치집林泉高致集』에 최초로 보인다. 그는 여기에서 '준'과 '찰擦'을 구별하지 않았으나 12세기 초 한졸韓拙은 『산수순전집山水純全集』에서 다섯 가지 준의 명칭을 기술함으로써 준과 찰의 확실한 구분을 시도했다. 그 후 명말의 진계유陳繼儒는 『이고록妮古錄』에서 준법이란 용어를 쓰고 일곱 가지 준법의 명칭과 사용 화가를 기술했으며, 왕가옥王珂玉은 『산호망화록珊瑚網畵錄』(1643년)에서 열네 가지의 준법을 설명했다. 청대淸代에 왕개王槪 형제가 쓴 『개자원화전芥子園畵傳』(1679년)에서는 그림을 곁들여 열여덟 가지 '준'을 설명했다.
3. 예우倪迂 : 중국 원元나라 화가 예찬倪瓚(1301-1374)을 가리킴. 자字 원진元眞, 여러 호號 중에 운림雲林이 가장 알려져 있다. 강소성江蘇省 무석無錫 사람으로 부호의 집안이며 청비각淸閟閣을 축조하여 풍부한 수장收藏을 과시했으나 오십 세경 전란을 예측하여 가재家財를 버리고 떠돌았다. 너무 결벽하며 속진俗塵을 꺼려하여 '예우倪迂(가장자리로 벗어남)'라고 불릴 정도로 기이한 언동이 많아, 북송北宋 때의 서화가인 미불米芾(1051-1107)과 닮았다. 송宋나라 때의 산수화가인 동원董源과 거연巨然의 '동거양식董巨樣式'에 이곽파李郭派를 가미하여, 냉랭하고 깔끔한 '숙산체肅散體'라고 불렀는데, 몇 그루 나무와 강변에 하나의 소정자小亭子에 인물을 넣지 않는 독특한 산수화를 그렸다.

조계선과 해서지방에 벼를 수확하러 가서…　與趙繼先同作海西穫稻之行…

갈 때는 소매에 떡갈나무 바람 일더니	去時衣袂槲林風
굽은 길 거친 들판 저녁 풍경이구나	路繞荒原暮景中
이별은 종래에 원근이 없고	相別從來無近遠
생애는 가는 곳마다 동서에 있지	此生隨處有西東
몇 줄 소식 끊겨 강물에 편지 이어지고	數行書斷連江鯉[1]
어젯밤 텅 빈 하늘 기러기 일색이네	一色天空昨夜鴻
문무가 어긋나 우리 벗들 늙어 가니	書劍蹉跎吾輩老
어찌해 애써 농사로 공을 삼는지	何如勠力事農功

＊이 시의 원제목은 「조계선과 해서지방에 벼를 수확하러 가서 수십 일 머물고 또 삼십 리 땅으로 전송하며 서로 시를 지어 주다與趙繼先同作海西穫稻之行留數旬 又送三十里地有便相寄」이다.

1. 연강리連江鯉 : 서신書信을 말함. 두 마리 잉어인 쌍리雙鯉 혹은 이소鯉素라고도 한다. 중국 진晉나라 육기陸機의 「음마장성굴행飮馬長城窟行」이라는 악부시樂府詩에 "멀리서 온 손님, 잉어 두 마리 전해 주네. 아이 불러 요리하라 부탁했더니, 그 속에서 나온 한 자 비단에 쓴 글 客從遠方來 遺我雙鯉魚 呼兒烹鯉魚 中有尺素書"의 구절이 있다.

장연 가는 나그네 길에서　　長淵客中

넓적다리 야위어 병들어 나른한 몸　　髀肉全銷病懶身
또 가을 오니 말 안장에 올라　　重逢秋色據鞍新
길 떠나 아직 남은 빚 갚지 못해　　登臨未必酬餘債
떠돌다 보니 하룻밤 묵은 인연도 많네　　行旅多應係宿因
물가 흰 갈매기 날 보고 한가로이 웃고　　野水白鷗閒笑我
서풍에 누런 국화 파리해 애처로워　　西風黃菊瘦憐人
이 고을도 강남의 즐거움에 뒤지지 않아　　此鄉不下江南樂
제때 맞춰 고깃국에 쌀밥 얻어먹네　　飯稻羹魚又及辰

차례로 서성이며 돌아보니 다른 고을　　取次裴回覺異鄉
느꺼운 회포 풀자니 오래 이기지 못해　　惹來懷緒不勝長
비 내리는 밭에는 나막신에 도롱이 쓰고　　田間笠屐携今雨
주막 밖 산하에는 노을이 깔리네　　壚外山河見夕陽
천 층 굽이치는 흰 파도 멀리 바라보며　　蒼白千層遠水立
울긋불긋 한 바지게 나무꾼 돌아오니　　丹黃一擔歸樵香
추운 갈까마귀 점 점 어지러이 사라지고　　寒鴉點點渾無賴
웃으며 그와 헤어지니 귀밑머리 허옇네　　笑殺離人兩鬢霜

황영숙은 해마다 왔는데, 이번에는 저승에 있는 그에게 지어 네 수를 바친다
黃英叔年年來此 今作泉下[1] 故四句及之

저물 녘 물가에 망향대 있으니　　斜陽側畔望鄉臺[2]

1. 천하泉下 : 저승을 뜻하는 말. 구천九泉, 황천黃泉. 위에 보이는 네 수의 칠언율시七言律詩는 죽은 친구에게 바친 조상시弔喪詩이다.

흰 이슬 황량해 푸른 이끼 서렸네　　白露荒凉變綠苔
효제로써 밭 가는 소업을 어겼으니　　孝弟[3]力田違素業[4]
대인은 시나 지어 재주 없다 창피 주네　　大人作賦愧非才
한 동이 술 권하니 사람 사는 세상이고　　一樽自勸人間世
한 몸 사해에 맡기니 돌아갈 날 언제런가　　四海寄身歸去來
다만 어려움 견딜 뿐 달관을 용납하니　　落拓[5]只堪容達觀
슬프다 탄식하는 늙은이 재촉할 필요 없네　　嗟畀歎老不須催

한가로이 과정 보며 종일 시 읊조리니　　閒吟日比課程看
반은 너무 시름겨워 너그러이 꺾고　　强半羈愁此拓寬
그물을 건지니 고기는 한 푼어치도 없어　　擧網魚無一錢買
담장 너머 술자리 여러 사람 즐겁네　　過墻酒恰數人歡
고갯마루 서리는 누런 구름 눌러앉혀　　隴頭[6]霜壓黃雲[7]熟
바다 어귀 허연 파도 차갑게 넘실대고　　海口波兼白雨寒
편지가 있거들랑 내게 부치면 좋겠지　　可有尺書[8]能寄我
먼데서 온 손님께 맛있는 음식 더하네　　遠方爲客自加餐[9]

2. 망향대望鄕臺 : 관서지방에 있는 누대. 조선 중기 문신인 조호익曺好益(1545-1609)은 '망향대를 읊은 시望鄕臺詩'에서, "관서 땅에 유배온 지 이제 몇 해인가, 평생토록 책과 칼 들고 진애 떠도니 슬프네關西落拓今幾年 一生書劍悲塵埃"라고 읊었다. 『지산집芝山集』 1권.
3. 효제孝悌 : 부모에 대한 효도와 형제 사이의 우애. (*원문 중 '孝弟'는 '孝悌'의 오식인 듯함.)
4. 소업素業 : 사대부가 지녀야 할 평소 행하는 일이나 몸가짐. 이에 반대되는 말은 부화浮華로서 실속은 없이 겉치레만 화려함의 뜻이다.
5. 낙척落拓 : 역경에 빠지거나 불우하게 됨. 척락拓落이라고도 함.
6. 농두隴頭 : 산 위. 중국 당나라 시인 송지문宋之問의 '제대유령북역題大庾嶺北驛' 시 "내일 아침 고향을 바라보는 곳, 활짝 핀 산 위 매화 응당 보리라明朝望鄕處 應見隴頭梅"에서 나온 것으로, 산 위에 활짝 피어 있는 매화꽃인 '농두매隴頭梅'는 역시 고향을 그릴 때 인용한다.
7. 황운黃雲 : 먼지를 머금은 구름.
8. 척서尺書 : '아주 짧은 글'이라는 뜻으로, 짤막한 편지나 간단한 내용의 편지를 이르는 말이다. '지척지서咫尺之書'라고도 한다.

노을은 들쭉날쭉 해문을 비추고	夕照參差下海門[10]
붉은 단풍은 흰 갈대 짝하여 너울거리네	楓丹蘆白兩翻翻
한 입 숟가락질에 반찬 겸해 편하고	匙容一口寧兼饌
게가 안주 되니 또 술도 당기네	蟹有雙螯且侑樽
새 이랑에 벼 거두니 진창에 미끄러워	新畝禾登泥帶膩
오랜 둑 썰물에 돌은 할퀸 흔적이 남고	舊堤潮退石留痕
어젯밤엔 맑은 서리, 마을에 달 뜨니	淸霜昨夜村間月
다듬이질 아스라이 고향을 꿈꾸네	砧杵聲殘夢故園

9. 가찬加餐 : 맛있는 음식을 더 많이 취하는 것. 중국 성당盛唐 시인이며 화가인 왕유王維(699-759)는 '인정人情' 이란 시에서 "뜬구름 같은 세상일 말해 무엇 하랴, 누워 배나 쓸며 지내는 것만 못하리世事浮雲何足問 不如高臥且加餐" 라 하였다.

10. 해문海門 : 두 육지 사이에 끼어 있는 바다의 통로.

금성 관아에서 약산 영공 시에 차운하여…

金城衙中 次約山[1]令公…

바쁜 듯 한가한 듯 내가 우스워
오래 머물고 두루 쏘다닌 반평생이네
그대는 수레 타고 난 말 몰아 봄 길을 가니
궁벽한 고을 관아는 맑아 산으로 드네
이곳은 연하 자욱한 신선굴 있어
지난날 티끌 속 그리운 얼굴 가득해
평민으로 살아도 오히려 일은 많아
밤낮으로 꿈속에 서로 오가네

自笑如忙復似閒
淹留跋涉[2]半生間
君車我馬乘春路
縣僻官淸入座山
此地煙霞有仙窟
向來塵土滿人顔
靑鞋布襪[3]猶多事
日夕相敎夢去還

* 이 시의 원제목은 「금성 관아에서 약산 영공 시에 차운하여 현판의 운을 쓰다金城衙中 次約山令公 用板上韻」이다.

1. 약산約山 : 조선 후기의 문신 김병덕의 호. p.22의 주 22 참조.
2. 발섭跋涉 : 산을 넘고 물을 건너서 길을 감.
3. 청혜포말靑鞋布襪 : 푸른 짚신과 베 버선, 곧 은자隱者나 평민의 차림을 말함. 중국 당나라 시인 두보杜甫의 '봉선유소부신화산수장가奉先劉少府新畫山水障歌' 시에 "어이해 나만 홀로 진흙 속에 묻혀 있으랴, 푸른 짚신 베 버선으로 지금부터 여행을 시작하리吾獨胡爲在泥滓 靑鞋布襪從此始"라 한 데서 온 말이다.

관아에 묵으며 留寄縣齋
약산 영공 시에 차운하여 次約山[1]令公韻

꽃잎 분분 휘날려 울안에 들이치자	花飛千片過墻來
텅 빈 관아 침상 빌려 늦게야 문을 여네	借榻空齋戶晩開
행권은 어떠하랴 쓸모없는 문자인 걸	行卷[2]何妨形月露[3]
나그네 근심할 제 풍운뇌우의 신에 잔 올리네	客憂時復酌雲雷[4]
신선 사는 땅 세 봉우리 둘러싸 신비로워	仙家地抱三山秘
해국은 하늘 비껴 아홉 고을 돌아 드니	海國天橫九郡回
유달리 놀란 마음 오늘 이르고 보니	偏是驚心重到日
곳곳에 봄바람이 불어 쑥대밭 되었네	春風處處見蒿萊

하루 근심 비바람에 일어나더니	一日愁生風雨中
완연한 봄기운 이미 거의 허전해	十分春已九分空
알겠네 세상사 꿈속의 꿈인 줄	從知世事夢中夢
또 동에서 동으로, 속세로 돌아왔네	又到人間東復東
신령이 지펴 어느 해나 머물 수 있나	靈秀何年留地設

1. 약산約山 : 조선 후기의 문신 김병덕의 호. p.22의 주 22 참조.
2. 행권行卷 : 과거에 갓 급제한 뒤 유력 인사의 후원을 얻어 내기 위한 글. 역사에 대한 안목인 사재史才, 문학적 재능인 시필詩筆, 논리적 견해인 의론議論 등이 담겨 흥미를 끌도록 전기傳奇 작품을 차용하는 경우가 많았다. 또한 이와 비슷한 '온권溫卷'은 상사의 비위를 맞추어 출세 수단으로 삼고자 과거 응시생이 깊은 인상을 남기기 위해 먼저 시험관에게 자신의 이름을 알린 후 보내는 글을 말한다. 문장 실력을 과시하고자 더러 단편소설을 삽입하곤 했는데, 이는 전기소설을 촉진시킨 한 원인이 되었다.
3. 월로月露 : 가치없고 쓸모없는 문자. 시문을 짓는 것도 '월로풍운月露風雲'을 형용하는 데 불과하다는 뜻에서 온 말이다.
4. 운뢰雲雷 : 구름과 우레. 중국 명明나라 홍무예제洪武禮制에 운사雲師를 더하여 부르기를 '풍운뇌우風雲雷雨의 신神'이라 하여, 산천山川, 성황城隍과 함께 한 단壇에서 제사 지냈다.

곳곳에 시제 품평해 하늘에 공을 돌리니　品題隨處讓天工[5]
그대더러 술잔 자주 돌게 하니 부끄러워　使君杯酒還多愧
치렁한 걸 고치게 하니 이 어찌 나으랴　縱使推袁豈是雄

단청한 누각에 향 사르니 날은 어둑해　畫閣焚香晝欲陰
누가 마음에 고요함 불러 일으키나　誰歟喚起靜中心
의당 재주는 흉년에 양식으로 쓰고　才宜有用凶年穀
맑아도 어둑한 가을밤에는 알지 못하지　淸在無知暮夜金
작은 읍 어찌 말처럼 좁다 말하리　小邑何論如斗窄
옛 비석은 사람이 느껴 돌아보게 해　古碑猶見感人深
서생은 도처에서 자주 뜸하였으니　書生到處多疎闊
다시 청춘을 불러 질펀하게 읊조리네　又復靑春漫浪吟

산 사람 처음 승검초덩굴로 옷 짓더니　山人初服薜蘿衣[6]
이날 흉금을 트니 사방 산이 에워쌌네　此日披襟山四圍
만사는 한갓 저절로 괴로운 것이라　萬事方知徒自苦
이 봄날 누가 두견새를 노래하나　一春誰唱不如歸[7]
싸구려 술 생각하며 늘 취해 있으니　思量薄酒尋常醉
부질없이 지는 꽃은 분분히 날고　抛擲閒花取次飛
개울 가 수풀은 눈에 가득 들어차니　樹色川光來滿眼

5. 천공天工 : 하늘의 조화로 이루어진 재주, 화공化工. 혹은 하늘이 백성을 다스리는 조화.
6. 벽라의薜蘿衣 : 승검초덩굴로 지은 옷. 곧 은자隱者의 옷을 일컫는 말. "누군가 산모롱이에 있으니, 벽라 옷에 새삼 덩굴 띠를 둘렀네若有人兮山之阿 披薜荔兮 帶女蘿" 『초사楚辭』 「구가九歌」 '산귀山鬼'.
7. 불여귀不如歸 : '두견새'를 말함. 중국 촉蜀나라 망제望帝가 재상 별령鱉令에게 대규모 운하 공사를 맡기고 그의 아내와 간음하였다가 뒤에 이 때문에 왕위를 뺏기고 달아나 두견새가 되었다. 이에 촉나라 사람들이 망제를 측은히 여겨 두견새의 울음소리가 '불여귀거不如歸去'라고 하는 것 같다고 하였다. 그래서 후세에 고향에 가고픈 소망을 말할 때 흔히 두견새를 인용한다.

오직 이 가운데 옛날의 내가 아니네　就中惟有古吾非

때맞춰 이슬방울 지니 성정은 그대로　淋漓時露性情眞
올해는 호탕한 봄 저버리지 않겠네　不負今年浩蕩春
술 마시고 노래하며 그럭저럭 지내니　取酒歌呼聊復爾
문 닫고 쓸지 않으니 또 누가 오랴　閉門却掃更何人
능히 삼천계 두루 지날 수 있으니　可能歷遍三千界[8]
어쩔거나 백억의 몸 나뉘어 이루었지　無那分成百億身
신선옹을 빌려 백학 짝하길 원하니　願借仙翁雙白鶴
새벽 푸른 바다 보며 금륜을 씻네　曉望滄海浴金輪[9]

가슴에 딴 생각일랑 품지 않으니　胷無他物不容消
백발은 바스라져 바람에 맡겨 둘 뿐　鬢有殘莖一任飄
해는 긴데 입 다물고 말 밖에 생각하니　長晝漫唫言外想
석 달 봄 일찍 일어난 나그네 아침일세　三春早起客中朝
물가 둑에 꽃피니 진나라 은자 아닌지　岸花隨水疑秦隱
들판에 보리 일렁일렁 한나라 노래라　野麥連雲似漢謠
스스로 웃으니 양웅의 조롱이야 모르고　自笑揚雄[10]嘲未解
책은 곳곳에 있으나 문득 적막하네　床書到處便寥寥

8. 삼천계三千界 : '우주계'를 이르는 말. 불경에서 우주계를 삼천세계三千世界라 하는데, 우리가 살고 있는 이 세계가 천으로 된 것을 소천세계小千世界, 소천세계가 천千으로 된 것을 중천세계中千世界, 중천세계가 천으로 된 것을 대천세계大千世界라 한다.
9. 금륜金輪 : 금바퀴. 불경에 전륜왕轉輪王이란 말이 있는데, 전륜당이 태어날 때에 하늘에서 금바퀴가 나타나 바퀴를 굴려서 천하를 통일, 평정한다는 뜻이다. 바퀴에 금바퀴, 은바퀴, 동바퀴 등의 등급이 있다고 한다.
10. 양웅揚雄 : 전53-18, 중국 전한前漢의 학자 · 문인. 성도成都 사람, 자字 자운子雲, 성제成帝 때 궁정 문인이 되어 성제의 사치를 풍자한 문장을 남겼다. 뒤에 왕망王莽 정권을 찬미하는 글을 써 비난을 받기도 하였다. 작품에 '감천부甘泉賦', '하동부河東賦' 등이 있고, 저서에 『법언法言』『태현太玄』 등이 있다. 『한서漢書』 87권, 「양웅전揚雄傳」.

마른 듯 앉아 그윽하게 견디니　耐得深深坐似枯
날 밝거든 행장 차려 장도에 조심하소　歸裝明發戒長途
의연히 봄 지난 뒤 그대 따라 가리니　依然春後携之子
절로 숲속에서 옛날의 나로 돌아오네　自此林間返古吾
유령은 어찌 취후가 취하는 걸 막았나　荷鍤[11]何妨醉侯[12]醉
산을 옮긴 우공의 어리석음 배우지 않고　移山不學愚公[13]愚
정취는 남아 시제 남긴 곳을 기다려　餘情欲待留題處
여관 나와 떡갈나무 정자 근처에 있네　槲樹亭邊出宿于

며칠 밤 가랑비에 보리와 차조기는 말라　連宵微雨麥蘇枯
남은 꽃은 먼 길 가는 사람 달래니　尙有殘花慰遠途
뽕 밑에 남은 인연 끝내 그대 그리워　桑下[14]餘緣終戀爾

11. 하삽荷鍤 : p.31의 주 48 참조.
12. 취후醉侯 : 술을 매우 즐겨 마시는 사람의 미칭美稱으로 쓴 말. 유령劉伶은 중국 진晉나라 때 죽림칠현竹林七賢의 한 사람으로 특히 술을 매우 즐겨 마셨으므로, 당唐나라 시인 피일휴皮日休의 「하경충담우연작夏景沖淡偶然作」 시에 "후일에 상제를 뵙거든 무슨 말을 아뢸까, 유령에게 취후를 봉해 달라고 청해야겠네他年謁帝言何事 請贈劉伶作醉侯"라고 한 데서 온 말이다.
13. 우공愚公 : '어리석은 노인장'의 뜻. "태항산太行山과 왕옥산王玉山 사이 좁은 땅에 우공愚公이라는 구십 세 노인이 살고 있었다. 그런데 사방 칠백 리에 높이가 만 길이나 되는 두 큰 산이 집 앞뒤를 가로막아 왕래에 장애가 되었다. 그래서 우공은 어느 날 가족을 모아 놓고 이렇게 물었다. '나는 너희들이 저 두 산을 깎아 없애고, 예주豫州와 한수漢水 남쪽까지 곧장 길을 내게 하고 싶은데 너희들 생각은 어떠냐?' 모두 찬성했으나 그의 아내만은 무리라며 반대했다. '아니, 늙은 당신의 힘으로 어떻게 저 큰 산을 깎아 없앤단 말이오? 또 파낸 흙은 어디다 버리고?' '발해渤海에 갖다 버릴 거요.' 이튿날 아침부터 우공은 세 아들과 손자들을 데리고 돌을 깨고 흙을 파서 삼태기로 발해까지 갖다 버리기 시작했다. 한 번 갔다 돌아오는데 꼬박 일 년이 걸렸다. 어느 날 지수知叟라는 사람이 '죽을 날이 머지 않은 노인이 정말 망녕이 들었다'며 비웃자 우공은 태연히 말했다. '내가 죽으면 아들이 하고, 아들은 또 손자를 낳고, 손자는 또 아들을, 이렇게 자자손손子子孫孫 계속하면 언젠가는 저 두 산이 평평해질 날이 오겠지.' 이 말을 듣고 깜짝 놀란 것은 두 산을 지키는 사신蛇神이었다. 산이 없어지면 큰 일이라고 생각한 사신은 옥황상제玉皇上帝에게 호소했다. 그러자 우공의 끈기에 감동한 옥황상제는 역신力神 과아夸娥의 두 아들에게 명하여 각각 두 산을 업어, 태항산은 삭동朔東 땅에, 왕옥산은 옹남雍南 땅에 옮겨 놓게 했다. 그래서 두 산이 있었던 기주冀州와 한수漢水 남쪽에는 현재 작은 언덕조차 없다고 한다." 『열자列子』 「탕문편湯問篇」.

바둑 두는 즐거움 내게 오래 이르네 橘中[15]此樂久輸吾
혼사야 기대할 게 없어 오히려 얽매이고 嫁婚無待尙禽畢[16]
산수 좇기 어려워 유자후 어리석음이지 山水難追柳子愚[17]
형편 따라 사노라니 별 나쁠 게 없어 隨處因循殊不惡
물고기와 새 바글바글 눈에 익었네 慣看魚鳥亦于于

14. 상하桑下 : '뽕나무 아래'라는 뜻으로, 잠시 머물며 맺은 인연을 뜻함. 집착을 경계하는 말이다. "불법佛法을 닦는 승려가 한 뽕나무 아래에서 사흘 밤을 계속 묵지 않는 것은 시간이 흐름에 따라 애착이 생길까 두려워하기 때문이니, 이는 정진精進의 극치라고 할 것이다浮屠不三宿桑下 不欲久生恩愛 精之至"라는 말이 나온다. 『후한서後漢書』 30권, 「양해열전襄楷列傳」.
15. 귤중橘中 : '귤중지락橘中之樂', 곧 바둑을 두는 즐거움을 이르는 말. '귤리정정橘裏丁丁'이라고도 한다. "파공 사람의 집에 귤원이 있어 서리 내린 뒤 귤을 모두 거둬들이는데 큰 귤 하나가 서 말들이 항아리만큼 크므로 그가 이상히 여겨 곧 따서 보니 가볍고 무겁기가 여느 귤과 같은데 갈라서 여니 매양 그 속에 두 늙은이가 있는데, 귀밑머리와 수염이 하얗고 살결이 발그레한데 서로 바둑을 두며 담소하는데 태연하였다. 한 늙은이가 말하기를, '귤중橘中의 즐거움이 상산에 못지않은데 다만 뿌리가 깊고 꼭지가 단단하지 못하여 우인이 따고 말았다'라고 하였다有巴邛人 家有橘園 因霜後 諸橘盡收 餘有兩大橘 如三斗盎 巴人異之 卽令攀摘 輕重亦如常橘 剖開 每橘有二老叟 鬢眉皤然 肌體紅潤 皆相對象戲 談笑自若 又有一叟曰 橘中之樂 不減商山 但不得深根固蒂 爲愚人摘下耳" 『현괴록玄怪錄』 「파공인巴邛人」.
16. 금필禽畢 : 그물의 모습을 본떠 이루어진 글자들로서 '얽매이다'의 뜻으로 쓰임.
17. 유자우柳子愚 : 유자후柳子厚의 어리석음. 재능이 뛰어난 사람은 세상에 쓰이지 못하고, 오히려 재능이 부족한 사람이 쓰이는 것을 비유한 말. "다른 사람들은 나무를 잘 깎지 못하여 손가락을 다쳐 피가 흐르고 얼굴에는 땀을 뻘뻘 흘리는데, 뛰어난 장인은 도리어 소매 속에 손을 넣고 곁에서 구경만 하고 있었다不善爲斲 血指汗顏 巧匠旁觀 縮手袖間" 한 데서 온 말이다. 한유韓愈, 「제유자후문祭柳子厚文」.

봄날을 보내며 | 送春日

나그네 쉬이 저물어 당도하니 | 客中容易到黃曛
또 수심에 잠겨 그대 보내야 해 | 又把閒愁作送君
번화한 삼십 년 물처럼 흘러가 | 一代繁華流似水
내일 생각하니 구름보다 암울하네 | 明朝思量暗於雲

사람은 하늘로 돌아가 어딘지 알까 | 人歸天末知何處
가지 끝 녹음 우거져 축 늘어졌네 | 綠漲枝頭謾十分
온갖 교분 맺은 게 젊은 날이었지 | 最是結交年少日
길 막혀 소식 끊겨 견딜 수 없네 | 道途相委不堪聞

부록附錄

조두순趙斗淳의 「정수동전鄭壽銅傳」

김택영金澤榮의 「정지윤전鄭芝潤傳」

조두순趙斗淳의 「정수동전鄭壽銅傳」

정지윤은 본관이 봉산(동래東萊의 고호古號)이며 대대로 사신의 행차를 보좌하는 역관 일을 맡았다. 날 때부터 손에 글자가 있었는데, 목숨 '수壽' 자였다. 어른이 되어서 『한서漢書』의 '지생동지芝生銅池'에서 취하여 수동壽銅이라고 스스로 호를 삼았다. 귀천이나 원근을 막론하고 모든 사람들이 그를 정수동이라 불렀다.

수동은 제 마음대로 행동하여 평생을 남에게 구속받기를 달가워하지 않아서 스스로 세상의 규범 밖에서 노닐었으나, 믿음이 있고 겸손하여 마치 말을 못하는 듯이 하고 또 자신이 가진 걸로 남을 이기려고도 하지 않았다. 옥황상제나 비전원卑田院의 거지 아이도 가히 위아래로 차별이 없이 짝이 될 만 하였다.

총명하기가 문자에 이르러서는, 무릇 궁벽하고 기괴하여 깊고 오묘하며, 복잡하고 번거로워 알아볼 수 없는 것이라도 한번 보기만 하면 벌써 그 요체와 긴요한 곳을 깨달았다. 시를 가장 잘 하였는데 귀와 눈으로 보고 들은 바로써 고금의 고상하고 오묘하며 정확하여 마음에 맞는 시구를 모두 다 모아서 다듬고 정련하여 내어 놓았다. 술을 잘 마셨는데, 그것을 천성처럼 여기더니 슬픔과 기쁨, 얻음과 잃음, 눈물과 웃음, 자부와 실의, 고난 일체를 술에 기대어 시로써 표현하였다.

추사 김원춘金元春(정희正喜) 참판이 그를 기이하게 여겨 자기 집에 머물게 하여, 소장한 도서와 서적을 읽게 하여서 박학다식으로 진취하기를 기대하였는데, 몇 달 동안 마음을 오롯이 하여 글 읽기에 집중하여 마치 문밖 일은 모르는 사람같이 하였다. 그러다가 갑자기 어디론가 떠나버리고 돌아오지 않았다. 수소문하여 뒤를 좇아 그를 찾아내어 가두기까지 하면서 갓과 두루마기를 걸치지 못하게 하였다. 그러나 그 뒤로도 뛰쳐나간 적이 한두 번이 아니었다.

요즈음 김성일 참판은 생활 규범이 엄정하여 남들과 망녕되이 서로 함부로 친하게 지내지 않았는데, 유독 그만을 좋아하여 서로 마주하면 정답기가 그지없었다. 그를 위하여 술과 안주를 차려놓고 그가 머물도록 하였다. 사람들은 정수동이 김 참판에게 허여된 것을, 마치 '모난 자루가 둥근 구멍에 맞추어진 격方枘圓鑿'이라고 하였다. 그러나 그는 찢어진 소매와 해진 띠로 끈을 두른 차림새로 더러 스스로 방자하여 추사에게 있을 때처럼 하였고, 어떤 때는 더 심하기도 하였다. 마침내 그를 길들일 수가 없었다.

나이가 들어 더욱 술을 마시면서 열흘 동안이나 입에 밥알 한 톨도 넣지 않았다. 내가 동문(사역원)을 맡아보고 있을 때 내 월급을 따져보고, 그 봉급으로 받은 쌀을 나누어 주려 하며 말하기를, "그대가 반드시 오언시 백 수를 지어서 값을 치르라" 하니 하룻밤 만에 완성하였는데 마치 구슬을 꿴 것 같았다. 시험을 치를 때에 역과의 서적을 집어서 읽게 하였더니, 눈을 부릅뜨고 좌우를 둘러보며 읽지 않다가, "저는 이것을 모릅니다"라고 말하였다. 진실로 그것을 탐탁하게 여기지 않은 것이리라.

정수동의 아내 김씨는 성격이 맑고 순하여 집안에는 다만 벽뿐인 채 썰렁하였는 데도, 끈을 꼬고 베를 짜서 남편을 받들면서 조금도 싫어하거나 고달픈 기색을 보이지 않으려 애썼다. 대개 남편이 사대부와 더불어 노닐면서 문장으로 이름을 날리는 것을 영광으로 여길 뿐 다른 것은 아쉬워하지 않았다.

정수동이 두번째로 묘향산에 들어갈 때에 도성 안에서 문득 소문이 나기를, 그가 이미 머리를 깎고 중이 되었다고 하였다. 그가 돌아오자, 김씨가 맞아들이며 "저는 간이 다 녹았습니다"라고 하니, 수동이 "여자의 간은 작을수록 좋은 것이네"라고 하였다.

일찍이 말하였다. "내 장차 죽을 날이 머지 않았는데, 심암 대감의 두어 줄 글을 얻게 된다면, 족히 내 생애를 마칠 수 있겠다."

얼마 되지 않아서 갑작스런 병으로 하루 저녁에 죽으니 나이 쉰 하나였다. 김성일 참판이 비용을 대어서 장례를 치러 주었다. 『하원시초』 한 책을 남겼는데, 최성환이 수집하여 가지고 있던 것을 간행한 것이다.

태사씨가 말하기를, 세상에는 문지門地로써 사람의 국량과 견식의 재주를 볼 수 있다. 수동은 저절로 호방하여 여기에는 미치지 아니하니, 나는 몰래 이를 슬퍼한다. 수동에게는 참으로 그 행한 일을 아는 것이 요긴하니 그 문장을 성취한 일이 그것이다. 거의 이우상과 더불어 위아래이나 우상이 장수하지 못했다. 수동은 그 평생을 잔뜩 취하여 지냈으니 염려할 만하였다. 수동은 말하는 데도 떠듬떠듬하는 듯했는데 손바닥을 치며 해학을 하기에 이르렀다. 겨우 한두 마디에도 듣는 사람은 모두 목이 메도록 크게 웃었다. 대개 그 뜻이 세상이 희롱하고 규범을 풍자하려는 뜻을 보인 것인데, 취해서는 앉은 자리에서 잠들고는 다시 말을 하지 않았다.(『심암유고』 권30, 잡저 「정수동전」)

鄭芝潤 籍蓬山 世佐行人役 生而有文在手曰壽 及冠 取漢書芝生銅池事 遂以壽銅自號 通貴賤遠邇知與不知 咸曰鄭壽銅也 壽銅跅 生平不肯受人覊羈 殆自放於尺度榘矱之外 而恂恂卑謙 若不能言 不欲矜所挾以加之 玉皇卑田兒 可上下配也 聰悟鍾於文字 凡僻奧奇崛幽眇繁冗 不能窮竟者 一見輒曉其指要機紐肯綮所在 詩爲最長 集耳目所蒐涉今昔高玅精確訢合于心者 鑪鞴鎔冶而出之 而善食酒爲性命 悲歡得失咷笑侘傺連蜷 一切寓諸酒而發之詩 秋史金侍郎元春奇之 使留讀所藏圖史 期贍博而進之 能閱屢月 竱心注目行墨間 若不知戶外事者然 忽一踔不復來 跡而尋之 至幽之 不使巾衫 而後復如此不一再 今侍郎金聖一 規撫甚整簡 不妄與人狎 而獨喜之 相對惓惓不釋 爲置壺觴肴核以稽之 人謂壽銅之

得之於侍郎 枘而能容鑿也 然其抉鞲破條 往往自恣肆 若在秋史所 而又有過焉 終馴之不得 而晩益縱於飮 或連旬不粒也 余提學同文 將考月秖 頒稍食也曰 君必以百韻 五言爲容 通昔而成 若貫珠焉 及對試 拈譯書 使讀之 瞋目左右視 不出聲曰 俺不解此意 固不屑爾也 妻金氏 性淑順 家徒壁耳 組紃以供夫子 絶無幾微厭苦色 盖以夫子從遊士大夫 馳文墨聲名爲榮 他不恤也 當壽銅之再入玅香也 都下忽喧傳已祝髮 及歸 金氏迎而言曰 吾肝膽已銷矣 壽銅曰 女子膽愈小愈宜 嘗曰 吾且視不久 苟得心庵數行文 足了吾也 未幾暴疾 一夕不起 年五十一 聖一侍郎 爲專佽而葬之 有夏園詩抄一冊 崔君瑆煥所裒集 剞劂而行之者也 太史氏曰 世顧可以門地 局人材識也哉 壽銅之自放不返至於斯 余竊悲之 使壽銅 苟知其有爲而可要也 則其文章所成就 庶幾與李虞裳相上下 而虞裳之不年 壽銅所以沈湎其生平也 可不念哉 壽銅於語言若訥焉 至其抵掌諧詼 僅一二轉 而聽者皆嘔噱 盖其意在玩世寓規諷矣 而醉則席地睡 不復言也(『心庵遺稿』卷三十, 雜著 「鄭壽銅傳」)

김택영金澤榮의 「정지윤전鄭芝潤傳」

정지윤은 자가 경안으로, 호는 수동으로 일컬었는데 혹은 하원자라고도 한다. 그 선조는 동래인인데, 뒤에 한양인이 되었다. 지윤의 성격은 괴팍하고 민첩하며 두루 알았는데 시에 오로지 힘을 쏟았다. 육유陸游(중국 남송의 시인)로써 복고주의 시를 스승으로 삼았다. 당시에 서울에 역관시인으로 두 사람이 있는데, 한 사람은 이상적이고 한 사람은 곧 지윤이다. 상적은 한어를 배워서 잡과에 등과하여 여러 차례 사신을 이끌고 청나라 연경에 들어가 문사들과 시를 읊어 명예가 중국에 두루 퍼졌으나, 지윤의 세업은 왜어였으나 이를 배워서 벼슬을 구하는 것을 달갑게 여기지 않았다. 홀로 활달하고 슬퍼하고 분해하며 미친 행세를 하여서 내리 사나흘을 술을 마시기도 하며 밥 한 톨도 먹지 않았고, 혹은 사나흘을 입을 닫고 말을 하지 않기도 하고, 하루 종일 말을 그치지 않기도 하여 한 좌석을 깜짝 놀라게 하였다. 판서 남병철 공이 그의 시를 사랑하여 문하에 오라 불렀는데, 지윤은 공경귀인들과 더불어 노니는 것을 좋아하지 않아 여러 번 거절하였다. 남공이 그를 염려하여 하루는 또 지윤을 불러서 말하기를, "그대가 가고 싶거든 반드시 칠언율시 서른 수를 초가 타는 동안에 지어야 하네"라고 하자, 지윤이 허락하였다. 남공이 이에 술을 마련해 놓고 붉은 큰 초 하나에 불을 붙이고서 몸소 운을 떼어 명하였다. 지윤은 거듭 술을 마시다가 또 시를 짓는데 초가 거의 타들 무렵 시 또한 다 지었다. 시어가 모두 훌륭하고 기발하여 남공이 탄식하며 '천하의 기이한 재사'라고 말하고는 그를 가도록 놓아 주었다. 더욱이 그는 말을 잘하여 두루 해학으로 어울렸다. 일찍이 나귀를 타고 고향집으로 가다가 여러 나그네와 더불어 술을 마시는데 그 안주가 보잘것없는 것을 보고서 그들에게 말하기를, "요리사가 내 나귀를 안주 삼을 것이네"라고 하자, 손님이 말하기를, "그러면 그대는 장차 어떤 나귀를 타고 갈 것인가"라고 하였다. 지윤이 말하기를, "주인의 닭일세"라고 하자, 주인이 듣고서는 크게 웃으며 닭을 잡아 술안주로 다시 내왔다. 또 일찍이 남공의 댁에서 몰래 술방에 들어가 몰래 술을 마셨다. 남공이 이상하게도 그가 없음을 알고 그 방을 찾아 들어가 보니, 지윤이 여러 술독 사이에 취해서 앉아 있었다. 남공이 말하기를, "어찌 안주도 없이 술을 마시는가? 안주를 어찌 찾지 못하는가?" 하자, 지윤이 말하기를, "큰 술독 술은 마시고 작은 술독은 안주로 삼았소이다. 안주는 무엇에 쓰려고 다시 찾겠소?"라고 했다. 남공이 크게 웃으며 주위에 안주를 마련해 그에게 주도록 하였다. 일찍이 한 해가 다 갈 무렵, 남공이 그의 집이 가난한 것을 가엾게 여겨 후하게 돈을 내주었다. 지윤은 전대를 차고 대문을 나서자마자 동냥질하는 아이에게 다 풀어 주어 버렸다. 그 아내가 이 사실을 알고 원망하듯 말하자, 지윤이 웃으며 말하기를, "정수동의 아내로 만족하시게. 어찌 배부름을 구하는가"라고 하였다. 철종 말에 마침내 술로써 세상을 뜨니 나이 쉰여 살이다. 시문은 많이 흩어져 버렸는데 오직 『하원집』 두 권이 세상에 나돈다. 김택영은 말한다. 우리나라의 역관으로 시로 이름이 드러난 사람은 홍세태, 이언진, 이상적과 정지윤 네 명인데, 지윤이 가장 낫다. 우리나라 조정은 조위曺魏(조조가 세운 위나라) 구품을 따라 중정의 남은 폐단으로 사족의 무리가 아주 많이 구별되는데, 상서象胥(역관)란 사람들은 사대부가 되지 못하였다. 그러므로 그 사람들 중에 재능 있는 자가 매양 실의에 빠져 스스로를 저버렸기에 원대한 학문을 구하지 못하여 오로지 시를 써서 스스로를 말하였으니, 지윤과 같은 사람이다. 어찌 더욱 애석하지 아니하랴.(『소호당문집』 권9, 「정지윤전」)

鄭芝潤字景顔 以號行曰壽銅 或曰夏園子 其先東萊人 後爲漢陽人 芝潤性奇敏博覽而專攻詩 以陸游, 戴復古爲師 當是時 漢京舌官之族 有二詩人 一李尙迪 一卽芝潤也 尙迪由漢語學登雜科 數導使臣入淸京 與文士賦詩唱和 名譽徧於中州 而芝潤之世業爲倭語 然不肯涉其學以求進身 獨斥弛慷慨 爲佯狂態 或飮酒連三四日 一粒不下腹 亦或三四日閉口不語 卽語終日不止 驚倒一座 判書南公秉哲愛其詩 招致之門下 芝潤不樂與公卿貴人游 數辭去 南公患之 一日芝潤又請去 南公曰 子欲去 必刻燭賦七言律詩三十篇乃可 芝潤曰諾 南公乃置酒 燒一大紅燭 親命之韻 芝潤且飮且賦 燭纔盡而詩亦畢 詞皆精絶 南公歎曰天下奇才也 縱之去 尤口給善恢諧 嘗騎驢至故人家 與衆客飮酒 見其肴薄 謂衆客曰可宰吾驢肴之 客曰君去將何騎 芝潤曰其主人之雞乎 主人聞而大笑 爲之殺雞更置酒 又嘗於南公家 入藏酒室竊飮 南公怪其不在 尋至其室 見芝潤在衆壺間 酩酊而坐 南公曰 焉能不肴而飮者乎 何不索肴 芝潤曰大壺之飮而小壺作肴 肴安用 更索 南公大笑 趣左右取肴與之 嘗値歲終 南公憫其家貧 厚予之錢 芝潤帶出門 盡散予丐兒 其妻知之 頗有怨言 芝潤笑曰 爲鄭壽銅妻足矣 何必求飽 哲宗末 竟以酒終 年五十餘 詩多放棄 惟夏園集二卷行于世 金澤榮曰 吾韓象胥之族 以詩聞者 有洪世泰, 李彦瑱, 李尙迪及芝潤四人 而芝潤爲最勁矣 韓朝之政 蹈曹魏氏九品中正之餘弊 區別族類太甚 象胥之人 不得爲士大夫 故其人之有才者 每落拓自棄 不求遠大之學 而惟用詩以自宣 如芝潤者 豈不尤可惜也哉 (『韶濩堂文集』卷九,「鄭芝潤傳」)

찾아보기

ㅁ

저자 정수동鄭壽銅(1808-1858)은 조선시대 시인으로 본명은 정지윤鄭芝潤이다. 본관은 동래東萊이며, 자는 경안景顏, 호는 하원夏園, 별호는 수동壽銅이다. 사역원司譯院 판관判官을 지냈고, 홍세태洪世泰, 이언진李彥瑱, 이상적李尙迪과 함께 '역관사가譯官四家'의 한 사람으로 불렸으며, 평생 세상사에 얽매이지 않고 자유로이 노닐었다. 풍자와 해학이 넘치는 시풍으로 시집『하원시초』를 남겼다.

역자 이상원李商元은 1954년 경남 산청에서 태어나 경상대학교 대학원 경영학 석사과정을 졸업하고, 국가기록학연구원을 수료했다. 남명문학상 신인상을 수상하여 등단했으며,『계간 뿌리』편집위원, 공자학회 연구원, 남명학연구원 연구위원 등을 역임하고, 현재 도동서당道洞書堂 훈장으로 있다. 주요 논문으로「남명南冥 조식曺植에 관한 야승野乘의 연구」「남명 한시漢詩의 미학」「석주石洲 권필權韠의 한시 미학」등이 있고, 시집으로『풀이 가는 길』『여백의 문풍지』등이 있으며, 서사시「서포西浦에서 길을 찾다」로 제2회 김만중문학상 대상을 수상했다.

悅話堂 學人叢書

夏園詩鈔

鄭壽銅 詩全集 · 李商元 飜譯

초판1쇄 발행 2012년 4월 1일 **발행인** 李起雄 **발행처** 悅話堂
경기도 파주시 문발동 520-10 파주출판도시 전화 (031)955-7000 팩시밀리 (031)955-7010
www.youlhwadang.co.kr yhdp@youlhwadang.co.kr

등록번호 제10-74호 **등록일자** 1971년 7월 2일

편집 조윤형 백태남 **북디자인** 공미경 **인쇄·제책** (주)상지사피앤비

값은 뒤표지에 있습니다. ISBN 978-89-301-0419-7

이 도서의 국립중앙도서관 출판시도서목록(CIP)은 e-CIP 홈페이지(http://www.nl.go.kr/ecip)와 국가자료공동목록시스템(http://www.nl.go.kr/kolisnet)에서 이용하실 수 있습니다.
(CIP제어번호: CIP2012000976)

夏園詩鈔 影印

『하원시초』는 단권으로 된 고활자본과 필사본이 두루 전한다。
여기에 소개하는 영인본은 이 책 번역의 저본으로 삼은 국립중앙도서관본으로、
조선 철종 오년(천팔백오십사년)에 전사자全史字 목판본으로 간행된 초간본이다。

刊夏園詩鈔 題辭

夏園鄭君以詩遊都門知名且早余在未面時先已
[illegible]是爲深幸既而見訪樊廬則年幾皆二毛
矣[illegible]悵相知之最晚過從尙源源叩其學問述作則
唯唯否否而已蓋窺君之素其有種種者于中而不
需乎施爲者耶余於其詩得之矣其爲詩也不泥古
法而亦不遺古法攬舊作新手隨心應愈舊而愈新
奇氣橫逸又典雅又溫存天然成一家語如非有存
諸中者豈形外若是殆其詩以遊戲者耶人止知其
詩之奇而不知其人之奇于詩惜哉以是之故君於

詩得名如是其盛而君則不自有也著述固甚富而
亦不珍惜旋皆擲地無一收貯故其所存甚尠唯是
隻字短篇之被人牙頰間者而已是亦吉光片羽之
自不能自晦者也非君之意也君之不屑於留此此
不足以盡君之素而吾儕之屑屑於懼失此者止此
亦難得故也於以見君之素而是爲刊夏園詩鈔之
大略咸豐甲寅春友弟崔瑆煥書

自序

粵以歲逢三豕年始二毛歷落蕭條因循汗漫誰爲
窮我乃令梗斷蓬飄壯不如人遂至螢乾蠹死前塵
後劫俛仰之間地老天荒盈虛有數影形相答水今
日而悠揚哀樂關情柳當年而憔悴兀兀公孫之無
事寥寥鄧禹之笑人舊雨新雲相識飄零太半燈光
香灺所思振觸平生慨當以慷歌甚於哭張旭成名
於草聖全輸其喜怒而然虞卿見志於著書多賴其
窮愁者也若乃箋疏虧服鄭之精研藻翰謝淵雲之
富麗卿之不置論無用於絕交我自樂疲篇豈名於

孤憤盧悲歎而何益嚢心血而盡投人亦有言鄉曲之譽或竊世皆欲殺齒牙之獎無餘兩漢三唐拳每安於雞肋寒郊瘦島味偏解於馬肝大方之笑固宜勞者之歌惟此蠅鳴蚓竅口吻益悲羊角象河性情難喻天籟人籟不求一代之風騷眼中意中有似三生之公案驊騮歲暮烈士悲吟鶗鴂春殘詞人致恨敗毫成兆夢錦見還雷鼓逢塲霜鍾自語美人香草寄寓若斯兒女風雲指歸安在眞形五嶽如面目之能求去路三山庶金丹之始熟

夏園詩鈔

鄭芝潤 景顔氏

萊州村舍

蕭然短榻閉門中閒緒無端欲惱公不可踰鄉和氏璧失之於國楚人弓連天曉夢飛殘粉似海春愁落片紅未覺窮荒濱寂寞向來漂泊類萍蓬

絲雨絲煙閟煞儂江村花發似吳淞韶華不管詩人老流寓初隨野客蹤病後厭看杯面大愁來難使筆頭濃算他一事堪奇絕非久南風笋作龍

昆明刼後卧滄江取次銷磨熱一腔此日春風欺薄袂幾年夜雨守寒釭回文田水流如織丫字遥峰立對雙酒散人空誰喚得斜暉殘夢共閒窻

不堪回首十年時世好全隨往事移作賦何須逢狗監論交只合過牛醫天涯終老元非計日下思歸未有期刻意傷春春亦去杜郎從此鬢生絲

子城西外雨霏霏草樹沈深長翠微地濕蟲蛇連晝出村荒樵牧未昏歸十年嶺路曾來客三月京塵舊化衣正欲扶笻高處去不須騁望已依俙

家家縱橫事菑畬堪愧先生閉戶居是處煙霞期晼晩向來文酒會蕭疎黃昏不滿雙蓬鬢滄海爲隣一草廬新網琴高鱗徑寸何曾此物解傳書

作詩有感

最玲瓏處性靈存不下深功不易言入妙應經探虎穴出奇何減鑿龍門金塘融日花無質玉殿清宵月有魂幽徑只堪時獨逴勸君莫寄大家藩

慚愧吾人設計初回頭歷歷已多疎淡然纔覺工夫到率爾終難習氣除數酌莅盟千種恨孤燈知狀十年書撚髭任汝莖莖斷有底新詩錦不如

無題吟半寫陰晴剩把閒情換瘦生另是酸鹹書外味勝於絲竹畫中聲才原一石論何易字係千金下

未輕惟有東風收不盡杏花村畔又清明

春日書懷

愁關不受萬夫開鐵限前頭我又來日月無情徒白面英雄有骨亦蒼苔弱年艷慕詩千首末路歸依酒百杯未免一場聊復爾東風取次見春廻

非禪非道坐關門夫子何妨喚作村久厭舌尖繙世態新將眼力試春痕秘磁茶脚松蘿淡古鼎香雲柏子溫賦就巧當時雨夜也應催返百花魂

春日次諸君見寄

前遊海嶽已茫然夢想何當在一邊世乏柳車難使酒人逢鼓吏始忘年夜光月半圓虧際花意春交冷暖天不有諸君相喚起只將閒事付雲煙

秋日獨居

天氣蕭蕭意若何楚聲容易入高歌看來新句多吟菊難道寒衣尙製蘿有酒千場皆樂國出門一步即風波古人豈盡忘情者秖畏樊籠與網羅

歲暮有懷

雪鴻難復爪痕尋氷鯉仍將腹素沉一樹梅花人比玉十年詩草墨成金床南硯北渾依舊雨夜霜晨竟至今正擬剡舟乘興去臨江歲暮宅深深

元朝

啼笑如今已兩忘一番枯坐趁窓光青春不是吾家物紅日焉知舉國狂偶爾吟成眞太早依然醉倒復何傷閒中亦有新年祝爲語梅花保石腸

次沈石園見寄韻

森然情緒暗中羅此去流光又折磨百里懵騰秋惜別一篇珍重雪爲歌新梅小屋如人在舊雨深更借夢過寄語沈休休病瘦多慚詩句姓非何

花魂

歲歲煙光似轉輪新叢記得舊精神漏根何處歸來些香國前生未了因暗入杜鵑聲裏恨長成蝴蝶夢中身分明句引黃昏月庭院人空囑寫眞

燈花

夜光頃刻漏春妍睡霧相看似老年含笑應因窺好夢合歡端可向華筵池中新剪隋皇綵火裏能開釋氏蓮照盡下幃休解語恐敎神雨妬天然

夜有穿窬

月黑風喧冷舊氈家人警報正騷然謾藏老屋堪懸磬奇貨殘書是直錢不待閉關嚴自解只因清野臥能堅檢來竟失蕉中鹿便腹明朝又一眠

滿月臺

松嶽山高半入空麗王基業亦豪雄時來統合三分
國運去頹荒數畝宮知有精靈遊夜月更無父老泣
春風興亡不及吾曹事猶自傷心夕照中

黃眞墓

年年花發女娘春肯遣香魂共作塵當日剛腸能幾
箇後來痴想亦吾人有才難襯詩相吊失勢猶應笑
帶嗔欲比虎邱楡莢路千秋兩地字同眞

穫稻東峽戲作

泥戶松燈不設關農談相許夜深還苦緣村局三杯
酒全負詩囊十里山處我何妨糠粃際較人堪愧斗
筲間初來白面耕難問塵土如今已在顏

梅花

一任繁華與寂寥春頭臘尾也消搖纔於有意無情
處已壓千花不敢驕
錯疑峭處欲氷人坐久沉沉勝飮醇摠是明珠無價
顆一花另有一花珍
凄凄縞袂動愁端易作隨緣野客歡縱具阿嬌金屋
分乍當籬落便荒寒

題煙月梅畫

搖落天寒見一枝誰將鐵石問相思已愁孤絕無人
賞況復煙深月墮時

白蝶

夢在香中日幾回粉顚雪倒入春來分明新搨滕王
帖點破空庭漠漠苔

懶題

懶題歇后自嘲詩鬢有新絲事可知又惱一場蕭瑟
債出門天地正秋時

初夏

新陰送綠上牕來亂鳥聲呼午夢回隙地宛如臨晉
帖來禽靑李一行栽

哭兒

無限他時門戶計一朝携去付荒厓爾爺荷鍤平生
事尙得人間未見埋
寸錦曾無裹汝肌淚痕藥跡病時衣十年慟煞貧家
子復使壤泉藍縷歸
未必聰明勝闒茸何嘗喜汝就冬烘辛勤識字將何
用空有塗鴉壁上蹤兒嘗請就隣學余書一詩卷首送之日古人祝子忌聰明我亦頭顱百不成送汝今朝新上學終難拋擲是家聲

過斗峴酒店當壚女是舊日京城敎坊風花飄

蕩不知下落一見驚絕自道別來宛有江州琵
琶景色
金縷歌殘恨有無春痕風掃已模糊阮生自笑狂依
舊半日橫眠賣酒壚
除夕
漸㸔寒燈見劫灰五丁難挽蟄蛇回如人臨發終須
去且俟無何盡此盃
雞聲殊可惜星漢復何如懶怯逢迎苦情從把玩餘
半生迷短燭來境似新書一作懸崖撒誰能念送居
關東賞梅

開眼殊方忽見春一尊風味療清貧迴臨太始誰同
調力挽陽和是隻身雪後欲尋江上路夜來先夢月
中人知應笑殺巡檐客染盡衣邊十斛塵
甘蜂
門戶玲瓏寸寸通砌香疊馥最神工依然屯陣開農
隙又一朝廷在室中閱歷苦辛方有味指揮陳腐揔
成功可憐蝴蝶終何事共領千花與萬叢
端硯竹爐歌
囊沙割雲壁成拱鴝眼金星品之冗方諸一握涵明
月筆妙須墨墨須發不知何意大米顛歙州瓦礫還

在前截篇吹煖未爲貴管灰初似按六氣如星瓣香
耿不㸔祇今敬爲竹尊者公是鑾坡舊供奉捧研曾
經殺青寫官貴偶爾想因緣此外長物嗜好寡
秋日同星玉作
壞色緜裘復不冠連朝晏起怯新寒知無一物非身
累獨有千秋似眼看得句何煩金試擲借書長惜璧
歸完邇來門掩交遊少黃菊花開酒量寬
水原徐鶴圃村居
渝色紅黃襍樹園寒天留客夜喧喧洞田百畝輸塲
圃墓道三時上子孫風雨因循方對榻溪山怊悵又

離尊飄然短褐知何處一任泥鴻覓爪痕
歌罷依然宿昔歡檐間月色又團團我來此地成昏
飲君爲歸人念曉寒已覺長安元不易漸知行路果
多難從今若有江南信寄與梅花子細看
富谷原頭沒足泥柴門朝日屬分携中身不奈榮哀
樂頑臉無如廢笑啼獨自揭來何所好隨人詩句不
勝低知應歸後還相記坐我連晨着榻西
安定寺春日
數了珠回拂拄頤山僧相勸學無爲爾言夸矣人皆
佛此日茫然我是誰丈室鍾魚初定後一身海嶽倦

遊時斷他吹送清凉地多謝春風作導師

寄人

寒窓燈火續殘年慚愧床頭食字仙向日曾成詩眷
屬相逢猶有笑因緣難求一片埋憂地只信平生愛
酒天準備東風來次第三清深處訪雲烟(三清卽洞名)

安定寺同星玉子田穉良作

二月二日天氣寒今年花樹客春顔行過城東向郭
外苦無佳語懷難寛隨緣來到寺中憩石氣松色仍
改觀寺殘賴有屏壁勝雲壇緣字微古剜冷淡穠郁
知一例便將此事成喜歡自笑三生根下下詩情酒

意憑佛欄粥鼓禪板催互換後身初地無倪端山外
數步凄凉野萬箇饅頭土團團缺界當日身未脫愛
河何人淚先乾寒泉一盞薦功德地獄天堂俱兩安

百韻排律上心庵提舉相公

人生不滿百戚戚復何傷前哲旣云邈吾曹空自忙
療痴誰得劑涉世未諳方酒債饒詩債花荒複月荒
孩提元慕藺憂故始驚姜譽竊潘安少隣遷孟氏芳
荊州書譬借魯國璧同光弱步思騏驥雛毛待鳳凰
茅茨非死所文字笑飢腸烏兎流雙疾蟲魚注兩忘
厭他腐儒氣追彼結交場陸博寧擔石聲名欲楚梁

一言三太息十載九他鄉西去探窮域南遊犯大洋
虎林銜雪屐鯨窟折風檣豎髮增蕭颯熱腔添激昂
燕雲來未了蓬丈指相望羅代遺墟吊香城宿願償
登臨徒感慨閱歷只回徨紙刺懷間滅貂裘體上凉
悠悠成櫟社忽忽見蕉隍春夢方抽緒秋懷遽濫觴
天涯流似梗往迹戀如桑回憶馮驩劒初從馬氏堂
骨筋帶顔柳口吻入蘇黄此日門羅雀當時繡度鴦
灌夫猶罵坐賈傅已浮湘歷抵宜無合艱虞實備嘗
蓼情心所飽梅意齒曾詳棄物漸遲暮翰林誠慰將
留神看臭味握手恕顚狂主試評爲鏡緣情句有香

酷能似甥舅貴豈藉金張因見田間獵復思車下攘
帷功終愧董詆笑輒羞揚肱或頻經折鬢皆半斷蒼
西崑穠矣艶北地倔然强力逐心兼手才疎汗且僵
應酬調格損迫促性靈妨若箇千秋業誰爲百鍊剛
境遙難啖蔗癖苦每菹菖傀儡登場戲衣冠入座倡
鼃聲多吽鬧紫色正披猖棘棘橫塗道班班啓孔瘡
未知鹽着水寧信樹生薑戴粒何關蟻轉丸眞是蜣
經營誠瞶瞶摸索謾倀倀妙處無傳訣病時能在肓
與其瘦成沈還勝渴爲羌始有因循迹仍辭研墨傍
途窮携阮籍才退吊江郎門席求陳孺園花過辟彊

高歌非按譜短褐豈時裝江左宜任責河東果得謗
明公於此世砥柱在中央遂古臨雙眼諸家攬衆長
文之而黼黻飾則是鏞簧玉管綵綸字金闈錦繡裳
漢槎華國藻海節愛民棠齊正持文苑雍容步廟堂
太平歸一片功德獲千祥餘事依樓笛無遺脫穎囊
龍門榮得忝靈刻獎過當孰謂崑崙圃還添糞土墻
聯非續韓孟詠敢列山王舊雨紛吹散晨星歛色芒
一塲聊復爾半世宵然喪羅隱非科第裴休寄院娼
尉遲錢固鎘居易米騰翔典庫投殘帙債臺連臥房
後圖禦交讁溫語勉羸尫人避門前雪家徒壁上霜

病歸依棧豆倦翼駢杭粱竟以臂邊烏求爲圖外狼
粒丹渾大藥彈指即慈航河賜龍圖笑江分鯽轍殃
官應先解貴祿固厚沾良選佛廣收錄散仙歸列行
室家均挾纊金石免歌商歇后頭銜改歸依足迹彰
拈花開妙悟厲秣待馳颺塗粉學新嫁倒綳愁老娘
波斯珍磊磊銅掌露瀼瀼寧用俳諧體專由急就章
禿毫呵凹瓦昏藥點殘肪鷄肋惜投筋牛溲終倒倉
卷弓怯輕縞亂轍墮垂韁棘小猴難刻繭殘蠶欲殭
識丁難自許塗乙未能遑無累惟除惱多聞可作粮
竿頭隨彳亍壺裏足商羊所愧飲河鼴反疑傷稼蝗

聰明徒現在煙火揔魔障犖确依山畝蕭疎枕水庄
墻紅衣薜荔谷翠繞篔簹書著令兒讀樽傾待婦藏
御窮心易足養懶體因康曉繳梟堪弋秋罧蟹可綁
是誰主張者豈我太過量試顧中宵影燈花落短床

東閣

尊從東閣便書空苦乏田園賦未工時有傍觀論塞
馬初無久計任泥鴻粟囊已在侏儒後塲鼓旋倠傀
儡中若遺痴兒公事了誰知歇后我家風
廣文秖是散人銜徒步街泥巷北南同隊有魚鱗鬣
貴入羣非鶴稻粱慚桃符見退時猶未沙礫相陶戲

不堪却愧王郎當日事馬曹那得付淸談

次右卿韻

葉脫山添數角峰憐青冷碧更重重乍聽微霰當窓
竹慣作驚濤滿院松處士爲文仍自祭渴羌得郡是
襟封濃句淡抹俱停手老去兼忘悅已容
靜坐多常不讀書閑門隨處得閒居談天炙轂駭時
聽掃地焚香遊物初枕上睡甜勝蜂蜜尊中飲快憶
鯨魚野狐鸚鵡禪俱似非是當年面壁餘
晼境無由復入佳逢君猶覺舊風懷屋將雪色尋常
比闥許山光日夕排供狀書淫惟罪案頭銜歉伯是

宮堦從前各訴多歸輿林下何年把臂偕

秋史寅庵二公登程日

似不分明似不持斷雲殘照兩叅差當年亦有三年別今日何多一日思盡付奇書容祭獺更將新課囑探驪空床燭點前宵跋可是長亭下馬時

自大輿轉向海西

新愁舊恨鬱難開五載三過滿月臺古寺碧雲傜短屐荒城紅樹足深盃關山溢目人猶往天地層陰鴈又來自顧擔簦還一笑虞卿亦是著書才

夏夜

絲憋入夜快鬆清可是明朝雨又成煙後屋頭雙蝠出露初籬角一蛛晴蝬多簟竹頻移臥潤盡琴絲欲慢聲老去厭看新節物西風莫遽遣秋生

題人秋輿詩卷

性與秋相近年年早得之鳴蟲成獨調凉月有姸姿不盡牢騷感無多少壯時珠珠盤上轉拭眼對君詩

洛東贈金慶熙

陶君病似沈休文抵死猶能事輿墳有屋門臨虛市路來牛去馬正紛紛

臂瘇

癰瘇徒聞享大年尻輪無計馭泠然根從耐得寒氈坐形作磨來舊榻穿顧眄寧論鞍上據跏趺已廢定中禪尾閭有穴元相近漏處難辭小滴涓如厠英雄泣髀時蕁菲况復刺人詩膚灾無奈床偏剝針坐何由席暫離盡日馬摩難着韉幾番狼顧欲成疑明堂部位猶差歇知我從前罪固笞

次安岳令公戲贈

過眼斜陽刻意春有愁如緒渴生塵琵琶人守花前醉幾刼修成謝茂秦

海西春日

風雨朝朝尚薄寒今年春事亦闌珊看棋究竟無同局布算尋常欲滿盤扶醉對花殊不惡搜詩吟病更多端比他雲夢南州客睡思空令海樣寬

再過徐鶴園

花城西外路初深果縣南邊歲欲陰異代卞和三刖玉當年伯起四知金冬溫雪水融田脉夜久風聲落遠岑越陌度阡聊復爾爲君那得不沉吟

相憶相思一任長人間逝者最忙忙園林漸展年來畫書卷逾添別後香此地能無勞夢寐吾曹本自掃炎凉舊時天氣今重到數樹寒梅認草堂

信宿曾經夢不眞胷中我有往來人山川久碍相思月天地方慳一笑春頓頓能爲青眼待悠悠誰復白頭新江南時候溫存甚況是清尊洗渴塵

華城歸路暮宿柳雨帆書所

蹣跚百里步初開一店旋沽一酒杯雪意平逮寒樹暮嘶流如帶凍雲來催程又作臨河歎喚渡難於濟世才棄置今宵休復道黃粱白壁夢仙𢌞

紫石英研山

芙蓉爐化玉玲瓏想得前身竅竅通不與參寥供佛事留看九華在壺中

似許光明始可人摩挲如拭鏡中塵無勞更把頭相點已是金剛不壞身

曾遊三島訪眞源叢石如竿束海門今與通家逢一派依然面目是兒孫

冬夜小集

當年氣欲九州橫此日身隨萬事輕月色較升昨夜晚燭花慣照諸人明眉頭乍展知詩就腸曲初𢌞待酒平到底寒梅能穩藉枝枝圓轉綴珠成

崢嶸雪月一宵天豈有閒愁向我偏室近暫隨行藥步酒空還作抱書眠休休莫莫元心裏去去來來白

眼前四十居然難更挽人間無賴是今年

楊花江舍

樽前隨例又黃昏萬柳當年已作村氷雪可能論氣味江山相與入溫存酒逢燕市何妨泣賦到騷人合有魂一笑相看成歲暮梅花時節欲忘言

夢緒江干一夜多爲君擊節欲如何煙煤重檢圖書貯樹木𢌞思歲月過携手偶逢今雨雪爲家元避舊風波江南江北漁樵路自此生涯入短歌

內院庵

青山高處遠相尋凉雨凉風滿一林古佛笑人文字

氣秋空還我妙明心幽泉送響同哀玉澹月流光作瘦金却悵向來塵萬斛如何不見些兒侵

滯雨儒州溫泉店聞隣舍有詠詩者求韻和之

笻鞋棲屑逐西東抛却家園夢想中新漲一溪連夜雨催花二月幾番風春生遊女肌邊早丹在仙人井底通欲採歌謠非我事從來有俗不相同

次玄錡

更無閒筭及窮通歸與眞如粥面濃老去重過觀皺水醉來飛下朗吟峰君能向古知三豕我奈于今愧一龍尋常最是雞毛筆亦累平生萬里封

偶成

三旬風雨足晴陰海嶽歸來夢懶尋勳業午枰棋鬪妙金丹卯椀酒嘗深眼明未必輿能見流弱終成羽亦沉並與峨洋無意久子期何處試知音

晚秋夜坐

漸覺看書眼力微龍鍾近日似吾稀所思不斷燈初落此夜無邊葉盡飛菊氣濃于三醖酒雲容輕比六銖衣蕭蕭鬢髮西風畔今與秋光又送歸

彝齋相公黃江省掃之行

六一平生負吉州潁昌還入晚年愁黃江勝似瀧崗路卸下筍輿喬木秋（前輩議歐公無回首敝廬息肩喬木之義）

題希園暑天湖山圖

烏臼碧蘆消夏灣誰家亭子有闌干老來肺氣年年甚對此清凉萬斛寬

九日

漸覺雲煙日日輕登臨快眺晚天晴一鴻又作初程道數菊全無熱性情欲辨秋光誰識處多看前輩可憐生未題糕字干何事莫向詩家作應聲

三淸書屋留別穉良

流水歸鴉冷僻村窓間只是見黃昏深尊到手何辭醉小別關心亦斷魂此夜細論難出席明朝誤步易敲門前程風雨知多少愁對寒花淡不言

八月四日鼎庵山房

南北空多偪側行自憐不直一文程十年蹤跡江湖散小屋經過樹木淸聞者有時還大笑我生無奈亦鍾情秦風白露休重唱每爲伊人恨此聲

始興道中

半披龘葛短扶藜草樹薰薰路水泥山外雲皆垂作脚夕陽雨在始興西

金剛普賢寺贈頳雲和尚

記否原州雨雪天剎那人事夢依然曾將一語煩相寄果已銜杯證佛前（初逢頳雲於原州相與賦詩拈句有佛前爲我證銜杯云故及之）

白蓮寺

訶罵笑拈時縱談白蓮花發古禪庵爾能有法原非二我自無生不待三平等心遊兜率上閒浮身在大洲南山空木落人間世手爇爐香一夜參

淨土寺同鼎庵又峰石南作

一路蒼然古寺秋樹鱗齒齒石頭頭輕雲澹抹晴猶掩澄水微痕遠不流斷續覓鳴到香積高低葉脫出

經樓天風衫袖冷冷極滿目斜陽不是愁

三溪歸路

歸路依微醉袖翻先生何處寄衡門童遊歷歷吹葱
葉短髮蕭蕭作蒜根一局輸他棋不着萬緣了却偈
無言梅情月意融難喚可是詩魂是酒魂

南城次心庵居留相公韻

清凉山路斷塵紛秋後茲遊亦不羣一夜寒聲凋絳
葉千峰雪意亂黃雲依然宰相追貞白獨有英雄到
使君往事眼中如未遠沉吟容易見西曛
簇簇軍容號上番居然增彩到旌旛峰稜曉厲千鋩

出松鬣宵驅萬馬喧鈴索風生無鳥下儲胥年久有
雲屯城頭吹送笳聲咽欲訴前人未洩寃
滅沒飛鴻過眼前于今折戟見山田事如當日何能
已專罪其人恐未然鶴望江淮兵不進蟻屯郛郭守
難全書生生晚疎迂甚獨立西風亦可憐

鼎庵書屋拈韻走筆

經過相望路非遙數樹依微出凍條一席溫溫談未
竟幾年逐逐意全消散花疑入維摩室拾履欣逢孺
子橋今夜偏知淸更絕雪中新月上墻腰
尋眞逃佛與塵遙此路人間尙一條事後無端神或

往廟中最是福能消圖書初寄今梧几花月相忘舊
板橋試問從前何性癖帶圍日日沈郞腰
夢境易迷詩境遙人生那得不蕭條種梅常憶千枝
繞對雪先愁一點消窓暗留殘花結燭洞荒斜帶木
成橋縱無墜下金魚佩可復輕輕折此腰

贈雨帆

最可憐知是此生此生不及夢塲輕日從塵裏無閒
步時向燈前有笑聲人似五噫何待熱聖堪一中始
爲淸老來歲去曹騰地相觸難分境與情
有何大事作因緣傀儡從他一線牽看竹典疎人自

醉尋梅約在路如煙霧痕易苦迷三里酒滴誰甘到
九泉眠起依然還待飦從前是我現澄圓

答曉翠

爲蟲爲鳥也差池有底工夫奇不奇數紙且謀揉碎
去枉他鑑賞當眞詩

練光亭逢金進士樂孝

平壤三千年客子十二月風寒吹酒醒樓頭愁欲絕

下樓訪句欄

郞痴抱如雲儂好明似月鄭老添淚後綠波流不絕

途中元朝

天氣何曾異人情不自聊關山吟舊雨風雪作元朝去國身逾賤無家望更遙非緣愁鬢白四十太寥寥

妙香山贈大演

蕩春夜雨憶當年（初逢大演於京城蕩春臺看桃花因共留宿）自後諸君鑄淚仙洞落桃花催日月山傳檀木積雲烟遊神幾度來方外握手而今在佛前雪北燈南雙影瘦爾家法白我談玄

大演處吾歸橐自費香積

痴痴萬木雪崔嵬鶴背神光路不開聞說如來曾乞食我今乞食向如來（鶴背神光二菴名）

重過平壤

十里春風暗恨長綠窓朱戶舊平康窮途還作欺人語我自年來鐵石腸

海州贈遊學金童

誰將師友付淵源短笈行尋學究村年紀聞來懷作惡吾家曾有景升豚（與亡兒同庚）

低枕殘燈曉色遲碧城臘日立春時明朝歧路消魂債年小如君未及知

旅館夜吟

店雞聽不鳴冷月窓光薄自是夢頻驚燈花猶未落

戲題

走遍關西復海西側身天地一悽迷風情酒後隨年減往事春來入夢齊愁輒按時如患瘧詩多信手似扶乩更誰向我催歸切爲有啼鵑與老妻

西遊歸後聞親知多傳余祝髮

蟲臂鼠肝皆任他不堪一髻語猶訛諸君期望還慚愧我比楊朱爲我多

香山歸後諸君子邀與敘語

歸後闌珊屬晩春依依顧影再來人經年節物前愁在慣眼杯樽此會新自笑重逢如續夢未能一去便

尋眞無情最是連宵雨忍遣飛花亂似塵

終南訪韓磵松

去年天氣又笻鞋轉覺終南大有佳萬片花飛何預事一番春去未忘懷懶辭遊覽身方老病戒盃尊命始乖恐與幽人妨午睡白雲門掩未輕排（五六句謂時有邀余作金剛之遊者余以病辭又方戒酒）

七松亭同繼先右卿作

未了春餘債十分杖頭捶曳弄輕雲千花日暖皆呈氣數鳥人歸自遣聞有酒且來非擇勝借山相看莫移文詩家到底多閒恨一倍新陰送薄曛

鼎庵消夏

經濟三間屋安排六月涼琴枯違膝短筇瘦過眉長
壯志頹唐酒冥心古異香題詩桐雨夕猶似孟襄陽

次柳鼎庵

和柳鬪來信有風寓心時借酒顏紅六經日月千秋
下一代升平午運中賤子自知頗喫苦奇才莫許但
憑空得葶漸與羣狙等暮四朝三聽賦公

城西唱和走筆

荷竹深涼境澹如衣襟一夜最蕭疎新秋已入沉吟
裏千載相逢寤寐餘措大可能錢塞屋酒人端合鋪
隨車閉門歲月堪消受不爲窮愁欲著書
養生主乃酒嘗新不學熊經與鳥伸幾劫前身是明
月四時爲氣獨長春初知嚼字蓮心苦老戒辢人薑
性辛綺語到頭成結習隨緣猶自說津津
殘暑連朝減一分樓頭雨後是秋雲絕交未就嵇康
論乞巧還憐子厚文新態風煙晴始露眞香草樹晚
偏聞醉鄉有路吾將隱作記他時合倩君
臨去躕躇惜此筵淋漓瀟灑兩堪憐已看境裏詩兼
畫始覺閒中日似年留客能沽容斗飲寄隣有句遞
筒傳樓頭爲是西山近不待朝來氣爽然

槐柳垂垂碧玉條扶疎門巷覺清高樓中詞客呼長
笛禁裏仙娥誦洞簫與子留神從翰墨忘吾渾迹到
漁樵相逢一笑非無意東野爲龍亦可謠
一方硯面割雲腴數尺琴唇剖石枯寧用歎嗟逢二
鳥依然補綴集千狐無肝不必疑陳圭有目誰能識
子都添得蓴鱸最多事散人元自住江湖
無端汗漫亦清遊一代風騷少與儔霞片送丹烘滿
席山光分碧遶生樓含風茶乳笙初轉經雨蕉書墨
盡流最是人生難耐處蒼然冥色赴閒愁
一番悵觸又黃昏誰把閒情與細論山雨遽添入池
水秋花續發繞階盆今世何人還似我古來難免此
銷魂勸君共倚闌干曲執手移時笑語溫

白雲樓

遲日樓中喚性靈夏雲多白夏山青心光滿似觀音
月身世微如處士星野菜食單鋤舊圃石泉茶品汲
新瓶年來已是言詮斷倚策時時立晚庭
不能一舉作神仙遺落塵埃道路邊斜日流泉今去
去幽花閒草舊年年我生自有天生趣憂死何如醉
死賢避暑因成兼避世山中事事却飄然

醉後走和笛樓韻

我初誦笛樓未能謀半面剪燭研經室夜雨借奇便金石千載氣蒼然眉際見起居清華境樹木劣成院仙人與詩人相方品恐賤手寫梅花照形神忘縑絹遠招孤山叟異世而同傳香影日久久與身渾一片棄之不貴重此中有理遣如謂杜撰多請下語一轉

之二

形奇如古梅神澹如時菊春頭與秋尾攬之不可掬嘗聞高蹈風亦有如綺用苦苦入山深終年謝濃郁真意非在遠視此讀書屋樹根日可坐商聲發古麓俛仰知何待優遊無復速已與時人辭況求來者續

消受一梅菊亦無量積福日哦得此間宜名菁華錄

之三

香爐經卷爭虛左一半橫斜讓小樓不忿主人索居慣梅花替壓百花頭

一詩一畫梅花債如此相思古有無到底梅花能不報室中一夜得鮫珠

百和熏過意未央知君此事費思量年來鼻觀多高妙不是梅花不算香

之四

君請梅神來入詩梅神點頭千肯之暗香疎影語今

套可無翻案幼婦辭昏曉誰能看到殺其人斯在披其帷更進一層格外訣如此始許真相知一番刻劃一唐突多看欲奇還不奇澀藉語脫玲瓏竅貴在不即兼不離仔細挐還先春夢初雲始日留佳期縞袂羞作桃李嫁笛樓長護如蘭吹三生自與淨緣結判不修成在今茲他日清尊侑綺語流涎老饕神已馳

一燈花 刻燭作也

韶華欲借酒顏紅倦翼今忘九萬風食肉虎頭焉有相嗜芹羊鼻不成翁歸依一念知無上空洞何人識此中莫向靈山求大藥吾生隨處足苓通

肯辭一日一過從慰藉邇來東野龍書到時看求益菜醪成偏惜不遭松七羞廡下因人熱女姊宮中悅已容惟許白雲窓外宿似吾此物起居慵夜久虛明在紙窓渴醒空憶吸西江詩尋舊草因緣再梅作新花定慧雙霜雪半生髭一鑷海山十載酒千缸諸君莫鬪詞壇健老僕甘心北面降拖泥帶水苦低垂解脫非吾縛是誰千點猩紅千愛惜一編蠹粉一生涯尋常飲水論深嗜獨自看空呌絕奇注目人間逢觸撥歲華相捨又差池年過四十日凄迷或有英雄謂我非才退疾於傾急

峽愁來困似築長園生逢搖落難深諱境有芬華或
巧違自信初無千仍想崗頭猶振左家衣
隨緣不必卜閒居衆鳥飛邊愛結廬蟹眼新泉烹活
火馬蹄秋水養生書倦焉有畫難成虎老矣無詩更
擘魚莫把肚皮論入世迂疎剩得此中儲
古吾莫復認今吾名字全然不待沽屎橛未歸豎拳
佛溺冠曾對抗顏儒看花向月知公案痛飲狂歌付
壯圖有底鬬人千古事眼中胷裏無時無
幾年失脚走東西塵土長看衣上棲人視瘠肥秦更
越我知得失楚兼齊相忘赤水珠遺地趣謗黃河土

决堤十月天寒空佇立北風雨雪欲誰携
語到忘時若有佳可能除却萬緣皆作金聲去從君
擲如玉人來起我懷昨夜依然眠畢卓今朝重與拍
洪厓小兒造化非奇特偶爾吾生事不諧
輕盈雪片舞旋回複帳重屏向晚開倩竹掃他醒酒
石爲梅築得避風臺乾坤歷歷餘雙屐今古茫茫入
一杯短褐論交意已倦東方有士何爲哉
鄭圃歸來日有旬濠梁問答亦嘉賓神遊端在空明
界知己偏求寂寞濱書爲古今張氣勢詩於天地作
精神垂垂南至陽初復敎爾重看克己仁

起滅空虛我欲云因緣如是得曾鬪一生自況胷中
月百變人情望裏雲隨手枯藤行可伴等身舊篋坐
難分酒徒亦有當年感况復山王異五君
繽紛梅花昨夜園已逢雪打與風翻往時看劒因呼
酒盡日焚香又閉門是處慣知眞意在此心安得解
人論關頭未必無情地冷碧山光淨可餐
堂堂歲色日成闌信有人間行路難深淺點皴歸瘠
碧降升時候負還丹庚申未易求三昧甲子空令老
五官無復如虹氣堪吐一番顧影已酸寒
自從隱几得遙山一日居然世外閒苦甚寧持律僧

戒頑多欲入散仙班回頭往事身空老放手諸緣夢
不關乘興時時無近遠煙中獨去月中還
行藏點檢屬於焉風雪侵尋又送年三日喝聾無碍
佛當時骨節有根仙酒爲樂地堪呼國硯到貧家始
作田欲識閒居多異趣情生我我共周旋
庭心欄角摠良宵極意星河淨九霄挑盡小燈時的
歷飄來殘葉或騷蕭百年有恨纏綿久千里無端悵
望遙一刻偸閒眞妙訣明朝事合待明朝
寒烟似練掛庭梢冷月如波浸屋茅一夜梅花通好
夢十年燈火得神交棋殘黑白新經賭葅凍青黃久

代看頓頓飢來渾不救此身猶自老書巢
生平一着未能高鏡裏凋零對鬢毛魯酒何當璺此
事陳人只合諭吾曹詩如琴衲才情破身似車薪足
跡勞可使有田寧不去長鑱木柄手堪操
舊雨今雲入浩歌一人知已亦云多淋漓墨氣箋初
劈瀲灩燈光酒欲波力泝遺經追帶草閒披古帖倣
嘉禾淳于正爾留堂上漏箭聲聲奈此何
江左風流更莫加當時王謝最傳家拄腸奇思渾成
錦脫口新聲盡欲葩夜夜思君如滿月深深爲我酌
流霞作他傾倒非虛譽王樹蒹葭古所嗟

良士詩成蟋蟀堂不知世路有炎凉口中三寸吾猶
在頭上雙丸爾許忙借使錦囊無數飽爭如舞袖若
干長休將蘭麝重勤褻書卷年深發古香
環囘剔盡小燈明夜得吾曹不害清眼看人登麟閣
晝計違身作鹿門耕平原已訝先生貌廣武堪憐豎
子名一副嶒崚餘傲骨頭顱自此欲何成
霜威浙浙入重扃鶴語梅香共一庭蒲葉無文編小
席金泥有字寫諸經閒吟已足當遊戲靜坐元知是
享齡掩罷離騷眉欲皺此人只欠一生醒
老來境界在居典未到晨光便欲凌睡味淡於茶擇

水坐功高似塔加層結髭氷冷身仍蟄屈指春溫典
可乘爲向故人頻寄語如今病倦也知應
處世元非第一流將身端合卜居幽日無俗事堪開
口時有山光自入眸塵外消搖知不少人間擺脫果
何由笻鞋若辦閒經濟田舍寧勞更問求
晚山平遠展雲林畫旨依然蓄滿襟意氣自憐千白
髮英雄無奈萬黃金生來隨處多閒跡歲久何人會
此心抱膝室中元是慣莫疑梁甫不平吟
更籌遙夜鼓聲三堂裏喧喧有劇談不速詩來自天
外傍觀燈在鐙床南滿腔歡伯春成海一指禪宗月

印潭肯認形骸爲我物王郎情到死猶甘
境與人逢美始兼淸霜殘燭下重簾犂然神會琴爲
德溫克功成酒本謙世許孔方能眼大我愁毛穎已
頭尖爲君十丈青霞氣相對悠悠澹視瞻
吾家山下倚扉巖數卷殘經不滿函偶向雪中穿短
屐長敎草色笑寒衫無人可與留元亮有酒何妨共
阮咸細數平生信陵客老翁七十是門監

西峰寺

簷帽枝笻早趁秋佛前懺悔舊風流鐘聲迥出新凉
院塔影斜侵過午樓水有因緣看皺面雲多滅沒付

閒愁祖師何處明明意玉露初沾百草頭

題畫

古樹巖畔無伴侶一片荒寒欲誰語是知信手寫秋冬中有最難爲意處

夜飲雨帆書屋

天地堂堂暮歲華上須髮當年同布穀聲聲口頰滑中間入巺體煙花太無骨此中有何趣今又復妄發千載誰歸依百年待泊歇時看古案稿戲吁閒吁咄興所不到處一步輒一蹶夕陽一笑逢街塵十丈汨邀飲指茅廬諾不待言卒便是人天想便是煙霞窟

水仙花次韻

白石清江不肯春問誰如玉步尋眞我家交甫傳佳話一笑重逢解佩人

床南硏北有無春一夜纒緜夢或眞欲倩梅花相問訊明璫翠帶可憐人

秋雨稿

秋雨入夜颯颯滿空有誰耳得之以爲歡愉悅豫之音者乎我輩一燈將灺相對窅然天下之至無聊也剩毫殘墨强寫胷臆與屋溜樹滴相賡答零星拉襍如說夢焉如譚鬼焉

寄托至此已足短氣豈獨秋雨爲也

琴韻書聲漸入秋紛紛餘暑欲全收雞鳴風雨逢迎話馬迹關山閱歷愁石鼎有雷生小檻銀缸如豆落中樓秖今復作歐陽語盡放諸君出一頭

人間無奈可憐秋滿地風煙爛不收暑退似潮殘笛暮涼生如水一砧愁燭光高作虹穿屋竹氣蒼交雨映樓易被千般來繚繞有情切莫倚欄頭

少年自許氣橫秋殘局蕭蕭取次收長物耀人惟傲骨大家輸我是閒愁不嫌無酒忝如社秖怕爲文選似樓蕉葉蓮花何事業西風一日入搔頭

歸夢江湖萬頃秋輕裝誰與及時收每從千載如相見忽憶平生始欲愁古調東南惟獨鳥佳人西北是高樓此情可使他年道一片荒凉屬轉頭

多情不作等閒秋至竟風光待攬收薄酒寧論千日趣晚花秖合一生愁狂思天下交名士悶欲空中起好樓吟弄如君無倦態對窓昏眼寫蠅頭

一年例是一年秋可得閒功到底收剩把人間多少酒强澆無限古今愁庭空自有千尋竹床上居然百尺樓一日寧論吾有長讓他名士作龍頭

須眉颯颯日成秋名字從來幾箇收地迥空勞知舊

夢人間多寫性情愁相逢一笑春生坐從夜關心月
滿樓劒匣琴囊搖落甚張皇不欲說初頭
出神最覺者番秋澹欲相忘不可收墨瀋石欄飛雨
醉棋聲玉局晩風愁求羊客到林間徑揚馬書藏屋
上樓簷拂蕉梧人小立絲天無數恰當頭
汝南月旦亦陽秋箇箇珊瑚網盡收丹鼎有神豎聖
俗靑銅無較照懽愁萬千人裏常如海三十年來獨
此樓懶把行藏詹尹卜紛然絲髮欲盈頭
一夜題襟報答秋不須他日更珍收如何可救侵尋
老若是難逃落托愁兀爾枯吟初隱榻蒼然古意晩

生樓世間隨處皆閒地最惜無人占到頭

暮秋夜坐

風作牢騷雨作寒多愁人不倚欄干可堪燈影蟲聲
裏村酒沽來又薄酸

白蓮寺

白蓮淨土舊叢林一度身閒一度尋究竟悠悠生夢
死因緣草草去來今野芳開處逢花偈店酒傾時有
海音四十餘年胷裏物不知是佛是魔心

嵩陽書院

先生廟貌倚山開往迹麗家但草萊當日名公知不

少各將圖畫上雲臺

贈崔兢哉

歧路人間已渺茫羞將短髮較年長如今喚渡無慈
筏自此爲家有醉鄕與子嬉遊共驂竹降吾初度亦
弧桑打窓風雪殘燈底夜久相看漸欲忘

丁未臘月

性靈一付兎毫尖不逐時新競巧纖錯認坐功同面
壁何如索笑但巡簷平生有黠痴相半殘歲多愁病
更兼已看屠蘇遲到手原來年減是年添
事事侵尋盡付空篇篇氣槩又生風流年已見星沉

海過境回思日在東病憶仙家龍虎訣窮慚塵案蠹
螢工新春解惜閒情緒欲遣煙花入夢中
詩情不及睡情濃遊事前塵付短笻閣裏新添香作
藥欄頭遙接雪爲峰故人歲暮三杯酒曉月天空一
杵鍾燭影蕭疎雙鬢薄偶來此地得從容

送張雲庵歸關東

驪逐居然冀北羣衣襟落落且相分四愁不讓張平
子三絶多慚鄭廣文裋褐衝過山春雪柴荊寄在海
頭雲肯隨埋沒塵中劒光氣他年認是君

初春柳汀內翰宅同張仲圭作

初春盎盎一蘧廬不數如吾懶且疎老格成詩登木
雉俗情寄語過河魚坐來風雪燒殘燭別後雲濤未
到書更比閬風玉山遠今年搖落又閒居

九如唱名日喜題便面

春風一日最憐渠年少承　恩錦不如護得宮花須
仔細平康人喚捲簾初
占來金榜勝穿楊魁梧多應認子房自是虎頭原有
相出身不待羽林郎九如不屬軍營特蒙瑞葱賜科

題雨帆扇頭田而見畫二本

小橋人不渡落落對清樾何待施皴點倪迂呼欲出
樹皆根走蛇巖盡谷旋螺一笑指雲外遠山青更多

與趙繼先同作海西穫稻之行留數旬又送三
十里地有便相寄

去時衣袂㭊林風路繞荒原暮景中相別從來無近
遠此生隨處有西東數行書斷連江鯉一色天空昨
夜鴻書劍蹉跎吾輩老何如勠力事農功

長淵客中

髀肉全銷病懶身重逢秋色據鞍新登臨未必酬餘
債行旅多應係宿因野水白鷗閒笑我西風黃菊瘦
憐人此鄉不下江南樂飯稻羹魚又及辰

取次裴回覺異鄉惹來懷緒不勝長田間笠屐携今
雨壚外山河見夕陽蒼白千層遠水立丹黃一擔歸
樵香寒鴉點點渾無賴笑殺離人兩鬢霜黃英叔年年來此今作泉下故四句及之
斜陽側畔望鄉臺白露荒凉變綠苔孝弟力田違素
業大夫作賦愧非才一樽自勸人間世四海寄身歸
去來落拓只堪容達觀嗟吾歎老不須催
閒吟日比課程看强半羈愁此拓寬舉網魚無一錢
買過墻酒恰數人歡隴頭霜壓黃雲熟海口波兼白
雨寒可有尺書能寄我遠方爲客自加餐
夕照參差下海門楓丹蘆白雨翻翻匙容一口寧兼
饌蟹有雙螯且侑樽新畝禾登泥帶膩舊堤潮退石
留痕清霜昨夜村間月砧杵聲殘夢故園

金城衙中次約山令公用板上韻

自笑如忙復似閒淹留跋涉半生間君車我馬乘春
路縣僻官清入座山此地煙霞有仙窟向來塵土滿
人顔青鞋布襪猶多事日夕相敎夢去還

留寄縣齋次約山令公韻

花飛千片過墻來借榻空齋戸晩開行卷何妨形月
露客憂時復酌雲雷仙家地抱三山秘海國天橫九

鄰同偏是驚心重到日春風處處見蒿萊
一日愁生風雨中十分春已九分空從知世事夢中
夢又到人間東復東靈秀何年留地設品題隨處讓
天工使君杯酒還多愧縱使推袁豈是雄
畫閣焚香晝欲陰誰歟喚起靜中心才宜有用因年
穀清在無知暮夜金小邑何論如斗窄古碑猶見感
人深書生到處多疎濶又復青春漫浪吟
由人初服薜蘿衣此日披襟山四圍萬事方知徒自
苦一春誰唱不如歸思量薄酒尋常醉拋擲閒花取
次飛樹色川光來滿眼就中惟有古吾非

淋漓時露性情眞不負今年浩蕩春取酒歌呼聊復
爾閉門却掃更何人可能歷遍三千界無邪分咸百
億身願借仙翁雙白鶴曉望滄海浴金輪
胷無他物不容消鬢有殘莖一任飄長晝漫唫言外
想三春早起客中朝岸花隨水疑秦隱野麥連雲似
漢謠自笑揚雄嘲未解床書到處便寥寥
耐得深深坐似枯歸裝明發戒長途依然春從攜之
子自此林間返古吾荷鍤何妨醉侯醉移山不學愚
公愚餘情欲待留題處榭樹亭邊出宿于
連宵微雨麥蘇枯尙有殘花慰遠途桑下餘緣終戀

爾橘中此樂久輸吾嫁婚無待尙禽畢山水難追柳
子愚隨處因循殊不惡慣看魚鳥亦于于

送春日

客中容易到黃曛又把閒愁作送君一代繁華流似
水明朝思量暗於雲人歸天末知何處綠漲枝頭謾
十分最是結交年少日道途相委不堪聞

夏園詩鈔